W0379376

Zu diesem Buch

Georgina Masson verfolgt in ihrer lebendigen Biographie den meteorhaften Aufstieg des »Knaben aus Apulien« bis zum Gipfel der Macht und zu seinem Ende. Seiner Geistesrichtung nach Sizilier, führt Friedrich II. von Hohenstaufen die Politik seines Vaters, Heinrich VI., fort und zeigt sich dennoch, ein ganzer Staufer, entschlossen, die Kaiserwürde zu wahren und gegen die politischen Ansprüche des Papsttums zu behaupten. Neben diesem die Welt erschütternden Kampf schafft er in seinem Königreich Sizilien einen Musterstaat mit einem neuzeitlichen Verwaltungssystem. Ein Freund der islamischen Philosophie, ein Schirmherr der Wissenschaft wie der Kunst, macht er seinen Hof zu einem Zentrum der mittelalterlichen Kultur. Von exotischem Prunk umgeben, wählerisch im Genuß, rücksichtslos in allen Forderungen gegen sich selbst wie gegen andere, gab er der Umwelt so viel Anlaß zur Bewunderung wie zum Ärgernis: Nietzsche sah in ihm das Urbild des Übermenschen.

Georgina Masson, die auch durch eine Biographie über Christine von Schweden bekannt wurde, lebt in Rom.

GEORGINA MASSON

Friedrich II. von Hohenstaufen

Eine Biographie

Aus dem Englischen
von Irmgard Kutscher

rororo
ROWOHLT

Die Originalausgabe erschien bei Martin Secker & Warburg Ltd., London,
unter dem Titel »Frederick II of Hohenstaufen. A Life«
Titel der im Rainer Wunderlich Verlag Hermann Leins, Tübingen,
und bei der Deutschen Verlags-Anstalt, Stuttgart
erschienenen Buchausgabe »Das Staunen der Welt – Friedrich II.
von Hohenstaufen«

Veröffentlicht im Rowohlt Taschenbuch Verlag GmbH,
Reinbek bei Hamburg, Mai 1991
Copyright © 1985 by Deutsche Verlags-Anstalt GmbH, Stuttgart
Umschlagentwurf Wolfgang Kenkel
unter Verwendung der Abbildung einer Büste Friedrichs II.
(Die Identität ist nicht vollkommen gesichert.)
Kartenskizze Ernst Hoss, Reutlingen
Gesamtherstellung Clausen & Bosse, Leck
Printed in Germany
1680-ISBN 3 499 12494 7

INHALT

VORWORT

Bei dem Versuch, ein so umfassendes Thema wie das Leben Friedrichs II. zu behandeln, mußte die Autorin sich notwendig auf eine Auswahl beschränken. Wie vielseitig seine geniale Persönlichkeit angelegt war, geht aus der Würdigung von Dr. M. Schipa im »Cambridge Medieval History« hervor: »Ein leichtes ist es, seine Leistungen aufzuzählen. Er widersetzte sich nicht ohne Erfolg dem Papsttum, dessen politisches Prestige er durch den beharrlichen Appell an die öffentliche Meinung in Manifesten und Briefen erschütterte. Die Dichtkunst Italiens nahm an seinem Hof ihren Ausgang. Mit seinen Bauten und dem prunkvollen Aufwand seines ganzen Lebensstils wies er der bildenden Kunst neue Wege. Ausgestattet mit dem byzantinischen und normannischen Erbe, schuf er den ›Staat als Kunstwerk‹. Dies alles wiegt aber gering im Vergleich zu seinem schöpferischen Geist, der, Gehorsam heischend und Gehorsam weckend, in allen Bereichen Ordnung aufrichtete. Macht, meist nur ein schwaches Attribut überragend begabter Männer, bricht aus Friedrichs Erscheinung wie mit Naturgewalt auf. Durch die Jahrhunderte, von Karl dem Großen bis Napoleon, ist ihm kein Herrscher ebenbürtig.«

Danken möchte ich Miß J. Phybus für das Lesen des Manuskripts und für ihre wertvollen Anregungen, ebenso Honorable Stephen Runciman für die Aufschlüsse über die verwandtschaftlichen Verhältnisse der Familie von Brienne, Dr. D. Storm Rice für die Auslegung einer kufischen Inschrift, Professor G. Pepe für seinen Rat. Mr. A. Lyall, Mr. B. Kennedy Cook und Mr. H. Brewster gehören zu den vielen Freunden, die mir Mut zusprachen und Hilfe leisteten. Zu besonderem Dank bin ich dem Prinzen Doria Pamphili verpflichtet, dessen Entgegenkommen und Gastfreundschaft es mir ermöglichten, Melfi und Lagopesole zu besichtigen.

Rom, Mai 1957 *Georgina Masson*

PROLOG

Der Glanz von Gold und Juwelen, die Pracht der Meßgewänder und der mit Edelsteinen bestickten seidenen Roben, die im Lichte der Kerzen auf dem Hochaltar schimmerten, schienen San Ambrogio mit Sonnenlicht zu durchfluten und den düsteren, nebligen Tag aus der dunklen, alten Kirche zu bannen. Ganz Mailand war an diesem Tag im Januar des Jahres 1186 auf den Beinen, um den Einzug der illustren Herren und Damen in der ältesten Kirche der Stadt zu erleben, die sie bis auf den letzten Platz füllen sollten. Die Menschen waren gekommen, um Zeuge zweier Ereignisse von weltweiter Bedeutung zu sein – einmal der Vermählung Heinrichs, des Sohnes Kaiser Friedrich Barbarossas, mit König Rogers Tochter Konstanze, der präsumtiven Erbin des sagenhaft reichen Königreichs Sizilien, zum anderen der Krönung beider mit der eisernen Krone der Langobarden.

Die Heirat sollte den Kriegen ein glückliches Ende setzen, die die Kaiser in ihrem Bemühen, das noch junge, aber blühende Königreich Sizilien dem Reich einzuverleiben, gegen seine normannischen Könige geführt hatten. Die Krönung, die auf besonderen Wunsch der milanesischen Bürger in Mailand stattfand, besiegelte das Ende des Ringens zwischen dem Kaiser und den aufständischen Städten des lombardischen Bundes.

Aus den Ruinen, die der Kaiser nach der Zerstörung Mailands vor zwanzig Jahren zurückgelassen hatte, war eine neue Stadt erstanden. Als Barbarossa durch die Straßen ritt, um die Braut seines Sohnes willkommen zu heißen, mag er sich über seine Niederlage vor neun Jahren in der Schlacht von Legnano mit dem Gedanken getröstet haben, daß das tapfere und tüchtige Volk Mailands selbst für einen Kaiser ein würdiger Gegner gewesen war.

In der Mitte der Stadt ragte ein Wald von Gerüsten empor; dort wurde der Dom neu errichtet, aber der Bau war noch nicht so weit gediehen, daß er den Feiern dieses Tages als Rahmen dienen konnte. Dieser Umstand hatte einiges für sich, da die Abwesenheit des Erzbischofs Hubert Crevelli, der jetzt Papst Urban III. war und das Recht hatte, die lombardischen Könige zu krönen, somit weniger ins Auge fiel; dennoch werden sich viele seiner Landsleute gefragt haben, was er wohl von den Ereignissen dieses Tages halten mochte.

Denn diese Heirat konnte dereinst die Vereinigung des Königreichs Sizilien mit dem Reich und damit die Umklammerung des Kirchenstaates von einer einzigen großen Weltmacht zur Folge haben, die dann den Heiligen Stuhl um jegliche Bedeutung gebracht hätte. Als Urbans Vorgänger die Eroberung des von den Sarazenen beherrschten Siziliens durch den normannischen Grafen Roger segneten – sie gewährten ihm sogar eine beträchtliche geistliche Unabhängigkeit innerhalb seines Königreichs, indem sie ihm und seinen Nachfolgern viele der Befugnisse eines Legaten der Kurie übertrugen –, hatten sie nachdrücklich betont, daß Sizilien ein Lehen der Kirche sei; dadurch hofften sie, sich die kriegerische Tüchtigkeit der Normannen und die Schätze ihres Königreichs als Gegengewicht gegen die Bedrohung durch die kaiserliche Macht zu erhalten.

Kein Wunder also, daß die Hochzeit ohne den päpstlichen Segen stattfand und daß die Anhänger der Welfen sich zuflüsterten, Konstanze sei gezwungen worden, ihr Gelübde als Nonne zu brechen, um den Sohn des Kaisers zu heiraten. Der regierende König von Sizilien, ihr Neffe Wilhelm II., war zwar noch jung, aber nach achtjähriger Ehe noch immer kinderlos und Konstanze die einzige legitime Erbin, die ihm nach seinem Tode auf dem Throne folgen konnte. Sie hatte jahrelang im Kloster der Basilianischen Nonnen in der Nähe des königlichen Palastes in Palermo gelebt; doch war es im zwölften Jahrhundert durchaus üblich, daß Damen von hoher Geburt sich ins Kloster zurückzogen, ohne die Ordensgelübde abzulegen. Sie war, als sie heiratete, über dreißig Jahre alt und hätte wahrscheinlich bis zu ihrem Tode ein friedliches Leben bei den Nonnen geführt, wenn nicht die Kinderlosigkeit ihres Neffen ihre Heirat zu einer Frage von dynastischer Bedeutung für die Fortdauer des Hauses d'Hauteville gemacht hätte.

Keine Chronik berichtet, was Konstanze angesichts dieser plötzlichen und einschneidenden Veränderung ihres Lebens und ihrer Heirat mit einem Manne empfand, den sie noch nie gesehen hatte, von dem man aber, schon als er zwanzig Jahre alt war, selbst im fernen Sizilien sagte, er sei, anders als sein Vater, »dem Volke weder freundlich noch wohlwollend gesinnt«. Konstanzes Stimme war bei den heftigen Auseinandersetzungen zwischen den rivalisierenden Gruppen, die ihre Heirat befürworteten oder ablehnten, offenbar überhaupt nicht gehört worden. Als schließlich der englische Großkanzler, Walter of the Mill, den Sieg über seinen Gegner, den Vizekanzler Matteo d'Ajello, davontrug, indem er König Wilhelm die Schrecken des Bürgerkrieges schilderte, der Sizilien – wenn die Nachfolge nicht gesichert sei – heimsuchen würde, machte sich Konstanze gehorsam auf den Weg, um den Mann zu heiraten, dessen Macht die sizilischen Barone im Zaum halten und ihren Thron retten sollte. Im Jahre 1185 wurde sie den päpstlichen Abgesandten in Rieti übergeben, dazu fünfhundert Packpferde und Saumtiere, die mit Schätzen, Juwelen, Hermelin und anderen kostbaren Pelzen beladen waren – »eine Mitgift, der Erbin eines großen Königreichs und der Braut eines Kaisers würdig«.

Für die aufmerksamen Zuschauer von San Ambrogio verkörperte die auf den Hochaltar zuschreitende Konstanze all den exotischen Glanz, der ihre Familie seit der Eroberung Siziliens umgab und der ihrem Vater und seinen Nachfolgern später den Titel »getaufte Sultane« einbringen sollte. Konstanze war groß und blond und hatte die weiße Haut ihrer nordischen Vorfahren; sie zeichnete sich aus durch die huldvoll-anmutige Haltung einer am luxuriösesten Hof Westeuropas erzogenen Prinzessin. Ihre Roben aus Brokat und bestickter Seide, ihre kostbaren Juwelen erinnerten an die dort herrschende byzantinische Pracht, während ihre Bescheidenheit auf die Zurückgezogenheit der Frauen hindeutete, die am Hofe von Palermo Sitte war.

Nach der Trauung setzte der Patriarch von Aquileja Heinrich und Konstanze die historische eiserne Krone der Langobarden aufs Haupt. Sein Anteil an den Zeremonien dieses Tages brachte ihm das päpstliche Interdikt ein – aber er war ein weltlich gesinnter und ehrgeiziger Prälat, dem an der Gunst des zwanzigjährigen Heinrichs, des künftigen Kaisers, mehr gelegen sein mochte als an der des alternden Papstes. Konstanze empfing außerdem die deutsche Krone aus den Händen eines deutschen Bischofs. Dann begab sich das neuvermählte Paar, vom Kaiser begleitet, unter Glockengeläute zum Staatsbankett, das in einem großen, zu diesem Zweck errichteten hölzernen Pavillon in der Nähe der Kirche stattfand. Die halb wiederaufgebaute Stadt war nicht in der Lage, die ungeheuren Menschenmassen zu beherbergen, die diese Hochzeit miterleben wollten; es gab keinen Saal, der groß genug war, sie alle aufzunehmen. Sogar San Ambrogio diente bis zur Hochzeit als Kornspeicher und mußte eilends gesäubert und wieder hergerichtet werden, um sich der Feier würdig zu erweisen.

Da die Heirat wie eine Herausforderung auf den Papst wirken mußte, warteten die Hohenstaufen nicht, bis der päpstliche Zorn auf sie niederging. Heinrich, der sich künftig mit den italienischen Provinzen des Reiches befassen sollte, weigerte sich, die toskanischen Gebiete der mathildischen Güter an die Kirche zurückzugeben und machte sich auf den Weg nach Rom, während sein Vater nach Deutschland zurückkehrte.

Der Papst, der sich zu dieser Zeit in Verona aufhielt, belegte den Patriarchen von Aquileja mit dem Interdikt, weil er die Trauung ohne päpstliche Erlaubnis vollzogen und sich mit der lombardischen Krönung die Rechte des Papstes als Erzbischof von Mailand angemaßt hatte. Die Bannbulle gegen den Kaiser lag bereit, als die kaisertreuen Untertanen von Verona sie durch eine Bittschrift an den Papst aufhielten, in der es hieß: »Heiliger Vater, wir sind Freunde und Diener unseres kaiserlichen Herrn und haben versprochen, ihn zu schützen und nicht zuzulassen, daß ihm in unserer Gegenwart ein Unrecht geschieht. Deshalb bitten wir Eure Heiligkeit auf das innigste, ihn nicht in unseren Mauern zu exkommunizieren.« Daß Barbarossa nie vom Bannstrahl getroffen wurde, verdankte er lediglich dem schweren Unheil, das über die gesamte christliche Welt hereinbrach. Saladin eroberte nach seinem Sieg bei Hittin Jerusalem; damit waren die Heiligen Stätten wiederum in den Händen der Ungläubigen.

Während eine Welle des Entsetzens über Europa hinwegging, starb der Papst, die Streitigkeiten der christlichen Fürsten traten zurück; der mutige alte Kaiser zog in diesem dritten Kreuzzug an der Spitze seiner Heere dem Tode entgegen. Er ertrank im Jahre 1190, als er bei der Überquerung eines Flusses auf dem Marsch durch Kleinasien seine Truppen zu größerer Eile anzufeuern versuchte.

König Wilhelm von Sizilien war im Jahre zuvor gestorben. Nun riß der sizilische Adel, ungeachtet des Treueids, den er noch zu Wilhelms Lebzeiten Konstanze und ihrem Gemahl in Troja geleistet hatte, unter der Führung von Tankred (einem unehelichen Enkel König Rogers) die Macht an sich, um Tankred auf den Thron zu erheben. Hierbei wurden die Barone von der Partei Matteo d'Ajellos, der sich von Anfang an der deutschen Heirat widersetzt hatte, und insgeheim vom Papst unterstützt, der in diesem Aufstand eine Gelegenheit sah, die gefürchtete Verbindung des Königreichs Sizilien mit dem Reich zu sprengen. Eine gewisse rechtliche Grundlage für Tankreds Usurpation war insofern gegeben, als der Aufstieg der d'Hautevilles zur Macht über die normannischen Abenteurer, die Süditalien erobert hatten, ursprünglich auf einer Wahl beruhte.

Im Frühjahr 1191 zogen Heinrich und Konstanze nach Rom, um die Kaiserkrone zu empfangen. Im Mai belagerte der Kaiser Neapel und tat damit den ersten Schritt, um das Königreich seiner Gemahlin zurückzugewinnen. Die Bürger von Salerno baten um die Ehre, die Kaiserin beherbergen zu dürfen; so nahm sie ihren Wohnsitz in dieser Stadt, die eine Schlüsselstellung auf der Straße nach Süden innehatte. Vielleicht spielte bei diesem Entschluß die Tatsache eine Rolle, daß Konstanze noch immer keinen Erben geboren hatte, denn Salerno war der Sitz der berühmtesten medizinischen Fakultät. Die Belagerung Neapels machte nur geringe Fortschritte; die kaiserliche Armee wurde durch eine Seuche dezimiert, die den Kaiser fast das Leben gekostet hätte. Das bloße Gerücht seines Todes verursachte eine Panik unter seinen Anhängern.

Heinrichs Bemühungen, Konstanze zu sich zu holen, wurden durch die Bürger von Salerno vereitelt, die sich, als sie merkten, woher der Wind wehte, auf die andere Seite schlugen. Eine feindliche Menschenmenge umringte den Turm, in den sich Konstanze aus Vorsicht zurückgezogen hatte. Sie verrichtete gerade ihre Gebete, aber als das Geschrei draußen zu bedrohlicher Stärke anschwoll, erwies sie sich als eine würdige Tochter ihrer normannischen Vorfahren, deren Frauen mit ihren Männern in den Krieg gezogen waren. Sie trat hinaus und versuchte, das Volk mit freundlichen Worten zu beruhigen, drohte ihm, als es nicht auf sie hören wollte, und zog sich erst zurück, als ein Pfeilregen sie dazu zwang. Der Magistrat ließ sie alsdann nach Messina bringen; dort wurde die kostbare Geisel an Tankred übergeben, der sie, zugegebenermaßen, mit allen Ehren empfing. Einige Monate später, nach wiederholten Vorstellungen des Papstes, schickte Tankred sie schließlich, mit Geschenken beladen, zu ihrem Gemahl nach Deutschland zurück.

Das normannische Königreich stellte Heinrich vor schwierigere Aufgaben als er erwartet hatte; erst nach drei Jahren wagte er einen erneuten Angriff. Der Schatz, der ihm als Lösegeld für Richard Löwenherz zugefallen war, ermöglichte es ihm, ein starkes Heer auszurüsten; hinzu kam, daß nach Tankreds Tod nur seine Witwe, die Königin Sibylle, und ihr siebenjähriger Sohn Wilhelm den Siziliern als Führer geblieben waren. Angesichts dieser Umstände machte Heinrich rasche Fortschritte; er versprach eine Generalamnestie und die Rückgabe der Grafschaft Lecce an Wilhelm – sie war auf Grund einer Erbschaft von mütterlicher Seite Wilhelms Vater zugefallen – und zog bald darauf in den königlichen Palast von Palermo ein. Dort empfing er die sizilischen Regalien aus der Hand Walter of the Mills, dessen Bemühungen er sie letztlich verdankte.

Die Krönungsfeierlichkeiten waren kaum zu Ende, der Adel und die Geistlichkeit Siziliens, die ihnen beigewohnt hatten, befanden sich noch in der Hauptstadt, als Heinrich unter dem Vorwand, daß sie eine Verschwörung gegen ihn planten, über sie herfiel. Das Kind Wilhelm wurde geblendet und kastriert, alle Edlen, die bei der Krönung Tankreds zugegen gewesen waren, wurden bei lebendigem Leibe verbrannt. Diese Massenexekution Hunderter von Angehörigen der sizilischen Aristokratie fand auf einer Wiese statt, nur wenige hundert Meter von Heinrichs Wohnsitz im königlichen Palast entfernt. Nicht genug damit, daß er seine Rache an den Lebenden ausübte, ließ er die Leichen von Tankred und dessen ältestem Sohn Roger aus ihren Gräbern zerren und vor allem Volke enthaupten.

Die Schreckensherrschaft begann am Feste des heiligen Stephan, dem zweiten Weihnachtstage des Jahres 1194; erst einige Zeit darauf erfuhr Heinrich, daß dieser Tag auch der Geburtstag seines Sohnes war, dessen Ruhm als Kaiser Friedrich II. von Hohenstaufen viel dazu beitragen sollte, die bösen Erinnerungen an seinen Vater aus dem Gedächtnis der Sizilier zu tilgen.

Teil I

AUFSTIEG ZUR MACHT

Kapitel 1

KINDHEIT UND JUGEND

1194–1212

FRIEDRICH wurde in eine sich wandelnde Welt hineingeboren. Das Zeitalter der Kreuzzüge, geprägt von dem Geist eines geeinten, einem einzigen Ideal nachstrebenden Europas, näherte sich dem Ende. Friedrichs Vater hatte dazu beigetragen, dieses Ideal zu zerstören, als er kurz vor Friedrichs Geburt den zurückkehrenden königlichen Kreuzfahrer Richard Löwenherz einkerkerte. Der nächste Kreuzzug, der vierte, sollte sich gegen das christliche Byzanz richten, um die gewinnsüchtigen Pläne Venedigs zu fördern.

Die kommenden Mächte Europas nahmen langsam Gestalt an. Philipp August hatte bereits während der ersten vierzehn Jahre seiner Herrschaft die Zentralgewalt in einem geeinten Frankreich gefestigt. Noch hielt England die angevinischen Gebiete in der Hand, sollte sie aber innerhalb von zehn Jahren durch die Unfähigkeit seines Königs Johann verlieren, der die Magna Charta unterzeichnete, als Friedrich einundzwanzig Jahre alt war.

Nach und nach drangen Laien in den Bereich der Wissenschaften ein; in Bologna und Paris gab es bereits Schulen für säkulares und kanonisches Recht. Aus diesen Anfängen entwickelten sich die ersten Universitäten. Auch begann die Herrschaft der Kirche über den Geist der Menschen nachzulassen – der Reichtum und die weltliche Macht der römischen Prälaten hatten schon seit geraumer Zeit Aufmerksamkeit und bittere Kritik bei den Laien erregt. Die Goliardensänger griffen die Männer der Kirche in pöbelhaften Versen an, in denen die heiligsten Gegenstände parodiert wurden. Armut und Einfachheit als christliche Tugenden waren in Vergessenheit geraten; selbst Franziskus, der Sohn eines Kaufmanns in Assisi, genoß, als Friedrich geboren wurde, noch immer das ausschweifende Leben seiner Heimatstadt. Elf Jahre später nahm er »die Frau Armut zum Weibe« und wurde einer der größten Heiligen der Weltgeschichte.

Im Osten war ein Jahr vor Friedrichs Geburt der große Saladin gestorben; das byzantinische Reich der Komnenen ging dem Zerfall entgegen. In der mongolischen Steppe kämpfte Dschingis-Khan um die Herrschaft über die Tatarenstämme, durch die er später zur Führung Asiens gelangte.

Friedrich wurde in Jesi, einer kleinen, allen Winden ausgesetzten Stadt der Mark Ancona, unweit der adriatischen Küste geboren. Nach dem Wunsch seines Vaters sollte er in Sizilien das Licht der Welt erblicken. Als nun nach jahrelang kinderloser Ehe Konstanzes Schwangerschaft zur Gewißheit wurde, rief Heinrich sie in ihr heimatliches Königreich zurück. Für eine Frau von über vierzig Jahren, die zum ersten Male schwanger war, muß die lange Reise von Deutschland nach Süditalien schwer zu ertragen gewesen sein; so kam es, daß sie in diesem abgelegenen Ort von den ersten Wehen überrascht wurde. Konstanze wußte, daß diejenigen, die sich ihrer Heirat widersetzt hatten, jede Gelegenheit benutzen würden, die Geburt anzuzweifeln. Außerdem bot in einer Zeit, in der Frauen oft schon mit fünfzehn Jahren Mutter wurden, ihre späte Schwangerschaft den Lästerzungen reichlich Stoff. Deshalb lag Konstanze alles daran, durch möglichst viele Zeugen erhärten zu können, daß Friedrich tatsächlich ihr Kind und also kraft seiner Geburt der rechtmäßige Erbe der normannischen Könige sei.

Man darf daher annehmen, daß die uns überlieferten Berichte der Chronisten über die seltsamen Umstände bei Friedrichs Geburt auf Tatsachen beruhen, wenn sie auch nicht dokumentarisch bestätigt sind. Darin heißt es, auf dem Marktplatz von Jesi sei eilends ein Zelt oder Pavillon errichtet worden, zu dem jede verheiratete Frau der Stadt Zutritt erhielt, um der Geburt beizuwohnen. Später habe sich Konstanze mit entblößter Brust, das Kind nährend, auf offenem Markte dem Volk gezeigt. Diese Szene mußte in einer Zeit, in der dem Kaiser immer noch der alte römische Titel »divinus« zukam, ungeheures Aufsehen erregen; doch kam sie Friedrich in späteren Jahren vermutlich nicht ungelegen, um die Behauptung seiner Feinde, er sei der Sohn des Metzgers von Jesi, zu entkräften. Auf Heinrichs Befehl ließ Konstanze das Kind in der Obhut Konrads von Urslingen, den Heinrich zum Herzog von Spoleto erhoben hatte, und reiste zu ihrem Gemahl nach Bari, wo sie am Ostersonntag noch einmal gemeinsam gekrönt wurden. Der Kaiser hatte einhundertundsechzig Pferde mitgebracht, die mit Schätzen aus Sizilien beladen waren, darunter die Insignien und der Kronschatz der normannischen Könige; der Krönungsmantel der künftigen Kaiser war nämlich der von Heinrich erbeutete Mantel König Rogers. Die arabischen Inschriften und die kostbare Stickerei darauf vermitteln eine Vorstellung von dem orientalischen Prunk des Lebens am Hofe zu Palermo, der selbst einen Kaiser mit neidischer Begier erfüllen konnte. Neben diesen Schätzen brachte Heinrich sizilische Gefangene und Geiseln mit, die in den schwäbischen Festungen der Hohenstaufen eingekerkert werden sollten; unter ihnen die Königin Sibylle und ihre Töchter, das verstümmelte Kind Wilhelm und die griechische Prinzessin Irene, die Witwe Rogers, des ältesten Sohnes von Tankred.

Trotz dieser Vorsichtsmaßnahme und obwohl er in einem Brief an die deutschen Bischöfe von der Befriedung Siziliens berichtete, »das durch unsere Bemühungen wieder zu Wohlstand gelangt ist zum Ruhme Dessen, der Seine Arme auf das Kreuz legte und für uns starb«, machte sich Heinrich offenbar Sorge um seine Machtstellung im süditalischen Königreich. Er setzte seine Politik der Germanisierung fort, indem er alten Waffenbrüdern wichtige Lehnsgüter zusprach. Seinen Bruder Philipp hatte er bereits zum Herzog von Tuszien gemacht; nun versuchte er, den Papst durch Entsendung einer Delegation und durch das Kreuzzugsgelübde günstig zu stimmen; das Gelübde allerdings diente ihm zugleich als Vorwand dafür, ein weiteres deutsches Heer nach Süditalien zu bringen.

Schließlich machte sich Heinrich auf den Weg nach Deutschland; er ließ Konstanze zurück an der Spitze eines Regentschaftsrats, dem auch Konrad von Urslingen und der Kanzler Walther von Pagliara angehörten. Der Kaiser unterbrach seine Reise an verschiedenen Orten Mittelitaliens; vermutlich sah er seinen Sohn dabei zum ersten und letzten Mal. Mit der Rückkehr in die deutsche Heimat verfolgte der Kaiser vor allem das Ziel, die Wahl seines Sohnes zum römischen König – der Titel des noch nicht zum Kaiser gekrönten deutschen Königs – durchzusetzen; war es doch Barbarossa gelungen, den fünfjährigen Heinrich wählen zu lassen. Mit Hilfe des erbeuteten sizilischen Schatzes gedachte Heinrich die Fürsten zu gewinnen, um diesen ersten Schritt seines Sohnes zur Nachfolge im Reich zu sichern; denn trotz aller Ambitionen hatte noch kein Herrscher die Erbfolge im Kaiserreich durchgesetzt. Er erreichte, daß Friedrich sogar noch vor seiner Taufe gewählt wurde, bei der er in Gegenwart von fünfzehn Prälaten, Kardinälen und Bischöfen die Namen seiner beiden Großväter – Friedrich Roger – erhielt.

Zum erstenmal seit ihrer Heirat kehrte Konstanze, nach dem Reichstag zu Bari, als eigentliche Herrscherin Siziliens in ihre Heimat zurück. So wenig wir von ihr wissen, so scheint sie doch eine Frau von starker Willenskraft gewesen zu sein, stolz auf ihr Erbe und durchaus imstande, es durch zielstrebiges und energisches Handeln zu schützen. Man kann sich schwer vorstellen, welche Gefühle sie bewegten, als sie bei ihrer Ankunft in Palermo die Folgen des Blutbades vom Stephanstag spürte. Auch Heinrichs wilde Grausamkeit hatte den sizilischen Widerstand gegen seine Herrschaft nicht ausrotten können. Ob sich Konstanze jemals an der sizilischen Unabhängigkeitsbewegung beteiligt hat, ist nie eindeutig festgestellt worden, doch liegt es nahe, ein geheimes Einverständnis zwischen ihr und dem Admiral Margitone und einem gewissen Grafen Giordano, der nunmehr den Aufstand auf der Insel führte, anzunehmen. Königin Sibylles Bruder, Graf Richard von Acerra, folgte auf dem Festland seinem Beispiel.

Im nächsten Jahr kehrte Heinrich zurück und unterdrückte den Aufstand mit Hilfe seines Kreuzfahrerheeres. Die Anführer behandelte er mit so ausgesuchter Grausamkeit, daß die Öffentlichkeit selbst jener Zeit Schauder empfand. Richard von Acerra wurde nach seiner Niederlage und Gefangennahme von Pferden durch die Straßen von Capua geschleift und dann bei lebendigem Leibe zwei Tage lang an den Füßen aufgehängt; schließlich setzte ein Hofnarr seinen Qualen ein Ende, indem er ihm ein Gewicht um den Hals hängte und ihn erwürgte. Die unglücklichen Geiseln in Deutschland wurden geblendet, in Sizilien die Anführer in Gegenwart von Heinrich und Konstanze zu Tode gefoltert. Graf Giordano wurde auf einen glühenden eisernen Thron gesetzt, eine glühende Krone ihm mit Nägeln an den Kopf geschlagen – offenbar, um Heinrichs Verdacht darzutun, daß Giordano sein Nachfolger als Herrscher der Insel werden wollte.

Überzeugt, daß der Widerstand endgültig gebrochen sei, gestattete Heinrich dem Kreuzfahrerheer, sich einzuschiffen; aber gerade jetzt erhoben sich die Barone erneut gegen ihn. In dieser äußerst schwierigen Situation gelang es ihm jedoch überraschenderweise, durch seine versöhnliche Haltung und durch das Versprechen einer Generalamnestie wieder Herr der Lage zu werden. Dieses Mal scheint er Konstanzes Beteiligung an dem Aufstand geahnt zu haben, denn er befahl dem Kanzler Walther von Pagliara, sie im Palast von Palermo gefangenzuhalten. Unmöglich, sich vorzustellen, welche neuen Grausamkeiten der Kaiser begangen hätte, wäre er nicht nach kurzer Krankheit plötzlich gestorben.

Er wußte, daß er im Sterben lag und daß er, anstatt ein Reich von der Machtfülle der Cäsaren einem erwachsenen Sohn übergeben zu können, jetzt einer Frau und einem kaum dreijährigen Kinde das Erbe noch nicht verwirklichter Pläne, dazu tödlichen Haß hinterließ. Während der letzten Tage seines Lebens suchte er, seine Feinde versöhnlich zu stimmen – er schickte sogar eine Delegation zu Richard Löwenherz, um ihn von dem Treueid zu entbinden, der ihm während seiner Gefangenschaft abgepreßt worden war. Auch sah Heinrich die mächtige Position voraus, die die Kirche in Sizilien nunmehr erlangen würde, und gab, um ihren Widerstand gegen die Nachfolge seines Sohnes zu entkräften, in seinem Testament allen Forderungen des Papstes nach, die er bisher abgelehnt hatte. Ja, er ging sogar so weit, die Kurie zur Erbin des Königreichs Sizilien einzusetzen, falls Friedrich ohne Nachkommen sterben sollte.

Dieses Testament wurde in der Folge von den deutschen Freunden des Kaisers unterdrückt, die, angeblich im Namen des Reiches, über das Land zu herrschen hofften; sie hatten ihre Rechnung jedoch ohne Konstanze gemacht. Diese klarsehende Frau riß sofort die Zügel der Macht an sich. Sie wußte, daß sie und das Kind einen mächtigen Beschützer brauchten, wenn sie auch nur überleben – geschweige denn herrschen – wollten; so schickte sie als erstes eine

Delegation zum Papst mit der Bitte, die Rechte ihres Sohnes auf die Thronfolge anzuerkennen, indem er der Krönung des Knaben zustimmte. Coelestin III. zog aus ihrer verzweifelten Lage Nutzen und nötigte ihr harte Bedingungen auf. Er grub sogar das Gerücht wieder aus, Friedrich sei der Sohn des Metzgers von Jesi, Konstanze mußte durch einen Eid bekräftigen, daß er ihr legitimes Kind sei, ehe der Papst sich auf eine Einigung einließ. Sie wurde gezwungen, ihr Königreich als päpstliches Lehen anzuerkennen und einen jährlichen Tribut von tausend *scifati* zu entrichten. Außerdem büßte sie viele der Sonderrechte ein, die den normannischen Königen ein gewisses Maß von geistlicher Unabhängigkeit in ihrem Königreich garantiert hatten, sowie fast alle Rechte der Krone bei der Ernennung der sizilischen Bischöfe.

Coelestin starb, ehe der Vertrag ratifiziert werden konnte; Konstanze, von schwerer Krankheit befallen, erholte sich zunächst und konnte ein Übereinkommen mit dem neuen Papst Innozenz III. durchsetzen und sich und ihren kleinen Sohn im Frühsommer 1198 in Palermo krönen lassen. Es zeigte sich jedoch bald, daß ihre Krankheit tödlich war. Mit großer Tapferkeit versuchte sie, dem Chaos vorzubeugen, in das die rivalisierenden Parteien Sizilien stürzen würden, sobald ihre Autorität wegfiel. Sie starb am 27. November 1198 in Palermo; auf Grund der Bestimmungen ihres Testaments wurde der noch nicht vierjährige Friedrich ein Mündel des Papstes.

Nach ihrem Tode wurde die Lage in Sizilien noch verhängnisvoller als Walter of the Mills seinerzeit befürchtet hatte. Mit Konstanzes Heirat war eine Horde von deutschen Abenteurern und Glücksrittern in das sizilische Reich eingeströmt, von Heinrich nach Sizilien gebracht, um das Land zu unterwerfen. Viele von ihnen waren reine Freibeuter, die den Haß Konstanzes und ihres Volkes wohl verdienten. Sobald Konstanze der päpstlichen Unterstützung einigermaßen sicher war, verbannte sie alle – von ihrem Anführer Markward von Annweiler, den Heinrich zum Reichstruchseß ernannt hatte, bis zu den sizilischen Anhängern wie Walther von Pagliara, der sie auf Befehl ihres Gemahls gefangengesetzt hatte.

Eine ähnliche Welle antideutscher Empfindungen war nach Heinrichs Tod über das ganze Italien hinweggegangen. Das Volk hatte sich gegen die deutschen Herren erhoben – Heinrichs Bruder Philipp, Herzog von Tuszien, konnte sich unter Lebensgefahr aus Montefiascone retten, wo er sich aufhielt, um Friedrich zur Krönung zum römischen König nach Deutschland zu bringen. Wäre die Nachricht vom Tode seines Vaters auch nur wenige Tage später bekanntgeworden, so hätte sich Friedrich bereits in der Obhut seines Onkels auf dem Wege nach Deutschland befunden und wäre dort als deutscher Fürst erzogen worden. Statt dessen wurde er den Sendboten seiner Mutter übergeben und nach Palermo gebracht und wuchs als der normannische König eines Reiches auf, das am Kreuzweg zwischen dem Westen, den Sarazenen und dem byzantinischen Osten lag. So vermögen wenige Tage den Gang der Geschichte zu ändern. Hätte Friedrich, als deutscher Fürst erzogen, die Nachfolge im Kaiserreich angetreten, so wären seine politischen Ziele und seine gesamte Lebensphilosophie völlig anders gewesen; und, wiewohl weniger bedeutend, wäre er vielleicht ein sehr viel glücklicherer Mensch geworden.

Innozenz III. hatte in seinem Vertrag mit Konstanze die zusätzliche Bedingung gestellt, daß Walther von Pagliara an den Hof zurückgerufen würde. Es zeugt von Konstanzes Vernunft, daß sie sich fügte und, obwohl sie ihn wegen seiner Rolle bei ihrer Gefangennahme und seiner prodeutschen Sympathien gehaßt haben muß, seine Tüchtigkeit und Energie anerkannte. Offenbar sah sie ein, daß sie sich seine Gunst sichern mußte, um die Gewähr für eine auch nur einigermaßen stabile Regierung nach ihrem Tode zu haben. So trat Pagliara sein Amt als Kanzler wieder an und wurde Mitglied des Rates, dem die Regentschaft über das Königreich während der Minderjährigkeit Friedrichs zugesprochen war. Pagliara gehörte als Bischof von Troja wie alle anderen Mitglieder des Rates, den Sitten der Zeit entsprechend, dem geistlichen Stande an. Es waren dies die Erzbischöfe von Monreale, Reggio, Palermo und Capua; jedoch dominierte Pagliara in diesem Rat älterer Männer, von denen einige bald nach ihrer Amtsübernahme starben und ihm damit freie Bahn gaben, seine ehrgeizigen Ziele für sich und seine Familie zu verfolgen.

Angesichts der Wirren, die sich nunmehr in Sizilien ausbreiteten, läßt sich schwer feststellen, wer gegen wen kämpfte. Abgesehen von den Grafen und Baronen, die die Gelegenheit sofort ergriffen, um der Zentralgewalt die Macht zu rauben, gab es unter den sich bekämpfenden Parteien letztlich zwei Gruppen, deren Gleichgewicht jedoch durch den Papst gestört wurde, der unklugerweise eine dritte Gruppe ins Spiel brachte. Unter der Führung von Markward von Annweiler versuchten die Deutschen, sich des Landes unter dem Vorwand zu bemächtigen, daß sie die Interessen des Reiches vertraten, dem es auf Grund von Konstanzes Heirat mit Heinrich rechtmäßig zustehe. Hierbei wurden sie unterstützt von einer der großen Seemächte – Pisa –, die von der Situation zu profitieren und sich Seehäfen anzueignen hoffte. Die Mohammedaner schlugen sich alsbald zu dieser Gruppe, da sie verständlicherweise fürchteten, der Papst könnte seine Vormundschaft zu einem Schlag gegen sie ausnützen. Die Normannen begrüßten die Intervention des Papstes, da sie sicher sein konnten, daß er alles in seiner Macht stehende tun würde, um die Deutschen zu vertreiben und damit die Verbindung zwischen dem Königreich und dem Kaiserreich zu sprengen.

So entwickelte sich die Lage zu einem Kampf zwischen diesen beiden Gruppen, wobei Pagliara als Haupt des Regentschaftsrats und Vertreter Friedrichs die Unterstützung eines päpstlichen Heeres und der Normannen genoß. Da beging der Papst den Fehler, die Rückgabe der Grafschaft Lecce an die Erbin Tankreds zu verlangen. Diese Erbin war eine Tochter Tankreds, die zur Zeit von Heinrichs Tod geflohen war und einen berühmten Krieger – Walther von Brienne –, einen Verwandten des Königs von Frankreich, geheiratet hatte. Er nun fiel mit Unterstützung des Papstes an der Spitze einer französischen Armee in Süditalien ein, um das Erbe seiner Gemahlin zurückzuerobern. In der Nähe von Capua errang er einen Sieg über die Deutschen und marschierte nach Süden, um den Kampf fortzusetzen.

Innozenz war anscheinend der Meinung, er habe in der Unterstützung Walthers von Brienne einen gangbaren Weg gefunden, sich und Süditalien von den Deutschen zu befreien; zugleich glaubte er die Rechte seines Mündels genügend gewahrt zu haben, als er ihn schwören ließ, er werde die Ansprüche, die er im Namen seiner Frau geltend machte, auf die Grafschaft Lecce beschränken und keinen Versuch unternehmen, sie oder ihre Nachkommen auf Grund ihrer d'Hautevilleschen Abstammung als Prätendenten für den sizilischen Thron aufzustellen. Pagliara hingegen teilte diese Meinung des Papstes nicht; seine Befürchtung, daß Walther von Briennes Ansprüche ihn schließlich doch um seine Stellung bringen könnten, die praktisch der eines Regenten gleichkam, trieb ihn dazu, sich gegen den Papst zu wenden und ein Abkommen mit Markward von Annweiler zu treffen.

Die genauen Bedingungen dieses Abkommens werden sich wohl niemals feststellen lassen; mochte sich Pagliara in der Folge so oder so auf sie berufen, die späteren Ereignisse sprechen eine beredte Sprache. Als er Sizilien im Jahre 1201 verließ, bemächtigte sich Markward von Annweiler der Stadt Palermo und belagerte die Festung Castellamare, wohin Friedrich unter der Obhut von Pagliaras Bruder, Gentile von Manupello, aus Sicherheitsgründen gebracht worden war. Im kritischen Augenblick war Gentile unverständlicherweise abwesend – später behauptete er, er sei in Messina gewesen, um Vorräte zu holen, damit er einer Belagerung standhalten könne. Während seiner Abwesenheit übergab der Kastellan, der nicht einmal Widerstand zu leisten versuchte, die Burg samt Friedrich an Markward von Annweiler.

Es ist nicht unerheblich, daß die Persönlichkeit Friedrichs zum erstenmal in dieser Atmosphäre des Verrats sichtbar wird. Von seinem Leben bis zu diesem Zeitpunkt ist wenig bekannt, abgesehen von den Berichten der Chronisten, die von einer bis an die blanke Not grenzenden Armut sprechen, in die er durch das Chaos des Bürgerkrieges geraten war. Darin heißt es, daß er von der Freundlichkeit der Bürger von Palermo abhängig war, die ihn abwechselnd in ihre Häuser aufnahmen und beköstigten, der eine eine Woche, der andere einen Monat lang, je nachdem, was ein jeder leisten konnte.

Friedrich war nun sieben Jahre alt und seit dem Tode seiner Mutter umgeben von einer Schar von Intriganten, die ihre eigenen selbstsüchtigen Ziele verfolgten. Offiziell war Friedrich Mündel des Papstes und der Obhut des Kardinals Gregor von Galgano anvertraut, der seine Erziehung überwachte. Aber sowohl der Papst als auch der Kardinal waren im wesentlichen damit beschäftigt, die Interessen der Kirche auf dem unsicheren Boden der sizilischen Politik zu schützen, während Friedrichs persönliche Umgebung, das »Familiarenkolleg«, wie es genannt wurde, zum größten Teil aus Verwandten oder Anhängern Walther von Pagliaras bestand.

Wahrscheinlich hat Friedrich schon in diesem zarten Alter durchschaut, daß die Männer, die ihn umgaben, nur auf ihren eigenen Vorteil bedacht waren. Zur Gewißheit wurde es ihm bei dem Verrat, der es Markward von Annweiler ermöglichte, sich des Knaben zu bemächtigen, ohne daß auch nur der Versuch gemacht wurde, die Festung zu verteidigen. Da sie an der Küste gelegen war, hätte Friedrich als letzte Rettung mit dem Schiff nach Messina fliehen können. Sicher ist, daß er die Gefahr, die ihm als Markwards Gefangenen drohte, voll erkannte und fürchtete; ein Augenzeugenbericht läßt hier keinerlei Zweifel zu.

Ein an den Papst gerichteter Brief eines Mitglieds des »Familiarenkollegs« beschreibt die Vorgänge: »Als sie, durch den Verrat derjenigen, deren Fürsorge er anvertraut war, bis in das Innerste des Palastes gelangt, ihn packen wollten und es ihm klar wurde, daß er sich nunmehr in den Händen seiner Feinde befand, verteidigte er sich, kaum dem Alter entwachsen, in dem er mit Wiegenliedern in den Schlaf gesungen wurde, mit Tränen und Gewalt. Auch vergaß er nicht seinen königlichen Stand, als er – wie eine Maus, von einem raubgierigen Tier verfolgt – sich auf seine Bedränger warf, und mit ganzer Kraft versuchte, den Arm dessen abzuwehren, der es wagte, die Hand an den heiligen Leib des Gesalbten des Herrn zu legen; dann riß er sich die Kleider herunter und zerkratzte sich in ohnmächtigem Zorn mit seinen scharfen Nägeln das zarte Fleisch.«

Es wirkt auf uns Heutige befremdlich, daß ein siebenjähriges Kind sich als den »Gesalbten des Herrn« empfand, aber der Bericht des Mannes, der diese Vorgänge miterlebt hatte, stammt nicht erst aus den Jahren Friedrichs machtvoller Herrschaft, sondern ist unmittelbar nach dem Ereignis geschrieben, als er, ein hilfloses Kind, sich in der Gewalt seiner Feinde befand. Der Schreiber war offenbar von Friedrichs Gefühl für seine königliche Würde und die ihm zugefügte Schmach überzeugt. Der Knabe, der so denken und handeln konnte, sollte später seinen persönlichen Frieden, ja selbst sein Königreich seiner Vorstellung von den Pflichten eines Kaisers zum Opfer bringen.

Markward von Annweiler starb wenige Monate, nachdem er sich Friedrichs bemächtigt hatte, an den Folgen einer Gallenoperation. Aus Haß gegen Konstanze hatte er versucht, Friedrichs königliche Geburt beim Papst in Zweifel zu ziehen in der Hoffnung, das Königreich für sich selbst zu erlangen. Vermutlich hat nur sein früher Tod Friedrich vor Verstümmelung oder Ermordung bewahrt. Der Nachfolger Markwards, Wilhelm Capparone, war eine weniger starke Persönlichkeit und hegte keinerlei persönlichen Groll gegen Friedrich oder dessen Familie; außerdem verdankte er seine Autorität lediglich der Tatsache, daß er über die Person des jungen Königs zu wachen hatte. Dieser Pflicht oblag er gewissenhaft, überließ sonst jedoch das Kind weitgehend sich selbst.

Wie Friedrich die nächsten fünf Jahre seines Lebens verbracht hat, ist ein Rätsel, jedenfalls ging er als ein bereits ausgereifter Charakter daraus hervor – wie sein Vater, geschickt im Waffengebrauch, ein glänzender Reiter, ein unersättlicher Leser, mit leidenschaftlichem Interesse für die Natur und die Welt der Sterne. In seinem Wissensdrang sprach und diskutierte er mit jedem, wie es ihm gerade gefiel, Bevormundung jedoch machte ihn ungeduldig, und seine Manieren und Gewohnheiten waren derb.

Bis zu einem gewissen Grade hat Friedrich jedoch die normale Erziehung eines Edelmannes seiner Zeit genossen. Sein Lateinlehrer Wilhelm Franziskus, der schon 1201 bei ihm gewesen war, übernahm 1206 wieder die gleiche Aufgabe. Friedrich besaß eine natürliche Neigung zur Gelehrsamkeit; Jahre später bekannte er: »Ehe ich die Pflichten des Regierens auf mich nahm« (was er mit vierzehn Jahren tat), »strebte ich den Wissenschaften nach und atmete ihre balsamischen Düfte.« Diese etwas blumenhafte Ausdrucksweise hat eine orientalische Note; Friedrich muß viele Mohammedaner gekannt haben, da ein großer Teil der Bevölkerung Palermos aus Moslems bestand. Als erwachsener Mann sprach er fließend arabisch; sein Geschmack wie seine religiösen Anschauungen verraten den Einfluß mohammedanischer Freunde, die seine Liebe zu den Naturwissenschaften förderten, wiewohl er in sie schon früh durch den päpstlichen Legaten Gregor von Galgano eingeführt worden war.

Das Palermo, in dem Friedrich von seinem siebenten bis zum zwölften Lebensjahr ungezügelt umherstreifte, war eine Stadt aus »Tausendundeine Nacht«. Als Graf Roger I. sie im Jahre 1091 eroberte, war sie fast zwei Jahrhunderte hindurch von den Mohammedanern beherrscht worden. Unter diesem Fürsten wurde die mohammedanische Bevölkerung Siziliens – außer in Palermo selbst – auf einen von der Leibeigenschaft kaum zu unterscheidenden Stand herabgedrückt. Roger mit seiner typisch normannischen Begabung, zu organisieren und alles, was ihm in die Hände fiel, auf das vortrefflichste auszuwerten, entdeckte jedoch bald, daß die Mohammedaner die tüchtigsten Beamten abgaben. Sein Sohn König Roger II., der Große, war selbst ein hervorragender Administrator und überdies ein bedeutender Schirmherr der Künste und Wissenschaften. Unter seiner Führung entwickelte sich der sizilische Hof für Christen wie für Mohammedaner zu einem Weltzentrum der Gelehrsamkeit und der Kultur, lediglich übertroffen von den arabischen Königreichen in Spanien. Viele Übersetzungen griechischer und arabischer naturwissenschaftlicher Werke, die im zwölften Jahrhundert entstanden, sind durch den sizilischen Hof gefördert worden. Unter König Roger II. und seinen Nachfolgern übertrugen Eugen von Palermo und Heinrich Aristipp die Schriften von Ptolemäus, Platon und Aristoteles aus dem Griechischen ins Lateinische; der Mohammedaner Edrisi stellte nach fünfzehnjähriger Forschungsarbeit auf König Rogers Geheiß seine berühmte »Geographie« zusammen.

Zeitgenössische Schriftsteller – und zwar arabische wie christliche – sprechen von dem beherrschenden Einfluß der Moslems am Hofe Rogers II., der, nicht nur auf die Verwaltung und die Wissenschaft beschränkt, sich vielmehr auf das gesamte Leben erstreckte, das eher orientalisch als westlich war. Die Araber jener Tage überboten, was den Luxus der Lebensführung angeht, die Europäer bei weitem, und Roger fand rasch Geschmack an den Freuden und verfeinerten Sitten des mohammedanischen Lebensstils. Er lebte wie ein Sultan und unterhielt einen von Eunuchen bewachten Harem; er bewohnte Paläste, die nach zeitgenössischen Beschreibungen denen von Granada sehr ähnlich gewesen sein müssen, mit Höfen, die von Arkaden umgeben waren, ummauerten Gärten und Springbrunnen; wie in der Alhambra gab es sogar einen Löwenhof. Rogers Sohn Wilhelm I. und sein Enkel Wilhelm II., die ihm auf den Thron folgten, fügten weitere Paläste und Gärten hinzu, die Palermo schmückten – um mit den Worten eines arabischen Dichters zu sprechen – »wie eine Juwelenkette den Hals eines schönen Mädchens«.

Das also war die Umgebung, in der Friedrich seine Kindheit verbrachte. Im Winter lebte er wahrscheinlich im Königspalast in Palermo, vielleicht in den gleichen Gemächern, die König Roger II. mit glitzernden Mosaiken von Menschen, Tieren und Vögeln hatte zieren lassen. Im Sommer zog sich der Haushalt vor der großen Hitze in das Schloß Favara zurück, auch Maredolce genannt, weil es auf drei Seiten von einem riesigen künstlichen See umgeben war, oder man ging nach La Cuba, das mit seiner orientalischen Kuppel mitten in schnellfließenden, aus kühlen Bergquellen unterirdisch hergeleiteten Gewässern stand.

Hier mag Friedrich an Sommerabenden zugeschaut haben – während der gewürzte Muskatellerwein reichlich floß –, wie Capparone und seine Freunde von einer Truppe jener arabischen Musiker und Tänzerinnen unterhalten wurden, derentwegen Sizilien berühmt war. Für solche Abende, an denen sich das helle Mondlicht und der goldene Schein der Fackeln in den Wassern spiegelten, die Sänger arabische Liebeslieder zur Laute sangen und die Tänzerinnen mit den Füßen stampften und mit den Fingern den Rhythmus des Tanzes skandierten, für solche Abende waren die Lustschlösser Favara und La Cuba auf künstlichen Inseln unter Palmen geschaffen worden... »Ein Trank kühlen Wassers kommt nicht der Seligkeit gleich, wenn ich die Lippen meiner Geliebten küsse... ihr Atem duftet nach Ambra, sein Wohlgeruch macht mir ihre Nähe kund«[1]. Kein Wunder, daß Friedrich später das Entsetzen der Frommen erregte, als er sagte, Gott hätte nicht Palästina auserwählt, wenn er »mein eigenes Königreich Sizilien« gekannt hätte.

Die Schlösser La Cuba und Favara sowie zwei weitere – La Zisa und Menâni – standen alle in dem riesigen königlichen Park, der sich kilometerweit bis zu den Hügeln erstreckte, die den Monte Matazarro umgeben. Er war mit wohlriechenden Bäumen und Sträuchern, mit Lorbeer und Myrrhe bepflanzt; im Frühjahr hing der schwere Duft der Orangen-, Zitronen- und Limonenhaine in der Luft, und der rosa Schaum der Mandelblüten spiegelte sich in den lebendigen Wassern der Springbrunnen, der künstlichen Flüsse und Seen. Jede Spur dieser Gärten ist heute verschwunden, und die Schlösser sind Ruinen oder ihrem Zweck entfremdet. Aber die Erinnerung an die Schönheit dieses Parks lebt weiter in den Lustgärten des Großmoguls von Kaschmir und im Aguedal der maurischen Sultane von Marrakesch.

Dieser phantastische Garten war während Friedrichs Kindheit sein Königreich; dorthin flüchtete er sich vor den Menschen, auf die er sich nicht verlassen konnte; dort ersetzten Vögel und Tiere ihm die Gemeinschaft von Verwandten und Freunden, die er nie gekannt hatte. Sein Leben muß von überwältigender Einsamkeit gewesen sein; und wohl aus ihr wuchs eine für die damalige Zeit so ungewöhnliche Liebe zu Vögeln und Tieren, zur Schönheit der Natur. Als er später ein Buch über die Falkenjagd schrieb, bewies er eine erstaunliche Kenntnis vom Leben der Vögel und ihrer Gewohnheiten; den Grund hierzu legte er in den königlichen Gärten von Palermo. Als Kaiser baute er sich Jagdschlösser in wilden, entlegenen Gegenden von großer Schönheit, die er seine »Orte der Erquickung« nannte; dort ruhte er aus, wann immer er sich den Pflichten des Staatsmannes entziehen konnte. Diese Gewohnheit, sich vor den Prüfungen des Menschseins in die Gelassenheit der Natur zu retten, war ein Erbe seiner Kindheit.

Friedrich führte zu dieser Zeit durchaus nicht das Leben eines künftigen Königs in der aristokratischen Isolierung eines Hofes, sondern genoß, sich selbst überlassen, große Freiheit. Nach der Beschreibung eines Hofmannes hatte er mit etwa dreizehn Jahren im Umgang mit einer rauhen Gesellschaft grobe Manieren und Gewohnheiten angenommen. Die Umstände, unter denen er lebte, und seine eigene rege Neugierde brachten ihn mit Menschen aller Rassen und Schichten in Berührung; so boten sich ihm, wie wohl selten einem Herrscher, reiche Möglichkeiten zu erfahren, wie das Volk lebte und dachte. Als Friedrich in die Hände Markwards von Annweiler fiel, war der letzte rechtmäßige normannische König erst seit elf Jahren tot, und die Palermer dürften Friedrich gegenüber keinerlei Zweifel darüber gelassen haben, was sie von den

Deutschen, von Capparone und dessen Anhängern hielten. Ihre Erzählungen, wenn sie die jetzigen Zustände mit dem Frieden und Wohlstand der guten alten Zeit unter seinen normannischen Vorfahren verglichen, nährten seinen Haß gegen die Männer, die sein Königreich beherrschten, und steigerten seine Ungeduld, sich ihrer zu entledigen. Seine leidenschaftliche Natur muß sich fast verzehrt haben, da er es nicht wagen durfte, seine Gefühle zu zeigen. Doch liegt etwas Versöhnliches darin, daß er – wie dreizehnjährige Knaben aller Zeiten es tun – nachts wach lag und Abenteuergeschichten las: von Heldentaten seiner Vorfahren und der sizilischen Flotte, die die alten Chronisten dramatisch geschildert haben.

Aus dieser merkwürdigen Kindheit trug Friedrich für sein ganzes Leben Gewinn und Schaden davon; sie war ein Treibhaus, das seinen Charakter zur raschen Entfaltung brachte, so daß er, als er mit vierzehn Jahren mündig wurde, in mancher Hinsicht bereits einem Mann glich. Aber der Preis, den er zahlte, war ein Leben der Einsamkeit, eine Haltung vorwegnehmend, die seiner Zeit fremd war. Trotz des Zaubers, den er ausstrahlte, scheint Friedrich unfähig gewesen zu sein, die Schranken zu durchbrechen, die ihn von den übrigen Menschen trennten; er besaß wenig Freunde, und abgesehen von seinen Kindern hat er vielleicht nur einmal in seinem späteren Leben einen einzigen Menschen wahrhaft geliebt.

Alle Zeitgenossen Friedrichs waren offenbar von seiner ungewöhnlichen Frühreife überrascht. Dieses Thema wird mehrfach in Briefen erwähnt; das markanteste Zeugnis findet sich in einem Brief des Papstes vom 26. Februar 1208, in dem Innozenz III. Friedrich beschreibt: »Wie es von den Cäsaren, Seinesgleichen, heißt, kommt die Mannhaftigkeit vor der Zeit, und mit raschem Schritt läßt er das Knabenalter hinter sich zurück, tritt ein in das Alter der Einsicht und eilt mit seinen Kräften den Jahren voraus.« Innozenz hatte Friedrich nie gesehen; er verdankte sein Wissen dem damaligen Legaten in Sizilien, dem Kardinal Cencius Savelli. Etwa zwei Jahre bevor dieser Brief geschrieben wurde, war Friedrich im Verlauf einer Wiederannäherung zwischen Innozenz III. und Walther von Pagliara, der auch die Pflichten des Kanzlers wieder übernommen hatte, erneut der Vormundschaft des Papstes unterstellt worden.

Ein zeitgenössischer Brief schildert Friedrich im Jahre 1208, als er ein unbekannter, vom Papst abhängiger Knabe mit ungewisser Zukunft war, der lediglich den Titel des Königs eines Staates trug, in dem selbst die Befehle des mächtigen Kanzlers kaum über die Mauern der Stadt Palermo hinaus wirkten.

Wer der Verfasser war, wissen wir nicht, doch muß er offensichtlich intime Kenntnis des Hofes besessen haben, denn er schrieb: »Da Du auf Grund so mannigfacher und widersprechender Berichte seit langem über die Gewohnheiten, die Gestalt, das Aussehen und das Leben des Königs im Zweifel bist und von mir genauere Auskunft hierüber zu haben wünschst, habe ich mich zu diesem Unterfangen, das einen höheren und geschliffeneren Stil als den meinen verlangt, entschlossen, um Dir meinen guten Willen zu zeigen. Die Gestalt des Königs ist weder kleiner noch größer, als man es von seinem Alter erwarten kann. Aber der Schöpfer des Alls hat ihm kräftige Glieder und einen starken Körper verliehen, so daß sein kraftvoller Geist alles, was er unternimmt, zu Ende führen kann. Er ist nie untätig, sondern verbringt den ganzen Tag mit irgendeiner Beschäftigung; er stärkt seinen gelenkigen Körper durch jede Form des Waffengebrauchs, auf daß seine Kraft durch Übung gestählt werde. Seine Waffen trägt er stets bei sich; er ficht mit dem Schwert, das er besonders geschickt zu handhaben weiß, auch oft zum Schein, als verteidige er sich gegen einen Angriff. Er ist ein guter Pfeilschütze und übt sich ständig in der Kunst des Bogenschießens. Er liebt feurige Vollblutpferde, und ich glaube, niemand versteht es wie er, sie zu zügeln und dann in vollen Galopp überzugehen. So verbringt er seine Tage vom Morgen bis zum Abend, um tags darauf erneut darin fortzufahren.

Hinzu kommt eine königliche Haltung und Miene, die mit Güte und Anmut, einer klaren Stirn, leuchtenden Augen, einem ausdrucksvollen Antlitz, einem feurigen Geist und raschem Witz gepaart ist. Dennoch sind seine Handlungen manchmal seltsam und vulgär, aber das entspringt nicht seiner Natur, sondern der rüden Gesellschaft, in der er sich bewegt. Auf Grund seiner guten Anlagen kann der königliche Wille alles dieses zum Besseren wenden, und alles Vulgäre wird sich Schritt für Schritt in Gutes wandeln. Jede Ermahnung erregt seine Ungeduld; schon traut er sich zu, nach eigenem freiem Willen zu handeln und hält es für schimpflich, einem Vormund unterstellt und als Knabe gehalten zu werden. Das führt dazu, daß er die Anordnungen seines Lehrers nicht befolgt; mit der einem König zustehenden Freiheit spricht und diskutiert er mit allen in einer Weise, die die Ehrfurcht vor seiner Majestät mindert. Doch sind seine Tugenden weit größer, als man von seinem Alter erwarten könnte, und obzwar noch ein Knabe, so ist er doch des Wissens voll und besitzt die Gabe der Klugheit, die meist erst im Laufe der Jahre wächst. Bei ihm zählen also die Jahre nicht; auch braucht man nicht die Reife abzuwarten, denn das Wissen des Mannes ist ebenso groß wie die Majestät des Herrschers.«

An seinem vierzehnten Geburtstag, am 26. Dezember 1208, wurde Friedrich volljährig; neun Monate später vermählte er sich mit Konstanze von Aragon, die der Papst für ihn ausersehen hatte. Sie war die Witwe des Königs von Ungarn und zehn Jahre älter als Friedrich. Er scheint von dieser Ehe nicht sehr begeistert gewesen zu sein; doch war immerhin vereinbart worden, daß sie zur freien Verfügung ihres Gemahls fünfhundert Ritter unter der Führung ihres Bruders, des Grafen Alfons von Provence, mit in die Ehe bringen sollte. Ritter bildeten damals die eigentliche Schlagkraft der Heere; fünfhundert waren also, gemessen an den Maßstäben jener Zeit, eine beachtliche Streitmacht, mit der es Friedrich nunmehr ernsthaft unternehmen konnte, die Ordnung in seinem Königreich wiederherzustellen.

Hatte Friedrich während seiner Minderjährigkeit tatenlos zusehen müssen, wie sein Königreich die Beute desjenigen wurde, der die Macht besaß, es sich zu nehmen, so war in diesen Jahren seine Entschlossenheit, Ordnung zu schaffen, gewachsen. Als er am 19. August Konstanze empfing – nachdem der Ehevertrag schon Anfang des Jahres 1209 in Syrakus unterzeichnet worden –, hatte er bereits einen Zug durch die Insel unternommen, um Ruhe und Ordnung wiederherzustellen, und war, als die Vermählung stattfand, zu einem großen Teil wieder im Besitz der Länder des Krongutes.

Die Hochzeit wurde mit großem Pomp in Palermo gefeiert; Edelleute aus dem ganzen Königreich eilten herbei, um an den

Feierlichkeiten teilzunehmen. Offenbar zeigte sich alle Welt neugierig, den jungen König zu sehen, der – zwar in tiefster Verborgenheit aufgewachsen – doch der Enkel der beiden bedeutendsten Männer des vergangenen Jahrhunderts, Barbarossas und Rogers II., war.

Man versäumte nicht, bei der Vermählung den größten Prunk zu entfalten, um die Barone zu beeindrucken – bedeutete die Verbindung mit dem mächtigen Hause Aragon doch die Rückkehr des Königreichs Sizilien auf die Bühne der Weltpolitik. Seit dem Tode König Wilhelms war der Glanz des Hofes von Palermo völlig erloschen; so sahen die Bürger und Kaufleute der Stadt freudig dem Wohlstand entgegen, den eine stabile Regierung und die Vergnügungen des Hofes mit sich bringen würden; den Adel allerdings mag die Aussicht auf eine Verstärkung der königlichen Macht durch fünfhundert fremde Ritter weniger begeistert haben.

Was die beiden Hauptgestalten – die Braut und der Bräutigam – voneinander hielten, ist uns durch keine Indiskretion der Chronisten oder Hofleute überliefert worden. Die vierundzwanzigjährige Konstanze hatte bereits als Königin regiert; der Titel ihres Bruders – Graf von Provence – stand für Ritterlichkeit und Bildung, sein Name war mit der Dichtung und Romantik der Minnehöfe verbunden. Friedrich hingegen, ein vierzehnjähriger Knabe, der seine Tage mit Waffenspiel und Jagd, seine Nächte über Büchern verbrachte, dessen Gewohnheiten vulgär und dessen Manieren rüde waren, lernte wahrscheinlich zum erstenmal in seinem Leben eine vornehme Dame von Welt kennen.

Die Jahre, die sie trennten, hätten in jedem anderen Lebensalter kaum etwas ausgemacht; aber zwischen einem Knaben von vierzehn und einer jungen Frau von vierundzwanzig Jahren, die bereits verheiratet und Mutter eines Sohnes gewesen war, mußten sie eine fast unüberbrückbare Kluft sein. Bis zu seiner Heirat hatte Friedrich nur die Gesellschaft rauher Soldaten, ränkevoller Priester und Politiker und das Volk von Palermo gekannt. Wir wissen nicht, mit welcher Art von Freunden und Bekannten er im Laufe der Jahre umging, aber selbst später, als er der vornehmste und kultivierteste Herrscher seiner Zeit war, konnte er gelegentlich sagen: »Ich habe noch nie ein Schwein gemästet, ohne ihm den

Speck abzunehmen!« – was doch wohl als Überbleibsel der Jahre verstanden werden muß, in denen er durch die Gassen und die Märkte von Palermo streunte.

Für Friedrich öffnete sich mit der Ankunft Konstanzes und ihrer Ritter, Hofdamen und Troubadours eine neue Welt, die sehr anders war als die der Geistlichen und Soldaten, die er bisher kannte. Es ist bezeichnend, daß von der Zeit seiner Vermählung mit Konstanze an alle Beschreibungen seiner Person und seines Benehmens seinen Charme und seinen persönlichen Zauber betonen. Seine verfeinerten Gewohnheiten und seine Leidenschaft für persönliche Sauberkeit wurden später fast ebenso zur Legende wie sein sybaritischer Geschmack. Innerhalb von drei Jahren hat diese Ehe den rauhen, ungehobelten Knaben in den »Puer Apuliae« verwandelt, dessen Glanz und Zauber Deutschland im Sturm eroberten.

Die Ehe war zwar aus rein politischen Gründen geschlossen worden und hatte nichts Romantisches an sich, aber sie gab Friedrich das, was ihm fehlte, den Schliff eines Hofmannes. Sie führte ihn ein in die Konventionen der höfischen Minne und in das Beste, was Europa an kultiviertem Leben zu bieten hatte. Nach einigen Jahren gebar Konstanze einen Sohn, der Heinrich getauft wurde. Kurz danach wurde Friedrichs erstes uneheliches Kind Enzio geboren – das erste Zeichen der sinnlichen Seite in Friedrichs Natur, die später die Grenzen selbst dessen überschritt, was die damalige Zeit als das Vorrecht von Kaisern und Königen betrachtete.

Dennoch übte diese Ehe eine nachhaltige Wirkung auf Friedrichs persönliches Leben aus. Zum erstenmal seit dem Tode seiner Mutter gab es einen Menschen, dessen Interessen mit den seinen unlösbar verbunden waren. Mit der Geburt eines Sohnes verstärkte sich diese Bindung, die bis zu einem gewissen Grade Friedrich die furchtbare Last der Einsamkeit, die seine Kindheit überschattet hatte, abnahm.

Auch Konstanze war sehr viel mehr, als sie zunächst erwartet hatte, auf ihren jungen Gemahl angewiesen, denn zwei Monate nach der Hochzeit wurden ihr Bruder und fast alle Ritter, die sie aus Aragon mitgebracht hatte, das Opfer einer jener heftigen Seuchen, die die Fremden im Königreich Sizilien so häufig hinrafften und damit den Gang der Geschichte änderten. Nach diesem tragischen Ereignis begaben sich Friedrich und Konstanze, um der Ansteckung zu entgehen, von Palermo nach Catania.

Friedrich begriff, daß der Tod der Ritter seine Hoffnung, in seinem Königreich rasch Ordnung zu schaffen, fast zunichte machte – nun war er diese Ehe fast nur mit Rücksicht auf den Zuwachs an Streitkräften eingegangen –, doch reagierte er darauf in der gleichen Weise wie auf alle Schicksalsschläge in späteren Lebensabschnitten. Er verbrachte seine Tage auf der Jagd in den Wäldern von Murgo oder an den Seen und Sümpfen von Lentini, einer der wildesten und schönsten Landschaften in der Nähe von Catania. Aber mochte er sich wie ein Knabe geben, der sich lediglich für die Jagd und für das Leben der Natur interessierte, so verfolgte Friedrich – jetzt wie in späteren Jahren – unbeirrbar die Ziele seiner Politik mit den geringen Mitteln, die ihm gerade zur Verfügung standen. Indem er den genuesischen Grafen Alaman da Costa, den er im Jahr zuvor in Syrakus kennengelernt hatte, zum Mitglied des königlichen Rates ernannte, ebnete er den Weg für ein Bündnis mit Genua.

Friedrich wußte, daß er die Hilfe jedes Verbündeten, den er gewinnen konnte, brauchen würde, denn er hatte kurz vor oder nach dem Tode des Grafen Alfons von Provence ein Edikt erlassen, nach dem alle Grundbesitzer ihre Besitzurkunden der königlichen Kanzlei zur Überprüfung vorzulegen hatten. Zweifellos hatte er dies schon in den Jahren geplant, als er mitansehen mußte, wie sein Krongut und seine Kronrechte Stück für Stück von den habgierigen Baronen entwendet oder von Pagliara an seine Anhänger verschenkt wurden. Charakteristisch für Friedrich ist, daß er sich dieser legalen, unauffälligen Form bediente, um wieder normale Verhältnisse in seinem Königreich zu schaffen, obgleich er genau wußte, welchen Sturm er damit unweigerlich entfesselte.

Als die kalabrischen Barone sahen, daß Friedrich keine Ritter aus Aragon mehr zur Seite standen, empörten sie sich offen gegen diesen jugendlichen König, der seine eigenen Ländereien von ihnen zurückzuverlangen wagte. Die mächtigsten unter ihnen waren die Grafen von Gerace und Tropea. Graf Anfuso de Roto von Tropea hatte Friedrich offenbar persönlich beleidigt; sein Erstaunen muß grenzenlos gewesen sein, als er und viele andere der mächtigsten

Edlen des Königreichs plötzlich gefangengesetzt wurden. Die Nachricht verbreitete sich rasch und erregte großes Aufsehen. Der Abt von Monte Cassino verschob die Abreise seines Kämmerers, der Geschenke und Botschaften zur Vermählung des Königs überbringen sollte.

Friedrich hatte sich, wohlüberlegt, durchaus innerhalb der Grenzen seiner Rechte gehalten. Um den Prälaten und Edlen seines Königreiches die Gründe für sein Verhalten darzulegen, richtete er an sie einen Rundbrief, den er zuerst an den Abt von Monte Cassino sandte; darin heißt es: »Es wird behauptet, die Barone und das Volk billigten Unsere Handlungsweise nicht. Wir erinnern Uns jedoch, Euch bereits von der Feindseligkeit, die hier besteht, unterrichtet zu haben. Nunmehr ist sie klar in Erscheinung getreten. Die Grafen Paolo und Ruggiero von Gerace haben sich gegen Uns verschworen. Der Graf von Tropea, Anfuso de Roto, hat erklärt: ›Ich will meinen Sitz in Kalabrien nehmen und dem König gleich sein.‹ Er strebte nach der Admiralswürde und verlangte die Burgen von Mente und Montecino. Als Wir Uns weigerten, da Wir hofften, den Uns noch verbliebenen kleinen Teil Unseres Krongutes zu erhalten, stieß er mit lauter Stimme Drohungen gegen Uns aus. Sagt also bei Eurer Treue, ob Wir nicht gerechtfertigt sind? Gibt es irgend jemanden in Kalabrien, der nicht weiß, daß Graf Anfuso fast Unser ganzes Krongut an sich gerissen und Kirchen und heilige kirchliche Ländereien zerstört sowie Menschen und Festungen geraubt und Gotteshäuser in Räuberhöhlen verwandelt hat?«

Dieser Rundbrief wurde am 14. Januar 1210 in Messina unterzeichnet. Das letzte Dokument mit dem Namenszug Walther von Pagliaras war wenige Tage zuvor ausgefertigt worden; von nun ab mußte Pagliara in seinem Bistum Catania leben, behielt aber den Titel eines Kanzlers. Hier trennten sich die Wege.

Schon einmal, und zwar im Sommer des Jahres 1201, war ein Rundbrief in Friedrichs Namen ausgesandt worden, der in jenen verworrenen und bedrohlichen Zeiten, als Pagliara Sizilien verlassen hatte und Markward von Annweiler vor den Toren Palermos stand, die christlichen Fürsten um Hilfe anging für den kindlichen König von Sizilien – den Waisenknaben, das »Lamm unter den Wölfen«. Der Brief war, in Friedrichs Namen, von einem der Familiaren geschrieben, vielleicht von einem Sekretär der päpstlichen Kanzlei, die sich solcher Briefe immer häufiger bediente. Wußte Friedrich von der Existenz dieses ersten Rundschreibens? Und war der Verfasser noch immer ein Mitglied seines Haushalts, an den er sich gewandt hatte, bevor er diesen ersten ganz und gar unabhängigen Schritt tat? Jedenfalls hat Friedrich mit diesem Rundbrief eine Methode eingeführt, die später eine seiner stärksten politischen Waffen werden sollte.

Bereits im Dezember hatte der Papst Pagliara vor einer sehr viel größeren Gefahr gewarnt, die Friedrichs Königreich von außen bedrohte. Einige Unzufriedene, denen Friedrichs energische Politik nicht behagte, sowie einige Deutsche, die um ihre Lehnsgüter in den nördlichen Gebieten des sizilischen Königreichs bangten, hatten mit dem welfischen Kaiser Otto IV. Fühlung genommen und ihn aufgefordert, in das Königreich Sizilien einzufallen. Otto befand sich an der Spitze eines mächtigen Heeres auf dem Wege nach Rom, um sich dort zum Kaiser krönen zu lassen. Doch obzwar er das Haupt einer dem Papst treu ergebenen Partei war, mißtraute Innozenz III. ihm und seinen Absichten von Anfang an mit Recht.

Seit dem Tode Heinrichs IV. wurde Deutschland durch einen Bürgerkrieg zwischen dem welfischen und dem staufischen Anwärter auf den kaiserlichen Thron verwüstet. Philipp von Hohenstaufen, der zunächst loyal versuchte, die legalen Ansprüche seines Neffen Friedrich zu unterstützen, wurde von den Führern der staufischen Partei anstelle Friedrichs zum Kaiser gewählt, weil sie meinten, ihre Sache sei zum Scheitern verurteilt, wenn sie sich für ein Kind im fernen Sizilien einsetzten. Als Philipp endlich nach elf mühsamen Jahren seine Herrschaft gefestigt glaubte, ermordete ihn ein enttäuschter Freier seiner Tochter. Erschöpfung und Überdruß zwang den sich bekämpfenden Parteien eine Kompromißlösung auf; der welfische Anwärter, Otto von Braunschweig, vermählte sich mit Philipps Tochter Beatrix, womit eine Einigung zwischen Welfen und Hohenstaufen erzielt war, da Beatrix als Erbin der Hohenstaufen galt. Friedrich schien völlig vergessen. Schließlich wurde Otto mit Zustimmung des Papstes zum Kaiser gewählt unter der Bedingung, daß er keinerlei Anspruch auf das Königreich Sizilien erhebe.

Der Erfolg nach so vielen Jahren des Kampfes scheint Otto maßlos gemacht zu haben; er plante, seine Herrschaft auf das gesamte Reich Barbarossas auszudehnen, indem er, ungeachtet seines dem Papst gegebenen Wortes, beschloß, sich des Königreiches Sizilien zu bemächtigen. Die deutschen Fürsten wollten keinen Krieg mehr; nur die Anhänger der Staufer, die sich Barbarossas noch erinnern konnten, waren empört über die Absicht des welfischen Kaisers, dem Enkel Barbarossas sogar Sizilien, das Königreich seiner Mutter, zu entreißen. Entscheidend war jedoch die Haltung des Papstes: wenn selbst ein welfischer Kaiser die Gefahr einer Vereinigung Siziliens mit dem Reich erneut heraufbeschwören konnte, so schien es weit besser, ihn durch Friedrich zu ersetzen, der noch ein Knabe und als Mündel von Innozenz fern aller staufischen Einflüsse aufgewachsen war.

Der Papst hatte bereits Vorsorge getroffen, indem er die deutschen Bischöfe für den Fall einer Exkommunikation des Kaisers von ihrem Treueid entband. Nun gab Ottos Einfall in die päpstliche Provinz Tuszien und in das zum sizilischen Königreich gehörende Apulien das Signal für seine Exkommunikation.

Im Herbst 1211 besetzte Otto den gesamten festländischen Teil des Königreichs Sizilien. Die Mohammedaner hatten ihn aufgefordert, auch die Insel zu überfallen. Als er sich darauf vorbereitete, die Straße von Messina zu überqueren, erhielt er die Nachricht, daß die Fürsten ihn im September auf einer Versammlung in Nürnberg abgesetzt und an seiner Stelle Friedrich zum Kaiser gewählt hätten. Diese erstaunliche Wandlung nur zwei Jahre nach Ottos endgültiger Thronbesteigung und Kaiserkrönung war das Werk des Papstes und des Königs Philipp August von Frankreich, der wegen der Verwandtschaft der Welfen mit seinen englischen Feinden der welfischen Thronfolge entgegenstand. Auch trug die Kriegsmüdigkeit der deutschen Fürsten dazu bei. Otto erkannte den Ernst der Lage; am 1. November trat er bereits die Rückreise nach Deutschland an.

In Sizilien herrschte große Bestürzung; im Hafen von Palermo lagen schon die Galeeren vor Anker, die Konstanze und ihren neugeborenen Sohn Heinrich, ja wahrscheinlich sogar Friedrich selbst nach Afrika bringen sollten, falls Ottos Invasion glückte. Aber der König bewahrte eine erstaunliche Ruhe. Er wählte diesen Augenblick, den Tiefpunkt seines Geschicks, um Sonne und Mond, die Symbole der Weltherrschaft, in seinem Wappen anbringen zu lassen.

Nur wenige dramatische Gesten dieser Art sind so schnell und so vollständig von der Geschichte bestätigt worden. Anfang des Jahres 1212 erschienen die deutschen Abgesandten Konrad von Ursberg und Anselm von Justingen in Italien und boten Friedrich die Kaiserkrone an. Als Anselm in Palermo ankam, war Friedrich gerade achtzehn Jahre alt geworden, seine Macht über die Insel Sizilien und gar die über die festländischen Teile seines Königreichs war außerordentlich gering, kein Wunder also, daß seine Ratgeber und seine Gemahlin ihm rieten, das Angebot abzulehnen.

Friedrich selbst empfand keine Bindung an das Land seines Vaters; er war aufgewachsen unter Menschen, die allen Grund hatten, die Deutschen zu hassen und denen es wahrscheinlich gelungen war, auch in ihm ähnliche Gefühle zu wecken. Zudem hatte er eben begonnen, in seinem Königreich Ordnung zu schaffen, als die Invasion Ottos und seines deutschen Heeres es erneut in ein Chaos stürzte und Friedrichs Leben bedrohte. Aber gerade diese Gefahr ist es wohl gewesen, die Friedrich trotz aller gegenteiligen Ratschläge dazu bestimmte, die ihm angebotene Kaiserkrone anzunehmen. Seine Empörung über Ottos rechtswidrigen Angriff, sein leidenschaftlicher Charakter wirkten wohl mit, entscheidend aber war, daß er mit einer Urteilskraft, die für einen Menschen mit so geringer politischer Erfahrung erstaunlich ist, die Dinge auf lange Sicht überblickte. Er erkannte, daß die Enttäuschung über die Zurückweisung der Kaiserkrone Ottos Stellung in Deutschland so festigen würde, daß er mit einem verstärkten Heer den Angriff auf Sizilien erneut wagen könnte.

Innozenz III. war sich zwar der Gefahren bewußt, die eine Unterstützung Friedrichs mit sich bringen würde, hätten jedoch er oder seine Ratgeber eine auch nur annähernd richtige Vorstellung von dem Charakter und den Empfindungen des jungen Mannes gehabt, der bis vor kurzem sein Mündel gewesen war, so hätten sie eher zu jedem anderen Mittel gegriffen, die Vereinigung Siziliens mit dem Reich und die sich daraus ergebende territoriale Umklammerung des Kirchenstaates zu verhindern. Doch wurde Friedrich genötigt, die päpstliche Lehenshoheit anzuerkennen. Die Bestätigung der früher mit den normannischen Königen geschlossenen Verträge und des Konkordats seiner Mutter sowie eine Tributzahlung genügten offenbar nicht als ausreichende Garantie. Dem vom Papst geforderten Akt der Unterwerfung kam Friedrich im Februar 1212 in Messina nach: »In Gegenwart des päpstlichen Legaten schwören wir Euch und Euren Nachfolgern Treue und versprechen, daß wir Euch persönlich Lehenshuldigung leisten werden, wenn Ihr oder Eure Nachfolger das Königreich betretet und wir, von Euch herbeigerufen, ohne Gefahr zu Euch kommen können.« Ferner wurden die Bedingungen für die Wahl der sizilischen Bischöfe festgelegt. Diese Frage war seit langem zwischen den Päpsten und den Königen von Sizilien strittig; wegen der Wahl des Erzbischofs von Palermo hatte es bereits Schwierigkeiten zwischen Friedrich und Innozenz gegeben. Auch in dem neuen Abkommen wurde die Frage nicht endgültig gelöst; der Vertrag sah nämlich vor, daß alle Bischöfe nach ihrer Wahl durch das Kapitel sowohl vom Papst als auch vom König in ihrem Amte bestätigt werden mußten, womit der Weg für dauernde Reibereien auch künftig offenblieb.

Friedrichs Sohn Heinrich, der erst wenige Monate alt war, wurde feierlich zum König von Sizilien gekrönt, Konstanze als Regentin eingesetzt und Walther von Pagliara an den Hof zurückgerufen. Von nun an trug Friedrich den Titel des künftigen Kaisers. Ende Februar begab er sich auf die gefahrvolle Reise nach Deutschland, um das Kaiserreich nunmehr tatsächlich für sich zu gewinnen.

Mit nur wenigen Begleitern schiffte sich Friedrich in Messina ein. Unter ihnen befand sich ein Mann, dessen Treue nie versagte, und der einer der wenigen Menschen gewesen zu sein scheint, für den Friedrich echte Zuneigung und Freundschaft empfand. Erstaunlicherweise war es ein Priester – Berard von Castacca –, der spätere Erzbischof von Palermo. Er kannte Friedrich seit einigen Jahren und war als Bischof von Bari eine Zeitlang Mitglied des Regentschaftsrates gewesen. Jetzt wurde er zum päpstlichen Legaten ernannt, um Friedrich zu begleiten – eine Tatsache, die ebenso für seine diplomatischen Fähigkeiten wie für die Zuneigung spricht, die er in Friedrich erweckt hatte.

Die Feindschaft der Stadt Pisa, deren Galeeren auf der Lauer lagen, zwang Friedrich in Gaeta zu landen und seine Reise nach Rom auf dem Landweg fortzusetzen. Die Ruinen des vergangenen römischen Imperiums säumten die alte Via Appia, und der junge Erbe des Cäsarentitels wurde mit allen, einem künftigen Kaiser gebührenden Ehren in der Stadt empfangen. Aber inmitten dieser Überreste altrömischer Größe und seiner eigenen kaiserlichen Zukunft wurde Friedrich deutlich an die mittelalterliche Gegenwart und an den eigentlichen Sitz der Macht erinnert – am Ostersonntag mußte er Innozenz als Lehnsherrn für das Lehen Sizilien huldigen.

Vor Innozenz kniend, legte er seine Hände in die des Papstes und senkte sein Haupt vor dem durchbohrenden Blick dieses kleinen, furchtlosen Mannes, dessen eiserner Wille das Papsttum zu Höhen der Macht emporgetragen hatte, die es nie wieder erreichen sollte. Das blasse, ovale Gesicht des Papstes mit der langen, beherrschenden Nase, den schrägen Augen, dem winzigen asketischen Mund und dem kräftigen Kinn blickte herab auf das glatte, bartlose Antlitz eines Jünglings mit strahlendblauen Augen und rotgoldenen Haaren. Innozenz sah anscheinend nur die mangelnde Reife, den sinnlichen Mund und die demütige Haltung. Der Stolz, der seinen eigenen übertraf, und der rücksichtslose, starke Wille sind ihm entgangen. Einem der größten Staatsmänner der Kirche gelang es trotz all seiner Erfahrung nicht, diesen achtzehnjährigen Jüngling als das zu erkennen, was er war.

Hätte der Papst den aufgestauten Groll gespürt, den Jahre der Bitterkeit in einem stolzen und leidenschaftlichen Geiste hervorgerufen hatten, der nur durch die Entschlossenheit des Willens und des Verstandes im Zaum gehalten wurde, so hätte er selbst zu dieser späten Stunde noch nach einem anderen Weg gesucht, seine Politik zu verwirklichen, oder er hätte mit einer großzügigen Geste alles aufs Spiel gesetzt und Friedrich ohne Bedingungen ziehen lassen, um die Herrschaft über sein Reich zu gewinnen. Statt dessen schürte Innozenz die Flammen des Mißtrauens und des Grolls, indem er Friedrich zwang, auf den letzten Rest seines Erbes, das ihm selbst in den dunkelsten Zeiten dem Namen nach geblieben war – auf sein geliebtes Königreich Sizilien – zu verzichten.

Die harte Schule seiner trostlosen Kindheit kam Friedrich bei dieser Gelegenheit zugute. Innozenz scheint niemals begriffen zu haben, daß dieser beherrschte junge Fürst, der sich damit einverstanden erklärte, das Königreich Sizilien an seinen kleinen Sohn abzutreten, sobald er selbst zum Kaiser gekrönt worden sei, der sogar versprach, das Königreich während der Minderjährigkeit des Kindes durch einen vom Papst benannten Regenten verwalten zu lassen, innerlich entschlossen war, nichts dergleichen zu tun.

Das Chaos, das Friedrich bei seinem Regierungsantritt in Sizilien vorfand, war in seinen Augen das Ergebnis der Nachlässigkeit des Papstes, der die Interessen der Kirche seinen Pflichten als Vormund vorangestellt hatte. Daß der Papst in der Lage war, von ihm das Versprechen zu erlangen, sein Königreich und seinen eigenen Sohn der Bevormundung zu unterstellen, die er selbst gerade hinter sich gelassen hatte, empfand ein Mann von Friedrichs Temperament als Demütigung, wie sie kaum bitterer sein konnte.

Friedrich war zweifellos froh, Rom verlassen und seine Reise fortsetzen zu können. Seine Freundschaft mit dem genuesischen Grafen Alaman da Costa kam ihm jetzt zustatten; in Civitavecchia schiffte er sich auf eine genuesische Galeere ein, deren Mannschaft es gelang, den künftigen Kaiser unter den wachsamen Augen ihrer pisanischen Rivalen über das Ligurische Meer in ihren Heimathafen zu schmuggeln. In Genua auf das herzlichste willkommen geheißen, blieb Friedrich dort drei Monate im Hause des Niccolo Doria. Die Dorias waren die Führer der ghibellinischen Partei, die Friedrich selbst dann noch die Treue bewahrten, als Genua ein päpstliches Bollwerk wurde. Vermutlich lernte Friedrich damals Percival Doria kennen, den Mann, den er später in den intimen Kreis von Dichtern, Schöngeistern und Gelehrten an seinem Hofe hineinzog.

Mit der ihnen eigenen Geschäftstüchtigkeit schlossen die Genuesen ein Abkommen mit Friedrich, in dem er versprach, nach seinem Regierungsantritt alle Privilegien zu bestätigen, die Genua von früheren Kaisern gewährt worden waren. Dafür schenkte ihm die Stadt eine große Summe Geldes.

Im Juli verließ Friedrich Genua und trat den letzten Teil seiner Reise an, der sich als der weitaus gefährlichste erweisen sollte, da die Milanesen auf der Lauer lagen und die Lombardische Tiefebene überwachten, um zu verhindern, daß ein weiteres Mitglied des verhaßten Hauses Hohenstaufen nach Deutschland gelangte und Kaiser wurde. Durch die Anwesenheit Ottos und seines Heeres in Trient war Friedrich auch die übliche Alpenstraße über den Brenner verschlossen.

Am Samstag, dem 28. Juli, zog Friedrich mit seinem Gefolge unter Glockengeläute und Jubel in die Stadt Pavia ein. Bereits in der Lombardei umfing ihn der Glanz des Südens; für die schlichte Stadtbevölkerung war er der *Puero Sicilie*, der sizilische Jüngling. Dort verbrachte er die Nacht, um sich am nächsten Abend bei Anbruch der Dunkelheit in Begleitung einer Schar bewaffneter Bürger zum Lambrofluß aufzumachen, wo er mit einem Trupp aus dem ghibellinischen Cremona zusammentreffen sollte.

Nach einem langen Nachtritt ruhten Friedrich und seine Schar am Ufer des Flusses und warteten darauf, im Morgengrauen mit den Cremonesen Fühlung zu nehmen, als sie von den Milanesen überrascht wurden. Während des Handgemenges warf sich Friedrich, der die herannahenden Cremonesen auf dem jenseitigen Flußufer entdeckte, auf ein ungesatteltes Pferd und erreichte sicher das andere Ufer und Cremona, wo ihm ein triumphaler Empfang bereitet wurde.

Danach entschwindet Friedrich eine Zeitlang völlig unseren Blicken. Der genaue Weg, auf dem er die Alpen überquerte, ist bis auf den heutigen Tag unbekannt geblieben. Wir begegnen ihm erst wieder in Chur, im Herzen seines Erbherzogtums Schwaben, von wo er sich aufmachte, sein Reich zu erobern.

Vor kurzem von A. Praendi in Barletta entdeckte Büste Friedrichs II.

Das Schloß und die Gärten von La Cuba in Palermo nach einem Gemälde von A. Lentini. Das Schloß existiert noch heute.

Vor kurzem in Apulien gefundene Büste, die angeblich Friedrich II. als jungen Mann darstellt.

Thronsaal in Castel Gioia del Colle. Hier wurde Friedrichs Leiche feierlich aufgebahrt auf der Reise von Castel Fiorentio über Taranto nach Palermo.

Der Thron in Castel Gioia del Colle.

Castel del Monte. Das Fenster auf der linken Seite ist angeblich das des kaiserlichen Schlafgemachs.

Castel Lagopesole. Blick vom Monte Vulture
bei Sonnenuntergang.

Illustrationen aus dem Buch des Kaisers über die Falkenjagd, *De Arte Venandi cum Avibus:* »Der Flug der Wasservögel« und »Reitende Falkner«.

Illustration aus *De Arte Venandi cum Avibus:* »Zugvögel«.

Kapitel 2

DAS REICH

1212–1220

Kein König, der von einem neueroberten Reich Besitz ergreift, hätte dem Volk, über das er herrschen sollte, fremder sein können, als Friedrich von Hohenstaufen es den Deutschen war. Kein größerer Gegensatz zu dem halb orientalischen Sizilien, in dem er aufgewachsen war, ließ sich denken, als dieses Land seines Vaters, dessen Wesen und Sprache ihm so wenig vertraut waren wie die politischen Verhältnisse. Zur Zeit seines Großvaters Barbarossa sprachen weder der Kaiser noch die meisten deutschen Adligen fließend Latein, das die Sprache der Diplomatie und der Beamtenschaft war. Zur Zeit Friedrichs hatte zwar die allgemeine Bildung in Deutschland zugenommen, doch sprechen die zeitgenössischen Chronisten von einem in barbarische Anarchie versunkenen Land, in dem der sich ständig bekämpfende Adel die heiligsten Eide brach und zu den schändlichsten Taten bereit war, um zu Geld oder zu Macht zu kommen. Es war schon eine schwierige Aufgabe gewesen, Sizilien zu regieren, aber sie verblaßte neben der, die Friedrich in Deutschland erwartete.

Die ihm von den Welfen beigelegten Namen – »Der Pfaffenkönig«, »Das Kind von Apulien« – geben Aufschluß darüber, was viele dieser rauhen Edelleute von dem bartlosen Achtzehnjährigen, dem Protegé des Papstes, hielten, der ohne Heer gekommen war und über sie regieren wollte. Hätten sie gewußt, daß er überdies noch mehrere fremde Sprachen beherrschte und der Gelehrsamkeit zugetan war, so hätte sich ihr Mißtrauen verstärkt.

Der abgesetzte Kaiser Otto fand trotz seiner Exkommunikation und trotz Friedrichs Wahl eine nicht geringe Unterstützung in Deutschland. Achtzig Fürsten hatten den Reichstag besucht, den er nach seiner Rückkehr aus Italien in Frankfurt abhielt; zudem verfügte er über ein beträchtliches Heer, das sich vor kurzem über ganz Italien bis zur Straße von Messina ergossen hatte, auch besaß er Erfahrung auf militärischem Gebiet, die Friedrich völlig fehlte.

Der Vorteil schien zunächst stark auf Ottos Seite zu sein, Friedrich hingegen einem jahrelangen Kampf um das Reich entgegenzusehen, dessen endgültiger Ausgang keineswegs sicher war. Aber jenes erstaunliche Glück, das ihm bei seiner abenteuerlichen Reise durch Italien treu geblieben war, hatte wiederum für ihn gearbeitet, noch ehe er Deutschland erreichte.

Die Vermählung Ottos mit Beatrix von Hohenstaufen – sein Trumpf in dem Kampf um das Reich – hatte im August mit allem erdenklichen Prunk und Pomp stattgefunden. Wenige Tage nach der Hochzeit starb jedoch die noch nicht zwanzigjährige Beatrix auf mysteriöse Weise. Mit ihr schwand Ottos Hoffnung, das Erbe und die Anhänger der Hohenstaufen zu spalten. Ihr plötzlicher Tod so bald nach ihrer Vermählung mit einem Gebannten wurde in jenem abergläubischen Zeitalter als Zeichen des göttlichen Unwillens angesehen.

Bei seinem ersten Vorstoß in Deutschland blieb Friedrich das Glück wiederum treu. Im Herzogtum Schwaben war er vom Bischof von Chur empfangen und in dem berühmten Kloster St. Gallen gastlich aufgenommen worden, aber bisher hatte noch keine Stadt ihm zugejubelt. Mit nur dreihundert Männern ritt er, was in der Tat ein großes Wagnis war, direkt nach Konstanz. Alles stand auf dem Spiel – ein Mißerfolg in diesem Augenblick wäre verhängnisvoll gewesen. Otto hatte sich nach Überlingen am Bodensee begeben, um sich auf den feierlichen Einzug in die Stadt Konstanz vorzubereiten. Friedrich, nur von einer kleinen Schar seiner Anhänger begleitet, erreichte wenige Stunden ehe Otto eintreffen sollte, die Tore der Stadt. Zunächst verwehrte man ihm den Zutritt, doch als der ihn begleitende päpstliche Nuntius, Bischof Berard von Bari, den Bannspruch des Papstes gegen Otto laut verlas, wurden die Tore geöffnet und Friedrich samt seiner Schar vom Bischof von Konstanz empfangen.

Drei Stunden später erschien Otto mit prächtigem Gefolge zum feierlichen Einzug in die Stadt, mußte sich aber dareinfinden, daß die Tore verschlossen waren. Seine Bestürzung wurde noch erhöht durch den lächerlichen Umstand, daß er und seine Anhänger hungrig abziehen mußten, während sich Friedrich mit seinen Freunden zu dem Festmahl niederließ, das für Otto bereitet war.

Wahrscheinlich war die Kunde von diesem Ereignis Friedrich bis nach Basel vorausgeeilt, wo er seinen ersten offiziellen Hoftag halten sollte, denn der Bischof von Straßburg kam ihm mit fünfhundert Rittern aus der Stadt entgegen. Jetzt folgten auch die weltlichen Fürsten dem Beispiel der Kirchenfürsten, die als erste den jungen, künftigen Kaiser unterstützt hatten.

Ein Beispiel für die finanziellen Schwierigkeiten Friedrichs mag genügen, um eine Vorstellung der praktischen Probleme zu vermitteln, die auf den jungen König zu dieser Zeit einstürmten. Sein Onkel Philipp hatte die Überlegenheit im Reich über Otto erkauft, indem er viele der hohenstaufischen Erblande verpfändete und die königlichen Steuer- und Zollprivilegien verschenkte, um seine Anhänger zu belohnen. Otto hingegen hatte Gold aus England erhalten. Friedrich mußte nun feststellen, daß sich die Familien- und Staatsfinanzen in chaotischem Zustand befanden, Geld jedoch unbedingt nötig war, um die gierigen deutschen Fürsten zu gewinnen. Der Herzog von Lothringen, als einer der ersten großen weltlichen Fürsten, die sich ihm anschlossen, erhielt zur Belohnung von Friedrich dreitausend Silbermark, die gegen Bürgschaften des Erzbischofs von Mainz, des Bischofs von Worms, des Grafen von Habsburg, Anselms von Justingen und anderer schwäbischer Gefolgsleute sowie durch die Verpfändung der elsässischen Stadt Rosheim beschafft wurden.

Nach dem Hoftag in Basel begab sich Friedrich auf Barbarossas Pfalz Hagenau im Elsaß, die später offenbar seine Lieblingsresidenz im nördlichen Reich wurde. Für Friedrich besaß diese Pfalz zwei große Vorteile – sie war von herrlichen, waldigen Jagdgründen umgeben und beherbergte außerdem eine der größten Bibliotheken des Reiches. Die ummauerte Burg war groß und imposant, in den Staatsgemächern sogar der Fußboden mit rotem Marmor ausgelegt. Barbarossa hatte für die Aufbewahrung der Reichskleinodien eine besondere Kapelle bauen lassen, deren Leere – die Kronjuwelen befanden sich noch in Ottos Hand – den jungen künftigen Kaiser an all das erinnerte, was ihm noch bevorstand, ehe die Kapelle ihre Schätze wieder aufnehmen konnte. Die grimmige, im Nebel des nördlichen Herbstes liegende Burg hingegen, die so anders war als die sonnenüberfluteten Gartenschlösser von Palermo, ließ ihn bitter empfinden, was er alles zurückgelassen hatte, als er sich auf dieses kaiserliche Abenteuer einließ.

Es dauerte jedoch nicht lange, bis sich weitere Erfolge einstellten. Kein geringerer als Ottos Kanzler, Konrad von Scharfenberg, Bischof von Metz und Speyer, ein ehrgeiziger, hochbegabter Mann, schwenkte in Friedrichs Lager über. Ehe er Ottos Kanzler wurde, hatte er unter Philipp von Hohenstaufen gedient, war also durch seine politische Erfahrung für Friedrich in diesem Augenblick außerordentlich wertvoll. Die bloße Tatsache, daß ein Mann von so großem, persönlichem Ehrgeiz Otto verlassen hatte, um zu dessen Rivalen überzugehen, muß manchen Zauderer endgültig aufgeklärt haben, aus welcher Richtung der Wind des Erfolges wehte. Friedrich nahm ihn sofort in seine Dienste auf und bestätigte ihn in seinem Amt als Kanzler, das er während der acht Jahre ausübte, die Friedrich in Deutschland verbrachte. Später begleitete er den Herrscher zur Krönung nach Rom.

Im November betrat Friedrich zum erstenmal die Bühne der Weltpolitik. In Vaucouleur traf er mit dem Sohn des Königs Philipp August von Frankreich, dem zukünftigen Ludwig VIII., zusammen, der als Vertreter seines Vaters einen Vertrag mit dem künftigen Kaiser aushandeln sollte. Politisch gesehen, verlief die Zusammenkunft überaus freundlich, denn Philipp August und Otto waren Feinde, und der König von Frankreich hatte alles in seiner Macht stehende getan, um Friedrichs Wahl zu fördern.

Man kann sich jedoch nur schwer vorstellen, daß diese beiden Männer persönlichen Gefallen aneinander gefunden haben – der kleine, schwächliche, in kalter und strenger Frömmigkeit erstarrte Ludwig (er war der Vater Ludwigs des Heiligen) und der junge, kräftige, den Freuden des Lebens zugewandte Friedrich. Ein Bündnis wurde geschlossen, in welchem Friedrich sich verpflichtete, mit Otto oder dessen Neffen, König Johann von England, keinen Frieden ohne die Einwilligung des französischen Königs zu schließen. Der Vertrag brachte Friedrich bald darauf eine größere Summe Bargeld ein, die er dringend brauchte. Er hatte sich inzwischen nach Frankfurt begeben, wo am 5. Dezember 1212 seine Wahl zum Kaiser stattfand; nach der Wahl verteilte er dort unter seine Anhänger die riesige Summe von zwanzigtausend Silbermark, ein Geschenk des Königs von Frankreich, dessen Gesandte anwesend waren, als die Fürsten und Edlen des Reiches Friedrich den Treueid schworen und sich verpflichteten, Otto nie wieder als Kaiser, Lehnsherrn, König oder Regenten anzuerkennen. Mochte Friedrichs Freigebigkeit eine extravagante Geste sein, politisch war sie klug; das ganze Land hörte davon, und die Wirkung war um so eindrucksvoller, als Otto notorisch geizig war. Die Chronisten verschwiegen nicht, daß das Geschenk Friedrich große Beliebtheit eingebracht habe.

Friedrich wurde langsam zu einer legendären Gestalt. Das Glück schien ihm hold zu sein, wohin auch immer er sich wandte. Jung, schön, großzügig, Träger eines berühmten Namens und von einem persönlichen Zauber, den er anscheinend nach Belieben aufleuchten lassen konnte, unterschied er sich von dem sparsamen Otto wie der Tag von der Nacht. Das kriegsmüde Land fing an, in ihm die Erlösung vom nimmer endenden Bürgerkrieg zu sehen. Die Minnesänger dichteten Lieder auf ihn, und plötzlich war der Spottname »Das Kind von Apulien« mit dem Glanz des sonnendurchfluteten Südens und des uralten Landes der Cäsaren umgeben.

Friedrich, der über kein Heer verfügte und mit beträchtlichen finanziellen Schwierigkeiten zu kämpfen hatte, bewies bei der Eroberung Deutschlands mit friedlichen Mitteln großen politischen Scharfsinn. Er warb um seine deutschen Untertanen mit einer Hingabe, die er für die Sizilier nie aufgebracht hat. Seines unwiderstehlichen Charmes gewiß, konnte er sich Gesten huldvoller Herablassung gestatten – so lud er zum Beispiel den besiegten und gefangenen Thibault, den neuen Herzog von Lothringen, ein, jeden Abend an seiner Tafel zu speisen. Thibault war, im Gegensatz zu seinem Vater, Friedrich feindlich gesonnen und hatte sich gegen ihn empört. Mehrere Monate speisten sie allein, wobei nur der Diener des Herzogs, der dessen Mantel trug, anwesend war.

Friedrichs politische Aktivität richtete sich vornehmlich auf die Kirche. Als stärkste Macht in Deutschland besaß sie seit dem elften Jahrhundert mehr als die Hälfte des gesamten Grund und Bodens. Die rheinischen Erzbischöfe waren Reichsfürsten und standen im Rang unmittelbar unter dem König; auch bekleideten Priester vermöge ihrer größeren Bildung die meisten Verwaltungsämter.

Der erste politische Akt von großer Bedeutung, unter den Friedrich seinen Namenszug setzte, war die Goldene Bulle von Eger vom 12. Juli 1213; sie lief auf eine erneute Bestätigung der Versprechungen hinaus, die Otto in Speyer als wichtigste Vorbedingung für seine Kaiserkrönung dem Papst gegeben hatte. Mit dieser Handlung beabsichtigte Friedrich, den Papst und die geistlichen Fürsten Deutschlands zu beschwichtigen; allerdings begab er sich damit auch aller Vorteile, die Barbarossa und Heinrich VI. der Kirche zugunsten der kaiserlichen Macht abgerungen hatten. Das grundsätzliche Recht des Kaisers, bei Bischofswahlen mitzuwirken, blieb zwar erhalten, doch hat die Goldene Bulle von Eger in mancher Hinsicht viel dazu beigetragen, kirchliche Territorialstaaten in Deutschland zu schaffen. Das Recht der Appellation an die Kurie in kirchlichen Fragen wurde bedingungslos zugestanden, und den geistlichen Bereich überließ Friedrich fast vollständig dem Papst. Der territoriale Bestand des Kirchenstaates in Italien wurde anerkannt.

Während der acht Jahre, die Friedrich in Deutschland verbrachte, setzte er seine Werbung um die deutsche Kirche fort. Er tat es zunächst, weil er eine wirksame Unterstützung brauchte, auf die er seine persönliche Stellung im Lande gründen konnte. Später, als er das besondere Wesen der deutschen Monarchie und die Bedeutung des Wahlkönigtums erkannt hatte, sah er jedoch ein, wie entscheidend die Gunst der kirchlichen Fürsten für das Ziel war, das für ihn mehr und mehr an Bedeutung gewann: die Wahl des Sohnes Heinrich zum römischen König und zu seinem Nachfolger. Diesen Gedanken hatte er wahrscheinlich von Anfang an gehegt, ungeachtet des dem Papst geleisteten Eides, das Reich und das Königreich Sizilien nicht in der Hand einer Person zu vereinigen, auf Grund dessen Heinrich zum König von Sizilien gekrönt worden war, als sein Vater das Land im Jahre 1212 verließ.

Schon sehr früh scheint Friedrich eine klare Unterscheidung getroffen zu haben zwischen den Pflichten des Kaisers und denen eines Herrschers über Deutschland. Unglücklicherweise – jedenfalls im Hinblick auf den Frieden Europas – reizte ihn das Reich im weiteren Sinne ebensosehr wie sein Königreich Sizilien; die Herrschaft über Deutschland dagegen ließ ihn gleichgültig. Die Gründe für diese Vorliebe waren zum Teil politischer, zum Teil persönlicher Art. Die mittelalterliche Vorstellung des Reiches mit seinen erhabenen Zielen und klingenden Titeln hatte schon immer eine fatale Anziehungskraft auf die Hohenstaufen ausgeübt; Friedrichs italienische Herkunft und Erziehung machen es verständlich, daß das Amt des Kaisers, des Nachfolgers der Cäsaren, ihn besonders anzog. Hinzu kam, daß ihn die politischen Grundsätze der Zentralisierung und Vereinigung der Macht überzeugten. Er besaß alle Instinkte des Despoten und entfaltete sie ungehemmt, wenn er sich auch gelegentlich wohlwollend zeigen konnte. Eine Regierungsform, bei der er – wie in Deutschland – nur der Erste unter seinesgleichen gewesen wäre, sagte ihm wenig zu. Diese Einstellung sollte später seinen Versuch, als König von Jerusalem über die unabhängigen syrischen Barone zu regieren, zu einem ungewöhnlichen Mißerfolg werden lassen.

Friedrich liebte sein sizilisches Königreich zweifellos, während ihm Deutschland nie wirklich etwas bedeutete. Das geht schon daraus hervor, daß er von den achtunddreißig Jahren seiner Herrschaft als Kaiser nur neun in diesem Lande verbrachte und schließlich versuchte, das Zentrum seiner Macht ganz nach Italien zu verlegen. Jahre später, zur Zeit des Tatareneinfalls, beklagte er, die Freuden seines Königreiches, das ihm jedes Vergnügen biete, zugunsten der »rauhen Meere und Berge Deutschlands« aufgeben zu müssen. Im Vergleich zu dem luxuriösen Leben in Sizilien, dem kultiviertesten Land des damaligen Europas, muß Deutschland einem Mann wie Friedrich, mit so ausgesprochen ästhetischen und sybaritischen Neigungen, besonders barbarisch erschienen sein. Auch der kalte deutsche Winter war für ihn, der bis zu seinem achtzehnten Jahr am sonnigen Mittelmeer gelebt hatte, unerträglich lang und bedrückend.

Der jahrelange Bürgerkrieg zwischen Otto und Philipp von Hohenstaufen führte zu einer erheblichen Schwächung der zentralen

Macht, die sich auch in Friedenszeiten in Deutschland nur schwer behaupten konnte; die Unabhängigkeit der Fürsten, die innerhalb der Grenzen ihrer Gebiete fast souveräne Rechte genossen, war entsprechend gewachsen. Dieser Vorgang der Dezentralisierung der Macht war in der deutschen Geschichte nicht neu; er setzte immer dann ein, wenn ein Minderjähriger oder ein Schwächling den Kaisertitel trug. Denn das Königtum beruhte auf Wahlen, während sich für den Grundbesitz der weltlichen Vasallen allmählich das Erbrecht durchsetzte, so daß die Häupter der großen Familien fast die gleiche Macht und Beliebtheit genossen wie der Kaiser. Diesen Zustand wünschten die Fürsten und der Papst in ihrem eigenen Interesse aufrechtzuerhalten, doch versuchte jede Dynastie, die mehrere Kaiser nacheinander hervorbrachte, ihm dadurch zu begegnen, daß sie die Wahl ihres Erben in sehr jungen Jahren durchsetzte und damit die Nachfolger für die Familie sicherte.

Aber allein die Tatsache, daß eine Wahl stattfinden mußte, ehe die Titel des römischen Königs und des Kaisers vom Vater auf den Sohn übergingen, schwächte die Monarchie in ihren Grundfesten, denn selbst der mächtigste Kaiser war den Fürsten verpflichtet und mußte ihnen in der Regel Zugeständnisse machen, um sein Ziel zu erreichen. Gelegentlich wählten die Fürsten auch bewußt einen Schwächling, um ihre eigene Position zu festigen; und war der gewählte Erbe minderjährig – wie es nach dem Tode Heinrichs III. und Friedrichs Vater Heinrich VI. der Fall war –, so trug das Chaos dazu bei, die Position der Fürsten noch weiter zu stärken. So kam es, daß zu einer Zeit, in der in England und Frankreich die Zentralgewalt langsam wuchs, die Monarchie in Deutschland in ihrer Entwicklung gehemmt wurde.

Diese Zusammenhänge mögen Friedrich in seiner Vorliebe für Sizilien, wo die Verhältnisse günstiger lagen, bestärkt haben; aber ehe er eine selbständige Politik verfolgen konnte, mußte er seinen Anspruch auf das Königtum und auf das Reich durchsetzen. Wieder einmal war ihm das Schicksal hold. Am 27. Juli 1214 siegte Philipp August bei Bouvines über Ottos Heer sowie über ein kleines englisches Hilfskorps. Als Otto vom Schlachtfeld floh, waren alle seine Hoffnungen zunichte geworden, Friedrich wirksam entgegentreten zu können: Philipp August gab dieser Tatsache symbolischen Ausdruck, als er am Abend nach der Schlacht die zerfetzte kaiserliche Standarte an Friedrich schickte.

An diesem Sieg war Friedrich militärisch nicht beteiligt, aber kurze Zeit später begab er sich auf seinen ersten großen Feldzug. Er verließ Worms mit einem Heer, das die Chronisten begeistert als »das größte, das man je gesehen« beschreiben. Am 23. August stand er vor Aachen, wo Otto im Mai mit Maria, der Tochter des Herzogs von Brabant, vermählt worden war. Friedrich plante, in das Gebiet des Herzogs einzufallen, aber schon die Drohung genügte. Der Herzog von Brabant kapitulierte und übergab Friedrich seinen Sohn als Geisel. Im September überquerte Friedrich die Maas, besiegte den Herzog von Limburg und die Grafen von Jülich und Kleve und eroberte die Burg Trifels zurück, eine Festung seines Vaters, in der er einst Richard Löwenherz gefangengehalten hatte. Im Oktober befand sich Friedrich wieder in Speyer, nachdem er einen raschen und erfolgreichen Feldzug gegen Ottos Anhänger in den nordwestlichen Provinzen des Reiches durchgeführt hatte.

Im November hielt er abermals einen Hoftag in Basel. Kaum mehr als zwei Jahre waren seit jenem ersten nach dem Konstanzer Abenteuer vergangen. In der Zwischenzeit war Friedrich seinen Zielen ein gutes Stück näher gekommen, seine Stellung in Deutschland gesichert, Otto zu einem bloßen Schatten geworden. Friedrich hatte starke Verbündete und war soeben ruhmbedeckt von seinem ersten Feldzug zurückgekehrt. Aus den entferntesten Teilen seines riesigen Reiches kamen die Vasallen, um ihm persönlich zu huldigen. Die Prälaten und Vertreter des Arelats drängten sich auf dem Hoftag zu Basel, wo Friedrich ihnen die von seinen Vorgängern gewährten Privilegien bestätigte.

Im Juli 1215 wurde er in Aachen zum römischen König gekrönt. Der päpstliche Legat, der Erzbischof von Mainz, salbte ihn auf dem Throne Karls des Großen und setzte ihm die silberne Krone Deutschlands auf das Haupt. Es war ein bewegender Augenblick – der Waisenknabe, der während seiner Kindheit Not gelitten hatte und auf die Mildtätigkeit der Bürger von Palermo angewiesen war, mißhandelt von den rauhen Soldaten Markwards von Annweiler, der beinahe vor Ottos Invasionsheeren aus seinem Lande hatte fliehen müssen, war nun ohne Bürgerkrieg, ja, kaum daß auf deutschem

Boden gekämpft worden war, fast als habe sich alles von selbst gefügt, der gesalbte König von Deutschland, und hielt, umgeben von dem mystischen Gepränge der Krönungszeremonien, Zepter und Schwert des Königtums in seinen Händen. Es war der Höhepunkt des ersten Abschnitts seiner Laufbahn, die notwendige Vorstufe zur Erfüllung seines großen Zieles: der Krönung durch den Papst in Rom, die ihm allein das Recht geben würde, den vollen Titel *Romanorum Imperator et Semper Augustus* zu führen. Da – im entscheidenden Augenblick und mit einer dramatischen Geste – nahm Friedrich das Kreuz und erklärte, er werde einen Kreuzzug führen, um die Heiligen Stätten von den Ungläubigen zu befreien.

Von allen Handlungen in Friedrichs Leben ist dieses spontane Gelübde vielleicht am wenigsten verständlich. Seine in einem halbmohammedanischen Lande verbrachte Kindheit und Jugend, das Interesse für die islamische Welt, das er während seines ganzen Lebens zeigte, legen es nahe, daß er die Empfindungen anderer christlicher Fürsten gegen die verhaßten Ungläubigen niemals teilen konnte. Auch übte die Kirche zu dieser Zeit keinerlei Druck auf ihn aus, sich einem Kreuzzug anzuschließen, und der Papst war gerade jetzt mit Friedrichs Absicht, in Deutschland Ordnung zu schaffen, durchaus einverstanden.

Es war, jedenfalls später, nicht Friedrichs Art, unüberlegt zu handeln, wenn er auch in Augenblicken des Erfolges am ehesten aus seiner Reserve herausging. Immerhin zählte er zur Zeit seiner Krönung erst einundzwanzig Jahre. Das ungewöhnliche Glück, das er nach einer so langen Zeit des Mißgeschicks in den letzten drei Jahren erfahren hatte, mag ihn – insbesondere bei seiner abergläubischen Natur – in dem Glauben an das göttliche Recht seiner Sendung als Kaiser bestärkt haben.

Er war zwar durchaus kein orthodoxer Sohn der Kirche, hat aber selbst während seiner erbitterten Kämpfe mit den Päpsten immer die äußere Haltung eines christlichen Fürsten peinlich gewahrt. Es wäre ihm wahrscheinlich niemals der Gedanke gekommen, sich anders zu verhalten; die Katholizität war eines der Attribute des Kaisertums, für das er alles zu opfern bereit war: sich selbst, Sizilien und den Frieden der Welt.

Offensichtlich hat Friedrich sich zur Zeit seiner Krönung eingehend mit der Vergangenheit des Reiches beschäftigt. Karl der Große war während der Regierungszeit Barbarossas von einem Gegenpapst heilig gesprochen worden; Friedrich ließ nun nach seiner Krönung die Gebeine seines großen Vorgängers in einen prachtvollen neuen Schrein legen, der mit den Bildnissen der nachfolgenden Kaiser – darunter auch Friedrichs eigenes – in Gold und Silber geschmückt war. Es erregte einiges Erstaunen, als er seine königlichen Gewänder ablegte, mit einem Arbeiter auf das Gerüst hinaufkletterte und die Nägel, die den Deckel des Schreines befestigten, selber mit dem Hammer einschlug. Trotz all seiner neuen Würden besaß Friedrich noch immer etwas von dem Wissensdurst des dreizehnjährigen Knaben, der sich mit allen möglichen Menschen in Palermo unterhalten und Fragen an sie gerichtet hatte.

Hinzu kam noch die rein weltliche Erwägung, daß das Kreuzzugsgelübde ihm das Wohlwollen des Papstes und der Kirchenfürsten eintragen würde. Auch gab das Gelübde einen triftigen Grund ab, seinen kleinen Sohn Heinrich nach Deutschland bringen zu lassen unter dem Vorwand, seine Nachfolge wenigstens in dem angestammten Herzogtum Schwaben zu sichern, falls er selbst während des Feldzuges im Heiligen Land sterben sollte.

Während nun Friedrich in Aachen gekrönt wurde, lebte der frühere Kaiser Otto von der Mildtätigkeit der Bürger Kölns; seine neue Gemahlin vergrößerte die unbezahlten Schulden, indem sie ihre Tage mit Würfelspiel zubrachte. Als Friedrich sich Köln näherte, hatten die Bürger nun allmählich genug von ihren lästigen Gästen und erboten sich, Ottos Schulden zu zahlen und ihm sechshundert Mark zu geben, wenn er die Stadt verließe. Während Friedrich im Triumph in Köln einzog, schlüpften Otto und seine Frau als Pilger verkleidet zu einem anderen Tor hinaus.

Im November 1215 wandten sich die Augen der Welt für wenige Tage wieder einmal nach Rom, wohin Innozenz III. das vierte Laterankonzil einberufen hatte. Zweitausendzweihundertdreiundachtzig Delegierte waren erschienen; bei dem gewaltigen Gedränge wurde der Bischof von Amalfi getötet. Friedrich wurde durch Berard von Castacca, jetzt Erzbischof von Palermo, vertreten, der ihn auf der schicksalsschweren Reise nach Deutschland begleitet hatte. Auch der Lateinische Kaiser sowie die Könige von Frankreich, England, Ungarn, Aragon, Zypern und Jerusalem waren vertreten. Auf diesem Konzil wurde das Dogma der Transsubstantiation offiziell verkündet, das den Priestern im Mittelalter so große Macht verlieh und das Friedrich später in einem wesentlich weniger ehrfurchtsvollen Geist angreifen sollte als John Wycliffe[2].

Zu den wichtigsten auf diesem Konzil erörterten Fragen gehörte der Streit um den Kaiserthron. Ein Advokat aus Mailand verteidigte Ottos Ansprüche; dann sprach der Vertreter Friedrichs. Dabei entspann sich ein Wortwechsel, der in eine Schlägerei auszuarten drohte. Der Papst erhob sich mit großer Würde und verließ, gefolgt von der Geistlichkeit, den Beratungssaal. Nach dieser Unterbrechung wurde Friedrichs Anspruch auf das Reich anerkannt.

Unter den wenigen Laien, die am Laterankonzil teilnahmen, befand sich ein Mann, der während der nächsten zwanzig Jahre der große Vermittler zwischen Friedrich und der Kurie wurde, Hermann von Salza, der Hochmeister des Deutschen Ordens. Friedrich kannte ihn zwar noch nicht persönlich, muß aber außerordentlich günstige Berichte über ihn gehört haben, da er ihm jetzt die politisch gefahrvolle, heikle Aufgabe übertrug, die Kaiserin Konstanze und den Regentschaftsrat in Sizilien aufzusuchen und die Übersiedlung der Kaiserin und des kleinen Königs Heinrich nach Deutschland vorzubereiten. Friedrichs Wunsch, seine Frau und sein Kind bei sich zu haben, war durchaus natürlich, da sich seine Stellung in Deutschland gefestigt hatte. Dieser Wunsch mußte jedoch für den Papst das Schreckgespenst der Vereinigung Siziliens mit dem Reich heraufbeschwören. Am 1. Juli 1216 versprach Friedrich, das Königreich Sizilien endgültig seinem Sohn Heinrich zu übergeben, sobald er in Rom zum Kaiser gekrönt worden war.

Vierzehn Tage später starb Innozenz nach kurzer Krankheit in Perugia, ungefähr zur gleichen Zeit, als Konstanze und der sechsjährige Heinrich in Messina ihre lange Reise antraten. Die festländischen Provinzen des sizilischen Königreichs, durch die sie reisen mußten, waren in einem Zustand der Anarchie, der ein beredtes Zeugnis für das Unglück eines Landes ablegte, dessen König abwesend war und das ein Kind nur dem Namen nach regierte. Ganze Provinzen befanden sich in der Hand von aufständischen Grafen, die sich Otto auf seinem Marsch nach Süden angeschlossen hatten und noch immer in offenem Aufruhr gegen Friedrichs Abgesandten, den Bischof von Worms, standen.

Ob Hermann von Salza Konstanze und Heinrich auf ihrer Reise begleitete, wissen wir nicht, jedenfalls aber kam er im Dezember am Hofe Friedrichs in Nürnberg an. Als sich die beiden Männer von Angesicht zu Angesicht begegneten, befreundeten sie sich sofort. Von Salza, etwa fünfundzwanzig Jahre älter als Friedrich, war schon vor 1211 Hochmeister des Deutschen Ordens geworden und nun soeben aus dem Nahen Osten zurückgekehrt, wo er sieben außerordentlich tätige Jahre verbracht hatte. Für den Orden war Friedrichs Kreuzzugsgelübde von größter Bedeutung, weil es das Ziel des Ordens – die Rückeroberung der Heiligen Stätten von den Mohammedanern – förderte und überdies die komplizierten Rivalitätsverhältnisse zwischen den drei Ritterorden – den Johannitern, den Templern und den Deutschherren – wesentlich beeinflussen konnte. Der Deutsche Orden war der jüngste unter ihnen, zwischen ihm und den Templern bestand eine bittere Feindschaft. Daß Friedrich den Deutschherren am Hoftag von Nürnberg besondere Privilegien gewährte, zeugt für Hermann von Salzas persönlichen Erfolg bei dem König.

Im Jahre 1217, kurz nach der Ankunft seines Sohnes Heinrich in Deutschland, ernannte Friedrich ihn zum Herzog von Schwaben und stellte ihn auf dem Hoftag in Nürnberg den Edlen des Reiches vor. Das war das erste deutliche Zeichen von Friedrichs geheimer Absicht, Heinrichs Wahl zum römischen König durchzusetzen. Es ist fraglich, ob er es gewagt hätte, diesen offenen Schritt so früh zu tun, wenn Innozenz III. noch am Leben gewesen wäre; der neue Papst Honorius III. war jedoch ein ganz anderer Typ, ein frommer Geistlicher, ein tüchtiger Mann der Finanzverwaltung, dem aber das Geniale seines Vorgängers fehlte. Außerdem kannte Friedrich ihn gut, da er ihn als Kardinal Cencius Savelli im Auftrag des Papstes während seiner Minderjährigkeit betreut hatte.

Langsam verschwand Heinrichs Name von den sizilischen Staatsurkunden, während Friedrich ihn in Deutschland so stark wie möglich in den Vordergrund rückte, indem er auf Staats- und Schenkungsurkunden Heinrichs Namen neben seinen eigenen setzte. Im Lauf der nächsten vier Jahre kannte Friedrich nur ein politisches

Ziel, dem er alles andere opferte: Die Wahl Heinrichs durchzusetzen. Er wird sich vielleicht schon damals gesagt haben, daß die Neigung zur Dezentralisierung in Deutschland zu stark sei, als daß er sie noch aufhalten könnte, und es also besser sei, die grundsätzliche Frage von Heinrichs Nachfolge zu regeln; damit gewann er selber Freiheit, die größeren Ziele des Reiches zu verfolgen und das sizilische Königreich neu zu ordnen[3].

Diese These wird jedenfalls durch Friedrichs Verhalten während dieser Jahre gestützt; er machte den Fürsten eine lange Reihe von Konzessionen, insbesondere den kirchlichen, von denen er eine stärkere Unterstützung erwarten konnte, weil sie nicht eigene dynastische und familiäre Interessen zu wahren hatten. In vielen Fällen überblickte er die letzten Auswirkungen seines Handelns vielleicht nicht ganz. Im Jahre 1215 ließ er es zum Beispiel zu, daß zwei kaiserliche Lehnsgüter an das Bistum Regensburg übergingen. Die Äbtissin eines Klosters, dem ein Teil der Ländereien gehörte, brachte im folgenden Jahr bei Friedrich eine Klage gegen diese Übergabe vor, der das Urteil aufhob mit dem Zusatz, daß die Ländereien des Reiches in Zukunft unveräußerlich seien. Das mag zunächst wie eine Stärkung der kaiserlichen Macht aussehen; in Wirklichkeit war jedoch die Übertragung von Ländereien innerhalb des Reiches bis zu diesem Zeitpunkt eine reine Verwaltungsmaßnahme gewesen. Nun aber konnte der Kaiser nicht mehr nach Gutdünken über die kaiserlichen Ländereien verfügen, während die Fürsten nach wie vor ihre Lehnsgüter vergaben, wie sie wollten. Am Anfang des Jahrhunderts mußte die Erlaubnis des Kaisers eingeholt werden, ehe ein Lehnsherr Land an einen anderen übertragen konnte; im Jahre 1224 war es jedoch unter Heinrichs Verwaltung so weit, daß dem Grafen von Zell gestattet wurde, von jedem freien Mann Land zu erwerben.

Die kirchlichen Fürsten hatten von Friedrich mehr Freiheiten und Privilegien erlangt als alle anderen. Als außerordentlich tüchtige Diplomaten wußten sie, daß der Kaiser auf ihre Unterstützung angewiesen war und stellten die ihm abgewonnenen Zugeständnisse als unerläßliche Mittel dar, um ihm und dem Reiche besser dienen zu können. Die deutsche Kirche hatte in der Vergangenheit ihre Unabhängigkeit trotz der römischen Donnerschläge bewahrt und

Friedrich Barbarossa gegen den Papst unterstützt. Es muß zugegeben werden, daß sie auch Barbarossas Enkel zur Seite stand – bis zu dem verhängnisvollen Tage seiner Absetzung auf dem Konzil von Lyon nach seiner zweiten Exkommunizierung –, obwohl er fünfzehn Jahre lang nicht in Deutschland gewesen war und das Land auch später nur kurz besuchte.

Wenn Friedrich diese Zugeständnisse zum Teil nur widerstrebend und gegen besseres Wissen machte, so war er doch klug genug, nichts davon merken zu lassen, weil ihm daran lag, durch großzügige und huldvoll gewährte Geschenke die Popularität zu steigern; später jedoch, als er einsah, daß er zu weit gegangen war und seine eigenen Rechte ernsthaft gefährdet hatte, hob er die Urteile mit dem Hinweis auf seine damalige Jugend und Unerfahrenheit wieder auf.

Otto starb am 19. Mai 1218; während der letzten zwei Jahre hatte er auf seinen Besitzungen in Braunschweig gelebt. Von fast allen Anhängern verlassen, hatte er seine Zeit damit zugebracht, kleinere Kämpfe mit den Dänen oder mit dem Erzbischof von Magdeburg auszufechten. Sein Ende hätte nicht elender sein können. Priester geißelten den Sterbenden, der schluchzend das *Miserere* betete und sie anflehte, noch stärker auf ihn einzuschlagen. Kaum sieben Jahre waren vergangen, seitdem er in Rom gekrönt worden war, ganz Italien eroberte und Friedrich von Kalabrien aus bedroht hatte.

Die letzten Anhänger Ottos hatten den neuen Kaiser auf dem Hoftag zu Fulda anerkannt. Nur einer hielt sich noch zurück: Ottos Bruder Heinrich, Herzog von Sachsen und zugleich Pfalzgraf bei Rhein. Die Anerkennung verweigernd, gab er die Reichskleinodien nicht aus der Hand. Friedrich mußte den Papst gewinnen, daß Heinrich auf sein Geheiß die Krone und die anderen Insignien zurückgebe; schließlich wurde, nach einem Übereinkommen, Heinrich von Sachsen zum Generalvikar des Reiches ernannt. Auf dem Hoftag zu Goslar im Juni des folgenden Jahres gelangte die Krone Karls des Großen mit allen kaiserlichen Insignien endlich in Friedrichs Hände.

Das Amt des Generalvikars erlangte nur in Abwesenheit des Kaisers Bedeutung; Friedrich, der sich zu dieser Zeit ständig mit Kreuzzugsplänen befaßt, verfolgte mit der Ernennung Heinrichs von Sachsen zweierlei; einmal, durch ein Abkommen mit dem Herzog Deutschland endlich zu befrieden, zum andern den Papst zu überzeugen, daß es ihm mit dem Kreuzzug ernst sei. Es ist nicht festzustellen, wie weit Friedrichs Verhandlungen mit dem Fürsten über die Wahl seines Sohnes gediehen waren; jedenfalls hatte der Papst zu Anfang des Jahres 1219 – Heinrich war inzwischen das Rektorat in Burgund übertragen worden – Verdacht geschöpft, dem er in einem Brief an Friedrich Ausdruck gab.

Friedrichs Antwort, im Mai geschrieben, war kühn und vorsichtig zugleich. Er räumte ein, sich in der Sache seines Sohnes an die Fürsten gewandt zu haben, fügte aber hinzu: »Dies geschah nicht zu dem Zwecke, das Königreich mit dem Reich zu vereinigen, sondern damit das Reich während Unserer Abwesenheit im Dienste Jesu Christi um so besser regiert werde und damit Unser Sohn im Falle Unseres Todes bessere Mittel habe, sein Erbgut in Deutschland in der Hand zu behalten.« Aber der Papst ließ sich nicht täuschen, und Friedrich mußte das Versprechen erneuern, das er Innozenz III. wiederholt gegeben hatte – das Königreich Sizilien seinem Sohn zu übertragen und einen Verweser zu bestellen, der bis zu Heinrichs Volljährigkeit regieren sollte.

Im Februar 1220 hielt Friedrich seine Position in Deutschland für so gefestigt, daß er es wagen konnte, die Reaktion des Papstes auf seine offensichtlich seit langem gehegten sizilischen Pläne zu ergründen. Der erste Brief in dieser Angelegenheit, vom 10. Februar, war noch sehr zurückhaltend: »Da es geschehen könnte, daß Unser Sohn stirbt, ohne ein Kind oder einen Bruder zu hinterlassen, nehmen Wir für Uns in diesem Falle das Recht in Anspruch, seine Nachfolge im Königreich anzutreten, nicht kraft kaiserlichen Rechts, sondern auf Grund der rechtmäßigen Nachfolge, durch die ein Vater das Erbe seines Sohnes antritt, wobei Wir immer anerkennen, daß Wir das Königreich von der Kirche empfangen haben und bereit sind, den Treueid darauf zu leisten.«

Diese Klausel galt lediglich als Vorbehalt für den unwahrscheinlichen Fall, daß Heinrich vor seinem Vater sterben sollte; im übrigen erklärte sich Friedrich bereit, den Wünschen des Papstes nachzukommen. Schon das veranlaßte den Papst zu raschem Handeln

– nicht umsonst hatte er Friedrich als Knaben gekannt –, er nahm Heinrich sofort als König von Sizilien offiziell unter seinen Schutz. Die Tinte auf dieser Urkunde war kaum trocken, als ein weiterer Brief von Friedrich, am 19. Februar wenige Tage nach dem ersten geschrieben, am päpstlichen Hof in Viterbo eintraf. Darin redete er nicht mehr um die Sache herum, sondern bekannte sich offen zu seinen Zielen: »Dennoch erwarten Wir noch mehr von Eurem guten Willen und von der Treue, die Wir der Kirche und Euch erwiesen haben; Wir erhoffen, wenn Wir vor Euer Angesicht treten, von Eurer Heiligkeit einen günstigen Ausgang für Unsere Forderung, das Königreich Sizilien zu Unseren Lebzeiten für Uns zu behalten.«

Dieser Brief wurde so abgeschickt, daß er etwa Ende April in Viterbo eintreffen mußte, zu der Zeit also, zu der der Hoftag in Frankfurt angesetzt und die Bühne für Heinrichs »überraschende« Wahl am 23. vorbereitet war. Der eigentlichen Wahl blieb Friedrich ferne, doch war es lediglich ein diplomatischer Trick, um dem Bericht, den er später dem Papst gab, größere Wahrscheinlichkeit zu verleihen. Darin sagte er, die Wahl sei ohne sein Wissen und ohne seinen Wunsch, sozusagen als spontane Äußerung der Zuneigung und Dankbarkeit der Fürsten erfolgt.

Die Fürsten, insbesondere die kirchlichen, hatten allen Grund, Friedrich dankbar zu sein, denn drei Tage nach der Wahl – der Tag fiel mit der ersten offiziellen Benennung Heinrichs als römischer König zusammen – unterzeichnete er das *Privilegium in favorem principum ecclesiasticorum* und siegelte es mit dem für die wichtigsten Urkunden vorbehaltenen goldenen Siegel, einer Plakette aus reinem Gold, die Friedrich, auf dem Throne sitzend, mit der Weltkugel und dem Zepter in den Händen darstellt.

Mit diesem Privilegium setzte Friedrich den Schlußstrich unter eine Entwicklung, die mit der Goldenen Bulle von Eger angefangen hatte, nämlich die Schaffung kirchlicher Territorialstaaten innerhalb Deutschlands, in denen die kaiserliche Autorität kaum noch Geltung hatte. Das Privilegium wurde angeblich gewährt, um Mißbräuche abzustellen, die sich in der Vergangenheit in die die Beziehungen zwischen Kirche und Kaiser regelnden Gesetze und Sitten eingeschlichen hatten. In Wirklichkeit ging es weit darüber hinaus und gewährte der Kirche viele zusätzliche Rechte. Die geistlichen Fürsten durften selber Geld münzen, Zölle und Abgaben erheben und über ihren Nachlaß nach freiem Willen verfügen. Wenn sie den Bann aussprachen und der Betreffende nicht innerhalb von sechs Wochen davon freigesprochen wurde, unterlag er automatisch der Reichsacht.

Das Privilegium umfaßte eine große Zahl von Gesetzen und Verordnungen, die alle Rechte der Kirche in bezug auf Grundeigentum, Besteuerung und die Beziehungen zum Herrscher regelten. Die vorbereitenden Arbeiten müssen Wochen, wenn nicht Monate in Anspruch genommen haben; ihre letztlichen Auswirkungen waren so weitreichend, daß man sagen kann, die Zerstückelung Deutschlands in Fürstentümer habe mit dem 26. April 1220 begonnen. Das war der Preis, den Friedrich für Heinrichs Wahl zahlen mußte. Die sorgfältige Ausarbeitung des Privilegiums ist ein Beweis – sofern dies überhaupt noch nötig sein sollte – für die beharrlich entwickelte Methode, mittels derer es Friedrich schließlich gelang, sich für die Durchführung seiner imperialen Ziele und für die Rückkehr nach Sizilien frei zu machen. Friedrichs Verhalten in dieser Frage ist an modernen Maßstäben gemessen nicht zu verteidigen.

Zwar war er im Jahre 1211 von den Fürsten ohne sein Zutun gewählt worden und ohne Innozenz III. irgendwelche Versprechen gegeben zu haben; aber nachdem er die angebotene Kaiserkrone einmal angenommen hatte, verpflichtete er sich dem Papst gegenüber mehrfach, Sizilien seinem Sohn zu überlassen. Außerdem ist es mehr als zweifelhaft, ob es ihm ohne die Unterstützung des Papstes gelungen wäre, sich in Deutschland durchzusetzen. Andererseits muß man bedenken, daß auch Innozenz wie alle Staatsmänner des dreizehnten Jahrhunderts – Ludwig den Heiligen vielleicht ausgenommen – dem Nützlichkeitsprinzip huldigte. Innozenz nützte die prekäre Lage aus, in der sich Konstanze nach dem Tode Heinrichs VI. befand, um die Privilegien der sizilischen Kirche zu widerrufen, die seine Vorgänger den normannischen Königen gewährt hatten. Friedrich kann trotz seiner gegenteiligen öffentlichen Beteuerungen Innozenz gegenüber kaum Dankbarkeit empfunden haben, denn dieser hatte seine mächtige Stellung dazu mißbraucht, um ihm, wie früher schon seiner Mutter, Zugeständnisse abzuringen, und bediente sich seiner wie einer Figur auf dem Schachbrett der kirchlichen Politik.

Dennoch sahen sowohl Friedrich als auch die deutschen Fürsten der Reaktion des Papstes mit einer gewissen Unruhe entgegen. Erst nach drei Monaten teilte Friedrich dem Papst Heinrichs Wahl offiziell mit, die Verzögerung mit fadenscheinigen Entschuldigungen erklärend. Der Bote, so behauptete er, den er am Tage nach der Wahl abgeschickt habe, sei durch Krankheit aufgehalten worden – als ob ihm keine anderen zur Verfügung gestanden hätten! Die Geschichte, daß die Wahl in seiner Abwesenheit stattgefunden habe, war mit unterwürfigen Beteuerungen verbunden, daß ihm nichts ferner liege als die Vereinigung Siziliens mit dem Reich. »Unsere Mutter, die Kirche, sollte weder Befürchtungen noch Mißtrauen hegen über eine mögliche Vereinigung des Königreichs mit dem Reich, denn Wir selbst wünschen die Trennung ... Wir werden Uns mit allen Kräften dagegen wehren, falls eine solche Vereinigung jemals zustande kommen sollte, wie Ihr aus Unseren künftigen Handlungen ersehen möget. Die Mutter Kirche wird mit Recht frohlocken, einen Sohn, wie Wir es sind, geschaffen zu haben. Denn selbst wenn die Kirche keine Rechte über das Königreich hätte und Wir stürben, ohne rechtmäßige Erben zu hinterlassen, würden Wir das Königreich der römischen Kirche und nicht dem Reich zum Geschenk machen.«

Dieser Brief wurde am 13. Juli geschrieben. Am 31. Juli schrieb der Bote selbst – es war der Kanzler Konrad von Scharfenberg – an den Papst und erklärte seine verzögerte Abreise mit seiner Erkrankung an einem Tertianafieber (das ihn allerdings erst im Juli befallen hatte!). Dem Kanzler war offenbar nicht wohl, wenn er an die Antwort des Papstes dachte, denn er bat Honorius, ihm zu verzeihen, daß er Friedrich besser gedient habe als dem Papst; aber, so fügte er hinzu, die geistlichen Fürsten seien der Meinung, die Wahl des Sohnes eines vom Papst unterstützten Fürsten könne ihm, dem Papst, nicht mißfallen.

Friedrich hatte mit hohem Einsatz gespielt, doch erst, als ihm das Risiko nicht mehr allzu groß erschien. Seit Ottos Tod war in Deutschland kein echter Sammelpunkt mehr für eine Opposition vorhanden; damit war Friedrichs Stellung so gefestigt, daß er glaubte, seine Pläne für Heinrichs Wahl vorantreiben zu können. Außerhalb Deutschlands gab es noch den Papst, dessen Vorgänger er feierlich versprochen hatte, das Königreich Sizilien seinem Sohn zu überlassen. Es ist zweifelhaft, ob Friedrich es – zumindest so früh – gewagt hätte, Heinrichs Wahl durchzusetzen, wenn noch Innozenz III. den Heiligen Stuhl innegehabt hätte. Honorius aber war trotz seiner Proteste von sehr anderer Art, und Friedrich kannte ihn genau genug, um zu wissen, daß Honorius nichts sehnlicher wünschte als einen neuen Kreuzzug, durch den Jerusalem für die Christenheit wiedergewonnen wurde. In Europa besaß außer Friedrich niemand das Ansehen und die Mittel, die allein zum Erfolge führen konnten.

Zweimal war es Friedrich gelungen, den Kreuzzug hinauszuschieben, zu dem er sich seit dem Laterankonzil offiziell verpflichtet hatte; auch wußte er das Mißtrauen des Papstes gegenüber seinen wahren Absichten solange zu beschwichtigen, bis die Wahl Heinrichs eine vollendete Tatsache und seine eigene Krönung in Rom so weit vorbereitet war, daß Honorius ihr kaum noch aus dem Wege gehen konnte. Jetzt rechnete er damit, daß der Papst, der den Kreuzzug endlich unternommen zu sehen wünschte, alle anderen Überlegungen hintanstellen und sich bereitfinden würde, jede einigermaßen annehmbare Erklärung zu akzeptieren und die Krönung vorzunehmen in der Hoffnung, daß sich der neugeweihte Kaiser auf den Weg ins Heilige Land machen werde.

Friedrich hatte sich nicht getäuscht. Der Tag der Kaiserkrönung wurde für den Herbst festgesetzt, und die Vorbereitungen für die Abreise nach Rom und die lange Fahrt nach Sizilien getroffen. Im August befand sich der Hof in Augsburg, dem traditionellen Sammelplatz, von dem aus die römischen Könige ihren Weg von Deutschland nach Rom antraten. Heinrich, der jetzt acht Jahre alt war, wurde in der Obhut von Bischöfen und hohen Staatsbeamten oder Ministerialen zurückgelassen, die zuverlässige Diener des Hauses Hohenstaufen waren. Es war nur natürlich, daß Friedrich in der Erinnerung an seine eigene Kindheit eine gewisse Sorge dabei empfand, seinen Sohn einem ähnlichen Schicksal anheimzugeben, wie er es im gleichen Alter in Palermo erfahren hatte. Für Konstanze muß die Trennung noch bitterer gewesen sein; ihr Sohn aus erster Ehe, mit dem König von Ungarn, war auf tragische Weise ums Leben gekommen, als sie mit ihm vor den Verfolgungen ihres Schwagers nach Österreich floh. Jetzt mußte sie Heinrich, um der ehrgeizigen Pläne seines Vaters willen, zurücklassen. Sie hat ihren Sohn nie wieder gesehen.

In den ersten Septembertagen überquerte Friedrich den Brenner und war am 3. in Bozen. Auf seinem Wege durch Italien wurde der königliche Zug von Edlen, Fürsten, Bischöfen, den Abgesandten von Venedig und Genua und anderer italienischer Städte begrüßt. Es waren fast auf den Tag genau acht Jahre, seitdem Friedrich Italien verlassen hatte und wie ein Dieb in der Nacht mit einer Handvoll Getreuer über entlegene Alpenpässe entkommen war. Jetzt ritt er im leuchtend goldenen Tag des italienischen Herbstes gemächlich durch das Land, in dem die Weinreben, von Trauben schwer, wie Siegesgirlanden zwischen den Bäumen hingen.

Der künftige Kaiser, der nach Italien kam, um die Kaiserkrone zu empfangen, strahlte majestätisches Wohlwollen aus und verteilte auf seinem Weg durch Oberitalien königliche Privilegien und Diplome mit großzügiger Hand. Der Ruf cäsarischer Freigebigkeit, der ihn schon bei seiner Krönung in Aachen umgeben und in Deutschland Begeisterung erweckt hatte, war ihm auch hierher vorausgeeilt. Dieser Ruf hatte ihm in der Vergangenheit viele Sympathien erworben, und zweifellos tat Friedrich auch jetzt alles, um ihn sich zu erhalten; sicher war aber auch der Gedanke, nach Jahren des Ringens und Planens in Deutschland im Triumph nach Sizilien zurückzukehren, für Friedrich ein Grund zu spontaner Großzügigkeit.

Von seinem Lager am Ufer des Gardasees schrieb er an den Papst, um ihm für alle Wohltaten zu danken; um jeder Kritik noch vor dem Zusammentreffen zu begegnen, teilte er ihm mit, daß er sich aus Ehrfurcht vor dem Papst den notwendigen Bußen für die Verzögerung des Kreuzzuges unterzogen habe, sicherte sich jedoch, indem er hinzufügte, er sei nicht an dieser Verzögerung schuld. Die Abgesandten des Dogen von Venedig kamen, um ihn zu begrüßen, dabei wurde ein Vertrag unterzeichnet, der eine gegenseitige Wiedergutmachung im Falle feindlicher Handlungen durch

Untertanen der beiden Staaten, sowie die Auslieferung von Flüchtlingen und die Zollbefreiung für die Venezianer innerhalb des Reiches vorsah. Der Doge verpflichtete sich seinerseits, einen jährlichen Tribut von Geld, Pfeffer und einer Robe zu entrichten.

Vertreter der lombardischen Städte machten Friedrich im kaiserlichen Lager zu Modena ihre Aufwartung; sie hatten ihn alle anerkannt, nur Mailand verweigerte ihm die eiserne Krone der Langobarden. Mit Ausnahme dieser Abweisung wurde Friedrich überall mit großer Freude empfangen. Der feierliche Prunk des kaiserlichen Gefolges war darauf angelegt, die Massen anzusprechen; doch die Abgesandten der Städte hatten ernstere Dinge im Kopf als Festlichkeiten, und die Jagd nach den Gunstbezeigungen des Königs war in vollem Gange.

Die Genuesen, eingedenk der wichtigen Rolle, die sie bei Friedrichs abenteuerlicher Fahrt nach Deutschland gespielt hatten, forderten zuversichtlich die Bestätigung ihrer alten Privilegien. Soweit diese das Reich betrafen, wurden sie erneut gewährt, wie auch die Herrschaft über die gesamte ligurische Küste von Monaco bis Porto Venere; ihre Handelsrechte in Sizilien jedoch wurden zu ihrer großen Bestürzung überhaupt nicht erwähnt. Auch die Pisaner, die Todfeinde der Genuesen, erlangten trotz ihrer früheren feindseligen Haltung Privilegien; zum Dank hielten sie Friedrich zeit seines Lebens die Treue. Aber dem Ansturm so mannigfacher, einander widersprechender Forderungen scheint selbst Friedrichs diplomatische Kunst nicht gewachsen gewesen zu sein. Erst gewährte er den Bürgern von Faenza das Recht, ihre Burg und Befestigungswerke ständig mit Truppen zu besetzen, widerrief diese Erlaubnis aber, nachdem er die Darstellungen der Stadt Forli angehört hatte. Der kaiserliche Kanzler Konrad von Scharfenberg hatte alle Hände voll zu tun, um die Beleidigten und Empfindlichen zu beschwichtigen.

Im Oktober schickte Friedrich eine Abordnung an den Papst, die erste von vielen, die von Hermann von Salza geführt wurde. Der nächste längere Aufenthalt auf der Reise nach Süden war bedeutsam, denn er fand in Bologna statt, dessen Universität für ihre Arbeit auf dem Gebiet des römischen Rechts in ganz Europa berühmt war. Der geachtetste Jurist dieser Universität, Roffred von

Benevent, schloß sich später Friedrichs Hof an. Im November, als er fast vor den Toren Roms stand, empfing Friedrich Abgesandte des Papstes, die ihm weitere Zusicherungen hinsichtlich des Kreuzzuges und seines Versprechens, Sizilien nicht mit dem Reich zu vereinigen, abverlangten. Die Krönung wurde auf den 22. November festgesetzt.

Endlich war das Ziel erreicht, und das kaiserliche Gefolge lagerte auf dem Monte Malo, dem heutigen Monte Mario. Es war das zweite und letzte Mal in seinem Leben, daß Friedrich Rom besuchte, obwohl die Entschlossenheit, in die Fußstapfen der Cäsaren zu treten, zum leitenden Prinzip seines Lebens werden sollte. Von den Höhen des Monte Mario gesehen, lag die Stadt wie eine Landkarte zu seinen Füßen; das Kolosseum, das Pantheon und die anderen klassischen Gebäude und Ruinen hoben sich deutlich ab von den mittelalterlichen Häusern, die wie Kletten an ihren Mauern klebten. Vieles, was der Bautätigkeit der Renaissance zum Opfer fiel, stand zu Friedrichs Zeiten noch, und wie irgendein moderner Tourist mit seinem Baedeker hätte er die verschiedenen Baudenkmäler mit Hilfe des mittelalterlichen Reiseführers *Mirabilia Urbis Romae*, der etwa fünfzig Jahre früher geschrieben war, erkennen können. Kein Chronist berichtet, ob Friedrich die Wunder dieser Stadt näher betrachtet hat, deren klassische und architektonische Aspekte neben den religiösen der Reliquien und der Märtyrerstätten der Heiligen Beachtung zu finden begannen. Wenn er es tat, so waren es sicher die antiken Denkmäler Roms, die ihn am meisten interessierten; dafür zeugten später das Triumphtor zu Capua, die apulischen Schlösser und Friedrichs Bildnis auf den von ihm geprägten Augustalen.

Doch wird Friedrich während des Aufenthalts in Rom kaum Zeit zu Tagträumen oder archäologischen Exkursionen gehabt haben. Am Tage vor der Krönung erörterte er in langen Diskussionen mit dem Papst die wichtigsten noch ungelösten Probleme. Schon hatte er zugegeben – wozu sein Vater sich niemals verstand –, daß Sizilien päpstliches Lehnsgut sei. Jetzt ging er noch weiter und schlug vor, Sizilien solle eine eigene Regierung und Verwaltung durch Sizilier sowie ein eigenes großes Siegel haben, dazu Heinrichs Name weiterhin ehrenhalber mitgenannt werden.

Damit überließ Friedrich dem Papst den Schatten der Macht, die reale Macht in Sizilien und im Reich aber behielt er selbst in der Hand; er erklärte, daß eine Verbindung nur in seiner Person bestehen solle – etwa so, wie die britische Krone heute das einzige Bindeglied zwischen den Mitgliedern des British Commonwealth ist.

Honorius willigte ein; Friedrich seinerseits hat die verwaltungsmäßige Trennung zwischen Sizilien und dem Reich aufrechterhalten, bis in die allerletzten Jahre seiner Herrschaft, als sich das gigantische Ringen mit dem Papsttum dem Höhepunkt näherte. Achtzehn Jahre nach Friedrichs Krönung trugen sizilische Urkunden noch immer Heinrichs Namen neben dem Friedrichs; diese Praxis wurde bis zu Heinrichs Tod, ja sogar noch während der letzten Jahre aufrechterhalten, als er nach seinem Aufstand in Deutschland der Gefangene seines Vaters war. Während all dieser Verhandlungen stand Hermann von Salza Friedrich treu zur Seite; wie dankbar Friedrich ihm war, kann man daran ermessen, daß er trotz der ihn selbst bedrängenden Probleme dem Papst die Bitte der Deutschherren vortrug, daß sie den gleichen weißen Mantel wie die Templer tragen dürften; diese Frage war eine Quelle ständiger Eifersucht zwischen den beiden Orden gewesen.

Die Krönung – für fast ein Jahrhundert die letzte in Rom – wurde mit unvergleichlicher Pracht und sogar in Ruhe und Frieden vollzogen. Der Tag verlief, was selten genug geschah, ohne Zusammenstöße zwischen der römischen Bevölkerung und dem deutschen Gefolge des Kaisers; das lag daran, daß Friedrich die Bedeutung von »Brot und Spielen« für die römischen Massen erkannt hatte; es war ihr Recht, bei einer Kaiserkrönung Almosen zu erhalten; so bot er ihnen ein prachtvolles Schauspiel und beschenkte sie überdies in reichem Maße. Barbarossa mußte heimlich gekrönt werden, bei Ottos Krönung kam es zu blutigen Zusammenstößen, weil das Volk keine Almosen erhalten hatte; Friedrich hingegen war Italiener genug, um die Bedeutung dieser Sitte zu ermessen.

Die Menge, die in Rom zur Krönung strömte, war noch bunter gemischt als sonst, wenn auch das italienische Element vorherrschte. Prälaten und Edle des Königreichs Sizilien strömten in Scharen herbei. Friedrich und Konstanze ritten in feierlichem Zuge die alte Via Triumphalis hinab; ehe der künftige Kaiser die Stadt betrat, mußte er die Rechte der römischen Bürger bestätigen. An der Porta Collina empfing ihn die Geistlichkeit und begleitete ihn zur Peterskirche. Geld wurde unter das Volk gestreut, das zu Tausenden die Straßen säumte. Auf den Stufen der Basilika standen der Senator und die Ratsherren Roms[4], die das Pferd des Kaisers hielten, während er die Stufen hinaufschritt, um dem Papst die Füße zu küssen und ihm das traditionelle Gold zu überreichen. Honorius umarmte Friedrich, dann schritten sie zusammen auf die Kirche zu. Der Herrscher begab sich in eine Seitenkapelle, um den Eid abzulegen und als Kanonikus von St. Peter aufgenommen zu werden; es mag überraschend gewesen sein, ihn in diesem Amte zu sehen, sicher aber war er einer der begabtesten Männer, die es je innegehabt haben.

Im kaiserlichen Ornat und in dem prachtvollen, mit Tigern und Kamelen bestickten Mantel seines Großvaters König Roger trat Friedrich nun durch die Silberpforte der Basilika ein und wurde gesalbt. Nach einem besonderen Gebet für den König krönte ihn der Papst mit der Mitra und setzte ihm danach die Krone Karls des Großen aufs Haupt; schließlich gab er ihm das Schwert in die Hand, das Friedrich schwenkte, um zu zeigen, daß er der Verteidiger des Heiligen Stuhles sei. Dann folgte die Übergabe von Weltkugel und Zepter, und danach wurde die Kaiserin Konstanze gekrönt.

Bei dem nun folgenden feierlichen Hochamt legte Friedrich, um den geistlichen Charakter des kaiserlichen Amtes zu bekunden, die Insignien seiner Würde ab und ministrierte dem Papst als Subdiakon im Priestergewand, über dem er eine strahlend blau und goldene Dalmatika trug. Sie war mit Stickereien geschmückt, die die Verklärung und Anbetung und die Symbole der Weltmacht, Sonne und Mond, darstellten. Kaiser und Kaiserin empfingen vom Papst die Kommunion und den Friedenskuß. Dann wurde bei gelöschten Kerzen über alle Ketzer und deren Helfer der Bann ausgesprochen; schließlich nahm Friedrich aus der Hand des Kardinals Hugo von Ostia das Kreuz und leistete den Eid, den Kreuzzug im folgenden August zu führen.

Als sie die Basilika verlassen hatten, fand jene Zeremonie statt, die zwischen früheren Päpsten und Kaisern der Anlaß großer Auseinandersetzungen gewesen war. Friedrich trat vor und hielt, während Honorius sein Pferd bestieg, den Steigbügel, führte dann das Pferd des Papstes ein paar Schritte, ehe auch er aufsaß. Es ist charakteristisch für Friedrich, daß er vor dieser Zeremonie nicht zurückscheute. Er war jetzt der gesalbte Kaiser und hatte dazu noch sein Königreich Sizilien behalten. Die Früchte des Planens und der diplomatischen Kunst von acht Jahren fielen ihm jetzt zu; so gönnte er dem alternden Papst dieses Schauspiel. Friedrich ging es um die Substanz der Macht mehr als um die mittelalterlichen Symbole, die seinen Zeitgenossen so wichtig waren.

Der prunkvolle Zug setzte sich in Bewegung, Honorius ritt an der Spitze, Kaiser und Kaiserin folgten durch die engen Straßen, die zum Tiber führten. An der Kirche von Santa Maria in Transpontina trennten sich Papst und Kaiser nach einer letzten Umarmung. Dann ritt Friedrich auf seinem Schimmel zum Lager auf dem Monte Mario, und der Papst kehrte in seinen Palast zurück.

Hat der alte Papst noch über diese merkwürdige Fügung nachgedacht, die ihn und Friedrich unter so bedeutenden Umständen wieder zusammenführten? Erinnerte er sich an den ungehobelten, in Armut lebenden Knaben, den er vor vierzehn Jahren in Palermo gesehen hatte? Diesen Knaben, der damals nur dem Namen nach König von Sizilien gewesen war, hatte er heute zum Herrscher über ein Reich gekrönt, das dem der Cäsaren gleichkam und sich von den Küsten des Mittelmeers bis an die Ostsee und an den Ärmelkanal erstreckte.

Das Interesse des Papstes galt eher dem vermeintlichen Sieg der Kirche. Denn der Kaiser hatte am Tage seiner Krönung zehn Gesetze erlassen, die auf den Beschlüssen des Laterankonzils beruhten. Auf Bitten des Papstes hatte Friedrich die kirchlichen Privilegien – zum Beispiel die Befreiung der Geistlichkeit von weltlichen Gerichten und Abgaben – durch staatliche Gesetze sanktioniert. Ferner wurden die Gesetze gegen die Ketzer verschärft, die humanen Bestimmungen zum Schutze der Fremden und Seefahrer gegen Plünderung verbessert und die Bauern gegen die Beschlagnahme von Pflug und Vieh stärker geschützt.

Friedrich war durchaus bereit, Zugeständnisse zu machen, da sein Sohn nunmehr zum römischen König gewählt worden war und er selbst als König von Sizilien in sein Königreich zurückkehrte; hinzu kam, daß er der Welt das Schauspiel bieten konnte, wie Kirche und Staat gemeinsam gegen Ketzerei und Rebellion vorgingen, zwei Übel, die damals als eng verbunden galten. Bei der unmittelbar bevorstehenden Neuordnung seines Königreichs mußte er mit Aufruhr rechnen; die Ketzergesetze mochten sich auch als nützlich erweisen bei seinen künftigen Beziehungen zu den lombardischen Städten, wo die Ketzerei tiefe Wurzeln geschlagen hatte; dort herrschte immer wieder Aufruhr gegen die kaiserliche Autorität, was in seinen Augen ein sehr viel ernsteres Vergehen war.

Nach der Krönung konnte Friedrich es kaum erwarten, in sein Königreich zurückzukehren, das er fast verloren hätte. Drei Tage später brach er seine Zelte ab und zog auf der alten Via Labicana nach Süden. Als er den Liri bei Ceprano überquert hatte, setzte er endlich wieder den Fuß auf sizilischen Boden.

Teil II

VORSPIEL ZUM KAMPF

Kapitel 3

DAS KÖNIGREICH SIZILIEN

1220–1225

SEIT JAHREN hatte sich Friedrich auf diesen Tag im Dezember vorbereitet. Während die kleine kaiserliche Kavalkade ihren Weg durch das rauhe Tal des Garigliano nahm, bedachte er seine bis in alle Einzelheiten fertigen Pläne für die Neuordnung seines Königreichs – denn daß es sich um eine Neuordnung handelte, war ihm klar. Als das Kloster von Monte Cassino auf seiner schwindelnden Höhe in Sicht kam, erinnerte sich Friedrich mit Genugtuung daran, daß ihm der Abt die beiden Grenzkastelle Rocca d'Evandro und Atina, wenn auch nicht ohne Widerspruch, zurückgegeben hatte. Die Grenzen seines Königreichs waren weiterhin gefestigt worden, als er von dem Grafen Roger von Aquila die Rückgabe der Kastelle Suessa, Teano und Mondragone verlangt und sie erhalten hatte. Aber Friedrich wußte genau, daß dies nur der Anfang war.

Die Rückgabe der Kastelle ohne Streit und Blutvergießen war ein beredtes Zeugnis für das Unbehagen, mit dem die Barone und selbst so treue Geistliche wie der Abt von Monte Cassino Friedrichs Rückkehr in sein Königreich betrachteten. Viele von ihnen waren nach Rom gereist, um bei der Krönung ihre Ergebenheit zu zeigen; andere hatten ihn bei seiner Ankunft begrüßt in der Hoffnung, daß ihr Verrat und ihre Übergriffe während der Zeit seiner Minderjährigkeit und seiner Abwesenheit von Deutschland nun in Vergessenheit geraten seien. Die meisten waren sich durchaus bewußt, es nicht mehr mit einem Knaben zu tun zu haben, sondern mit einem sechsundzwanzigjährigen Mann, der sich als geschickter Diplomat und Staatsmann erwiesen und durch seinen politischen

Scharfsinn sich den erhabensten Titel erobert hatte, den die westliche Welt vergeben konnte; dem es überdies gelungen war, sich sowohl das Königreich Sizilien als auch den päpstlichen Segen zu erhalten.

Es war bezeichnend für den Ruf, den Friedrich inzwischen genoß, daß er nicht wie sein Vater an der Spitze eines deutschen Heeres in das sizilische Königreich zurückkehrte – in dem fast der gesamte Adel ihn irgendwann einmal verraten hatte –, sondern nur in Begleitung seiner Gemahlin und eines kleinen Hofstaats von Vertrauten wie Hermann von Salza, Erzbischof Berard von Palermo, dem neu hinzugekommenen Roffred von Benevent und deren Bediensteten. Sie waren – von Friedrichs Ungeduld getrieben – rasch gereist und kamen am 15. Dezember in Capua an.

Das Capua des dreizehnten Jahrhunderts war weder die Stadt der Fleischtöpfe, die Hannibal gekannt hatte, noch die heruntergekommene, ein wenig schmutzige Stadt von heute, sondern das blühende Zentrum der landwirtschaftlich reichen Terra di Lavoro; fast umschlossen von einer Schleife des Volturno, besaß Capua wegen seiner uneinnehmbaren Lage strategische Bedeutung. Es war die erste wichtige Stadt im Königreich Sizilien, die an der Via Labicana lag, der Route, die Friedrich und sein Gefolge vom Kirchenstaat aus benutzt hatten; dort wurde Halt gemacht.

Der Aufenthalt bot den erschöpften Reisenden, die seit Augsburg vier Monate unterwegs waren, eine willkommene Gelegenheit, sich Ruhe zu gönnen, ehe sie sich nach der Hauptstadt Palermo mit ihren komfortablen Palästen einschifften. Doch ging es Friedrich noch um anderes. Die Ausführung der Pläne für die Neuordnung des Königreichs Sizilien, die während der Jahre in Deutschland ausgereift waren, duldeten keinen Aufschub; deshalb begann er sofort, sie hier in dieser Provinzstadt zu verwirklichen. Auf dem ersten Hoftag, der seit acht Jahren im Königreich abgehalten wurde, erließ er die zwanzig Kapitel umfassenden Gesetze, die zur Grundlage für die gesamte Neuorganisation Siziliens während der nächsten dreißig Jahre wurden. Damit schuf er das Rahmenwerk des ersten modernen Staates in Europa.

Politische Fähigkeiten hatte Friedrich schon vor seiner Rückkehr nach Sizilien in hohem Maße bewiesen. Für die im Augenblick zu bewältigende Aufgabe besaß er zwei Eigenschaften, die ihm als Herrscher noch größere Dienste leisten sollten – gesunden Menschenverstand und Organisationsvermögen. Beides ein Erbe seiner normannischen Vorfahren, die aus den zahllosen von ihnen eroberten Kleinstaaten ein geordnetes und blühendes Reich geschaffen hatten.

Diese beiden Prinzipien: gesunder Menschenverstand und ein eingeborener Sinn für Organisation charakterisieren die Gesetze, die Friedrich nun in Capua erließ. Daß sie bereits bis in die letzten Einzelheiten ausgearbeitet waren, als er sie unmittelbar in der ersten Stadt des Königreichs, in der er Aufenthalt nehmen konnte, bekanntmachte, verrät deutlich, wie ungeduldig er auf diesen Augenblick gewartet hatte; es zeigt auch seine Entschlossenheit, seinen Untertanen rücksichtslos klarzumachen, daß die Zeit der Gesetzlosigkeit und Freibeuterei zu Ende war und sie es von nun an mit einem König zu tun hatten, der nicht nur dem Namen nach, sondern auch in der Tat zu regieren beabsichtigte.

Die Folgen der dreißigjährigen Anarchie, denen sich Friedrich bei seiner Rückkehr nach Sizilien gegenübersah, hätten die meisten Herrscher zur Gewalt greifen lassen, um die Ordnung wiederherzustellen. Statt dessen schuf er mit einem einzigen klugen Zug Ordnung aus dem Chaos, und zwar nicht durch die brutale Gewalt eines fremden Heeres, sondern durch die Rückkehr zu dem rechtlichen und politischen *status quo* der Zeit des letzten rechtmäßigen Normannenkönigs Wilhelm II., dessen Gesetzgebung dank Friedrichs Hoftagsbeschlüsse von Capua praktisch wiederhergestellt wurde. Die wichtigsten Bestimmungen sahen folgendes vor: die Gerichtsbarkeit durfte im wesentlichen nur durch Richter ausgeübt werden, die von der Krone abhängig waren. Die Städte durften ihre Bürgermeister nicht mehr selber wählen, an ihre Stelle traten königliche Beamte. Steuern wurden wieder so festgesetzt, wie sie zur Zeit des Todes von Friedrichs Mutter Konstanze gewesen waren. Die Privilegien der verschiedenen Kategorien sollten wieder die gleichen sein wie zur Zeit von Wilhelms Tod. So wurde zum Beispiel das Recht, Waffen zu tragen, auf diejenigen beschränkt, die es zu jener Zeit besessen hatten. Die Barone mußten königliche Burgen, deren sie sich bemächtigt oder andere, die sie seit Wilhelms

Tod gebaut hatten, der Krone zurückgeben, außerdem noch die Erlaubnis des Königs einholen, wenn sie selbst die Festungen, die ihnen rechtmäßig zustanden, mit mehr als vier unbewaffneten Männern besetzen wollten. Aber noch Schlimmeres sollte in dem allerwichtigsten Gesetz *de resignandis privilegis* folgen; dieses Gesetz sah vor, daß sämtliche Privilegien (mit der einzigen Ausnahme des Klosters San Giovanni di Fiore), die seit der Herrschaft Wilhelms gewährt worden waren, der königlichen Kanzlei zur Bestätigung vorgelegt werden mußten, und zwar für die festländischen Provinzen vor Ostern 1221 und für die Insel Sizilien vor Pfingsten des gleichen Jahres. Diese durchgreifende Verordnung umfaßte sämtliche königlichen Privilegien von den größten Lehnsgütern bis zu den kleinen, privaten Rechten der Zolleinnahme und ähnlichem. Am härtesten getroffen wurden naturgemäß jene, die die größten Machtstellungen bekleidet und den meisten Gewinn davongetragen hatten – die Barone und die Kirche.

Die Macht der normannischen Könige hatte zum großen Teil auf ihren ausgedehnten und reichen Ländereien beruht. Dieser Besitz war langsam abgebröckelt, weil eine Reihe von Usurpatoren und Beamten, die während Friedrichs Minderjährigkeit und Abwesenheit in Deutschland regierten, Privilegien verschenkt oder weil die Barone und Geistlichen Teile davon durch Gewalt, zweifelhafte Rechtsmittel oder gefälschte Urkunden an sich gebracht hatten. Die neuen Gesetze trafen dieses Übel an der Wurzel und boten darüber hinaus der königlichen Kanzlei eine ideale Möglichkeit, eine genaue Liste der tatsächlich existierenden rechtmäßigen Lehnsgüter und Privilegien aufzustellen. Alle auf Kosten des Kronguts gemachten Schenkungen wurden automatisch widerrufen, unleserliche Schenkungsurkunden neu geschrieben und die in Friedrichs Namen erneut bestätigten Privilegien mit einer Klausel versehen, nach der sie nach Gutdünken des Kaisers widerrufen werden konnten.

Die in Capua erlassenen Gesetze regelten nicht nur die augenblicklichen Besitzverhältnisse, sondern sahen auch eine künftige Kontrolle durch den Kaiser vor. Die Lehnsträger durften ohne die Erlaubnis des Herrschers weder heiraten noch ihre Kinder zu unmittelbaren Erben einsetzen. Diese Bestimmung bot Friedrich die Möglichkeit, ständig Lehnsgüter einzuziehen und eine scharfe Kontrolle über den Lehnsträger selbst wie auch über dessen Erben auszuüben.

Entschlossen, für das Krongut alles das zurückzugewinnen, was ihm in den Jahren des Chaos während seiner Minderjährigkeit verlorengegangen war, stellte Friedrich nach dem Hoftag von Capua umfangreiche Nachforschungen an, um den Aufenthaltsort der Leibeigenen und Bürger festzustellen, die seit dem Tode Wilhelms II. in andere Gebiete ausgewandert waren. Die mittelalterliche Sitte, die Menschen als mit dem Grund und Boden verbundenes Zubehör zu betrachten, so abstoßend sie auf uns wirkt, war für jene Zeit insofern von wirtschaftlicher Bedeutung, als die eingezogenen Krongüter ohne die Menschen, die das Land bebauten, eine empfindliche Werteinbuße erlitten hätten.

Die alten normannischen Gesetze enthielten Bestimmungen, auf Grund deren eine Flotte geschaffen, bemannt und in seetüchtigem Zustand erhalten werden konnte. Bestimmte Lehnsträger und verschiedene größere und kleinere Städte des Königreichs waren verpflichtet, Holz oder Geld für den Bau sowie Mittel für die Instandhaltung der Flotte zu stellen; diese Abgaben hießen *lignamia* und *marinaria.* Auch eine bestimmte Zahl von Matrosen mußte für die Flotte zur Verfügung gestellt werden. Diese Gesetze traten unter Friedrich wieder voll in Kraft mit dem Ergebnis, daß er bereits Ende des Jahres 1221 über zwei Geschwader verfügte.

Die Hoftagsbeschlüsse von Capua, die die Rückgabe der seit dem Tode Wilhelms II. gebauten Burgen vorsahen, legten auch den Grund für ein neues Verteidigungssystem. Kaum hatte Friedrich die Burgen wieder im Besitz, als er sie zerstören oder in königliche Festungen verwandeln ließ. Er hielt sich nicht an die bisherige Sitte, sie einem treuen Lehnsmann zu übergeben; sie gehörten jetzt unmittelbar der Krone, die für ihre Instandhaltung, Versorgung und Besatzung aufkam. Die Instandsetzungsarbeiten wurden, zumindest während der späteren Jahre von Friedrichs Herrschaft, durch genaue Vorschriften geregelt, nach denen die Männer der benachbarten Dörfer und Städte zu diesen Arbeiten verpflichtet waren. In Friedenszeiten – und das war eine bemerkenswerte Neuerung – blieben die Burgen unbewohnt oder wurden von einem Kastellan mit wenigen Helfern versorgt. Die Normannen hatten nie den

Versuch gemacht, den von ihnen eroberten Provinzen ein fertiges Regierungssystem aufzuzwingen, sondern, von der praktischen Vernunft geleitet, aus der vorhandenen Mischung byzantinischer, langobardischer und sarazenischer Systeme, mit der die süditalischen Provinzen verwaltet worden waren, das Beste herausgenommen und es zu einem homogenen, leicht zu handhabenden Verwaltungssystem zusammengeschweißt.

Auch Friedrich mit seinem ererbten normannischen Sinn für die Grundelemente einer guten Verwaltung versuchte nicht, ein neues System zu schaffen, sondern übernahm das Beste aus dem bereits Vorhandenen. Die Tatsache, daß er, kaum angekommen, im Königreich Sizilien bereits eine feste Grundlage schuf, auf der sich ein organisierter Staat weiterentwickeln konnte, ist ein Beweis für die außerordentliche Energie dieses Mannes, der, selbst als er mit der Verwaltung eines riesigen Reiches beschäftigt war, das er ebenfalls in einem chaotischen Zustand übernommen hatte, noch Zeit fand, sich einem gründlichen Studium der bisherigen sizilischen Verwaltung zu widmen und ihr die wesentlichen Elemente für eine Neugestaltung zu entnehmen.

Die Gesetze von Capua wurden nicht ohne Protest hingenommen. Der Befehl jedoch, die seit dem Tode Wilhelms II. gebauten Burgen zu übergeben, rief offenen Aufruhr hervor. Zu den Rebellen gehörte Graf Rainer von Manente, ein Toskaner, der, obwohl ihn Friedrichs Mutter unterstützt und in das Königreich gebracht hatte, sich später auf die Seite Markwards von Annweiler und Capparones schlug und während Friedrichs Minderjährigkeit die Gelegenheit benützte, sich auf Kosten des Kronguts Vorteile zu verschaffen. Später, nachdem Friedrichs Gemahlin Konstanze die Reise nach Deutschland angetreten hatte, entfachte er einen Aufruhr und besaß darauf noch die Unverfrorenheit, am Hofe in Deutschland zu erscheinen, ohne Friedrich auch nur um einen Geleitbrief zu bitten. Sein Verhalten am Hof war so ungebührlich, daß Friedrich ihn als Geisel für die Rückgabe der von ihm usurpierten Krongüter dort behielt. Diese noch verhältnismäßig milde Behandlung verdankte er lediglich dem Umstand, daß Friedrich weiteren Schwierigkeiten aus dem Wege gehen mußte, die der überhebliche Graf in Sizilien vielleicht noch heraufbeschworen hätte.

Graf Rainer hielt jedoch trotzdem die Verbindung mit seinen toskanischen Verwandten aufrecht, die weiterhin in Sizilien Unruhe stifteten und Friedrichs Gegner auf der Insel Waffen und Truppenverstärkungen zukommen ließen. Schließlich machte Friedrich der Sache ein Ende, indem er die Pisaner anwies, keine weiteren toskanischen Truppen nach Sizilien zu befördern, und seinen eigenen Hafenbehörden den Befehl gab, alle, die dort landeten, zu verhaften. Die Familie Graf Rainers bemühte sogar den Papst, um den Grafen freizubekommen, aber Friedrich weigerte sich entschieden, darauf einzugehen, solange er die Krongüter nicht zurückerhalten habe.

Sehr viel schwieriger als der widerspenstige Rainer war Thomas von Celano, Graf der rauhen und gebirgigen Abruzzenprovinz Molise. Thomas besaß ausgedehnte Ländereien und war in der Lage, ein Heer von fast fünfzehnhundert Rittern und Knechten aufzustellen. Seit Jahren hatte dieser mächtige Mann seine Unabhängigkeit innerhalb seiner Gebiete bewahrt. Der einzige Herr, den er je anerkannt hatte, war Kaiser Otto während seiner kurzen italienischen Unternehmung.

Er war sich bewußt, daß sein Treueid zu Otto ihn in Friedrichs Augen für immer gebrandmarkt hatte, vertraute aber auf die naturgegebene Sicherheit der uneinnehmbaren Burgen, mit denen seine Berge bewehrt waren. Er selbst ging nicht nach Rom, um Friedrich bei der Krönung den Treueid zu leisten, schickte aber statt dessen seinen Sohn, um die Lage auszukundschaften.

Obwohl der Papst zu vermitteln versuchte, weigerte sich Friedrich, den Treueid eines Stellvertreters anzunehmen. Der Graf von Molise, dem eine Warnung zugegangen war, setzte sich in seinen stärksten Burgen Bojano und Roccamandolfi mit seinen Truppen fest. Dort blieb er, während Friedrich teils durch Verhandeln, teils mit militärischer Unterstützung derjenigen Barone, die ihm bereits gehuldigt hatten, von den Schlüsselburgen der Terra di Lavoro Besitz ergriff; die Verwaltung der Provinz sicherte er sich, indem er sie dem neuernannten Justitiar Graf Landolf von Aquino und dessen Bruder Thomas übergab, der zum Großjustitiar und zum Grafen von Acerra erhoben wurde.

Als Friedrich die Verwaltung dieser wichtigen Grenzprovinz (die etwa dem heutigen Kampanien entspricht) den Grafen von Aquino anvertraute, belohnte er damit eine Familie, die, von je seinem Hause ergeben, bis zu seinem Tode den Hohenstaufen die Treue hielt.[5]

Der Feldzug gegen den Grafen von Molise, in dem der neuernannte Graf von Acerra die königlichen Truppen führte, begann im Frühjahr 1221. Bojano wurde im Sturm genommen, aber der Feldzug schleppte sich noch zwei Jahre hin und machte sogar Friedrichs persönliches Eingreifen notwendig. War eine Festung genommen, so zog sich der Graf von Molise in eine andere zurück. Die Schwierigkeiten, mit denen die königlichen Truppen zu kämpfen hatten, ehe er endlich bezwungen wurde, zeigen eindeutig, wie schwer es für einen weniger energischen Mann als Friedrich gewesen wäre, die Ordnung wiederherzustellen, wie notwendig auch die neuen Gesetze waren, auf Grund deren im ganzen Lande Bollwerke errichtet wurden, um die Macht der Feudalherren einzuschränken.

Das Ende kam, als die Gemahlin des Grafen von Molise die Tore von Roccamandolfi öffnete und sich und ihren Sohn der Gnade Friedrichs empfahl. Der Graf selbst hielt sich noch immer auf der Burg Ovindoli; schließlich aber wurde eine diplomatische Lösung gefunden, durch die der Besitz des Grafen auf seine Frau überging und seine Söhne an Hermann von Salza übergeben wurden. Sie sollten als Geiseln zu Friedrich kommen, wenn der Graf, der geflohen war, sich nicht an die Bedingungen des Vertrages hielt. Später, an den königlichen Hof bestellt, um sein Verhalten zu rechtfertigen, erschien er jedoch nicht, woraufhin Friedrich Molise und seine anderen Ländereien beschlagnahmte. Im Jahre 1227 wurde Konrad von Hohenlohe damit belehnt.

Im Frühjahr 1221 reiste Friedrich nach der Insel Sizilien und hielt im Mai einen Hoftag in Messina, auf dem er sich mit der städtischen Verwaltung befaßte und Verordnungen erließ, die die öffentliche Moral und Restriktionen gegen die Juden betrafen. Damit hoffte er wahrscheinlich, die Kirche günstig zu stimmen, da sie weitgehend den Bestimmungen des vierten Laterankonzils entsprachen, zugleich allerdings seinen eigenen Vorstellungen von einem geordneten und gut verwalteten Staat entgegenkamen.

Fahrende Sänger wurden vogelfrei, wenn sie den Frieden mit wüsten Liedern störten; Gotteslästerer wurden streng bestraft; den Dirnen war nicht erlaubt, in den Städten zu wohnen und die öffentlichen Bäder am gleichen Tage zu benutzen wie die ehrbaren Frauen. Die Juden – und hierbei rechnete Friedrich mit Sicherheit auf Zustimmung des Papstes – mußten himmelblaue Kittel und einen gelben Fleck auf ihrer Kleidung tragen und den Bart wachsen lassen, damit sie leichter erkennbar waren. Auch diese Verordnung war eine Erweiterung der Vorschriften des Laterankonzils gegen die Mohammedaner.

Nun begab sich Friedrich auf eine Inspektionsreise zu den wichtigsten Städten der Insel; er hielt sich dabei in Catania, Caltagirone, Palermo und Girgenti auf und kehrte dann nach Palermo zurück, wo er die in seinem Namen in den Jahren 1200 und 1210 gewährten Privilegien bestätigte. Er hat zwar später Neapel zur Hauptstadt seines Königreichs gemacht, weil es für das übrige Europa günstiger lag, scheint jedoch immer besondere Dankbarkeit für Palermo gehegt zu haben, das ihm während der schwersten Jahre seines Lebens Schutz gewährte.

Von Palermo ging Friedrich wieder nach Catania, wahrscheinlich um ein Unternehmen zu überwachen, das für die Interessen des Königreichs ebenso wichtig war wie die Unterwerfung des Grafen von Molise – nämlich die Vertreibung der Genuesen aus Syrakus, das seit 1204 in ihrer Hand war. Denn nicht nur die sizilischen Barone hatten von dem wehrlosen Zustand des Landes während Friedrichs Minderjährigkeit profitiert, sondern auch die großen Seemächte Genua und Pisa. Der Haß auf die Pisaner, die Kaiser Otto unterstützten, hatte die Genuesen dazu bewogen, Friedrich bei seiner Fahrt nach Deutschland zu helfen. Ihre seither bestehende Freundschaft mit Friedrich und der Besitz von Syrakus verlieh ihnen einen Vorrang in Sizilien, den sie, begreiflich genug, zu behaupten suchten. Schon in Modena hatten sie es Friedrich übel vermerkt, daß er sich weigerte, ihre Privilegien und Handelsrechte im Königreich Sizilien zu erneuern, obwohl er ihre Rechte im Reich bestätigte und versuchte, den Schlag zu mildern, als er ihnen die Kontrolle über die ligurische Küste zusprach.

Friedrich legte zwar Wert auf ihre Freundschaft, doch stand ihm das Wohlergehen des Königreichs an erster Stelle. Das Chaos der letzten dreißig Jahre spiegelte sich in dem Abnehmen des sizilischen Handels, der so weit heruntergekommen war, daß sich das einst wirtschaftlich blühende Land am Rande des Bankrotts befand. Viel von dem, was Sizilien verloren hatte, war in die Taschen der Seemächte, besonders Genuas, gewandert; für die Regenerierung des Landes war eine neue wirtschaftliche Blüte unerläßlich. Solange aber Fremde ein Monopol über den Handel des Landes ausübten und den Löwenanteil der Gewinne einsteckten, war eine Besserung der wirtschaftlichen Lage nicht zu erhoffen.

Die Genuesen wurden aus Syrakus vertrieben, zugleich auf Grund der in Capua erlassenen Gesetze ihre Rechte in Palermo, Messina, Trapani und anderen Häfen widerrufen und die genuesischen Lagerhäuser vom Staat beschlagnahmt. Die Stadt Pisa erfuhr die gleiche Behandlung, da aber ihr Besitz im Vergleich zu dem Genuas unbedeutend war, litt sie weniger unter dieser Maßnahme.

Die Empörung der Genuesen, die mit einiger Berechtigung eine bevorzugte Behandlung erwartet hatten, kannte keine Grenzen. Einer der ihren, Wilhelm Porcus, Admiral von Sizilien, der Konstanze und den jungen König Heinrich nach Deutschland begleitet hatte, ergriff zunächst die Flucht. Er kehrte jedoch, von Groll gegen Friedrich getrieben, bei der ersten sich bietenden Gelegenheit als Seeräuber in die sizilischen Gewässer zurück, um den Feinden des Kaisers Beistand zu leisten.

Mitten in dieser vielfältigen Tätigkeit für den Neuaufbau des Königreichs mußte sich Friedrich mit einem weiteren Projekt befassen, für das bereits ein Teil der mit so viel Mühe zusammengetragenen Mittel verwendet worden war. Er hatte schon im Mai einige Schiffe mit Truppenverstärkungen unter der Führung des Herzogs von Bayern und des Bischofs von Passau von Messina ausgesandt, die den bei Damiette kämpfenden Heeren des fünften Kreuzzugs zu Hilfe kommen sollten. Weitere Schiffe mit Lebensmitteln und Soldaten folgten unter der Führung von Anselm von Justingen, der, weil er als deutscher Abgesandter Friedrich die Nachricht seiner Wahl zum Kaiser gebracht hatte, von ihm zum Marschall ernannt worden war.

Alle Schiffe hatten den Befehl erhalten, sich keinesfalls vor der

Ankunft der sizilischen Flotte unter dem Kommando des neuen Admirals Heinrich von Malta und des Kanzlers Walther von Pagliara im Juli an einer größeren militärischen Aktion zu beteiligen. Unglücklicherweise beachteten die Führer des Kreuzzugs Friedrichs Warnung nicht und verursachten durch ihr Ungestüm den folgenschweren Verlust von Damiette. Die Sizilier, die nur wenige Tage zu spät kamen, taten alles in ihrer Macht stehende, um dem besiegten Kreuzfahrerheer zu helfen. Walther von Pagliara, der seinem jungen Herrn nicht mit der Nachricht von der Katastrophe gegenüberzutreten wagte, ergriff auf dem Rückweg die Flucht und ging nach Venedig, wo er in Armut starb. Mit ihm verfiel das Amt des Kanzlers von Sizilien, das Friedrich nie wieder neu besetzte – wahrscheinlich weil es zu Lebzeiten des Amtsinhabers nicht übertragbar war. Friedrich hatte zwar schon mehrmals auf die Dienste Walther von Pagliaras verzichtet und ihn in sein Bistum nach Catania geschickt, aber solange er lebte, war er der rechtmäßige Kanzler von Sizilien. Einem Nachfolger jedoch eine Machtstellung ähnlich der Pagliaras einzuräumen, ohne ihn nach Gutdünken entlassen zu können, lag nicht in Friedrichs Absicht.

Als er gekrönt wurde, hatte Friedrich geschworen, im August den Kreuzzug anzutreten; aber der August war vorübergegangen, und er hatte sich lediglich darauf beschränkt, dem vorigen Kreuzzug – allerdings erhebliche – Truppenverstärkungen und Vorräte zukommen zu lassen. Er besaß nun schon eine gewisse Erfahrung im Auffinden guter Gründe, um dieses gefährliche Unterfangen hinauszuschieben; denn was Friedrich mehr fürchtete als Kämpfe und Seuchen im Nahen Osten, waren die heimtückischen Angriffe, die in seiner Abwesenheit seinem Königreich drohen konnten. Dies um so mehr, als sich Sizilien nach Friedrichs langem Aufenthalt in Deutschland in einem so unsicheren Zustand befand.

Hätte Friedrich den Kreuzzug in diesem Augenblick angetreten, so wäre Sizilien unweigerlich in das Chaos zurückgesunken; die soeben unterworfenen Barone hätten ihre gesetzlosen Räubereien wieder aufgenommen, sobald der Kaiser nicht mehr eine strenge Kontrolle über sie ausübte. Auch wären die Finanzen des Staates den hohen Kosten der Bewaffnung, Versorgung und Aufrechterhaltung eines Heeres in Palästina jetzt nicht gewachsen gewesen. Zwar sollte das Reich die Soldaten und Ritter für das Kreuzzugsheer stellen, doch waren sizilisches Gold und sizilischer Weizen für die Kriegsführung nötig.

Als Heinrich von Malta von der Expedition nach Damiette zurückkehrte, ernannte ihn Friedrich zum Befehlshaber der Truppen, die die mohammedanische Bevölkerung im westlichen Teil der Insel Sizilien unterwerfen sollte. Diese Aktion war ebenso wichtig für die Ordnung und das Wohlergehen des Königreichs wie die Unterwerfung des Grafen von Molise und die Herrschaft über die früher genuesischen und pisanischen Handelsplätze, nur war sie wesentlich schwieriger. Außerdem hatte sie in Friedrichs Augen den weiteren Vorteil, daß er jetzt, wie er es geschworen, gegen die Ungläubigen kämpfte, allerdings nicht im fernen Palästina, sondern mitten in einem christlichen Königreich, nur einige hundert Kilometer von Rom entfernt, wo die bloße Existenz der Heiden eine größere Beleidigung für die Christenheit bedeuten mußte als im Orient.

Friedrich mag am Anfang noch nicht voll erkannt haben, was für Schwierigkeiten ihm in diesem Feldzug bevorstanden, solange die wilde Gebirgsgegend der westlichen Provinzen, wo sich die Moslems festgesetzt hatten, seiner Herrschaft nicht voll unterworfen war. Im Jahre 1220, noch vor seiner Krönung in Rom, war Friedrich mit Beschwerden des Erzbischofs von Monreale überhäuft worden, dessen Ländereien vor den Toren Palermos den ständigen Überfällen der aus ihren Bergnestern herunterstürmenden Sarazenen ausgesetzt waren. Giato, eine der wichtigsten mohammedanischen Festen, lag kaum fünfzehn Kilometer von Monreale entfernt, und viele der Höfe, Burgen und Dörfer, die rechtmäßig zum Erzbistum gehörten, waren von den mohammedanischen Freibeutern erobert worden. Die gleichen Zustände herrschten fast überall im westlichen Sizilien, wo sich die Mohammedaner seit über zwanzig Jahren die inneren Wirrnisse zunutze gemacht und Ländereien erobert und besetzt hielten. Heinrich von Malta war in der ersten Phase des Feldzugs gegen die Moslems erfolgreich; er eroberte Giato, und Friedrich, offenbar der Ansicht, daß die Unterwerfung der Sarazenen keine weiteren Schwierigkeiten bieten würde, kehrte für den Winter auf das Festland zurück.

Während dieses Aufenthalts auf dem italischen Festland sollen sich Friedrich und der heilige Franz von Assisi begegnet sein. Eine vor kurzem entdeckte Plakette im Kastell von Bari bestätigt im wesentlichen, was sich nach der Überlieferung zugetragen haben soll.

Der Heilige hatte kurz zuvor eine Pilgerfahrt in das Heilige Land unternommen, wo es ihm sogar gelungen war, von Al-Kamil, dem Sultan von Ägypten, empfangen zu werden. Auf seiner Rückreise kam er nach Bari, wo Friedrich in dem Kastell am Meer Hof hielt. Franziskus besuchte den Kaiser – von ihm eingeladen oder aus eigener Initiative – und bekam offenbar ein Turmzimmer in der Burg zugewiesen. Friedrich, mit dem ihm eigenen Skeptizismus, ließ eine schöne Frau in das Schlafzimmer des Heiligen bringen und beobachtete durch ein Guckloch, was sich nun zutrug. Nach einigen Legenden schlug der Heilige die Versucherin mit einem feurigen Schild in die Flucht, andere berichten, er habe eine Kohlenpfanne kommen lassen, habe die glühenden Kohlen auf dem Boden ausgebreitet, sich darauf gelegt und die Dame aufgefordert, sich zu ihm zu gesellen.

Als die Burg im Jahre 1950 restauriert wurde, entdeckte man unter vielen Kalk- und Mörtelschichten über der Tür des Turmgemachs einen Stein, der die Jahreszahl 1635 und eine Inschrift in lateinischer Sprache trug: »Hier hat Franziskus im aschgrauen Gewande eine unkeusche Verführerin, die der raubgierigen Hydra glich, mit Feuer bezähmt; er, der klug mit Flammen auslöschte die Glut der den Wassern entstiegenen Venus, die ihn nahe den Wassern bestürmte, mit der Kraft seiner Tugend hat er in dieser Festung der Keuschheit eine Zuflucht gesichert.«

Die Plakette wurde zwar vier Jahrhunderte nach dem Ereignis angebracht, kann aber eine frühere Inschrift ersetzt haben, da das Kastell häufig umgebaut wurde. Jedenfalls war die Überlieferung nach vierhundert Jahren noch lebendig genug, um in dieser Weise festgehalten zu werden, und hielt sich noch lange nachdem der Stein überdeckt, ja, seine Existenz vergessen worden war. Die Legende fügt der Erzählung noch ein glückliches Ende hinzu. Friedrich war anscheinend bewegt, daß der heilige Franziskus wirklich nach seinen Lehren lebte, und verbrachte den Rest der Nacht im Gespräch mit ihm.

Wohl selten standen sich zwei äußerlich so verschiedene Männer gegenüber. Friedrich besaß bei all seiner Vorliebe für den Luxus und die Freuden des Lebens den Geist und die Interessen eines Gelehrten und auch die Liebe des Gelehrten zur Wahrheit. Schein und geheuchelte Frömmigkeit erfüllten ihn mit Abscheu; er war durchaus fähig, für das, was er als die heilige Pflicht des Kaisers ansah, auch selbst Opfer zu bringen. Seine Angriffe auf den Reichtum und das unwürdige Leben der Geistlichkeit waren während seines späteren großen Ringens mit der Kirche seine stärkste propagandistische Waffe, und es besteht kein Grund, an Friedrichs Aufrichtigkeit dabei zu zweifeln. Der Heilige und der Kaiser – mögen sie sich nun begegnet sein oder nicht – hatten in der Tat gemeinsame Ziele. Beide kämpften gegen den Reichtum und die Korruption der Kirche, wenn auch ihre Motive sehr verschieden waren.

Unter der Oberfläche der mittelalterlichen Ordnung Europas im dreizehnten Jahrhundert schwelte das Feuer mächtiger Reformbestrebungen. Da Franziskus sich der Kirchendisziplin unterwarf, bewahrte er sich und seine Anhänger vor dem Brandmal der Ketzerei, das die Patarener, Waldenser und Albigenser zeichnete, obwohl er vieles mit ihnen gemeinsam hatte. Zwar glichen Friedrichs Bestrebungen weitgehend den ihren; insofern gehört es zur tragischen Ironie der Geschichte, daß er diese Sekten, die von Kaiser und Kirche gleichermaßen verfolgt wurden, als Rebellen gegen die bestehende Ordnung betrachtete, deren Personifizierung und Haupt er war. Später wurden auch die Franziskaner seine erbitterten Feinde, weil sie von der Kirche als *agents provocateurs* benutzt wurden, um die Gläubigen gegen ihn, den exkommunizierten Kaiser, aufzuwiegeln.

Das Frühjahr, mit dem die Kriegshandlungen wieder einsetzten, brachte Friedrich eine unangenehme Überraschung. Die unter Heinrich von Maltas Führung auf der Insel Sizilien hinterlassenen Streitkräfte hatten offenbar nicht ausgereicht, um die Mohammedaner in Schach zu halten. Sie entfachten nach der Wiedereroberung Giatos einen Aufruhr, der sich so rasch ausbreitete, daß es Heinrich von Malta nicht gelang, der Lage Herr zu werden. Er fiel vorübergehend in Ungnade und ging der Insel Malta verlustig. Offenbar sah Friedrich jetzt ein, daß das mohammedanische Problem nur mit radikalen Mitteln gelöst werden konnte. Bei einer Zusammenkunft mit dem Papst in der kleinen Gebirgsstadt Veroli in der Nähe von Frosinone gelang es ihm, im April 1222 einen Aufschub für seine Kreuzfahrt zu erreichen, bis die Mohammedaner in Sizilien besiegt wären. Es ist anzunehmen, daß er dabei auch die Einwilligung des Papstes zur Krönung seines Sohnes Heinrich zum römischen König im gleichen Jahr in Aachen erlangte.

Ungefähr um diese Zeit ergriff Friedrich die Gelegenheit, das berühmte Zisterzienserkloster Casamari zu besuchen, das nicht weit von Veroli lag. Er war dem Orden der Zisterzienser zum erstenmal während seines Aufenthalts in Deutschland begegnet. Die Ordensregel, die es den Mönchen verbot, Pachtgelder anzunehmen, bewirkte, daß sie ihr Land selbst bearbeiten mußten; infolgedessen waren sie zu den bekanntesten landwirtschaftlichen Fachleuten ihrer Zeit geworden. Nun bat Friedrich demütig darum, in die Bruderschaft von Casamari, wahrscheinlich als Tertiarier, aufgenommen zu werden und sich an den guten Werken des Klosters, das auch schon den Schutz seines Vaters und seiner Mutter genossen hatte, beteiligen zu dürfen. Die Beziehungen des Klosters zu Friedrichs Familie scheinen in einem sehr schönen Kreuzgang, der um diese Zeit entstand, ein Denkmal gefunden zu haben, denn die Kapitelle von drei Säulen sind mit den Bildnissen gekrönter Häupter zweier Männer geschmückt – einem glattrasierten und einem bärtigen, wie es Friedrich und Heinrich VI. waren – und eines verschleierten, offenbar weiblichen Kopfes.

Diese Geste Friedrichs und die Geschenke und Ehren, die er dem Kloster später gewährte und die in der Ernennung des Abtes Johann zum Hüter des Großsiegels des sizilischen Königreichs gipfelten, waren auch eine subtile Form der Schmeichelei für den Papst, der schon als Kardinal Cencius Savelli der Schutzherr von Casamari war. Die wunderbare Kirche und die Klostergebäude verdanken ihre Existenz der Freigebigkeit von Honorius, der selbst nach Casamari kam, um den Altar der Konversen zu weihen – das waren die Brüder, deren landwirtschaftliche Tätigkeit es ihnen unmöglich machte, die üblichen Zeiten für die Gottesdienste einzuhalten und die deshalb einen besonderen Altar erhielten.

Bald nach dem Zusammentreffen in Veroli, während Friedrich sich noch auf dem Festland befand, starb am 23. Juni seine Gemahlin Konstanze in Catania. Sie war Mitte dreißig und wesentlich jünger als Friedrichs Mutter zur Zeit seiner Geburt. Sie hatte nach den Aufregungen und Wirren der ersten Jahre ihrer Ehe mit Friedrich von 1216 an ein, zumindest äußerlich gesehen, ruhiges Leben geführt. Noch als sie starb, trug sie die langen blonden Flechten, die eine der Hauptzierden ihrer Jugend gewesen waren.

Konstanze wurde im Dom zu Palermo in der Nähe von Friedrichs Eltern begraben, ihr Leichnam mit Juwelen bedeckt und in ein karmesinrotes, mit Gold und Perlen besticktes Gewand gehüllt. Man hatte ihr ein merkwürdiges Diadem in einer Schatulle an die Seite gelegt; es war mit Edelsteinen geschmückt, in die Delphine und kufische Lettern eingeschnitten waren, von den Seiten hingen lange Juwelenketten im byzantinischen Stil herab, wie sie von dem Mosaikporträt der Kaiserin Theodora in Ravenna bekannt sind.

Diese erste Ehe Friedrichs scheint, obwohl er der um zehn Jahre älteren Frau zunächst wenig Neigung entgegenbrachte, weitaus die beste gewesen zu sein; übrigens lebte Konstanze länger als seine beiden späteren Gemahlinnen, die um viele Jahre jünger waren. Anders als diese, wurde sie tatsächlich zur Kaiserin gekrönt, und Friedrich scheint sie mit einer Achtung behandelt zu haben, die er keiner anderen Frau erwiesen hat. Solange Konstanze lebte, wurden ihr alle einer Kaiserin zukommenden Ehrungen zuteil; doch scheint Friedrich ihr seine eheliche Aufmerksamkeit, nachdem sie im Jahre 1216 zu ihm nach Deutschland gekommen war, bald entzogen zu haben, da sie, obwohl erst Ende der zwanzig, nach der Geburt von Heinrich keine weiteren Kinder gebar, während Friedrich nachweislich in den Jahren nach 1216 nicht nur der Vater Enzios, sondern noch mehrerer unehelicher Kinder wurde, darunter Friedrichs von Antiochien und Richards von Theate. Einer volkstümlichen Legende zufolge wurde Friedrich von Antiochien von einem syrischen Mädchen zur Zeit der Kreuzfahrt seines Vaters im Jahre 1228 geboren; er war jedoch im Jahre 1240 bereits verheiratet und Herr über beträchtliche Ländereien, was darauf schließen läßt, daß er nicht viel jünger als Enzio gewesen sein kann. Richard von Theate war im Jahre 1247 Generalvikar einer Provinz. Friedrich hat nun zwar seinen Söhnen in sehr frühen Jahren sehr wichtige Positionen anvertraut, aber dieses verantwortungsvolle militärische Kommando weist darauf hin, daß Richard Mitte der zwanziger Jahre geboren sein muß. Drei der unehelichen Töchter Friedrichs – Selvaggia, Violante und Margarethe – heirateten etwa 1238–39; demnach sind sie alle wahrscheinlich zu Anfang der zwanziger Jahre geboren.

Zieht man die hohe Säuglingssterblichkeit des Mittelalters in Betracht, so deuten sechs am Leben gebliebene uneheliche Kinder, die anscheinend von verschiedenen Müttern innerhalb eines Zeitraums von weniger als zehn Jahren geboren wurden, darauf hin, daß die Zahl von Friedrichs Mätressen im Laufe der Jahre zunahm. Für die damalige Zeit war dies nichts Skandalöses oder auch nur Ungewöhnliches. Erst später, als der Kaiser nach seiner Rückkehr von dem Kreuzzug ganz offen einen Harem orientalischer Odalisken unterhielt, die ihn auf seinen Reisen begleiteten, wurde Friedrichs Liebesleben von der welfischen Partei als provozierender Skandal angeprangert.

Im Sommer 1222 wurde der mohammedanische Krieg mit Energie wieder aufgenommen, und Giato fiel nach einer dreimonatigen Belagerung. Der mohammedanische Führer Emir Ibn-Abdad sowie Friedrichs früherer Admiral Wilhelm Porcus und ein Seeräuber aus Marseille, Hugues de Fer, fielen in Friedrichs Hand. Die beiden Letztgenannten hatten anscheinend den mohammedanischen Truppen Hilfe geleistet, indem sie Verstärkungen von der afrikanischen Küste herüberbrachten. Emir Ibn-Abdad wurde nicht mit der gleichen Milde behandelt, die Friedrich früher dem aufrührerischen Herzog Thibault von Lothringen gegenüber gezeigt hatte. Rebellion im Königreich Sizilien scheint der Kaiser immer als bewußte Beleidigung seiner königlichen Würde empfunden zu haben. Außerdem hatte der unglückliche Ibn-Abdad anscheinend einmal einige von Friedrichs Boten gefangengesetzt. Diese Tollkühnheit bezahlte er am Galgen neben Wilhelm Porcus und Hugues de Fer – wobei man hinzufügen muß, daß diese beiden nur ihre wohlverdiente Strafe erhielten, denn sie hatten sich einige Jahre zuvor bereichert, indem sie die unglücklichen Jungen und Mädchen des Kinderkreuzzugs auf den Sklavenmärkten Nordafrikas verkauften.

Im Winter kehrte Friedrich auf das Festland zurück. Im Januar und Februar hielt er in Capua Hof und begab sich dann nach San Germano (dem heutigen Cassino). Dort stieß, vom Papste kommend, Hermann von Salza zu ihm und machte nun seinem Kaiser einen Vorschlag, der ihm sehr am Herzen lag. Friedrich sollte die Thronerbin des Königreichs Jerusalem, Isabella von Brienne, heiraten, die damals ein zwölfjähriges Kind war.

Isabella hatte das Recht auf die Krone von Jerusalem von ihrer verstorbenen Mutter Maria von Montferrat geerbt. Ihr Vater, Johann von Brienne, der bei seiner Heirat im Jahre 1212 den Königstitel innehatte, führte seit dem Tode seiner Gemahlin die Regentschaft. Er war auf der Suche nach einem Gemahl für seine Tochter im Jahr zuvor nach Europa zurückgekehrt und hatte sich zuerst nach Rom begeben. Dort traf er mit Hermann von Salza zusammen, der vermutlich als erster den Gedanken einer Heirat Isabellas mit Friedrich faßte. Der Papst war begeistert. Beide erkannten, daß diese Heirat, wenn sie zustande käme, einen mächtigen Anreiz für den säumigen Kreuzfahrer Friedrich bilden mußte, den klingenden Titel seiner Gemahlin in eine konkrete Vermehrung seiner eigenen Gebiete umzuwandeln. Endlich würde der Kreuzzug in Gang kommen.

Friedrich hingegen war nicht begeistert; das Königreich Jerusalem bestand praktisch nur dem Namen nach, und der Titel war alles, was die zwölfjährige Isabella als Mitgift in die Ehe zu bringen hatte. Hermann von Salza mußte seine ganze diplomatische Kunst aufwenden, um Friedrich zu dieser Heirat zu bewegen. Wir wissen nicht, welche Argumente er benutzt hat, aber da er nun schon seit sieben Jahren ein enger Freund Friedrichs war, wird er den skeptischen Geist des Kaisers zu gut gekannt haben, als daß er ihn mit religiösen Gründen zu überzeugen suchte. Wahrscheinlicher ist, daß er in Friedrich den Hohenstaufen mit seiner fast visionären Vorstellung von der Bedeutung des Reiches angesprochen hat. Plante doch auch Friedrichs Vater, Heinrich VI., ehe er starb, einen Kreuzzug, um das Reich zu vergrößern – vielleicht gelang es Hermann von Salza, einen ähnlichen Gedanken in Friedrich zu wecken. Jedenfalls war es eine bemerkenswerte Leistung, den Kaiser zu der Heirat mit einer mitgiftlosen Königin zu überreden.

Der ursprüngliche Zweck von Hermann von Salzas Besuch beim Papst ging dahin, ein Treffen zwischen ihm und Friedrich in Ferentino zu verabreden, auf dem die Pläne für die Kreuzfahrt erörtert werden sollten. Honorius wurde jedoch krank, und Friedrich mußte einige Wochen warten, ehe die Unterredung stattfinden konnte. Er begrüßte diesen Aufschub; denn er war nicht nur durch den mohammedanischen Krieg und die Neuordnung seines Königreichs schwer belastet, sondern es zeigte sich auch immer deutlicher, daß er die ganze Last des Kreuzzuges zu tragen haben würde, da keiner der deutschen Fürsten, die ihr Erscheinen zugesagt hatten, in Ferentino eintraf.

Als sich der Papst am 23. März genügend erholt hatte, um mit den Erörterungen zu beginnen, zeigte er sich entschlossen, den schwer zu fassenden Kaiser auf ein konkretes Abkommen festzulegen. Dabei waren anwesend Johann von Brienne, Raoul von Merencourt, der Patriarch von Jerusalem, der König und Erzbischof von Thessalonike und die Hochmeister der Johanniter und des Deutschen Ordens sowie der Präzeptor der Templer. In ihrer Gegenwart verpflichtete sich Friedrich feierlich, Isabella zu heiraten und am Johannistag des Jahres 1225 die Kreuzfahrt anzutreten.

Friedrich hatte nun eine Gnadenfrist von weiteren zwei Jahren gewonnen; jetzt ging er wieder daran, den Krieg gegen die Sarazenen auf Sizilien fortzuführen. Dieses Mal unternahm er einen im großen Stil geplanten Feldzug, bei dem er eine neue Taktik anwandte. Verschiedene Punkte wurden gleichzeitig angegriffen und die zurückweichenden, in den höheren Bergen Schutz suchenden Sarazenen in Gruppen aufgespalten und schließlich eine nach der andern zur Kapitulation gezwungen. Die neue Taktik erwies sich erfolgreich, aber es war ein zäher Kampf, denn die Mohammedaner verfügten über schätzungsweise fünfundzwanzigtausend entschlossene Krieger, die verzweifelt kämpften, weil sie wußten, daß es im Falle einer Niederlage für sie nur den Tod oder das Leben eines Leibeigenen gab, der unter einem christlichen Herrn Landarbeit leisten mußte. Außerdem kämpften sie auf einem Gebiet, das ihnen genau bekannt und für einen Verteidigungskrieg besonders geeignet war.

Im Juli hatte Friedrich so viele Erfolge erzielt, daß er glaubte, in einem Brief an den Bischof von Hildesheim sich seiner Siege über die Sarazenen rühmen zu dürfen. Das Ende war zwar in Wirklichkeit keineswegs nahe, aber eine große Zahl von Mohammedanern hatte sich ergeben und bereit erklärt, in der Ebene zu leben. Weit bedeutender jedoch als die militärischen Erfolge war der Plan, den Friedrich für die endgültige Lösung der mohammedanischen Frage in Sizilien vorsah.

Er wußte genau, daß diese wilden Krieger seit dem Tode Wilhelms II. eine ständige Quelle der Unruhe waren, die jedesmal, wenn sich die starke Hand einer zentralen Regierung lockerte, in Räuberei und Gesetzlosigkeit zurückfielen und die Gebiete, die jetzt den Christen gehörten, an sich rissen, überzeugt, daß sie ihnen, deren Vorfahren fast zwei Jahrhunderte lang die unbestrittenen Herren Siziliens gewesen waren, gehörten.

Die Kreuzfahrt des Kaisers, mehr noch sein frühzeitiger Tod, wäre für diese soeben besiegten Feinde ein Anlaß gewesen, wieder zu den Waffen zu greifen und von ihren unzugänglichen Bergfesten aus zu plündern und zu rauben. Dieses immer wiederkehrende Problem war nur zu lösen, wenn man die Sarazenen entfernte, aber im Mittelalter gehörte es – anders als heute – nicht zu den Mitteln der Politik, einige hunderttausend Menschen, denn um so viele hätte es sich gehandelt, kurzerhand umzubringen; hinzu kam, daß die Sarazenen ausgezeichnete Handwerker und Bauern waren, wenn sie, von Natur ungewöhnlich furchtlose Soldaten, sich nicht gerade auf einem Kriegszug befanden.

Friedrich verfiel auf die einzige Lösung, die zugleich den Sarazenen den Zugang zu den entlegenen Bergen Siziliens sperren und ihre handwerkliche Geschicklichkeit dem Königreich erhalten konnte. Sobald sie sich ergaben, ließ er sie in großen Scharen in die endlose und öde Ebene Apuliens bringen, wo sie in landwirtschaftlichen Siedlungen in der Umgebung der zerstörten und verlassenen Stadt Lucera, einer ehemalig römischen Militärkolonie, in Gruppen angesiedelt wurden.

Selbst nach dem Tode des gefürchteten Wilhelm Porcus und Hugues de Fers erhielten die Mohammedaner immer noch Hilfe und Verstärkungen aus Nordafrika; deshalb schickte Friedrich eine Strafexpedition nach der Insel Dscherba, die ein Bollwerk der Berberpiraten war. Seine schon recht ansehnliche Flotte ermöglichte es ihm, dieses Wespennest auszuräuchern, sämtliche Bewohner der Insel gefangenzunehmen und sie ebenfalls nach Lucera zu bringen. Für die Mohammedaner in Sizilien wurde mit diesem grausamen Überfall jede Möglichkeit, fremde Hilfe zu erhalten, endgültig zerstört.

Im Gegensatz zu der herrschenden Sitte der damaligen Zeit setzte Friedrich den Krieg gegen die Sarazenen auch im Winter fort. Er nahm seinen Wohnsitz in Catania und erhob eine Sondersteuer im gesamten Königreich, um Geld für die Fortführung des Krieges zu erlangen. Sodann rief er die Grafen von Aquila, Caserta und San Severino sowie den Sohn des Grafen von Tricarico zu sich, die ihm im Rahmen ihrer Lehnspflichten Militärdienst leisten mußten, deren Treue er jedoch keineswegs sicher war. Sein Verdacht erwies sich als durchaus begründet; die Grafen stellten sich mit nur wenigen bewaffneten Vasallen ein, statt pflichtgemäß ein größeres Kontingent von Truppen aufzubringen. Friedrich ließ sie verhaften und beschlagnahmte ihren Besitz.

Im Januar 1224 kam Hermann von Salza aus Deutschland zurück und überbrachte dem Kaiser von den Fürsten des Reichs die dringende Bitte, persönlich nach Deutschland zu ziehen und dort selbst für den Kreuzzug zu werben. Er fand Friedrich jedoch so beschäftigt mit dem Sarazenenkrieg und der Neuordnung Siziliens, daß er bald jede Hoffnung auf eine Reise des Kaisers nach Norden aufgab. Außerdem wählten die wichtigsten Kâids der Mohammedaner gerade diesen Augenblick, um mit Friedrich die Friedensbedingungen auszuhandeln, so daß er behaupten konnte, seine Abwesenheit von Sizilien in diesem kritischen Moment könne das Ergebnis des gesamten schwierigen Feldzugs gefährden. Die Sarazenen waren nämlich der Hungersnot und nicht der militärischen Gewalt erlegen, und wenn es ihnen gelungen wäre, ihre Ernte noch vor der Sommerhitze einzubringen, hätten sie neuen Mut für die Fortführung des Krieges geschöpft. So mußte Hermann von Salza unverrichteterdinge nach Deutschland zurückkehren und seine Bemühungen um den Kreuzzug alleine fortsetzen.

Im März schrieb Friedrich im gleichen Sinne an den Papst; seine Darstellung der Schwierigkeiten, denen er sich gegenübersah, war durchaus keine fadenscheinige Entschuldigung: eine weitere Sondersteuer, die *collecta*, mußte im August im ganzen Königreich erhoben werden, und noch im April 1225 kämpften die sizilischen Barone gegen die Mohammedaner. Erst im nächsten Jahr wurde der Krieg beendet. Etwa sechzehntausend Sarazenen waren inzwischen nach Lucera gebracht worden.

In diesem Brief an den Papst gab Friedrich einen Bericht über seine Vorbereitungen für den Kreuzzug, aus dem klar hervorgeht, wie planvoll er die chaotischen Zustände in Sizilien im Lauf von knapp drei Jahren zu ordnen gewußt hatte.

Er verfügte nun bereits über eine Flotte von hundert seetüchtigen Galeeren; fünfzig Transportschiffe, die zweitausend Ritter und zehntausend Soldaten befördern konnten, waren im Bau. Diese Transportschiffe waren erstaunlich modern gebaut, so daß die Ritter, bewaffnet und zu Pferde, direkt vom Schiff an Land gehen konnten, sofort bereit, dem Feind zu begegnen und überraschende Angriffe abzuwehren; sie waren die Vorläufer der modernen Landungsboote für Panzer.

Eine Flotte aus dem Nichts zu schaffen, ist stets ein Beweis guter Organisation und finanzieller Hilfsquellen. Friedrich hatte schon mehrfach Versuche gemacht, die Ausfuhr der Lebensmittel zu beschränken, die das wichtigste Handelsgut Siziliens waren; aus diesen Experimenten entwickelte er später eine äußerst einträgliche königliche Handelsorganisation für Weizen. Zunächst aber, im Jahre 1224, verbot Friedrich – im wesentlichen, um den genuesischen und pisanischen Händlern ihr Monopol im sizilischen Getreidehandel zu nehmen – eine Zeitlang die Ausfuhr sämtlicher Lebensmittel. Die Preise stürzten, Friedrich kaufte Lebensmittel in großen Mengen auf und erließ gleichzeitig eine neue Verordnung, nach der ausländische Händler nur von der Krone kaufen durften; das Ergebnis war ein beträchtlicher Gewinn für den Staat.

Dieses eine Beispiel von Friedrichs handelspolitischen Maßnahmen ist dokumentarisch belegt. Von seiner weiteren Tätigkeit auf diesem Gebiet wissen wir wenig, obwohl das Königreich sich offensichtlich finanziell rasch erholte und Friedrich bereits neue Silbermünzen, Imperialen genannt, schlagen ließ. Er hatte es in der Tat sehr weit gebracht seit der Zeit, als er beim Bischof von Girgenti eine Anleihe von siebentausend Goldtari aufnehmen und die Gold-

und Silbergeräte der Kirche Santa Maria dell'Amiraglio einschmelzen mußte, um die Kosten des Hofes und des Krieges zu decken. Diese Schulden wurden übrigens abgegolten, indem die Gläubiger Ackerland erhielten, das die königlichen Truppen von Sarazenen zurückerobert hatten.

Langsam nahm der sizilische Staat die Gestalt an, deren Umriß Friedrich in Capua im Jahre 1220 entworfen hatte. Es war ein neuer und vorbildlicher Staat, in dem die Zentralgewalt die Macht der Barone langsam zurückdrängte und die Verwaltung immer mehr in Laienhände überging. Er wurzelte in dem alten normannischen Staatswesen und hatte daher eine gewisse Ähnlichkeit mit England, aber für den europäischen Kontinent des Mittelalters war er etwas Neues. Die Flotte und das Amt für Verteidigung, die königlichen Gerichte und die Verwaltung des Landes im allgemeinen verlangten einen neuen Menschentyp, der die neugeschaffenen Posten auszufüllen vermochte. Um hier vorzusorgen, gründete Friedrich in Neapel im Frühjahr 1224 die erste staatliche Universität. Sie übertraf an Bedeutung die alte medizinische Fakultät von Salerno, obwohl es im sizilischen Königreich immer noch illegal war, den medizinischen Beruf ohne einen akademischen Grad von der Fakultät in Salerno auszuüben. In Neapel wurde eine Rechtsschule und ein *studium generale* geschaffen, deren Absolventen die Anwärter für die Gerichte und das entstehende Beamtentum sein sollten. Ein Repräsentant dieser neuen Schicht war der unternehmende Advokat Petrus von Vinea aus Capua, der dank seines makellosen lateinischen Stils, zudem protegiert vom Erzbischof Berard von Palermo, vor kurzem als Notar in die sizilische Kanzlei eingetreten war.

Der absolute Fürst als Schirmherr der Wissenschaft – eine im Europa des achtzehnten Jahrhunderts nicht seltene Erscheinung – wird bereits in Friedrichs Plänen für die neue Universität sichtbar. Die Professoren unter der Führung von Roffred von Benevent gehörten zu den besten, die für Geld zu haben waren. In seinen Patentbriefen schilderte Friedrich die Reize und die landschaftliche Schönheit von Neapel. Alle Vorteile einer verbilligten Lebenshaltung sowie Darlehen für Bedürftige wurden den Studierenden durch die Güte des Kaisers zuteil – der aber auch befahl, daß kein Sizilier in Zukunft an einer anderen Universität studieren dürfe.

Im Anschluß an das Treffen von Ferentino waren Johann von Brienne, Hermann von Salza und ein päpstlicher Legat, Konrad von Urach, der Kardinal-Bischof von Porto, zu einer Reise durch Europa ausgesandt worden, um die westlichen Mächte für den Kreuzzug zu interessieren. Johann von Brienne traf in Frankreich auf nur geringe Gegenliebe, da der französische König mit einem Krieg gegen England stark beschäftigt war. Hermann von Salza und der Kardinal von Porto hatten in Deutschland kaum mehr Erfolg; dabei war gerade Deutschland besonders wichtig für das Gelingen des Kreuzzugs, da die Verpflichtungen, die Friedrich in Ferentino im Namen des Reiches übernommen hatte, nicht wirksam wurden, wenn die Reichsfürsten und König Heinrich sie nicht bestätigten.

Sowohl Johann von Brienne als auch Hermann von Salza wußten, als erfahrene Kenner des Nahen Ostens, nach dem Scheitern der letzten Kreuzfahrt in Damiette, daß nur eine sorgfältig geplante, im großen Maßstab organisierte und gut finanzierte militärische Unternehmung Aussicht auf Gelingen haben konnte. Dieses alles unterbreiteten sie dem Papst, der daraufhin seine Bemühungen verdoppelte, die Führer der westlichen Welt zu einer gemeinsamen Aktion zu bewegen, indes ohne Erfolg; der Krieg zwischen Frankreich und England ging weiter.

Im Juli trafen sich der Kardinallegat und Hermann von Salza in Nürnberg. Daß sie zugleich als Vertreter des Papstes und des Kaisers kamen, verlieh ihren fast übermenschlichen Anstrengungen so viel moralisches Gewicht, daß die zögernden deutschen Fürsten sich schließlich bereitfanden, Friedrichs Übereinkommen mit dem Papst in Ferentino anzuerkennen. Sogar der dänische König Waldemar ließ sich auf Grund des Vertrages über Holstein und die dänische Grenze als künftiger Kreuzfahrer gewinnen. Zwar trat er bald danach von dem Vertrag zurück, erfüllte jedoch sein Kreuzzugsgelübde später.

Im März 1225 kehrte Hermann von Salza zu Friedrich nach Palermo zurück. Der Bericht, den er dem Kaiser von seiner Mission zu geben hatte, war außerordentlich deprimierend, mußte er doch Friedrich zu dem Versuch raten, eine weitere Verschiebung des Kreuzzugs zu erreichen. Für Hermann von Salza persönlich muß das ein harter Schlag gewesen sein, da die ganze Existenzberechtigung des Ordens, dessen Haupt er war, in der Befreiung der Heiligen Stätten lag; aber er war ein zu vernünftiger Soldat und Politiker, um sich auf eine schlecht vorbereitete, zum Scheitern verurteilte Expedition einzulassen. Im April berichtete er dem Papst über die Ergebnisse seiner Mission, die Honorius noch mehr enttäuschten als Friedrich, der immerhin von den Angelegenheiten seines Königreichs in Anspruch genommen war. Aber Hermann von Salzas Erfahrungen wurden von anderen kundigen Männern bestätigt, außerdem wußte der Papst, daß sie im wesentlichen mit den Ansichten Johann von Briennes übereinstimmten.

Friedrich hatte für den Juni eine Versammlung der deutschen Prälaten in Foggia einberufen und gleichzeitig die Prälaten und Barone des Königreichs gebeten, bis Ende Mai schriftliche Berichte über die Tätigkeit – und die Mängel – der königlichen Beamten in ihren Gebieten einzusenden und bei der Versammlung im Juni persönlich zu erscheinen, damit ihre Ansprüche und Berichte geprüft werden konnten. Die auf Grund der Gesetze von Capua eingeführten Reformmaßnahmen waren nun seit über vier Jahren in Kraft, und Friedrich wollte offenbar aus erster Hand erfahren, welche Mißbräuche und Beschwerden sich bei den feudalen und konservativeren Elementen des Landes eingestellt hatten.

Obwohl Friedrich in Sizilien eine autoritäre, zentralisierte Regierung zu errichten gedachte, so war er doch weitsichtig genug, zu wissen, daß eine erfolgreiche Regierung nicht ohne weiteres von oben her oktroyiert werden kann. Wenn sie funktionieren und vom Volk getragen sein sollte, mußte er die Gefühle und Meinungen anderer berücksichtigen. Da Friedrich zudem ein ausgesprochener Praktiker war, wollte er wahrscheinlich auch prüfen, wie sich die neue Organisation, die er theoretisch ausgearbeitet hatte, in der Praxis bewährte. Er war durchaus bereit, seine eigenen Anordnungen zu modifizieren oder aufzuheben, wenn die Umstände es erforderten. So hätte zum Beispiel das Kastell von San Germano, da es innerhalb der in den Gesetzen von Capua zum Abbruch festgelegten Zeit gebaut worden war, geschleift werden müssen. Friedrich ließ sich jedoch überzeugen, daß die Mauern des Kastells den Bewohnern dieser Grenzstadt die beste Verteidigung boten, und sah von der Zerstörung ab.

Es gehörte wohl erheblicher Mut dazu, vor Friedrich Klage zu führen über das Verhalten seiner Beamten oder über die durch seine Gesetze hervorgerufenen Schwierigkeiten, und wer es zu tun wagte, mußte seiner Sache sehr sicher sein. War die Beschwerde berechtigt und Friedrich von der Treue des Beschwerdeführers überzeugt, ließ er die Kritik gelten, auch wenn sie seine eigenen Handlungen traf; jeder Beamte jedoch, der seine Autorität mißbraucht oder Veruntreuungen begangen hatte, wurde unbarmherzig bestraft. Doch ermöglichte diese Eigenschaft Friedrichs es so aufrechten Männern wie Hermann von Salza und Erzbischof Berard von Palermo, ihr ganzes Leben hindurch ihm in fester Freundschaft verbunden zu bleiben, obschon auch ihnen eine gewisse Verschlagenheit seiner diplomatischen Methoden kaum verborgen blieb.

Der Papst, der inzwischen erkannte, daß die Vorbereitungen für den Kreuzzug nicht so, wie er gehofft hatte, vorangingen, schickte ebenfalls einen Legaten nach Foggia, um eine neue Vereinbarung zu treffen. Im wesentlichen scheint Hermann von Salza die Verhandlungen in Friedrichs Namen geführt zu haben, mit dem Ergebnis, daß Friedrich trotz lastender Verpflichtungen einen weiteren Aufschub von zwei Jahren gewann. Hermann von Salzas außerordentlichen diplomatischen Fähigkeiten war es zu danken, daß die Beziehungen zwischen den beiden erlauchten Persönlichkeiten trotz des erneuten Aufschubs und der harten Bedingungen ausgezeichnet blieben, weil der Papst wie auch der Kaiser glaubten, einen diplomatischen Sieg errungen und jeder auf Kosten des anderen genau das erreicht zu haben, was er wünschte.

In Gegenwart von zwei Kardinälen schwor Friedrich im Juli in der Kirche von San Germano bei Strafe des Banns, sein Kreuzzugsgelübde im Sommer 1227 zu erfüllen. Es waren fast auf den Tag zehn Jahre seit seiner Krönung zum römischen König in Aachen, wo er in dem ersten Feuer seines jugendlichen Triumphes das Kreuz genommen hatte. Bis zu welchem Grade er sich damals von politischen Motiven hinsichtlich der Wahl seines Sohnes leiten ließ, ist nicht festzustellen, wohl aber zu vermuten, daß er, als Heinrich erst einmal fest in Deutschland etabliert war, den Tag oft bitter bereute, an dem er sich zu einem so gefährlichen Unternehmen verpflichtete.

Die Bedingungen, die Friedrich angenommen hatte, waren in der Tat sehr hart und legten dem Köngreich Sizilien eine ungeheure Last auf. Friedrich hatte auf eigene Kosten eintausend Ritter nach dem Heiligen Land zu bringen und sie zwei Jahre dort zu unterhalten oder aber für jeden an dieser Zahl fehlenden Ritter fünfzig Silbermark in einen Sonderfonds für den Kreuzzug zu zahlen. Außerdem sollte er die Überfahrt für weitere zweitausend Ritter – jeder mit Gefolge und drei Pferden – zahlen. Hundert Galeeren und fünfzig Transportschiffe sollten einsatzbereit den Kreuzfahrern zur Verfügung stehen. Als Garantie für seinen guten Willen bei diesem gewaltigen Unternehmen hatte sich Friedrich verpflichtet, hunderttausend Goldunzen (etwa drei Millionen Mark) in den Kreuzzugsfonds zu zahlen, den als Haupttreuhänder Hermann von Salza verwaltete. Das Geld sollte dem Kaiser bei seiner Ankunft im Heiligen Land zurückgegeben werden; falls er seinen Verpflichtungen nicht nachkäme, würde es für Jesus Christus – mit anderen Worten zur Finanzierung eines weiteren Kreuzzuges – verwendet werden.

Kapitel 4

VORSPIEL ZUM KREUZZUG

1225

Die Vereinbarung von San Germano war der erste unwiderrufliche Schritt auf dem Wege zum Kreuzzug; den zweiten tat Friedrich, als er sich zur Ehe mit Isabella entschloß. Hier lag nun allerdings alles anders als bei der Eheschließung mit Konstanze. Denn während damals eine verwitwete Königin dem jungen, unbekannten König von Sizilien die Macht des Hauses Aragon zubrachte, fand sich jetzt der selbstherrliche Kaiser bereit, ein Mädchen zu heiraten, das zwar nicht als Bettlermagd, doch ohne Mitgift zu ihm kam. Friedrich, zu dieser Zeit ein gutaussehender einunddreißigjähriger Mann, der trotz einer mageren Diät und trotz sportlicher Betätigung anfing stärker zu werden, war nun eine ausgeprägte Persönlichkeit, ein vollendeter Hofmann, erfahren in der Liebe zu Frauen. Auch verstand er sich meisterlich auf die Kunst des provenzalischen Minnesangs, die er an seinem Hof förderte, und verfaßte selber Verse im sizilischen Dialekt; sie galten dem jeweiligen Gegenstand seiner Bewunderung, deren es bereits mindestens fünf gegeben hatte.[6] Dieser kultivierte Mann von Welt und absolute Herrscher über ein riesiges Reich sollte nun aus politischen Gründen ein unerfahrenes Mädchen von vierzehn Jahren heiraten.

Im August kamen vierzehn Galeeren der kaiserlichen Flotte unter der Führung des Grafen Heinrich von Malta nach Akkon, um die Braut zur Vermählung in das Königreich Sizilien zu geleiten. Die Trauung wurde in der Heiligkreuzkirche in Akkon vollzogen, wobei der künftige Erzbischof von Capua als Friedrichs Stellvertreter der Braut den Ring des Kaisers an den Finger steckte. Eine

Trauung, bei der sich der Bräutigam vertreten ließ, war dort offenbar nicht üblich, und die Chronisten berichten von der allgemeinen Verwunderung, daß zwei Menschen getraut werden konnten, obwohl das halbe Mittelmeer sie trennte. Nach der Zeremonie wurde Isabella, die erst mit sechzehn Jahren offiziell volljährig werden sollte, in Tyrus unter großem Jubel zur Königin von Jerusalem gekrönt und empfing dort die Huldigung der Barone ihres Königreichs. Geleitet von dem Erzbischof von Tyrus, Simon de Maugastel, der zugleich Kanzler des Königreichs Jerusalem war, ihrem Vetter Balian von Sidon und den sizilischen Edlen, die Friedrich gesandt hatte, um sie zu ihm zu führen, trat Isabella die Reise an, die für die junge Erbin eines Königreichs, das kaum mehr als ein Name war, eine glänzende Zukunft als Kaiserin zu versprechen schien.

Jedoch nicht nur Bischöfe und ernste Staatsmänner gaben Isabella das Geleit; unter ihren Hofdamen befand sich eine um etliche Jahre ältere Kusine. Sie war, einigen Berichten zufolge, die Tochter Walthers von Brienne aus der Ehe mit Alberia, der Erbin Tankreds, des illegitimen Kronprätendenten der Hautevilles, den die Barone zur Zeit Heinrichs VI. zum König von Sizilien gewählt hatten. So war also das Mädchen zugleich eine entfernte Kusine Friedrichs; aber der bloße Name Hohenstaufen muß trotz aller Blutsverwandtschaft in jedem Nachkommen Tankreds die Erinnerung an die rachsüchtige Grausamkeit wachgerufen haben, mit der Heinrich VI. die Familie behandelt hatte.

Nach den Sitten der Zeit lag nichts Ungewöhnliches darin, daß ein vierzehnjähriges Mädchen einen Mann heiratet, der doppelt so alt war wie sie und den sie noch nie gesehen hatte; trotzdem scheint Isabella an ihre bevorstehende Hochzeit nicht mit ungetrübter Freude gedacht zu haben; auch die Gesellschaft einer Kusine, deren Familie so schwer unter der Grausamkeit der Hohenstaufen gelitten hatte, kann sie kaum zuversichtlich gestimmt haben. Die Chronisten berichten, Isabella habe mit ihren Hofdamen während der Reise einen kurzen Besuch bei ihrer Tante, der Königin Alice von Zypern, gemacht; als sie sich trennten, hätten alle bitterlich geweint, wobei Isabella schluchzend dem süßen Lande Syrien, das sie nie wieder sehen sollte, ein trauriges Lebewohl sagte.

Friedrich und Isabellas Vater waren in Brindisi, um die Braut bei ihrer Ankunft willkommen zu heißen; dort wurde die Hochzeit am 9. November in der Kathedrale mit großem Prunk vollzogen. Von diesem Augenblick an gab es Mißhelligkeiten. Nach den Berichten scheint Friedrich am Tage nach der Trauung Brindisi plötzlich verlassen zu haben, ohne seinem Schwiegervater seine Absichten mitzuteilen. Als der entrüstete Johann von Brienne seinen neuen Schwiegersohn einholte, stellte er fest, daß Friedrich sofort den Titel des Königs von Jerusalem angenommen hatte, den Brienne selbst mindestens bis zur Volljährigkeit seiner Tochter weiter zu führen hoffte, und daß die Braut in Tränen aufgelöst war, weil ihr Gemahl, von leidenschaftlicher Neigung zu ihrer Kusine erfaßt, sie kaum beachtet hatte. Manche Chronisten behaupten sogar, Friedrich habe das Mädchen entführen lassen, sie vergewaltigt und sei in der Hochzeitsnacht überhaupt nicht im Brautgemach erschienen.

Diese Erzählung mag übertrieben sein, aber die Berichte von Friedrichs leidenschaftlicher Liebe zu Isabellas Kusine entstammen glaubwürdigen zeitgenössischen Quellen; außerdem ist bekannt, daß ihr Bruder, Walther von Brienne IV., während seines ganzen Lebens einen tiefen Haß gegen den Kaiser gehegt hat. Es klingt nicht unwahrscheinlich, daß ein Mann von Friedrichs Charakter und Neigungen eine schöne junge Frau von zwanzig Jahren einem unerfahrenen vierzehnjährigen Kind vorzog. Wenn die Überlieferung richtig ist, die diese plötzliche und überwältigende Leidenschaft Friedrichs mit der »Blume von Syrien« in Verbindung bringt, an die eines seiner bezauberndsten Liebesgedichte gerichtet ist, so kann man die Echtheit seiner Gefühle kaum anzweifeln. Selbst wenn man die dichterische Freiheit und die Konventionen der höfischen Liebe berücksichtigt, so stellt auch noch nach sieben Jahrhunderten das Gedicht, das mit den Worten »O laß mich nicht bedenken« anfängt, das Unglück des Mannes, der sich von seiner Geliebten trennen muß, in einer menschlich ergreifenden Form dar.

Jedenfalls aber fand eine heftige Szene zwischen dem Kaiser und Johann von Brienne statt, die zum großen Teil auf Friedrichs undiplomatisches, wenn nicht gar unaufrichtiges Verhalten in dieser Situation zurückzuführen ist. Vielleicht lag wirklich ein Mißverständnis vor insofern, als Hermann von Salza aus dem Wunsch, die Heirat zustandezubringen, zwar in Friedrichs Namen, aber ohne dessen Wissen Brienne mündlich versprochen haben mag, er könne den Titel eines Königs von Jerusalem zu seinen Lebzeiten oder mindestens bis zu Isabellas Volljährigkeit behalten. Friedrich hingegen konnte geltend machen, daß er, der Kaiser, ein mittelloses Mädchen nur geheiratet habe, um das Königreich Jerusalem seinem Reich hinzuzufügen; daß man also diese Eheschließung kaum von ihm habe erwarten können, wenn er, anstatt den Titel selbst anzunehmen, ihn seinem Schwiegervater hätte überlassen müssen, der ohnehin nur als Vormund seiner Tochter Regent von Jerusalem war. Die am kaiserlichen Hof anwesenden syrischen Barone leisteten Friedrich ohne zu zögern den Treueid, und diejenigen, die im Nahen Osten geblieben waren, taten das gleiche bei seinem Vertreter, dem Bischof von Melfi, der zu diesem Zweck dorthin geschickt worden war.

Johann von Brienne begab sich nach Rom, um seine Klage dem Papst vorzutragen, der auch für ihn Partei nahm und sich weigerte, Friedrich als rechtmäßigen König von Jerusalem anzuerkennen. Aber schon erschien der Titel auf allen kaiserlichen Urkunden unmittelbar nach dem *Romanorum Imperator;* auch das Großsiegel erhielt auf beiden Seiten der sitzenden Gestalt des Kaisers die neue Inschrift.

In Rom befand sich Johann von Brienne in Gesellschaft verschiedener Unzufriedener aus dem Königreich Sizilien, nämlich der Bischöfe, die Friedrich ihres Amtes enthoben, der Grafen von Molise, von Aquila und San Severino, deren Lehnsgüter er beschlagnahmt hatte. Ihr unheilvoller Einfluß als *advocati diaboli* auf die römische Kurie darf bei den Schwierigkeiten, die sich bald darauf zwischen Papst und Kaiser ergaben, nicht übersehen werden.

Der ständig wiederkehrende Streitpunkt zwischen den Päpsten und den Königen von Sizilien – die Wahl der sizilischen Bischöfe – trat in den letzten Jahren immer mehr in den Vordergrund. Im Jahre 1225 war die Frage schon so verfahren, daß der Papst oder Friedrich einen Kandidaten nur zu befürworten brauchten, um den anderen zu einer Ablehnung zu bewegen. Die Schwierigkeit lag darin, daß sowohl der Papst als auch der König von Sizilien die Wahl eines Bischofs billigen mußten, ehe das Kapitel sie bestätigen konnte. Diese Bedingung war in dem Konkordat festgelegt worden, das Friedrichs Mutter Konstanze annehmen mußte, ehe sich Innozenz III. mit der Krönung ihres kleinen Sohnes einverstanden erklären wollte. Sie bedeutete eine drastische Einschränkung der Rechte, die den früheren Königen von Sizilien zustanden, doch hatte auch Friedrich sie anerkennen müssen, ehe er nach Deutschland ging.

Der Heilige Stuhl versuchte nun, die Rechte des Königs noch mehr zu schmälern, indem er das alte »Devolutionsrecht« wiederaufleben ließ, das den Papst berechtigte, jedes Bistum, das mehr als sechs Monate vakant gewesen war, ohne Rücksicht auf den König oder das Kapitel zu besetzen. Die römische Kurie verstand sich auf die Kunst der Verzögerung, und sechs Monate waren für sie nur ein Kinderspiel. Friedrich antwortete mit der Drohung, den auf diese Weise vom Papst ernannten Bischöfen den Zugang zu ihren Bistümern zu verweigern; diese Drohung hat er, obwohl er später nachgab, auch mindestens einmal wahr gemacht.

Wie das Grollen des nahenden Sturmes über diesen bereits aufgewühlten Wassern kam die Nachricht, daß der Kaiser auf dem Wege zu dem Hoftag, zu dem er die deutschen Fürsten für Ostern 1226 nach Cremona zusammengerufen hatte, durch das Herzogtum Spoleto gezogen sei und darauf bestanden habe, daß die Männer des Herzogtums ihm eine bewaffnete Garde für seinen Weg durch ihr Gebiet stellten. Daß er dieses zum Kirchenstaat gehörige Gebiet betrat, ohne die Erlaubnis des Papstes einzuholen, war an sich schon schwerwiegend genug, aber daß er auf der bewaffneten Garde bestand, bekundete unmißverständlich die Behauptung kaiserlicher Hoheitsrechte.

Man darf annehmen, daß Friedrich planvoll handelte, da er ebensowohl die Reise zur See hätte machen können. Aber er schien entschlossen, jetzt, da die Neuordnung Siziliens gute Fortschritte machte, die Frage der kaiserlichen Rechte in Mittelitalien anzuschneiden, ehe er die Kreuzfahrt antrat. Das war insofern verständlich, als der Weg, den die deutschen Kreuzfahrer nehmen mußten, durch dieses Gebiet führte. Friedrich war zwar bereit, den Papst als Titular-Lehnsherrn Siziliens anzuerkennen, aber wie sein Vorgänger Otto I. betrachtete er Mittelitalien als kaiserliches Gebiet und die alten Schenkungen an das Patrimonium Petri als kaiserliche Privilegien, die er widerrufen konnte. Infolgedessen war er der Ansicht, daß sich die politische Macht des Papstes in diesem Gebiet seiner Macht als kaiserlichem Lehnsherrn unterzuordnen hatte. Selbstverständlich widersprach dies der päpstlichen Meinung, die davon ausging, daß der gesamte Kirchenstaat der Kirche in alle Ewigkeit gehörte.

In den Jahren 1219 und 1220, als Friedrich sich bereit erklärte, die Schenkungen an das Patrimonium Petri erneut zu bestätigen, hatte er dem Papst sogar militärische Hilfe gestellt, damit er die Gebiete, die der Kirche während der Wirren der letzten Jahre verlorengegangen waren, zurückerobern konnte. Im Jahre 1221 hatte der Papst Friedrich für diese Rückeroberung gedankt, aber schon damals bestand Friedrich auf dem alten Recht des *fodrum imperiale* (hierdurch war der Kaiser berechtigt, auf dem Wege zu seiner Krönung in Rom innerhalb des Kirchenstaats eine Art Unterhaltsgeld für sich und sein Gefolge zu verlangen; es handelte sich also um eines der kaiserlichen Hoheitsrechte).

Als im Jahre 1222 der kaiserliche Legat in Tuszien die Ernennung der päpstlichen Vertreter im Herzogtum Spoleto und in der Mark Ancona rückgängig machte, hatte der Papst protestiert, worauf Friedrich immerhin seinen Legaten tadelte; aber der Zwischenfall war eine Warnung für die römische Kurie gewesen, die nur allzu genau wußte, daß diese beiden in ihrer Hand liegenden wichtigen Gebiete jede Landverbindung zwischen dem Reich und dem Königreich Sizilien sperrten. Es stand daher zu erwarten, daß die Kurie auf jede Behauptung kaiserlicher Rechte in diesem Gebiet außerordentlich empfindlich reagieren würde.

Der Sturm brach los mit einem empörten Brief des Papstes, in dem er sich gegen Friedrichs Zug durch päpstliches Gebiet verwahrte und ihm Undankbarkeit gegenüber der Kirche vorwarf. In Friedrichs Antwort kamen sein angesammelter Groll gegen den Papst sowie die seit langem bestehenden Beschwerden der sizilischen Bischöfe zum Ausdruck. Hermann von Salza, dessen schwierige Lebensaufgabe es zu sein schien, als Puffer zwischen Kaiser und Papst zu dienen, eilte zu Friedrich, weil er mit Recht fürchtete, daß es am Vorabend des Kreuzzuges zu einem offenen Bruch zwischen den beiden Führern der Christenheit kommen könnte. Offenbar traf er in Rimini mit dem Kaiser zusammen, denn dort wurden seine außergewöhnlichen Verdienste wieder einmal durch das Gewähren weitreichender Rechte an den Deutschen Orden belohnt, dem durch die berühmte Goldene Bulle von Rimini die Aufgabe zufiel, die preußischen Heiden zu bekehren.

Inzwischen war die Lage in Oberitalien kritisch geworden. Am 6. März hatten sich Mailand und viele der lombardischen Städte sowie die Städte Venetiens – Padua, Vicenza und Treviso – für die Dauer von fünfundzwanzig Jahren zu einem Angriffs- und Verteidigungsbund zusammengeschlossen. Noch schwerer wog, daß sich weitere Städte, darunter auch das strategisch wichtige Verona, anschlossen; Verona beherrschte den Brenner und die direkte Straße, die schon König Heinrich und die deutschen Fürsten benutzten, wenn sie vollzählig bei dem Hoftag in Cremona erscheinen wollten. Der Entschluß des Kaisers, einen Reichstag in der Lombardei abzuhalten, rief bei diesen Städten offenbar die Befürchtung hervor, daß die Freiheit, die sie seit 1183 genossen hatten, nun zu Ende sei. In den dazwischenliegenden dreiundvierzig Jahren waren sie praktisch unabhängige Republiken geworden, und der Ausdruck »Wiederherstellung der kaiserlichen Rechte in Italien«, der zusammen mit dem Kreuzzug und der Ausrottung der Ketzer auf der Tagesordnung der Einladung an die deutschen Fürsten zum Reichstag eine Rolle spielte, schien ihre schlimmsten Befürchtungen zu bestätigen.

Die Nachricht, daß Friedrich durch die in Capua erlassenen Gesetze die Rechte der sizilischen Städte beschränkte, war sehr bald nach Oberitalien gedrungen, worauf die Lombarden sich offenbar entschlossen, einem ähnlichen Verhalten des Kaisers in ihrem Gebiet zuvorzukommen. Sie weigerten sich daher, König Heinrich und den Fürsten den Übergang über den Brenner freizugeben, es sei denn, der Kaiser gehe auf ihre Bedingungen ein, die jedoch außerordentlich demütigend waren: nämlich die Städte während seines Aufenthaltes in der Lombardei, der Romagna und den Marken nicht mit der Reichsacht zu belegen; nicht mehr als zwölfhundert Ritter mitzuführen; alle seine eigenen Streitkräfte vor der Ankunft seines Sohnes wegzuschicken; für die Dauer des Hoftages keinerlei Vorkehrungen für seine eigene Proviantierung zu treffen (wodurch er sogar für sein tägliches Brot auf die Lombardei angewiesen war); die Rechtsprechung des päpstlichen Legaten für sich und für den König während ihres Aufenthaltes in Oberitalien anzuerkennen;

ebenso das Recht des Legaten anzuerkennen, seine und des Königs Ländereien mit dem Interdikt zu belegen und sie zu exkommunizieren, wenn sie rechtlich gegen den Bund oder seine Mitglieder vorgehen sollten.

Die unverhohlene Frechheit, diese Forderungen an einen Kaiser und einen König zu stellen, die zu der feierlichen Erörterung der Vorbereitungen für den Kreuzzug zusammenkommen wollten, empörte die um Friedrich versammelten deutschen und italienischen Prälaten derart, daß sie forderten, der Bischof von Hildesheim solle kraft der ihm vom Papst verliehenen Befugnisse die schuldigen Mitglieder des Bundes exkommunizieren. Als künftiger Führer des Kreuzzuges war Friedrich dem Schutz des Papstes unterstellt und der Bischof von Hildesheim ermächtigt worden, jeden, der die Rechte oder die Ehre des Reiches bedrohte, nach einer entsprechenden Warnung mit dem kirchlichen Bann zu belegen.

Das Verhalten der lombardischen Städte war in den Augen der damaligen Zeit um so sträflicher, als sie die Wiederbegegnung zwischen Vater und Sohn verhinderten, die sich seit sechs Jahren nicht mehr gesehen hatten. Später, als es zwischen Vater und Sohn zu einem offenen Bruch gekommen war, machte der Kaiser in seiner Verbitterung die Mailänder, weil sie das Treffen vereitelten, für diesen Ausgang verantwortlich. Friedrich hatte gute Gründe, seinen Sohn Heinrich sehen zu wollen, da ihn die Berichte über die Lage in Deutschland beunruhigten; außerdem war der kluge Gubernator Deutschlands, Erzbischof Engelbert von Köln, im Jahr zuvor ermordet worden.

An Ostern, das in die Mitte des Monats April fiel, hielt sich der Kaiser, der zu dieser Zeit den Vorsitz über den Hoftag von Cremona hätte führen sollen, in Ravenna auf, während König Heinrich und die Fürsten in Trient festgehalten waren. Im Juni forderte Friedrich noch immer von Ravenna aus die Vertreter der lombardischen Städte auf, am 24. dieses Monats vor ihm zu erscheinen. Ihre Weigerung, seinem Befehl nachzukommen, ließ die Empörung am kaiserlichen Hof auf den Siedepunkt steigen, und die dort versammelten Prälaten, Edlen und Juristen versuchten den Kaiser zu bestimmen, daß er den Schuldigen alle von Barbarossa auf Grund des Konstanzer Friedens gewährten Rechte abspreche.

Zweifellos teilte Friedrich innerlich diese Ansichten, aber er wußte nur zu gut, daß er über keine Armee verfügte, mit deren Hilfe allein er derart drastische Sanktionen hätte durchführen können. Er unterdrückte den Zorn, dem er in Gegenwart des päpstlichen Legaten nicht freien Lauf lassen konnte, und versuchte, Zeit zu gewinnen und einen Kompromiß zu finden, der die Lombarden dazu bewegen könnte, doch noch durch ihre Vertreter mit ihm zu verhandeln.

Nachdem auch dieser letzte Versuch einer friedlichen Lösung gescheitert war, belegte am 11. Juli der Bischof von Hildesheim in Borgo San Donnino die lombardischen Städte mit dem Interdikt, während Friedrich die Reichsacht über sie verhängte. Die Städte wurden zu Rebellen und Majestätsverbrechern erklärt; alle Einwohner verloren ihre politischen Rechte, die Schulen und Universitäten, insbesondere die von Bologna, wurden aufgehoben. Das waren jedoch nur leere Worte, denn der Kaiser verfügte nicht über die militärischen Machtmittel, um diese furchtbaren Drohungen zu verwirklichen. Vielmehr mußte er den Papst um einen Schiedsspruch bitten, obwohl er genau wußte, daß die Frechheit der lombardischen Städte, ihre trotzige Haltung ihm gegenüber dem Papst durchaus nicht unangenehm war. Politische Klugheit bestimmte Honorius zu dieser stillschweigenden Unterstützung der Städte, denn sie waren seine einzige Waffe gegen die Übermacht des Kaisers auf der italienischen Halbinsel; allerdings unterstützte er damit auch Orte, in denen, wie man wußte, die ketzerischen Patarener stark verbreitet waren.

Der geplante Hoftag von Cremona war fehlgeschlagen, aber der Kaiser konnte nichts tun, um die Situation zu retten. Der Papst schrieb ihm weiterhin lange, entrüstete Briefe über die Verletzung des päpstlichen Gebietes. Auch war der Rückweg nach Sizilien bedroht, so daß die Lage sowohl vom politischen als auch vom militärischen Standpunkt aus kritisch war. Friedrich hatte ernsthafte Fehler begangen, als er sich in eine solche Sackgasse hineinmanövrieren ließ. Jedoch rettete er sich mit einigem Geschick daraus. In einem Brief an den Papst schob er die gesamte Verantwortung für das Scheitern des Hoftages auf die Lombarden. Seine Milde ihnen gegenüber erklärte er damit, daß er sich jetzt der Sache Christi geweiht habe; er betonte den Schaden, den die Lombarden den Kreuzzugsvorbereitungen zugefügt hatten, und überließ es dem Papst, die verdiente Strafe über sie zu verhängen. Hermann von Salza wurde an der Spitze einer Delegation zum Papst geschickt. Das war ein kluger Zug Friedrichs, da er sich darauf verlassen konnte, daß der Hochmeister des Deutschen Ordens Honorius nicht nur die Empörung der weltlichen und geistlichen Fürsten Deutschlands deutlich machen würde, sondern auch seine Sorge, daß der Kreuzzug nach so vielen Jahren unaufhörlicher, persönlicher Bemühungen jetzt durch das Verhalten der Lombarden gefährdet werden könnte; zumindest würde Hermann von Salza dem Papst zu verstehen geben, daß der Kaiser gute Gründe für diese Behauptung habe.

Die praktischen Schwierigkeiten, die Friedrichs Rückkehr nach Sizilien bedrohten, wurden dadurch gelöst, daß die Pisaner ihm Truppen entgegensandten, die ihn nach Pisa geleiteten. Mit der ihm eigenen Fähigkeit, von seinen politischen Sorgen Abstand zu nehmen und ein Leben von solcher Intensität zu führen, daß kaum jemand in seiner Umgebung es mit ihm aufnahm, stürzte er sich mit Eifer in die geliebten wissenschaftlichen Studien. Leonardo Fibonacci, der größte Mathematiker seiner Zeit und künftiger Jahrhunderte, der das heute gebräuchliche arabische Zahlensystem in Europa einführte, war gebürtiger Pisaner, hatte jedoch zumeist in den orientalischen Ländern und in Spanien studiert. Er lebte damals in Pisa und widmete Friedrich seine Abhandlung *Liber Quadratorum* mit den Worten: »Ich habe von dem Podesta von Pisa gehört, daß es Euch gefällt, von Zeit zu Zeit der subtilen Beweisführung der Geometrie und der Arithmetik zu lauschen.«

Der Kaiser erwiderte das Kompliment, indem er Fibonacci eine Reihe von Problemen der höheren Mathematik vorlegte, die dieser zu lösen verstand. Sicher hat Friedrich die Hilfe eines der Gelehrten des Hofes – wahrscheinlich des Johannes von Palermo – in Anspruch genommen, um diese Aufgaben zu ersinnen, aber er war nicht der Mann, sich in solchen Dingen vertreten zu lassen, und die Aufgaben zeigen, daß Friedrich ein Mathematiker war, der sich an hohen Maßstäben messen durfte.

In dieser Hinsicht war Friedrich eher seinen mohammedanischen

Zeitgenossen als den christlichen Königen verwandt. Der Mathematik und den Naturwissenschaften ergeben, gehörte es zu seinen Lieblingsbeschäftigungen, die Rätsel dieser Wissenschaften und die Feinheiten der orientalischen Dialektik in dem intimen Kreis von Philosophen und Gelehrten zu erörtern; denn wie ein Magnet zog er die brillantesten Köpfe seiner Zeit an. Sein Hof hatte bereits das Gepräge, das die Fürsten der Renaissance später zum Vorbild nahmen, allerdings gab Friedrich sich nicht damit zufrieden, den Mäzen zu spielen. Die Gelehrten, Philosophen und Dichter mußten bei ihm gleichzeitig ihr tägliches Brot als kaiserliche Beamte verdienen. Die Gehälter waren alles andere als fürstlich, wie man aus Briefen entnehmen kann, in denen sich mancher ehrgeizige junge Sekretär der kaiserlichen Kanzlei bei den Eltern über die drängenden Gläubiger beklagt. War das Leben eines Hofmannes in Friedrichs Gefolge auch keineswegs eine Sinekure, so drängte sich doch alles dazu. Denn mochten ihn Fachmänner auf ihren eigenen Gebieten überragen, keiner erreichte die erstaunliche Vielseitigkeit seines genialen Geistes.

Friedrich kehrte nun nach Sizilien zurück, um die Vorbereitungen für den Kreuzzug fortzusetzen; er überließ es dem Papst, einen Schiedsspruch in der lombardischen Frage zu fällen und forderte nur, daß sich die Lombarden auch an der Expedition ins Heilige Land beteiligten. Im Dezember kam Hermann von Salza nach Foggia und berichtete über die Verhandlungen, die trotz der langwierigen Verbindungen und der lombardischen Neigung zu Verzögerungen und Ausflüchten erstaunlich rasch voranging. Wahrscheinlich hatte der Papst, der ernstlich um den Kreuzzug zu fürchten begann, die Lombarden so stark unter Druck gesetzt, wie er es mit seiner Absicht, sie als Gegengewicht zu Friedrichs Macht zu benützen, gerade noch vereinen konnte.

Der Vergleich, der schließlich getroffen wurde, lief jedoch praktisch auf eine Wiederherstellung der Lage hinaus, wie sie vor Friedrichs unglückseliger Expedition nach Oberitalien bestanden hatte. Papst und Kaiser widerriefen Bann und Reichsacht, und die aufständischen lombardischen Städte erklärten sich bereit, mit den ghibellinischen Städten, wie zum Beispiel Cremona, Frieden zu halten. Als einzige Strafe mußten die Schuldigen vierhundert Ritter für den Kreuzzug stellen. Dem Kaiser wurde weder eine Entschuldigung für die ihm zugefügte Beleidigung noch eine Wiedergutmachung für den gescheiterten Hoftag zu Cremona angeboten.

Friedrich nahm diese einseitige Abmachung mit erstaunlicher Gelassenheit hin. Die Vorbereitungen für den Kreuzzug näherten sich dem Ende; wäre er nicht entschlossen gewesen, ihn nun wirklich anzutreten, so hätte ihm die Haltung der lombardischen Städte, als sie den Hoftag von Cremona verhinderten, eine hervorragende Entschuldigung für eine weitere Verzögerung geboten. Dennoch traf der Schiedsspruch des Papstes, mit dem er die Haltung der Lombarden praktisch guthieß, den Kaiser an der empfindlichsten Stelle – der Ehre und dem Prestige des Reiches. Seine Gefühle waren um so bitterer, als er sie im Augenblick verbergen mußte, später jedoch, seinem Zorn nachgebend, sprach er von der »blutschänderischen« päpstlichen Unterstützung der aufständischen lombardischen Städte, die als Zentren der ketzerischen Patarener bekannt waren.

Im Juni 1226 wurde Thomas, Graf von Acerra, als Friedrichs Statthalter nach Syrien geschickt; im Herbst kehrte Hermann von Salza mit dem päpstlichen Segen und sizilischem Gold nach Deutschland zurück, um Fürsten und Ritter für den Kreuzzug zu werben. Der große Aufschwung des Glaubens und der religiösen Begeisterung, der die ersten Kreuzzüge hundert Jahre zuvor beseelte, hatte sich erschöpft; er war den korrumpierenden Einflüssen der Plünderei, der Eifersucht zwischen den Kirchen Ost- und Westroms sowie den lähmenden Auswirkungen des orientalischen Lebens in Syrien gewichen. Das Entsetzen, das die Christenheit bei der Eroberung Jerusalems ergriff, löste den dritten Kreuzzug aus, bei dem Barbarossa sein Leben ließ; aber die beschämende Nachricht, daß die Heere des vierten Kreuzzuges christliche Städte wie Zara angriffen oder – mit letzter Würdelosigkeit – Konstantinopel plünderten, brachte den Kreuzfahrergeist zum Erliegen, außer in dem frommen Sinn König Ludwigs von Frankreich.

Für Hermann von Salza waren daher bei seiner Werbung für den Kreuzzug das Geld und die Privilegien, die sein kaiserlicher Herr zu bieten hatte, die stärksten Lockmittel. Unter den Fürsten und Edlen, die zu dieser Zeit zur Krönung Margaretes von Österreich, der Gemahlin König Heinrichs, nach Aachen strömten, traf er mit zwei mächtigen Fürsten zusammen – dem Landgrafen von Thüringen und Herzog Heinrich von Limburg. Das Versprechen, daß der Landgraf von Thüringen die Einkünfte der Mark Meißen erhalten sollte, schürte seine Kreuzzugsbegeisterung; in ähnlicher Weise wurde auch der Herzog von Limburg durch Zusagen und Geld gewonnen. Von den tausend Rittern, die der Kaiser persönlich zu stellen hatte – und zwar laut Anweisung nur solche von »erwiesener Tapferkeit und Erfahrung« –, wurden siebenhundert durch überreichliche Zahlungen sizilischen Goldes gewonnen. Hermann von Salza war mit Recht von dem Ergebnis seiner Bemühungen befriedigt; nur machte er sich Sorgen, ob Friedrichs Schiffbauprogramm dem Transport all dieser Ritter gewachsen sein würde.

Als am 18. März 1227 Papst Honorius III. starb, wählten die Kardinäle nach einer Konklave von erstaunlicher Kürze den Kardinal Hugo von Ostia zum Papst, aus dessen Händen Friedrich bei seiner Krönung das Kreuz empfangen hatte. Er war ein Graf von Segni aus der gleichen Familie, aus der Innozenz III. stammte, und, wie Innozenz, ein stolzer und energischer Mann; dazu ein großer Gelehrter, geschult im kanonischen Recht. Seine Erscheinung war auch im Alter noch eindrucksvoll, seine Miene majestätisch; seine Entschlossenheit, das Prestige der Kirche aufrechtzuerhalten, bekundete er schon in der Wahl des Namens Gregor zur Erinnerung an seinen großen Vorgänger, der Kaiser Heinrich IV. den Gang nach Canossa abgerungen hatte.

Obwohl seine bisherigen Beziehungen zu Friedrich durchaus freundlich gewesen waren, beeilte sich Gregor IX., keinen Zweifel daran zu lassen, daß die Schlüssel von St. Peter nunmehr in einer starken Hand lagen. Gleich zu Beginn seines Pontifikats schrieb er dem Kaiser: »Gott hat Dir die Gabe der Wissenschaft und der vollkommenen Vorstellungskraft verliehen, und die ganze Christenheit folgt Dir. Hüte Dich, daß Du Deinen Geist, den Du mit den Engeln gemein hast, nicht tiefer als Deine Sinne stellst, die Du mit Tieren und Pflanzen gemein hast. Dein Geist wird geschwächt, wenn Du der Sklave Deiner Sinne bist.«

Diese Warnung war der erste unverhüllte Hinweis, daß die Kirche Friedrichs Lebensstil mißbilligte; ein Argument, das den Päpsten später als nützliche Waffe gegen den Kaiser diente. Es ist nicht uninteressant, daß Gregor mit seiner Methode einen beträchtlichen Erfolg erzielte. Hätte Friedrich nicht, wie in allem andern, so auch in seiner Sinnlichkeit, seine Zeitgenossen bei weitem überboten, es wäre in einer Epoche wilder Ausschweifungen, wie es das dreizehnte Jahrhundert war, niemandem eingefallen, daran Anstoß zu nehmen. Propaganda muß, um wirksam zu sein, in jedem Zeitalter ein Gran Wahrheit enthalten.

Inzwischen war Hermann von Salza nach Deutschland zurückgekehrt; den neuen Papst hatte er wahrscheinlich auf seiner Reise nach Süden gesehen, ehe er mit Friedrich in Apulien zusammentraf. Der Sommer stand auf seinem Höhepunkt, die Kreuzfahrer schwärmten über die Pilgerstraßen in die apulische Ebene, wo andere in riesigen Lagern bereits darauf warteten, sich für die Reise zum Heiligen Land einzuschiffen. Die Verladung eines Expeditionsheeres nach Übersee erfordert selbst mit modernen Transportmitteln und den organisierten Methoden des zwanzigsten Jahrhunderts eine gewaltige Anstrengung, wenn ein Chaos vermieden werden soll. Wieviel größer waren die Schwierigkeiten vor siebenhundert Jahren! Die Zahl der Kreuzfahrer übertraf alle Erwartungen, und die Lebensmittel wurden knapp. In der glühenden Hitze eines apulischen Augusts brach eine Seuche aus, die mit rasender Geschwindigkeit um sich griff. Die Kreuzfahrer starben zu Hunderten. Viele flüchteten aus den Lagern und verschleppten die Infektion über die Pilgerstraßen in die Städte, wo die Nachzügler auf dem Wege zum Einschiffungshafen Brindisi Station machten. Friedrich und sein Gefolge hatten Melfi im August verlassen und Isabella, die sich im frühen Stadium der Schwangerschaft befand, nach dem bisher verschonten Otranto im äußersten Süden Italiens begleitet. Er kehrte nach Brindisi zurück und begab sich auf die Insel San Andrea, um der Ansteckung zu entgehen, während er die Einschiffung überwachte. Die Vorsichtsmaßnahme war umsonst, sowohl Friedrich als auch der Landgraf von Thüringen wurden von der gefürchteten Krankheit befallen, schifften sich aber trotzdem am 9. September ein in der Hoffnung, daß die Seeluft ihnen Genesung bringen würde. Doch der Zustand des Landgrafen verschlechterte sich von Stunde zu Stunde; in seinen Fieberträumen glaubte er sich von weißen Tauben umflattert. Die kaiserliche Galeere lief den Hafen von

Otranto an; dort starb er, nachdem er die Sterbesakramente vom Patriarchen von Jerusalem empfangen hatte.

Für Friedrich, der den Landgrafen zu seinem ersten Stellvertreter bei der Führung des Kreuzzuges ernannt hatte, war dies ein harter Schlag. Um so mehr, als er selbst noch krank war. Zweifellos spielte das tragische Ende des Landgrafen eine gewichtige Rolle bei der nun zu fällenden Entscheidung: sollte Friedrich die Reise zum Heiligen Land fortsetzen und Gefahr laufen, daß auch er auf hoher See sterben und die Expedition führerlos zurücklassen müßte? Bei der Beratung des »Familiarenkollegs«, die nun folgte, scheint Hermann von Salza, der die Einstellung des Papstes besser als alle anderen kannte, die Möglichkeit ins Auge gefaßt zu haben, selbst an der Spitze einer Delegation zum Heiligen Stuhl zu eilen, um die Lage zu erklären; vermutlich jedoch hat er dem Kaiser diesen Vorschlag nicht einmal unterbreitet, da Friedrich entschieden darauf bestand, daß er mit dem restlichen Expeditionsheer nach Syrien reiste. Schließlich wurde der Oberbefehl dem Herzog von Limburg, der bereits Mitte August mit einer größeren Abteilung Italien verlassen hatte, übergeben, während zwanzig der fünfzig Galeeren, die bereitstanden, um den Kaiser zu begleiten, die Weisung erhielten, unter der Führung Hermanns von Salza und des Patriarchen von Jerusalem, Gerold von Lausanne, zu segeln.

Sie verließen Italien Mitte September; bei ihrer Ankunft in Zypern fanden sie die Barone der Insel sowie einige Edle aus Syrien schon in Erwartung, dem Kaiser auf der Kreuzfahrt Gefolgschaft zu leisten. Jetzt aber entschlossen sich die zypriotischen Barone, zu Hause zu bleiben, so daß Hermann von Salza, lediglich von Balian von Sidon, Odo von Montbeliard, Boemund von Antiochia und deren Gefolge aus Syrien begleitet, seine Reise fortsetzen mußte. Friedrichs Abwesenheit rief tiefe Bestürzung bei den Kreuzfahrern hervor, die im Heiligen Lande ungeduldig gewartet hatten; viele kehrten nach Europa zurück. Unter den Zurückbleibenden waren die Meinungen über das, was jetzt zu geschehen habe, geteilt. Der nach dem Fall von Damiette geschlossene Waffenstillstand war noch in Kraft; trotzdem entschloß sich der Herzog von Limburg, ihn zu brechen, nicht zwar, um jetzt schon die Heiligen Stätten zurückzuerobern, sondern um vorerst strategisch wichtige Städte zu besetzen, die als Stützpunkte für künftige ausgedehntere Operationen dienen konnten. Deshalb wurden Jaffa, Caesarea und später auch Sidon belagert.

Nach dem Aufbruch der Kreuzfahrer begab sich Friedrich nach Pozzuoli, um dort in den heißen Bädern Genesung zu suchen. Die Bäder, schon seit dem Altertum berühmt, wurden im dreizehnten Jahrhundert höher als alle anderen Bäder Italiens geschätzt. Eine Werbeschrift – vielleicht eine der ersten Reklameschriften in der Geschichte der Medizin – pries die heilende Wirkung ihrer Wässer und Dampfbäder. Sie wurde etwa um diese Zeit von Petrus von Eboli verfaßt und mit Zeichnungen von Patienten, die dort behandelt wurden, anschaulich illustriert. Vielleicht trug die geringe Entfernung der Bäder von der berühmten medizinischen Fakultät Salerno zu ihrem Ruf bei, der sicher noch durch den Besuch des Kaisers wuchs. Jedenfalls waren die Bäder an Friedrichs Hofe sehr beliebt; später baute er dort ein Hospital für die Armen.

Während Friedrich die Kur gebrauchte, schickte er eine Delegation zum Papst, die erklären sollte, warum er nicht an der Kreuzfahrt teilgenommen hatte. Das Ergebnis war für ihn bestürzend: seine Vertreter kehrten mit der Nachricht zurück, daß der Papst sie nicht einmal empfangen habe. Der elf Jahre währende Umgang mit dem versöhnlichen Honorius hatte Friedrich für einen Mann von dem Format Gregors IX. nur schlecht vorbereitet. Eine zweite glanzvollere Delegation, die aus den Erzbischöfen von Bari und Reggio Calabria, dem Herzog von Spoleto und Heinrich von Malta bestand, wurde in Rom lediglich von der Synode empfangen und hätte, wenn man das Ergebnis ihrer Mission betrachtet, ebensogut zu Hause bleiben können.

Trotz der Behauptung des Papstes, Friedrichs Krankheit sei nur ein weiterer Vorwand gewesen, den Kreuzzug nicht anzutreten, kann kein Zweifel daran bestehen, daß der Kaiser tatsächlich an der Seuche erkrankt war und sich noch glücklich schätzen durfte, nicht das gleiche Ende wie der Landgraf von Thüringen genommen zu haben. Das wird von zwei zuverlässigen zeitgenössischen Chronisten bestätigt; außerdem sprechen die uns bekannten Tatsachen dafür, daß Friedrich, als er sich in Brindisi einschiffte, die feste Absicht hatte, zum Heiligen Lande zu fahren. Abgesehen von dem versprochenen Sonderfonds von hunderttausend Goldunzen, von denen achtzigtausend bereits gezahlt und die restlichen zwanzigtausend an Bord der kaiserlichen Galeere verstaut worden waren, hatte er riesige Summen ausgegeben, um die deutschen Fürsten und Ritter zur Teilnahme am Kreuzzug zu gewinnen. Für die damalige Zeit waren die Zahlen, um die es sich dabei handelte, außerordentlich hoch. Friedrich war zwar während der ersten Zeit in Deutschland sehr freigebig mit Geschenken gewesen, jetzt indes wachte er über die Finanzen seines sizilischen Königreichs mit der ängstlichen Genauigkeit eines guten Geschäftsmannes. Keine Einzelheit war zu klein, um seinem scharfen Blick zu entgehen oder zu unbedeutend, um nicht in einen Gewinn für die Staatskassen umgewandelt zu werden. Hierin war er seinem Großvater König Roger sehr ähnlich, der von Zeit zu Zeit die königlichen Kassen besuchte und die Bücher selbst nachprüfte. Es hätte dem Kaiser gar nicht ähnlich gesehen, diese gewaltigen Summen seinen mühsam geschaffenen finanziellen Reserven zu entnehmen, wenn er nicht ernstlich vorgehabt hätte, ihre Verwendung persönlich zu überwachen und das Unternehmen, für das sie ausgegeben werden sollten, zu einem guten Ende zu führen.

Eine Tatsache jedoch läßt darauf schließen, daß Friedrich trotz der Absicht, ins Heilige Land zu fahren, eine Verzögerung im letzten Moment vielleicht nicht ungern sah. Im Herbst 1226 hatte der Sultan von Ägypten, Al-Kamil, eine Delegation an den kaiserlichen Hof entsandt. Der Gesandte, der die Botschaft eines mohammedanischen Sultans am Vorabend eines Kreuzzuges dem Führer der christlichen Welt zutrug, war der Emir Fahr ed-Din, der persönliche Berater und intime Freund Al-Kamils. Mehr noch zählte, daß Friedrich sofort Gefallen an ihm fand. Es ist nicht unmöglich, daß der Hof in Kairo die Verbindung mit seinen Glaubensgenossen, die zu Friedrichs Haushalt gehörten, auf geheimen Wegen aufrechterhielt; Richard – sein Nachname wird nicht genannt –, der von 1215 bis 1234 als Kanzler das volle Vertrauen seines Herrn genoß, soll ein christlicher Konvertit mohammedanischer Herkunft gewesen sein.

Jedenfalls waren der Sultan und sein Hof über Friedrichs Interessen gut informiert und wußten, daß sein Geschmack und seine

Neigungen denen Al-Kamils glichen. Fahr ed-Din teilte die Liebe aller kultivierten Mohammedaner zur Dialektik und zu langen Diskussionen über die Rätsel des Weltalls; in der Kriegskunst erfahren, war er ein echt arabischer Kenner von Pferden und dazu Fachmann auf dem Gebiet der Falkenjagd. Es hätte kaum Eigenschaften geben können, die ihn bei dem Kaiser, der die arabische Sprache seit seiner Kindheit beherrschte, besser eingeführt hätten.

Von solcher Art war der Mann, der nun bei dem christlichen Kaiser um Unterstützung für seinen Herrn Al-Kamil warb. Das Reich des großen Saladin war inzwischen unter drei Brüder geteilt worden – Al-Kamil, Al-Asraf, meist als Sultan von Babylon bekannt, und Al-Muazzam, Sultan von Damaskus, in dessen Machtbereich Jerusalem und die Heiligen Stätten lagen. Al-Muazzam fürchtete mit Recht, daß die anderen beiden beabsichtigten, sich gegen ihn zu verbünden und tat sich seinerseits mit ihrem gemeinsamen Feind Jelal ad-Din aus dem choresmischen Reich zusammen. Al-Asraf, eingeklemmt zwischen den Heeren Al-Muazzams und der Choresmier wurde in seiner Hauptstadt belagert, und Al-Kamil sah, daß er vielleicht den Kampf gegen den Besieger Al-Asrafs allein würde aufnehmen müssen. Deshalb verfiel er auf den verzweifelten Gedanken, den christlichen Kaiser um Hilfe zu bitten. Friedrich empfing Fahr ed-Din mit allen Ehren, hörte seine Bitten wohlwollend an, legte sich aber auf nichts fest.

Es ist schwer zu sagen, was ihn zu dieser Verzögerungstaktik veranlaßte. War sich der Kaiser seiner Stärke so bewußt? War er so sicher, wie der Kreuzzug mit Hilfe seiner Heere ausgehen würde, daß er es nicht für notwendig hielt, sich die wohlwollende Neutralität auch nur eines der drei Ejubiden-Brüder zu sichern, während er gegen den anderen, Al-Muazzam von Damaskus, kämpfte? Oder nahm er eine abwartende Haltung ein, weil er, mit den Verhandlungsmethoden des Orients vertraut, durch seine scheinbare Uninteressiertheit ein besseres Angebot Al-Kamils hervorzulocken hoffte?

Der nächste Zug lag bei Friedrich. Im Jahre 1227 reiste Erzbischof Berard von Palermo in das Heilige Land und begab sich, mit Botschaften und fürstlichen Geschenken versehen, gemeinsam mit dem Regenten Graf Thomas von Acerra nach Kairo. Die Geschenke bestanden aus dem Schlachtroß des Kaisers mit einem edelsteinverzierten goldenen Sattel, weiteren prachtvollen Pferden, Falken, Gewändern und anderen kostbaren Gegenständen. Die Gesandten wurden mit Ehren überhäuft, und Al-Kamil beteuerte, er würde Jerusalem gerne dem Kaiser zurückgeben, nur befinde es sich unglücklicherweise zur Zeit im Besitz seines Bruders Al-Muazzam. Die Beteuerungen seines guten Willens klangen durchaus echt; der Grund allerdings lag für die kaiserlichen Abgesandten klar auf der Hand: Friedrichs Gegenwart in Syrien an der Spitze eines Kreuzfahrerheeres konnte niemandem willkommener sein als dem Sultan von Ägypten, der damit von der Bedrohung durch seinen Bruder Al-Muazzam und dessen choresmischen Verbündeten befreit gewesen wäre.

Möglicherweise war die Nachricht von den Schwierigkeiten, die ihren kaiserlichen Herrn in Europa bedrängten, bis zu den Gesandten gedrungen, denn der Erzbischof von Palermo begab sich nunmehr nach Damaskus, um festzustellen, welche Angebote er vom Sultan Al-Muazzam für den Kaiser erlangen konnte. Wenn der Erzbischof gehofft hatte, die brüderlichen Sultane gegeneinander ausspielen zu können, so mußte er indes bald feststellen, daß er sich zumindest in Al-Muazzam getäuscht hatte. Das war kein in subtilen Gedankengängen geschulter orientalischer Fürst, der sich dazu verstand, gemeinsam mit den Christen gegen seine mohammedanischen Glaubensgenossen zu intrigieren. Al-Muazzam hatte auf jeden Vorschlag nur eine Antwort – er sei kein Pazifist, er mache noch von seinem Schwert Gebrauch!

Mit nichts als den höflichen Beteuerungen des Bruders, dem Jerusalem nicht gehörte, und der glatten Absage desjenigen, der die Stadt in der Hand hatte, kehrte Erzbischof Berard zum Kaiser zurück und berichtete über das Ergebnis seiner Mission. Im Januar 1228 war er wieder in Apulien; zur gleichen Zeit oder kurz danach folgte ihm der Emir Fahr ed-Din an den sizilischen Hof. Er blieb lange dort, und während dieser Zeit verwandelte sich die schon bestehende Sympathie zwischen ihm und dem Kaiser in eine feste Freundschaft, die darin gipfelte, daß Friedrich ihn zum Ritter schlug und ihm gestattete, das Wappen der Hohenstaufen zu tragen.

Der Kaiser hatte jetzt alle seine Freunde nötig. Ende September

1227 fand ein geheimes Konsistorium statt, in dem der Papst seine Beziehungen zu den Lombarden durch die Ernennung mehrerer Kardinäle aus ihren Reihen festigte. Dann sprach er gegen Friedrich den Bannfluch aus, der auf einer Synode der italischen Prälaten am 17. November öffentlich bekanntgegeben wurde. In der Zwischenzeit griff Gregor den Kaiser mit beispielloser Heftigkeit in einer Enzyklika an, die am 10. Oktober von Anagni ausgesandt wurde.

Der Papst befand sich durchaus im Recht, als er den Kaiser mit dem Bann belegte. Diese Strafe war in San Germano vereinbart worden für den Fall, daß Friedrich den Kreuzzug im Sommer 1227 nicht antreten sollte; auch bestanden keinerlei Ausweichsklauseln. Friedrich hat Gregors Recht in dieser Frage immer anerkannt. Die Exkommunikation war keine ungewöhnliche Sanktion gegen säumige Kreuzfahrer; allerdings wurde das Urteil meistens nach Ableistung der auferlegten Bußen wieder aufgehoben.

Jedoch beschränkte Gregor seine Vorwürfe nicht auf den vorliegenden Fall, sondern umriß die gesamte Geschichte der Beziehungen zwischen Friedrich und den Päpsten; er griff zurück auf die Zeit, als Friedrich das Mündel Innozenz III. war, und beschwor alle die alten Streitigkeiten über die sizilischen Bischöfe und die sizilischen Emigranten wieder herauf. Ferner gab er dem Kaiser die Schuld für jeden Mißerfolg, den die Christen im Nahen Osten erlitten hatten. So machte Gregor den Kaiser dafür verantwortlich, daß die Kreuzfahrer Damiette nicht gegen die Heiligen Stätten ausgetauscht hatten, wie für den tragischen Verlust der Stadt überhaupt, an dem jedoch das unüberlegte Vorgehen der Führer schuld war, als sie Friedrichs Weisung, bis zur Ankunft der sizilischen Verstärkungen keine militärische Offensive zu unternehmen, außer acht gelassen hatten. Der Papst ging sogar noch weiter und erklärte, Friedrich habe die in Ferentino und San Germano übernommenen Verpflichtungen nicht eingehalten – die tausend Ritter seien nicht entsandt, die hunderttausend Goldunzen nicht gezahlt, die versprochenen Schiffe nicht geliefert worden. Schließlich folgten noch Andeutungen, Friedrich habe auf Grund seiner Unfähigkeit oder gar absichtlich den ungesunden Hafen Brindisi gewählt und es zudem unterlassen, die Kreuzfahrer mit Lebensmitteln zu versorgen.

Gregors Behauptung, Friedrich habe die Bedingungen von Ferentino und San Germano nicht eingehalten, war ebenso unbegründet wie sein Versuch, den Kaiser für den Verlust von Damiette verantwortlich zu machen; die kaiserlichen Vertreter konnten beweisen, daß es sich hier um offensichtliche Unwahrheiten handelte. Die einzige Tatsache, die der Papst richtig wiedergegeben hatte, war die Knappheit an Lebensmitteln, die zu stellen der Kaiser sich niemals verpflichtet hatte. Brindisi war einer der üblichen Einschiffungshäfen für die Kreuzzüge. Hinzu kam, daß Gregor bei seinen Anschuldigungen gegen den Kaiser unerwähnt ließ, daß die Lombarden die vierhundert Ritter nicht geschickt hatten, obwohl dieser Beitrag zum Kreuzzug die einzige Genugtuung war, die der päpstliche Schiedsspruch im Streit mit den lombardischen Städten dem Kaiser nach dem gescheiterten Hoftag zu Cremona gewährte.

Friedrich nahm die Verantwortung dafür, daß er den Kreuzzug nicht angetreten hatte, auf sich und erkannte allein aus diesem Grunde die Berechtigung des Bannfluchs an. Er erbot sich, jede von ihm geforderte kirchliche Buße zu leisten und wiederholte sein Versprechen, die Kreuzfahrt im Mai des folgenden Jahres anzutreten. Sein Angebot traf auf taube Ohren. Die Unversöhnlichkeit des Papstes enthüllte die wahre Lage: es war nicht der verspätete Kreuzzug, der ihm am Herzen lag, ihn beseelte nur der Wunsch, dem Ruf des Kaisers zu schaden und ihn zu demütigen. Er wollte nicht die üblichen Kirchenbußen, kein Leben bei Wasser und Brot, keine härenen Gewänder, keine Prozessionen mit brennenden Kerzen als Preis für die Absolution vom Bannspruch. Friedrich konnte sich nur davon befreien, wenn er die Bevormundung durch den Papst in seinem sizilischen Königreich akzeptierte.

Kein Herrscher, am allerwenigsten der Kaiser, konnte eine solche Bedingung annehmen; der Papst hoffte offenbar, die Fortführung des Kreuzzuges unmöglich zu machen und Friedrich damit in den Augen der Welt zu diskreditieren. Gregor, weitsichtiger als seine Zeitgenossen, scheint als einziger in Friedrich die Verkörperung jener Kräfte erkannt zu haben – und zwar in einer weit gefährlicheren Form als die der ketzerischen Sekten der Patarener und Albigenser –, die sich über das Europa des dreizehnten Jahrhunderts ausbreiteten und die Macht der katholischen Kirche angriffen, sie schließlich schwächten und damit die Entstehung des laizistischen Staates und seines religiösen Gegenstücks, der Reformation, ermöglichten. Hinter Gregors Unversöhnlichkeit und Rachsucht lauerte die Angst vor Friedrich als dem Geist, der bereits begonnen hatte, in Sizilien die Grundlagen eines laizistischen Staates zu schaffen. Vielleicht hegte er den Verdacht, daß die Ansichten des Kaisers über die Reform der Kirche trotz seiner Ketzerverfolgungen sich von denen der Waldenser und Patarener kaum unterschieden.

Zu dieser Einsicht mag Gregor gelangt sein, da er ein naher Freund und der Beschützer des heiligen Franz von Assisi gewesen war. Als Kardinal von Ostia hatte er mitgewirkt, die endgültige Form der Ordensregel für die Franziskaner abzufassen, wie sie dann von Papst Honorius angenommen und bestätigt wurde. Viele reformerischen Glaubensgrundsätze des heiligen Franziskus, insbesondere der der Armut, waren eng verwandt mit den Überzeugungen der als ketzerisch gebrandmarkten Sekten. Nur die Tatsache, daß sich der Heilige der Kirchendisziplin unterwarf, rettete ihn und seine Anhänger vor der gleichen Verfemung; hieran hatte Gregor wichtigen Anteil gehabt. Der Papst war daher auf Grund seiner Freundschaft mit dem heiligen Franziskus und seiner Erfahrung bei der Gründung und Organisation des Ordens viel eher in der Lage, die Reformbestrebungen seiner Zeit zu beurteilen als andere hohe Würdenträger der kirchlichen Hierarchie.

Kraft seiner Kenntnis dieser gefährlichen Bestrebungen fühlte er sich berechtigt, jedes Mittel und jeden Vorwand zu benutzen, um den Kaiser zu Fall zu bringen. Ohne jedoch mit der Kühnheit seines Gegners zu rechnen, war er davon ausgegangen, daß die Exkommunikation das Ende aller Kreuzzugspläne bedeuten würde. Statt dessen erkannte Friedrich sofort, welchen Schlag er dem Prestige des Papstes zufügen könnte, wenn er, ein Gebannter, die Heiligen Stätten für die Christenheit zurückeroberte. So betrieb er die Vorbereitungen für seine Abreise mit erneuter Energie. Auch beugte er sich nicht vor der Ungnade des Papstes, sondern schlug zurück in einer Reihe von Rundbriefen an die Könige und Fürsten der christlichen Welt.

In diesen Dokumenten wendete der Kaiser auf europäischer Ebene die gleiche Methode einer klaren Darlegung der Tatsachen an, deren er sich während der ersten schwierigen Jahre seiner Regierung in Sizilien bei den Edlen des Königreichs bedient hatte. Er wiederholte sein feierliches Gelübde, sich im Frühjahr auf die Kreuzfahrt zu begeben; er beschrieb die Tragödie der Seuche in Brindisi wie auch die Weigerung des Papstes, kirchliche Bußen anzunehmen. Er wies hin auf die päpstliche Bevorzugung der Lombarden, die die Vorbereitungen zum Kreuzzug aufgehalten hatten, als sie den Hoftag von Cremona verhinderten; er erwähnte die weiteren Hindernisse, die Gregor dem Kreuzzug in den Weg gestellt habe, als er den Geistlichen des Königreichs verbot, ihm beizustehen. (Friedrich hatte allen Lehnsträgern eine besondere Steuer von acht Goldunzen auferlegt, außerdem sollten sie ein Achtel der Unterhaltskosten eines Kreuzzugssoldaten übernehmen, solange sich der Kaiser in Übersee aufhielt.) Diese Appelle trafen nicht auf taube Ohren. In Rom bestanden Senat und Volk darauf, daß das erste Rundschreiben auf dem Kapitol verlesen wurde.

Nach dem Bericht eines englischen Chronisten, Matthäus von Paris, war Friedrich über Gregors Einmischung in sizilische Belange und seine Obstruktionspolitik derart empört, daß er den bisher eingehaltenen gemäßigten Ton aufgab und seine Verbitterung in einem Brief an den König von England zum Ausdruck brachte. Darin beschrieb er die römische Kirche als die Stiefmutter – nicht die Mutter – der Gläubigen und die Priester als Wölfe in Schafskleidung, als Werkzeuge eines ebenso stolzen wie bösen Hofes, als Blutsauger der Christenmenschen. Er beschuldigte die geistliche Macht, die ihre Größe der weltlichen Macht verdanke, daß sie die empfangenen Wohltaten den Gebern übel vergolten, den Grafen von Toulouse und den König von England auf den Vasallenstand hinabgedrückt habe und nun versuche, das Reich zu ihrem Sklaven zu machen. Er schloß mit den Worten: »Die Urkirche wurde auf Armut und Einfachheit gegründet, und damals war sie die fruchtbare Mutter all jener Männer, deren Namen in die Reihen der Heiligen aufgenommen worden sind... Jetzt wälzt sie sich im Reichtum, und es steht zu befürchten, daß der Reichtum sie überwältigen wird... Vereinigt Euch also und stürzt diese unerhörte Tyrannei; diese Gefahr droht allen. Bedenkt, daß es auch an Euer Eigentum geht, wenn die Mauer des Nachbarn brennt.«[7]

Friedrich hatte schon vor der Exkommunikation bei der Wahl Heinrichs eine beachtliche Unabhängigkeit und Kühnheit in seiner Haltung gegenüber der Kirche an den Tag gelegt. Mit der Erklärung, daß er den Kreuzzug trotz des Bannspruchs anzutreten beabsichtige, warf er der Kirche den Fehdehandschuh hin. Gregors Drohung, die Untertanen des Kaisers von ihrem Treueid zu entbinden, als Vergeltungsmaßnahme für Friedrichs Weigerung, sich dem Bannspruch zu beugen – so sah es jedenfalls der Papst –, reizte Friedrich zu noch entschiedenerer Auflehnung gegen die Kirche. Er griff die Prälaten an, die seine Exkommunikation aufrechterhielten und sich weigerten, die Pflichtgebete für den Kaiser zu sprechen. Er befahl, ihre Ländereien und ihren sonstigen Besitz sowie den der Templer und der Johanniter zu beschlagnahmen. Am Gründonnerstag wiederholte der Papst, während sich alle die zu der feierlichen Exkommunizierung gehörenden furchterregenden Riten abspielten, öffentlich den Bannfluch gegen den Kaiser.

Aber Gregor mußte bald erfahren, daß die Hand seines Feindes ihn sogar in Rom zu treffen vermochte. Am Ostermontag wurde er, während er die Messe las, vom Volk bedroht; als er die Hostie erhob, bellten sie wie die Hunde. Es war der Familie der Frangipani – Friedrichs Freunde und Verbündete – gelungen, einen Teil des Adels dem Papst zu entfremden; zusammen hatten sie das Volk aufgehetzt. Angesichts dieser bedrohlichen Lage blieb Gregor nichts, als aus dem Lateran und schließlich sogar aus Rom nach Rieti zu flüchten.

Im April hielt der Kaiser einen Hoftag in Barletta, der so stark besucht war, daß die Versammlung im Freien stattfinden mußte. Nachdem Friedrich sich auf den Thron gesetzt hatte, wurde eine Proklamation vor den versammelten Prälaten und Edlen verlesen, die das Testament des Kaisers, für den Fall seines Todes während der Kreuzfahrt, kundtat. Der Herzog von Spoleto, Rainald von Urslingen, wurde zum Verweser des Königreichs während Friedrichs Abwesenheit bestellt. Nach Friedrichs Tod sollte sein Sohn Heinrich sein Nachfolger werden. Falls Heinrich ohne Nachkommen stürbe, so sollte Konrad, der neugeborene Sohn Isabellas, der Erbe sein. Außerdem wurde bestimmt, daß die Steuern während der Abwesenheit des Herrschers – außer im Falle größter Not –

nicht erhöht werden durften. Der Papst wurde überhaupt nicht erwähnt.

Am 1. Mai starb Isabella, erst sechzehn Jahre alt und nur dem Namen nach eine Kaiserin. Zu jung, um auf ihren hochgeistigen Mann, der mehr als doppelt so alt war wie sie, Einfluß ausüben zu können, ist sie vielleicht die bemitleidenswerteste aller Gestalten gewesen, die ihn im Laufe seines Lebens umgaben. Seit dem stürmischen Anfang ihrer Ehe und dem heftigen Streit zwischen ihrem Mann und ihrem Vater scheint Friedrich sie nach orientalischer Sitte behandelt zu haben, wie er es auch mit ihrer Nachfolgerin wieder tat. Zunächst wurde ihr das Schloß Terracina zur Verfügung gestellt, dann nahm Friedrich sie mit nach Sizilien, wo sie offenbar eine Zeitlang im königlichen Palast in Palermo lebte. Während der Monate unmittelbar vor dem mißglückten Kreuzzug des Jahres 1227 war sie bei ihm in Apulien; etwa um diese Zeit muß Konrad gezeugt worden sein. Darauf ließ Friedrich sie nach Otranto bringen, das, viel weiter südlich gelegen, Isabella Schutz vor der Seuche gewährte, die die flüchtenden Kreuzfahrer auf den Pilgerstraßen weitertrugen. Hierbei sprach Friedrichs Wunsch, die Mutter seines zukünftigen Erben in Sicherheit zu wissen, vermutlich stärker mit als seine Zuneigung zu Isabella. Als Friedrichs Gemahlin mangelte es ihr nicht an Luxus und Prunk; den Gedanken aber, daß sich ein junges Mädchen, an die Gesellschaft von Verwandten und Freunden und das heitere Leben Syriens gewöhnt, in der Zurückgezogenheit, die der eines Harems fast gleichkam, nicht wohlfühlen konnte, hat Friedrich nie erwogen, oder ihn als belanglos beiseite geschoben.

Isabellas früher Tod wirkte sich jedoch auf Friedrichs Stellung in ihrem Königreich Jerusalem aus. Er war nun nicht mehr der Gemahl der herrschenden Königin, sondern lediglich der Vormund des jungen Königs. In den Augen der syrischen Barone befand sich der Kaiser, rechtlich gesehen, in der gleichen Lage wie vor ihm Johann von Brienne. Friedrich mochte das zwar anders auffassen, doch wären die Untertanen seines Sohnes Konrad durchaus berechtigt gewesen, ihn als Regenten abzulehnen, sofern sie es wollten. Diese Tatsache machte die Probleme, denen sich Friedrich im Nahen Osten gegenübersah, nicht gerade einfacher.

Ehe sich der Kaiser endlich auf die Reise ins Heilige Land begab, schickte er noch einmal eine Delegation zum Papst, die dieses Mal von dem hochbetagten Erzbischof Albert von Magdeburg geführt wurde. Gregor erwies sich wiederum als unzugänglich; er ließ den Gesandten nicht einmal wissen, welche Form der Buße ihn dazu bewegen könnte, dem kaiserlichen Kreuzfahrer die Absolution zu erteilen; auch den üblichen Segen verweigerte er. Statt dessen erklärte der Papst der ganzen Welt: »Wir wissen nicht, auf wessen törichten Rat er hörte oder besser gesagt, welche teuflische List ihn dazu verführte, den Hafen von Brindisi ohne Buße und Absolution zu verlassen, ohne irgend jemand Kenntnis zu geben, daß er überhaupt abreiste.«

Kapitel 5

DER KREUZZUG DES GEBANNTEN

1228–1230

Am 28. Juni 1228, fast dreizehn Jahre nachdem Friedrich das Kreuzzugsgelübde abgelegt hatte, liefen die vierzig Galeeren des kaiserlichen Geleitzugs aus dem Hafen von Brindisi aus und nahmen Kurs auf das Heilige Land. Mochten ihn ursprünglich religiöse oder abergläubische Motive zu dem Gelübde veranlaßt haben, jetzt hegte der Kaiser kaum noch irgendwelche frommen Empfindungen. Dieser Kreuzzug war ein politischer, sowohl hinsichtlich der Vorbereitungen als auch der letzten Ziele. Friedrich wurde nicht, wie so viele seiner Vorgänger, durch den Wunsch nach militärischem Ruhm oder nach Beute, noch viel weniger durch den Glauben angespornt. Was ihn jedoch noch stärker von früheren Kreuzzugsführern unterschied, war einmal, daß er diese heilige Mission unter dem Bannfluch der Kirche antrat, zum anderen, daß ihm dieses Unternehmen unter allen Umständen gelingen mußte. Das grandiose Scheitern einer traurigen Hoffnung hatte für ihn keinen Wert. Wenn er bei seiner Rückkehr dem Papst und Europa gegenübertreten wollte, mußte er Jerusalem erobern. Darum allein ging es.

Friedrich war sich wohl bewußt, daß er unter diesen Umständen alles aufs Spiel setzte – sein Prestige und damit seine Macht über das Reich, ja selbst sein Königreich Sizilien. Alle hatten erwartet, daß ihn die Exkommunikation zum Nachgeben zwingen würde; ein Gebannter konnte keinen Kreuzzug führen, das hatte es noch nie gegeben. Er mußte mit dem Papst Frieden schließen, wollte er sein Gelübde, die Heiligen Stätten zu befreien, erfüllen.

Der bloße Gedanke, der Kaiser könne seinen Weg weiterverfolgen, ohne vorher um Absolution zu bitten, war so verwegen, daß ihn offenbar niemand – außer Friedrich – auch nur einen Augenblick gehegt hat. Ebenso wie in der Krise des Jahres 1212, als ihm die Kaiserkrone angetragen wurde, entschloß er sich jetzt zu dem kühnsten Vorgehen. Damals hatte er geglaubt, wenn es ihm gelänge, ein zunächst fast aussichtslos erscheinendes Unternehmen zu einem glücklichen Ende zu führen, so würden sich die geringeren Probleme von selbst lösen. Auch jetzt sah er die einzige Möglichkeit darin, den Kreuzzug trotz des Bannspruchs durchzuführen. Aber es ging um alles oder nichts – wenn er den Fuß einmal auf diesen gefährlichen Weg setzte, durfte er weder scheitern noch umkehren; Erfolg war für ihn lebensnotwendig, und jedes Hindernis mußte rücksichtslos beseitigt werden. Der Papst hatte, als er den Kampf gegen den Kaiser eröffnete, alle Mittel angewandt, deren er mächtig war; der Kaiser konnte sich nicht mit Geringerem begnügen, wenn er sich behaupten wollte.

Die große Entscheidung war gefallen. Als die Anker gelichtet wurden, die Segel der Galeeren sich im Winde blähten und die Küste Italiens im Dunst eines glühenden adriatischen Sommermorgens langsam verblaßte, muß sich des Kaisers und seines Hofes ein Gefühl der Erleichterung, ja fast der freudigen Erregung bemächtigt haben. Dieses Abenteuer war ebenso verwegen und gefährlich wie der schon fast zur Legende gewordene Ritt nach Deutschland; zudem geschah es zum erstenmal, daß Friedrich, der jahrelang geduldig an dem Aufbau der Flotte gearbeitet hatte, an einer ihrer Unternehmungen teilnahm.

Auf dieser Reise begleiteten den Kaiser zwei Männer, die ihm seit seiner Kindheit nahestanden: der Erzbischof Berard von Palermo und der treue Richard, der seinen Herrn nach Deutschland begleitet und seit fünfzehn Jahren das Amt des kaiserlichen Kämmerers innehatte. Weitere Mitglieder von Friedrichs vielgestaltigem Gefolge waren der Erzbischof Jakob von Capua und der Mohammedaner Ibn-el-Djusi aus Palermo, des Kaisers Lehrer in arabischer Dialektik; außerdem sarazenische Pagen und eine ganze Abteilung mohammedanischer Truppen aus Lucera. Was die Erzbischöfe von einem Kreuzfahrerheer gehalten haben, dem Mohammedaner angehörten, die ihren Glauben ausübten mit Zustimmung des Kaisers, der den Kreuzzug führte, kann man sich nur schwer vorstellen. Man muß dem Papst etliche Gründe zubilligen für seine spätere Behauptung: Friedrich ziehe die Diener Mohammeds den Dienern Christi vor.

Die Aufnahme der Diener Mohammeds in das Kreuzfahrerheer war vom Kaiser wohlüberlegt. Seine Streitkräfte waren klein – fünfzehnhundert Ritter, von denen fünfhundert unter dem Oberbefehl des Marschalls Richard Filangieri vorausgeschickt worden waren, und etwa zehntausend Fußsoldaten. Damit konnte Friedrich selbst mit Hilfe der syrischen Barone keinen großangelegten Feldzug zur Rückeroberung des Königreichs Jerusalem unternehmen. Er verließ sich darauf, daß der Diplomatie gelingen würde, was militärische Gewalt seit der Katastrophe von Hittin nicht erreicht hatte. Ibn-el-Djusi, die sarazenischen Pagen und die Mohammedaner aus Lucera mußten den szenischen Hintergrund abgeben für den kommenden geistigen Kampf zwischen dem christlichen Kaiser und dem Sultan von Ägypten. Mit unglaublicher Kühnheit verließ sich Friedrich nur auf seine Kenntnis der orientalischen Mentalität und auf seine persönliche Fähigkeit, eine diplomatische Lösung zu finden.

Der Weg, auf den er sich begeben hatte, erforderte ein Äußerstes an Mut und raffinierter Klugheit. Seine Zeitgenossen und auch die Nachwelt haben Friedrich wegen seiner Doppelzüngigkeit, seiner Grausamkeit, seines Zynismus und seines ausschweifenden Lebens verurteilt, aber an seiner Intelligenz und an seinem Mut kann nicht gezweifelt werden. Noch nie in seinem Leben hatte er diese Eigenschaften nötiger gehabt, denn nicht nur die Augen der politischen Welt waren auf ihn gerichtet, auch in seiner engsten Umgebung wäre den wachsamen Blicken nicht das leiseste Schwanken seines Selbstvertrauens, kein Zeichen der Schwäche entgangen. Seine geistige Haltung, die Erhabenheit seines Amtes als Kaiser sonderten Friedrich von allen ab, dazu kam das immer wache Mißtrauen, das ihn die Ereignisse seiner Jugend gelehrt hatten. Erholung von den Anforderungen dieses Lebens suchte er nicht, wie andere Männer, in leichten Zerstreuungen, sondern im Studium der Naturwissenschaften und der Mathematik, in den komplexen

Gedankengängen der Philosophie und der Dialektik, in den heftigen Anstrengungen der Jagd und in einer zügellosen Sinnlichkeit. Auf diese Weise bewahrte er die äußere Ruhe und Gelassenheit – eine Maske, hinter der er seine leidenschaftliche Natur verbarg. Sein Ideal beschrieb er mit den Worten: »Unterdrücke selbst die gerechten Regungen des Geistes und bleibe durch eine tugendhafte Selbstdisziplin gelassen wie ein Cäsar.«

Wenn der Kaiser diese Haltung angesichts aller Schwierigkeiten aufrechterhalten wollte, durfte er sich selbst nicht schonen, sowenig er andere zu schonen bereit war. Der Einsatz, um den er spielte, war der Frieden und die Sicherheit von fast ganz Europa, zu schweigen von seinem persönlichen Schicksal und dem seiner Dynastie, wenn nicht von seinem Leben. Die Rücksichtslosigkeit seines Handelns muß in diesem Lichte betrachtet werden.

Die politische Situation im Nahen Osten, der sich Friedrich jetzt gegenübersah, war ungleich schwieriger als im vergangenen Jahr. Al-Muazzam war am 11. November 1227 gestorben und hatte seinen jungen Sohn an-Nasir-Daud zum Nachfolger bestimmt; diese Nachricht erreichte jedoch den kaiserlichen Hof erst zu Ostern 1228. Zugleich stärkte der Tod seines kriegerischen Bruders die Position Al-Kamils, da er jetzt die unmittelbare Gefahr eines Bündnisses zwischen dem Sultan von Damaskus und den Choresmiern nicht mehr zu befürchten brauchte. Ohne Zeit zu verlieren, griff er sofort seinen Neffen an und eroberte bald Jerusalem und Nablus. Al-Asraf, ihn übertrumpfend, eilte seinem Neffen, der sich an ihn gewandt hatte, zu Hilfe und marschierte nach Palästina, wobei er, genau wie zuvor Al-Kamil, bekanntgab, er komme, um das Land vor den Christen zu schützen. Die beiden Brüder trafen sich in der Nähe von Gaza und kamen im geheimen überein, das Gebiet ihres Neffen untereinander aufzuteilen. Dann belagerten sie Damaskus, wo Nasir-Daud Zuflucht gesucht hatte.

So fand nun Friedrich, statt von den Eifersüchteleien der drei Brüder, die sich um die Herrschaft über das Ejubiden-Reich stritten, profitieren zu können, Jerusalem fest in der Hand von Al-Kamil, der sich mit seinem Bruder Al-Asraf geeinigt hatte, während die Choresmier scheinbar nur die Rolle unbeteiligter Zuschauer spielten.

Am 21. Juli 1228 landete der Kaiser in Zypern; es war, seitdem Amalrich von Lusignan Heinrich VI. gehuldigt und dafür den Titel des Königs empfangen hatte, ein kaiserliches Lehen. Doch hatte sich während der Wirren, die inzwischen über das Reich hinweggegangen waren, die Verbindung gelockert. Johann von Lusignan, bei Friedrichs Ankunft König von Zypern, war noch minderjährig; die Regentschaft führte seine Mutter Alice von Jerusalem. Bis 1227 hatte die Regierung der Insel in den Händen des Onkels der Königin, Philipp von Ibelin, gelegen, mit dem sie sich jedoch ständig stritt. Ihr Versuch, ihn durch Amalrich Barlais (der sich gegenüber der mächtigen Familie Ibelin feindlich verhielt) zu ersetzen, war mißlungen, weil der Rat der Barone ihm die Anerkennung verweigerte. Nach Philipps Tod wurde sein älterer Bruder Johann an seiner Stelle vom Lehenshof ernannt.

Friedrich wußte genau, daß Johann von Ibelin der mächtigste Mann unter den syrischen Baronen war. Sein großer Reichtum als Herr von Beirut zusammen mit dem seiner Frau Melisande, der Erbin von Arsuf, und seine Familienverbindungen – als der Onkel der Regentin von Zypern und der verstorbenen Kaiserin Isabella – hätten schon genügt, ihm eine wichtige Stellung zu verschaffen, aber er war außerdem ein Mann von ungewöhnlichem Charakter und großer Gelehrsamkeit, ein geborener Menschenführer. Freunde von Amalrich Barlais, die Friedrichs Hof in Apulien besuchten, hatten sich zweifellos schon bemüht, den Kaiser gegen Johann von Ibelin aufzuhetzen, aber Friedrichs Feindseligkeit gegen ihn wird eher auf der Erkenntnis beruht haben, daß jeder Widerstand in Syrien höchstwahrscheinlich von Johann von Ibelin ausgehen werde.

Es ist merkwürdig, daß Friedrich angesichts all der vorauszusehenden Schwierigkeiten nicht versuchte, ein freundschaftliches Verhältnis zu der mächtigen Partei, der Familie Ibelin und ihren Anhängern, zu schaffen oder sie zumindest günstig zu stimmen. Er behandelte sie jedoch von Anfang an in der gleichen autokratischen Weise, die er in Sizilien anzuwenden pflegte. Das war ein Fehler, denn die diplomatische Kunst, die er bei der Werbung der deutschen Fürsten gezeigt hatte, wäre seiner verfassungsrechtlichen Position in Syrien sehr viel angemessener gewesen. Er war jetzt lediglich Regent für seinen Sohn Konrad, aber selbst als rechtmäßiger König von Jerusalem wäre er nur der *primus inter pares*, der Führer im Kriege und der Vorsitzende des Lehenshofs, keinesfalls aber ein autokratischer Herrscher gewesen. Hinzu kam, daß Friedrich ein Ausländer war, der eine den eingesessenen Baronen unerwünschte Herrschaft auszuüben beabsichtigte.

Dem rigorosen Auftreten des Kaisers lag wahrscheinlich die Vorstellung zugrunde, daß er mit der Befreiung Jerusalems und der Heiligen Stätten etwas vollbringe, wozu die syrischen Barone angesichts ihrer militärischen Schwäche und ihrer internen Zerwürfnisse selbst nicht fähig waren. Diese Haltung entsprach durchaus Friedrichs Begriff von seiner kaiserlichen Aufgabe, Gesetz und Ordnung zu schaffen. In Sizilien hatte er damit Erfolge erzielt, zweifellos war er überzeugt, daß ein scharfes Auftreten gleich zu Anfang seine Beziehungen zu den Baronen am wirksamsten klären würde.

Friedrich hatte jedoch Johann von Ibelin falsch eingeschätzt. Zwar gelang es dem Kaiser, in seinen Verhandlungen mit Ibelin die materiellen Vorteile zu erreichen, um die es ihm zu tun war. Dennoch ging dieser als moralischer Sieger aus dem ersten Zusammentreffen hervor. Nach seiner Ankunft in Limassol rief der Kaiser Ibelin zu sich und bat ihn, den jungen König und seine eigenen Söhne mitzubringen. Ibelin erschien seines verstorbenen Bruders wegen in Trauerkleidern. Er wurde außerordentlich huldvoll empfangen; Friedrich redete ihn als Onkel an, machte ihm prachtvolle Geschenke, zu denen auch scharlachrote Festgewänder gehörten, und bat ihn, diese anzulegen, da seine Freude, den Kaiser zu sehen, größer sein müsse als seine Trauer um den Bruder. Dann wurde Ibelin zu einem Festmahl geladen, das ihm zu Ehren stattfand. Seine Freunde waren beunruhigt, denn es lag nahe, daß sich der Kaiser dieser altbekannten List bedienen wollte, um Ibelin und dessen Söhne in seine Hand zu bekommen. Aber Ibelin schenkte diesen Warnungen kein Gehör, womit er recht hatte. Die Einladung des Lehnsherrn von Zypern abzulehnen, wäre eine grobe Unhöflichkeit gewesen, mit der er sich von vornherein ins Unrecht gesetzt hätte. Das Festmahl war prachtvoll; Ibelin saß auf dem Ehrenplatz zur Rechten des Kaisers, und seine Söhne versahen die

Pagendienste. Aber inmitten des Festes betraten bewaffnete Männer schweigend den Raum und stellten sich, das gezückte Schwert in der Hand, hinter den Gästen auf. Friedrich wandte sich an seinen Ehrengast und verlangte, daß er sein Lehen Beirut und die Einkünfte Zyperns, die seit der Thronbesteigung des jungen Königs eingegangen waren, aufgebe. Ibelins Antwort war so bestimmt wie kühn; sein Lehen, sagte er, sei ihm von seiner Stiefschwester, der Königin Isabella von Jerusalem, gewährt worden, und er sei bereit, seine Ansprüche vor dem Lehenshof zu rechtfertigen. Die Einkünfte der Insel Zypern seien sowohl von ihm als auch von seinem Bruder der Regentin Alice übergeben worden. Weder Drohungen noch die Gegenwart der kaiserlichen Soldaten könnten ihn wankend machen. Unter diesen dramatischen Begleitumständen hielt er so gelassen, als spreche er vor dem Lehenshof, eine stolze und brillante Rede. Er erklärte sich noch immer willens, dem Kaiser bei der Durchführung des Kreuzzuges zur Seite zu stehen, werde aber, und wenn es ihn das Leben koste, das Gesetz nicht brechen.

Friedrich, der sich unter dem Eindruck von Ibelins energischem Widerstand darüber klar wurde, daß seine Streitkräfte für eine militärische Aktion zu gering waren, beharrte nicht bei seiner Forderung; er gab sich damit zufrieden, Ibelins Söhne und mehrere zypriotische Barone zu Geiseln zu nehmen und forderte für sich selbst nur die Anerkennung als Lehnsherr der Insel und als Regent für das Königreich Jerusalem. Ferner versprachen Ibelin und die zypriotischen Barone, den Kaiser auf der Kreuzfahrt zu begleiten. Das war, von den Geiseln abgesehen, für Friedrich ein magerer Ausgleich dafür, daß er den mächtigsten Mann des Nahen Ostens gegen sich aufgebracht und die Gesetze der Gastfreundschaft in einer Weise verletzt hatte, die einem Kaiser schlecht anstand. Letztlich hat es auch nur dazu beigetragen, Friedrichs Beziehungen zu den syrischen Baronen zu verschlechtern.

So ruchlos wir Friedrichs Verhalten gegen Johann von Ibelin empfinden mögen, die damalige Zeit hielt es dem politischen Spiel des Kaisers zugute. Wollte er seine Macht über die lateinischen Königreiche des Nahen Ostens festigen, so mußte er die Unabhängigkeit aufheben, die sie, ebenso wie die lombardischen Städte, seit dem Tode Heinrichs VI. genossen hatten. Die anderen syrischen Barone, die auf des Kaisers Geheiß nach Zypern gekommen waren, hatten keine Bedenken, ihn gegen die Partei der Ibelins zu unterstützen. Balian von Sidon, Guy Embriaco und später auch Boemund von Antiochien beteiligten sich an Friedrichs Marsch auf Nicosia, wohin sich Johann von Ibelin zurückgezogen hatte; Guy Embriaco lieh dem Kaiser die beträchtliche Summe von dreißigtausend Bijanten. Der Mangel an barem Geld mag überhaupt Friedrich dazu verleitet haben, von Johann von Ibelin die Einkünfte Zyperns zu fordern.

Angesichts der vereinten Streitkräfte des Kaisers und der ihm feindlichen syrischen Armee zog sich Johann von Ibelin in die fast uneinnehmbare Burg Dieu d'Amour (heute St. Hilarion) zurück. Nur durch eine längere Belagerung wäre diese Festung zu erobern gewesen; dazu aber hatte Friedrich nicht die Zeit, und so wurde schließlich ein Vergleich geschlossen: der junge König und seine Untertanen sollten dem Kaiser als Lehnherrn huldigen, die Insel einem kaiserlichen Statthalter unterstellt und die Königin-Mutter von Friedrich als Regentin anerkannt werden, Johann von Ibelin sollte seinen Anspruch auf das Lehen Beirut vor dem Lehenshof rechtfertigen. Die Geiseln wurden freigelassen.

Am 3. September setzte Friedrich seine Fahrt zum Heiligen Lande fort; dabei nahm er als Vorsichtsmaßnahme den jungen König, Johann von Ibelin, und die Mehrzahl der zypriotischen Barone mit. Amalrich Barlais, als Statthalter von Zypern eingesetzt, übte mit seinen Freunden die Herrschaft über die Insel aus.

Nach diesem unglücklichen Anfang in Zypern gestaltete sich Friedrichs Ankunft in Akkon am 7. September zu einem Triumphzug. Das Kreuzfahrerheer, etwa elftausend Mann stark, lagerte in der Nähe der Stadt; gemeinsam mit den Einwohnern und den weltlichen und geistlichen Würdenträgern bereiteten sie dem Kaiser eine Ovation. Zwar wußten alle, daß Friedrich exkommuniziert worden war, doch glaubten sie offenbar, daß er jetzt, da er sein Gelübde erfüllt und das Heilige Land tatsächlich erreicht hatte, vom Bann absolviert werden würde. So ließen sie ihrer Freude freien Lauf, weil nun nach den vielen Monaten geduldigen Wartens die Stunde der Erlösung Jerusalems endlich geschlagen hatte.

Patriarch Gerold von Jerusalem und die Bischöfe Syriens sowie die Führer der großen Ritterorden – die Johanniter und die Deutschherren, ja sogar die Templer – scheinen in diesem Augenblick ihre Eifersüchteleien vergessen und sich an dem begeisterten Empfang beteiligt zu haben. Selbst die religiösen Führer scheinen anzunehmen, daß der Papst den Kaiser vom Bannspruch absolvieren werde, sobald er sich überzeugt habe, daß Friedrich tatsächlich im Heiligen Lande angekommen sei und den Kreuzzug allen Ernstes fortzuführen beabsichtige. Sie bedeuteten daher dem Kaiser in taktvoller Form, daß es für sie schwierig sei, mit einem Exkommunizierten gemeinsame Sache zu machen und schlugen vor, er möge eine Delegation an den Papst schicken. Daraufhin brach eine von Heinrich von Malta und dem Erzbischof von Bari geführte Gesandtschaft eilends auf, um dem Papst zu melden, daß Friedrich sich mit seinem Heer nunmehr im Heiligen Lande befände, das er nicht zu verlassen gedenke, ehe er nicht das gesamte, von den Mohammedanern besetzte Gebiet für die Christenheit zurückerobert habe; außerdem bat er den Papst, Verhandlungen mit dem Herzog von Spoleto, dem Vertreter des Kaisers in Italien, zu eröffnen.

Nach diesem erneuten Versuch, mit der christlichen Welt Frieden zu schließen, nahm der Kaiser seinen Wohnsitz in einer Burg in der Nähe von Akkon und widmete sich der wichtigsten Aufgabe, die ihm jetzt bevorstand: den Verhandlungen mit Al-Kamil. Wenn auch die gesamte Verantwortung für das heikle und gefährliche diplomatische Spiel auf Friedrichs Schultern ruhte, so hatte er doch wenigstens einen klugen Berater, dem er vertrauen konnte: Hermann von Salza besaß eine profunde Kenntnis der verworrenen politischen Verhältnisse des Nahen Ostens und der internen Rivalitäten Syriens. Hinzu kam, daß die Ziele und Hoffnungen des Deutschen Ordens bei der Fortführung des Kreuzzuges mit denen des Kaisers im wesentlichen übereinstimmten; konnte der Kreuzzug zu einem erfolgreichen Ende gebracht werden, so mußte die Macht und das Prestige des Ordens entsprechend steigen. Also hatte Friedrich darauf bestanden, Hermann von Salza im Jahre 1227 ins Heilige Land vorauszuschicken, weil er hoffte, sich dann schon bei seinem Eintreffen über die neueste Entwicklung der Lage genau informieren zu können.

Beladen mit fürstlichen Geschenken, wie Pferden, Juwelen, goldenen und silbernen Geräten, wurden Thomas von Acerra und Balian von Sidon als Boten an den Hof Al-Kamils geschickt, der sich in Nablus befand. Sie teilten ihm die Ankunft des Kaisers mit und überbrachten eine diplomatisch abgefaßte Botschaft, die besagte, Friedrich sei nicht gekommen, um Krieg zu führen oder Gebiete zu fordern, die ihm nicht gehörten, er wolle lediglich die Heiligen Stätten in Besitz nehmen, die den Vorfahren seines Sohnes Konrad gehört hatten. Das war der Eröffnungszug des diplomatischen Schachspiels, dem sich der Kaiser und der Sultan in der Folge mit einer gewissen Freude hingaben; vermutlich zogen beide aus diesem geistigen Kampf trotz der Gefahren und Schwierigkeiten, die er barg, noch ein hohes Maß von Befriedigung, wenn nicht gar Vergnügen.

Friedrich und Al-Kamil waren sich in jeder Hinsicht ebenbürtig; zu keiner Zeit in Friedrichs Leben trat der orientalische Grundzug seines Wesens so stark in Erscheinung wie während seiner Verhandlungen mit dem Sultan von Ägypten. Al-Kamils Neigungen, ja seine Gewohnheiten glichen denen seines Gegners weitgehend; es ist bedauerlich, daß sie sich nie persönlich kennenlernten. Wie Friedrich fand er großes Vergnügen an gelehrten Diskussionen, die spät bis in die Nacht dauerten, wobei »fünfzig Gelehrte auf Diwanen um seinen Thron lagerten, um seine abendliche Unterhaltung zu bestreiten«. Er oblag der Dichtkunst und förderte die Wissenschaft, insbesondere die Jurisprudenz und die Grammatik. Wie Friedrich ein ausgezeichneter Administrator, wußte er, daß die Grundlage einer guten Verwaltung eine gesunde Wirtschaft ist; deshalb bewies er persönlich lebhaftes Interesse für die Finanzverwaltung seines Landes. Al-Kamil war, wie einige der größten arabischen Gelehrten seiner Zeit, zum Beispiel Ibn Sabin, so wenig bigott, daß, wäre er nicht ein großer Sultan gewesen, seine mangelnde Orthodoxie ihn vielleicht in Schwierigkeiten gebracht hätte.

Ein solcher Mann mußte unweigerlich Sympathie für den Kaiser der Franken empfinden, der, hätte er keine Krone getragen, als Ketzer verbrannt worden wäre. Den beiden Hauptgegnern in diesem Kampf bedeutete daher Jerusalem, das den wahren Gläubigen, ob Christen oder Mohammedaner, gleich heilig ist, nichts weiter als eine Ansammlung alter Kirchen und Moscheen; und wenn sie aus politischen Gründen auch beide vorgaben, diese Stadt sei ihnen teurer als ihr Leben, so wollte im Ernst keiner von ihnen für sie Blut vergießen.

Al-Kamil schickte nun seinerseits eine Delegation unter der Führung Fahr ed-Dins mit prachtvollen Geschenken an Friedrich – Juwelen, einen Elefanten, zehn Kamele aus der berühmten Mehari-Zucht, arabische Pferde mit untadeligen Stammbäumen, Bären und Affen –; aber die Antwort auf die Botschaft des Kaisers war höchst unbefriedigend: der Sultan könne der Bitte, Jerusalem aufzugeben, nicht nachkommen, da er sich damit den Zorn der Mohammedaner zuziehen würde. Friedrich wird davon kaum betroffen gewesen sein; eine direkte Antwort war in diesem frühen Stadium nicht zu erwarten.

Der Sultan wollte sich nicht festlegen, weil er hoffte, daß der Fall von Damaskus ihm bei den Verhandlungen mit dem Kaiser bald eine stärkere Position verschaffen werde. Hinzu kam, daß Friedrichs Schwierigkeiten wegen seiner Exkommunikation auch im mohammedanischen Lager bekanntgeworden waren. Die letzte kaiserliche Delegation an den Papst war völlig gescheitert; zudem hatte Gregor zwei Franziskaner ins Heilige Land geschickt mit einer Mahnung an die Kreuzfahrer, den gebannten Kaiser nicht anzuerkennen.

Auch der Patriarch von Jerusalem und die Ritterorden erhielten Weisung, weder dem Kaiser beizustehen noch überhaupt Beziehungen zu einem so ungläubigen Menschen zu unterhalten. Aber der Papst wandte sich damit nicht allein an kirchliche Würdenträger und Ritterorden, die ihm Gehorsam schuldeten, sondern suchte sogar die Genuesen davon abzuhalten, daß sie Friedrich unterstützten. Gregor war offensichtlich entschlossen, den Kreuzzug mit allen ihm zur Verfügung stehenden Mitteln zum Scheitern zu bringen.

Die Spaltung im Lager der Kreuzfahrer infolge der päpstlichen Intrigen wirkte sich für Friedrich verhängnisvoll aus, da die kleine ihm zur Verfügung stehende Armee nunmehr von Zwietracht zerrissen war. Er faßte daher den kühnen Entschluß, den Oberbefehl über das Heer niederzulegen; vielleicht geschah es auf Hermann von Salzas diplomatischen Rat, die Tagesbefehle von nun an im Namen Jesu Christi herauszugeben.

Auch Al-Kamil waren – zum Glück für den Kaiser – etliche Schwierigkeiten erwachsen. Der junge Nasir Daud hatte in einem abtrünnigen Christen, der einst Johanniter gewesen, dann aber zum mohammedanischen Glauben übergetreten war, um schließlich Nasirs verwitwete Mutter zu heiraten, einen energischen Mitstreiter gefunden. Nasirs Heer unternahm jetzt einen Ausfall aus Damaskus, um die Nachschublinie der Belagerer in der Nähe von Nablus aufzuhalten. Gleichzeitig stellte Friedrich seine militärische Stärke zur Schau, indem er sein Heer nach Jaffa marschieren und dort die Befestigung aufbauen ließ; selbst die Templer folgten in einiger Entfernung.

Zu dieser militärischen Aktivität sah Friedrich sich gedrängt, da es schon November war, die Verhandlungen sich seit Monaten hinzogen und Al-Kamil immer weniger Bereitschaft zeigte. Die abweisende Haltung seines Gegners entsprang nach Friedrichs Meinung nicht nur dem Wunsch des Sultans, Zeit zu gewinnen, sondern vielmehr der Wirksamkeit der päpstlichen geheimen Abgesandten. Die militärische Machtentfaltung des Kaisers bewirkte jedoch keinerlei Nachgiebigkeit bei Al-Kamil. Im Gegenteil, er brach die Verhandlungen völlig ab und verlangte, daß Friedrich für den Schaden, den seine Truppen verursacht hatten, Entschädigung zahle. Es stand jedoch noch Schlimmeres bevor, denn eine Galeere aus Apulien brachte die Nachricht, daß der Herzog von Spoleto, der Statthalter des sizilischen Königreichs, die Mark Ancona angegriffen habe und von dem päpstlichen Heer geschlagen worden sei, daß der Papst im Königreich Unruhe stifte und seine Truppen sogar in die Terra di Lavoro eingefallen seien. Friedrichs Lage war außerordentlich ernst; ein Sturm auf See hatte die Schiffe, die mit Lebensmitteln aus Sizilien unterwegs waren, zerstört, das Heer war dem Verhungern nahe; monatelange Verhandlungen hatten keinerlei Ergebnisse gezeitigt; der Kaiser konnte sich nur auf einen kleinen Teil seines Heeres von elftausend Mann verlassen, das selbst im ganzen nicht stark genug war, um die Sache mit militärischer Gewalt zu Ende zu bringen; und sein Königreich befand sich vielleicht schon in der Hand des Papstes.

In diesem Augenblick lohnte Fahr ed-Din das Vertrauen, das der Kaiser in ihn gesetzt hatte. Auf seinen Rat schickte Friedrich in dieser verzweifelten Stunde wieder Thomas von Acerra und Balian von Sidon als Boten zu Al-Kamil. Daß Fahr ed-Din gerade in diesem Moment einen diplomatischen Schritt für ratsam hielt, beruhte wahrscheinlich auf der Einsicht, daß auch sein Herrscher sich in Schwierigkeiten befand und er daher, ohne untreu zu werden, Al-Kamil wie seinem Freunde, dem Kaiser der Franken, am besten diente, wenn er auf einen Kompromiß drängte.

Al-Kamil hatte Damaskus ohne Erfolg belagert; die Stadt leistete, obwohl es schon Februar war, immer noch Widerstand. Schlimmer noch war, daß sich die Choresmier erneut für die Vorgänge in Syrien und Palästina sowie für das Schicksal des Sohnes ihres alten Verbündeten Al-Muazzam zu interessieren begannen. Die Lage drohte für Al-Kamil wieder genauso gefährlich zu werden wie damals, als er den christlichen Kaiser um Hilfe bitten mußte, nur daß jetzt noch die Anwesenheit des Kaisers mit einem Kreuzfahrerheer in Palästina hinzukam. Am 11. Februar kehrten Friedrichs Boten endlich mit konkreten Vorschlägen für einen Vertrag mit dem Sultan von Ägypten zurück.

Der Vertrag sah einen zehnjährigen Waffenstillstand vor; die Christen sollten Jerusalem und einen Korridor zum Meer nach Jaffa sowie Nazareth und das umliegende Gebiet, zu dem zwei Hochburgen der Kreuzfahrer, Montfort und Toron, gehörten sowie ein Gebiet in der Nähe Sidons, das noch in den Händen der Mohammedaner war, erhalten. In Jerusalem selbst blieben die beiden Stätten, die der mohammedanischen Welt am heiligsten waren – der Felsendom und die El-Aqsa-Moschee – in den Händen der Moslems, deren Pilger freien Zugang und das Recht erhielten, ihren Glauben auszuüben. Diese Bedingung erweckte verständlicherweise den Zorn der Templer, da die beiden Moscheen im gleichen Gebiet wie der Tempel Salomos lagen, dessen Rückgabe damit unmöglich wurde. Ohne dieses Zugeständnis wäre jedoch der Vertrag nicht zustande gekommen, da nach mohammedanischem Glauben Mohammed von diesem Gebiet aus seine Fahrt zum Himmel antrat.

Trotz dieser Bestimmung, die Al-Kamils Gesicht wahren sollte, rief der Vertrag in der mohammedanischen Welt eine gewaltige Opposition hervor. Al-Kamils Neffe, Nasir Daud, weigerte sich, ihn anzuerkennen, der Kalif von Bagdad protestierte und die Imams waren empört. Al-Kamils Rechtfertigung, er habe die Heiligen Stätten der Moslems behalten und den Christen nur ihre zerstörten Kirchen überlassen, fand keine freundliche Aufnahme. Friedrichs Vertrauen in seine eigene Verhandlungstaktik erwies sich als durchaus berechtigt; Al-Kamil war bei seinen Zugeständnissen an den Kaiser bis an die äußerste Grenze gegangen, während die einzige Gegenleistung Friedrichs persönliche Garantie eines zehnjährigen Waffenstillstands war, durch den ein weiterer Kreuzzug innerhalb dieses Zeitraums unwahrscheinlich wurde. Friedrich gestand Fahr ed-Din selbst, er hätte nie so viel vom Sultan gefordert, wenn nicht sein ganzes Prestige in der christlichen Welt davon abgehangen hätte.

Noch heftiger war die Opposition innerhalb der Christenheit. Der Kaiser schien in der Tat fast als einziger von dem, was er erreicht hatte, befriedigt. Die syrischen Barone waren außer sich, daß die Verhandlungen ohne sie stattgefunden hatten; nur vier von ihnen waren im letzten Augenblick zu Rate gezogen worden, ehe Friedrich die Bedingungen unterschrieb. Bezeichnend genug erschien keiner auf der Urkunde als Zeuge. Diese Pflicht übernahmen Hermann von Salza und zwei englische Bischöfe, Peter von Winchester und Wilhelm von Exeter.

Die Barone hatten durchaus Grund zu protestieren, denn Friedrich war lediglich Regent für seinen Sohn, und nach seiner Rückkehr nach Europa würden sie ein Gebiet verteidigen müssen, das praktisch nicht zu verteidigen war. Man hatte zur Zeit des fünften Kreuzzuges Al-Kamils Angebot, Jerusalem, Bethlehem und Nazareth gegen Damiette auszutauschen, wegen der strategischen Schwäche dieser Gebiete abgelehnt. Auch jetzt handelte es sich im Grunde um das gleiche Territorium, doch hatte Friedrich Jerusalem in die Hand bekommen, ohne etwas anderes dafür hergeben zu müssen. Ihm bedeutete Jerusalem nicht mehr als ein Stein im Spiel der europäischen Politik. Er mußte es haben, um bei seiner Rückkehr dem Papst entgegenhalten zu können, daß er trotz aller ihm in den Weg gelegten Hindernisse letztlich Wort gehalten hatte.

Jerusalem war nun in seiner Hand, und da seine Verhandlungen mit Al-Kamil in aller Verschwiegenheit geführt worden waren, konnte er die Welt vor ein *fait accompli* stellen. Dies war seine einzige Chance, zu dem gewünschten Ziel zu gelangen.

Aber der Unwille der Barone, den sie diplomatisch zum Ausdruck brachten, indem sie ihre Zustimmung von der des päpstlichen Legaten abhängig machten, verblaßte neben dem Zorn des Patriarchen Gerold von Jerusalem. Er bezeichnete den Vertrag als völlig wertlos, da er die fränkischen Interessen in Palästina nicht sicherstelle. Er betonte, daß der Sultan von Damaskus sich geweigert habe, den Waffenstillstand anzunehmen und der Aufgabe Jerusalems zuzustimmen. Besonders rügte er begreiflicherweise, daß die Mohammedaner ihre Heiligen Stätten behalten durften; wenn sie überhaupt Zugang zu Jerusalem hätten, sei es unmöglich, behauptete er, die Stadt zu verteidigen, da die Zahl ihrer Pilger immer die der Christen übersteigen werde. Ärgernis erregte auch die Bestimmung, daß die Christen den Tempel nur betreten durften, wenn sie dabei den mohammedanischen Glauben achteten, um so mehr als die Mohammedaner freien Zugang zu Bethlehem hatten.

Die Behauptungen des Patriarchen waren zweifellos zum großen Teil richtig, jedoch erwähnte er überhaupt nicht, daß Friedrichs Vertrag mit Al-Kamil zu einem Ergebnis geführt hatte, das dem dritten, vierten und fünften Kreuzzug nicht beschieden war: die Rückgabe der Heiligen Stätten an die Christen, ohne daß diese irgendwelche Gebiete dafür aufgeben mußten. Mochten die syrischen Barone den Vertrag wegen seiner strategischen Mängel kritisieren, mochte der Zorn der vom Papst aufgehetzten Geistlichen über die Schande – wie sie sich ausdrückten –, überhaupt einen Vertrag mit den Ungläubigen zu schließen, verständlich sein, wenn er auch angesichts der Tatsache, daß Richard Löwenherz beim dritten und Kardinal Pelagius beim fünften Kreuzzug genau das gleiche getan hatten, nicht ganz überzeugend wirkte: das einzige, was die gewöhnlichen Pilger und Kreuzfahrer bewegte, war, daß sie endlich wieder die Heiligen Stätten besuchen konnten, wie sie es in den ruhmreichen Tagen Gottfrieds von Bouillon getan hatten, als der Kreuzfahrergeist Europas das Heilige Land für die Christenheit eroberte.

Begleitet von den sizilischen Bischöfen, den Bischöfen von Exeter und Winchester, Hermann von Salza und den Rittern des Deutschen Ordens sowie von zahllosen deutschen Pilgern zog der gebannte Kaiser am Samstag, dem 17. März, feierlich in Jerusalem ein. Nur der Patriarch Gerold von Jerusalem weigerte sich, ihn zu begleiten, und gab überdies noch bekannt, er werde die Heilige Stadt mit dem Interdikt belegen, wenn der Kaiser sie betreten sollte, weil eben die Mohammedaner ihre Heiligtümer dort behalten hätten. Das Schauspiel muß eines der merkwürdigsten in der Geschichte der Christenheit gewesen sein – der gesalbte Kaiser, Träger des weltlichen Schwertes, dem es gelungen war, Jerusalem für die Christenheit zu befreien, stand vor seinen Toren als Gebannter, vom Interdikt Bedrohter. Der Vertreter des Sultans, der Kadi von Nablus, empfing ihn und überreichte ihm die Schlüssel der Stadt. Die deutschen Pilger jubelten ihm trotz aller kirchlichen Verweise zu und beleuchteten Jerusalem festlich; die Stadt war fast leer, weil die mohammedanische Bevölkerung geflohen war und die christliche, die sich für die lateinische Herrschaft nie sehr begeistert hatte, in den Häusern blieb.

Am nächsten Tage begab sich Friedrich vom alten Hospitalgebäude, wo er seinen Wohnsitz genommen hatte, zur Kirche des Heiligen Grabes. Seine Absicht, sich dort zum König von Jerusalem krönen zu lassen, hatte den Unwillen der syrischen Barone noch mehr erregt, da Friedrich tatsächlich nur der Regent war. Einige Hitzköpfe aus der Umgebung des Kaisers hatten ihn zu überreden versucht, auf einen Gottesdienst zu bestehen; auf Hermann von Salzas Rat verzichtete er jedoch klugerweise darauf. So war, als der Hof die Kirche betrat, kein Priester zu sehen außer denen, die zum Gefolge des Kaisers gehörten, darunter der treue Berard von Palermo und der Erzbischof von Capua.

In der Kirche des Heiligen Grabes drängten sich Soldaten und Pilger; die langen weißen Mäntel der Deutschherren hellten die Dunkelheit der alten Kirche auf, die noch düsterer erschien, weil die farbenprächtigen Gewänder der Geistlichen fehlten, die bei früheren und glücklicheren Krönungen der Könige von Jerusalem ihr Amt versehen hatten. Eine Königskrone wurde auf den Altar gelegt, der Kaiser hob sie selbst auf und setzte sie sich aufs Haupt.

Dann sprach Friedrich zu der Versammlung. In dieser Rede umriß er die Ereignisse, die zu dem Kreuzzug geführt hatten von dem Tage an, da er in Aachen zum erstenmal das Kreuz genommen, über alle Verzögerungen und Verhandlungen mit den Päpsten, über seine Exkommunikation bis zu seinem letzten entschiedenen Vorgehen. Anstatt den Papst herabzusetzen, billigte er Gregor zu, daß er sich nicht anders habe verhalten können, ohne in der christlichen Welt Murren und Unzufriedenheit zu erregen; wenn er in seinen Briefen nach Syrien sich Friedrich feindlich gesinnt zeigte, so doch nur, weil er die wahren Absichten des Kaisers nicht gekannt habe; wahrscheinlich sei es ihm schmerzlich, dem Kreuzzug so viele Hindernisse in den Weg gelegt zu haben. Friedrich schloß mit der Erklärung, er wünsche, allen Meinungsverschiedenheiten mit der Kirche ein Ende zu setzen; deshalb sei er bereit, alles zu tun, was die Ehre der Kirche und des Reiches erfordere und allen Ansprüchen der Kirche Genüge zu tun. Wenn Gott ihn erhöht habe, so wünsche er, sich vor dem Höchsten und um Seinetwillen auch vor Seinem Statthalter auf Erden zu demütigen. Diese Rede übersetzte Hermann von Salza ins Französische und ins Deutsche.

Die in so versöhnlichem und fast demütigem Ton gehaltene Rede des Kaisers wurde mit großer Genugtuung aufgenommen. Sie war eine der wenigen uns bekannten Gelegenheiten, bei denen Friedrich seine unnahbare kaiserliche Haltung in der Öffentlichkeit ablegte; in der Regel sprach ein Stellvertreter für ihn, während er schweigend auf dem Thron saß. Diese Tatsache an sich wie auch der Gehalt der Rede bezeugen Friedrichs ernstlichen Wunsch, mit dem Papst zu einer Einigung zu kommen. Er war sich vollauf bewußt, was für Schwierigkeiten ihn erwarteten, wenn ihm dies nicht gelang; aber es ist charakteristisch, daß er selbst in dem Moment, als er sich öffentlich vor dem Papst als dem Statthalter Gottes auf Erden beugte, dennoch die »Ehre des Reiches« betonte.

Nach der Zeremonie berief der Kaiser eine Versammlung ein, um über den Neubau der Befestigungen von Jerusalem zu beraten, die zum großen Teil zerstört worden waren, als Al-Kamil die Stadt während des fünften Kreuzzuges zum Tausch gegen Damiette angeboten hatte. Der Hochmeister der Johanniter und der Präzeptor der Templer, die sich bisher zurückgezogen hatten, erklärten sich zum Mitwirken bereit. Daraufhin befahl Friedrich den Wiederaufbau des Davidsturmes und des Stephanstores.

Danach besuchte der Kaiser die Heiligen Stätten der Mohammedaner, die für einen Mann seiner Geistesart ebenso interessant gewesen sein müssen wie die christlichen Heiligtümer. Dort äußerte er sich in Gegenwart der Mohammedaner verächtlich über das Christentum, offenbar in der Meinung, ihren Beifall zu finden. Er hätte keinen größeren Fehler begehen können; denn ein frommer Mohammedaner konnte wohl einen überzeugten Christen verstehen und achten, nicht aber einen Mann, der nichts glaubt. Das Infragestellen der ewigen Wahrheiten, die Haarspalterei der Dialektik mochten Fahr ed-Din und den Intellektuellen in Al-Kamils und Friedrichs engster Umgebung gefallen, nicht aber dem einfachen Mann des Mittelalters, sei er Mohammedaner oder Christ. Daß Friedrich für diese Menschen kein Verständnis hatte, erklärt, warum er trotz seiner Genialität die Völker, über die er regierte, niemals so für sich gewann wie sein Großvater Barbarossa.

Als Friedrich, von hochgestellten mohammedanischen Persönlichkeiten zum Felsendom und in die Al-Aqsa-Moschee geführt, fragte, warum er den Ruf der Muezzins nicht gehört habe (denen Al-Kamil eben aus Achtung vor Friedrich untersagt hatte, zum Gebet zu rufen) und erklärte, daß er auch deshalb nach Jerusalem gekommen sei, um die Muezzins zu hören, gewann er keine Sympathie, sondern erregte nur das Mißtrauen der Mohammedaner. Ihre Bestürzung wuchs, als er Hand an einen christlichen Priester legte, der ihnen gefolgt war, und ihn hinauswies, da kein Christ bei Todesstrafe die Heiligen Stätten der Mohammedaner betreten dürfe ohne ihre ausdrückliche Erlaubnis. Als auf seine weitere Frage, warum die Fenster vergittert seien, die Mohammedaner erwiderten, da sei geschehen, um die Sperlinge herauszuhalten, antwortete er zu ihrem Entsetzen: »Dennoch hat Allah die Schweine unter euch gebracht!« – womit er sich des verächtlichsten arabischen Ausdrucks für die Christen bediente.

Diese Diffamierung der Christen ging Hand in Hand mit Friedrichs echtem Interesse und seiner Bewunderung für alles, was die arabische Kultur an Werten besaß. Die mohammedanische Welt hatte das Wissen der alten Griechen aufgenommen, lebendig bewahrt und es auf den Gebieten der Mathematik und der Medizin sogar erweitert. Dafür mußte ein Gelehrter wie Friedrich Bewunderung empfinden. Mit dem Wissensdrang, der ihm schon während seiner Knabenzeit zu eigen war, fragte er die Araber, die er kennenlernte, über ihr Leben und Denken aus.

Aus Interesse für alles Orientalische hatte Friedrich auch zu den Assassinen Beziehungen aufgenommen, einer merkwürdigen Sekte, deren Haupt, der »Alte vom Berge«, seine Anhänger zu berufsmäßigen Mördern ausbildete; als Lohn dafür ließ er sie zwischen kräftigen Haschischdosen flüchtige Blicke in ein irdisches Paradies tun. Friedrichs Beziehung zu ihnen wurde von seinen Feinden dahin aufgebauscht, als bediene er sich der Assassinen oder lasse seine eigenen Leute bei ihnen ausbilden.

Die Eindrücke der wenigen Monate, die der Kaiser im Nahen Osten verbrachte, wirkten während seines ganzen späteren Lebens fort. Er interessierte sich besonders für die mohammedanische Architektur und studierte eingehend den Felsendom, dessen achteckige Mauern als Vorbild für das angeblich vom Kaiser selbst entworfene Castel del Monte gedient haben sollen. Dies berühmteste seiner Lustschlösser krönt die Berge der apulischen Murgie wie ein achteckiges Diadem. Auch die Benutzung der Kappe bei der Falkenjagd wurde im Europa des dreizehnten Jahrhunderts erst durch Friedrich bekannt, der sie auf Grund seiner Erfahrungen mit arabischen Falknern einführte.

Von allen orientalischen Sitten, die der Kaiser angenommen hatte, erregte jedoch die Einführung der Harems, die ihn auf seinen häufigen Reisen begleiteten, wohl das größte Aufsehen. Man weiß, daß schon Friedrichs Vorfahren, die normannischen Könige Siziliens, in ihren Palästen Harems unterhielten; Friedrichs Gewohnheit jedoch, Damen in verhängten, von Eunuchen bewachten Palankinen in seinem Gefolge mit sich zu führen, wird erst nach seiner Rückkehr aus dem Nahen Osten erwähnt.

Merkwürdigerweise scheint der Kaiser trotz seiner Bewunderung für alles Orientalische seinerseits dem gewöhnlichen Mohammedaner keinen besonderen Eindruck gemacht zu haben, insofern er ihn nicht, wie Fahr ed-Din, genau kannte, oder, wie Al-Kamil, seinen Geist zu würdigen verstand. Dazu trug schon seine physische

Erscheinung bei; ein glattrasierter, bartloser Mann ist für die Wüstenbewohner Arabiens auch heute nur ein halber Mann; dazu wirkten Friedrichs kleine Gestalt und sein rötliches, bereits schütteres Haar für den orientalischen Geschmack geradezu häßlich. Dies alles, wie auch seine Kurzsichtigkeit entging den Mohammedanern nicht; einer von ihnen schätzte Friedrich auf kaum zweihundert *dirhens*, wenn man ihn auf dem Sklavenmarkt angeboten hätte.

Die Besichtigung der mohammedanischen Heiligtümer war für den Kaiser eine Erholung, aber am folgenden Tage stürmten die Sorgen wieder auf ihn ein. Auf Befehl des Patriarchen kam der Erzbischof von Cäsarea und belegte die Heilige Stadt mit dem Interdikt. Das war zuviel. Der Kaiser rief seine Truppen zusammen und verließ Jerusalem im Zorn; selbst der Wiederaufbau der Befestigungen wurde eingestellt. Über Jaffa begab sich Friedrich nach Akkon, wo er am 23. des Monats eintraf. Unterwegs entging er mit knapper Not einem Überfall durch die Templer, den, wie er später feststellte, der Papst angestiftet hatte.

Akkon glich einem Hexenkessel; die Stimmung zwischen den Anhängern des Kaisers und seinen Feinden befand sich auf dem Siedepunkt, auch Friedrich war in einer nicht eben sanften Verfassung. Er befahl seinen Truppen, einen Ring um die Stadt zu bilden, die fortan keiner ohne seine Erlaubnis betreten oder verlassen durfte. Auf das Gerücht, er plane drakonische Maßnahmen gegen die Templer, zogen sich der Hochmeister des Ordens und Johann Ibelin in ihre schwerbewachten Häuser zurück.

Der Zorn des Kaisers kannte keine Grenzen; Priester, die gegen ihn predigten, ließ er mit Ruten schlagen; Kriegsgeräte, die für die Verteidigung von Ptolemais bestimmt waren, ließ er an Bord seiner Galeeren bringen und, wie es heißt, zum Teil sogar an Al-Kamil schicken. In der Zwischenzeit meldeten Nachrichten aus Italien den gelungenen Einfall der päpstlichen Truppen unter dem Befehl Johanns von Brienne in das sizilische Königreich; damit hatte der Kaiser einen triftigen Grund, dieses Land, das ihm zweifellos undankbar erschien, zu verlassen. Er entschloß sich, die Reise nach Europa am 1. Mai anzutreten. Unter dem Vorwand, der Vertrag sei ungültig, weil er nicht mit dem Kaiser persönlich geschlossen und von Nasir Daud nicht anerkannt worden sei, versuchte der

Patriarch, einen Teil des Heeres in Palästina zurückzuhalten; den Sold der Truppen wollte er aus dem Kreuzzugsfonds bestreiten, der auf Grund des Testaments von Philipp August gestiftet worden war. Friedrich antwortete, in seinem Königreich Jerusalem werde nur er allein das Heer bezahlen.

Vor seiner Abreise ernannte er Balian von Sidon und Garnier den Deutschen zu seinen Statthaltern sowie Odo von Montbeliard zum Konnetabel und Oberbefehlshaber der Armee. Die Wahl verriet ein gewisses Entgegenkommen, denn Balian hatte zwar Friedrich von Anfang an gegen Johann Ibelin unterstützt, war aber ein gebürtiger Syrier und mit den Ibelins verwandt; Garnier hatte unter Johann von Brienne gedient. Trotz dieses maßvollen Verhaltens wurde der Kaiser jedoch bis zum Schluß von Feindseligkeit und Beleidigungen verfolgt, ja noch, als er sich im Morgengrauen zum Hafen begab, mit Kot und Schmutz beworfen; als Johann Ibelin und Odo von Montbeliard kamen, um Abschied zu nehmen, konnte er nur noch fluchen.

Friedrich hielt sich einige Tage in Zypern auf. Er hatte den jungen König wieder zurückgebracht und bestätigte die von ihm eingesetzten Baillis in der Regierung der Insel. Dann stachen die kaiserlichen Galeeren eilig in See, überholten die übrigen Schiffe des Geleitzuges und landeten am 10. Juni in Brindisi.

Nach Meinung der mittelalterlichen Welt mußte ein Kreuzzug, der von einem Gebannten geführt wurde, von Anfang an zum Scheitern verurteilt sein. Die bloße Tatsache, daß Friedrich den Protesten der Kirche und allen Widerständen des Papstes zum Trotz Jerusalem zurückgewonnen hatte, hinterließ einen gewaltigen Eindruck. So vielerlei Einwände der Patriarch von Jerusalem, die Ritterorden und die militärischen Führer Syriens gegen den Vertrag vorbringen mochten, die Welt im allgemeinen dankte dem Mann, den das Haupt der Kirche verurteilt hatte, daß endlich wieder Pilger in das Heilige Land reisen und den Schauplatz der Passion und Auferstehung Christi besuchen konnten.

Die vielleicht vernünftigste Beurteilung des Vertrages finden wir in einem Brief, den Hermann von Salza an einen befreundeten Kardinal schrieb, der sich zu der Zeit in Rom aufhielt; er faßte die Lage folgendermaßen zusammen: »Wir wissen, daß der Patriarch Jerusalem mit dem Interdikt belegte, weil die Sarazenen den Tempel des Herrn (den Felsendom) und den Tempel Salomos behalten haben. Aber nur ein paar hochbetagte, unbewaffnete Priester sind dort geblieben, um für die Reinigung zu sorgen und Gebete zu verrichten. Die Männer des Kaisers halten alle äußeren Tore besetzt und können jederzeit das Ein- und Ausgehen der Sarazenen und aller anderen verhindern. Das haben wir wahrhaftig selbst gesehen und vernommen, so wurde es in unserer Gegenwart vereinbart. Die Opfer, die im Tempel des Herrn auf dem Stein dargelegt werden, auf dem Christus geopfert wurde, erhalten die Christen. Laßt uns nicht vergessen, daß die Sarazenen früher vor dem Verlust des Heiligen Landes in fast allen Städten, die den Christen gehörten, ihren Glauben frei ausüben durften, wie ja auch die Christen heute noch in Damaskus und in anderen mohammedanischen Ländern ihren Glauben frei ausüben können. Wir wollen damit nicht sagen, daß dies unserem Herrn dem Kaiser gefällt und daß er es nicht gerne anders geregelt hätte, sofern es ihm möglich gewesen wäre. Aber Gott weiß, daß er einen Waffenstillstand nicht anders erreicht hätte.«

Daß Friedrich überhaupt diesen Erfolg erzielte, obwohl ihn weder das von den päpstlichen Boten aufgewiegelte Heer noch die dem Papst gehorsamenden Templer und Johanniter wesentlich unterstützt hatten, dankte er einzig und allein seinem diplomatischen Geschick; die Schuld für seine Mißerfolge hingegen muß zum nicht geringen Teil dem Papst zugeschrieben werden.

Als der Kaiser nach Europa zurückkehrte, fand er sowohl im Reich als auch im sizilischen Königreich eine außerordentlich ernste Lage vor. Der Papst, bestrebt, in Deutschland Unfrieden zu stiften, hatte sich sogar dazu verstiegen, Otto von Lüneburg (das Haupt des welfischen Hauses) als Kronprätendenten aufzustellen, was allerdings nur sporadische Unruhen verursachte; in Italien hingegen war die Situation sehr viel ernster. Die kaiserliche Armee, deren Hauptkräfte in den Abruzzen und in der Umgebung von Capua konzentriert waren, kämpfte verzweifelt, um sich gegenüber den Schlüsselsoldaten – wie die päpstlichen Truppen genannt wurden – unter der Führung von Johann von Brienne und Pelagius, dem Bischof von Alba, zu halten. Mehrere wichtige Städte in Apulien hatten rebelliert, die kaiserlichen Beamten ausgewiesen und den Justitiar ermordet. Schon streuten die Agenten des Papstes das Gerücht aus, der Kaiser sei tot; es verbreitete sich rasch mit solcher Glaubwürdigkeit, daß die Nachricht von Friedrichs Rückkehr staunend und ungläubig aufgenommen wurde, bis er sich in Brindisi öffentlich zeigte.

Die Verantwortung für den Beginn der Feindseligkeiten während der Abwesenheit des Kaisers scheint merkwürdigerweise bei seinem Verweser, Herzog Rainald von Spoleto, gelegen zu haben, der in die Mark Ancona eingefallen war. Dieser Angriff zu einer Zeit, als Friedrich mit so großen Schwierigkeiten im Nahen Osten kämpfte und der Papst gedroht hatte, die Untertanen des sizilischen Königreichs von ihrem Treueid zu ihrem abwesenden Herrscher zu entbinden, ist wohl der Gipfel der Tollkühnheit gewesen; die einzige Rechtfertigung Rainalds könnte darin liegen, daß er von einem kommenden schweren Angriff der päpstlichen Truppen wußte und ihm durch seine Initiative zuvorzukommen hoffte.

Bei dem Versuch, das sizilische Königreich während der Abwesenheit seines Herrschers zu erobern, hatte sich der Papst bemüht, ganz Westeuropa gegen den Kaiser aufzuhetzen; so bat er die Könige und Fürsten, Soldaten und Geld für einen »Kreuzzug« gegen den kreuzfahrenden Kaiser zu entsenden. Aber wenn Gregor auch ein rücksichtsloser Realpolitiker war, so bekundete er mit dieser Aufforderung eine so unerfreuliche Gesinnung, daß nur wenige darauf eingingen. Die lombardischen Städte schickten Geld, einige französische Bischöfe einen Trupp Ritter; in England, Spanien und Portugal hingegen trafen die Appelle des Papstes auf taube Ohren.

Nach der Landung eilte Friedrich nach Barletta und gab von dort aus in einem Aufruf seine Rückkehr bekannt. Seine Anhänger strömten herbei, darunter eine Gruppe aus dem Heiligen Land zurückkehrender Deutschherren, deren Schiffe in apulischen Häfen Zuflucht vor einem Sturm suchen mußten. Durch diese willkommene Verstärkung war Friedrich in der Lage, sofort eine größere Streitmacht unter der Führung von Thomas von Aquino zur Entsetzung Capuas zu schicken, wohin er bald selbst nachzukommen versprach. Am 8. September traf er dort ein und wurde mit großem Jubel begrüßt.

Da kam eine jener plötzlichen Wendungen, von denen das Schicksal ganzer Reiche abzuhängen scheint; die Lage veränderte sich, und der Kaiser, eben noch in seinem Königreich Sizilien aufs äußerste bedroht, sah die flüchtenden Schlüsselsoldaten an allen Fronten von seinen Truppen bedrängt. Selbst ein so erfahrener Soldat wie Johann von Brienne beteiligte sich an der allgemeinen Flucht. Der einzige, der standhielt, war Pelagius; auf den uneinnehmbaren Höhen von Monte Cassino, wo er den Schatz des Klosters an sich gerissen hatte, um seinen Soldaten den Lohn zu zahlen, trotzte er allen Gegnern; das Kloster erwies sich im dreizehnten Jahrhundert als ebenso uneinnehmbar wie im zwanzigsten. Als alle anderen kapituliert hatten oder in päpstliches Gebiet hinübergeflohen waren, wurde es ihm und seiner tapferen Garnison gestattet, die Festung mit allen Ehren zu verlassen.

Am 28. Oktober hatte Friedrich sein Königreich wieder ganz in der Hand. Die Stadt Sora, die, von Monte Cassino abgesehen, ihm allein noch Widerstand geleistet hatte, wurde unter Führung des Kaisers im Sturm genommen. Die Einwohner wurden getötet, die Mauern und Häuser zerstört und die treulose Stadt wie Karthago untergepflügt. Das furchtbare Beispiel von Sora vor Augen, kapitulierten die apulischen Städte Foggia, Casal Nove und Santo Severo und warteten zitternd auf das Urteil des Kaisers; der begnügte sich jedoch damit, die Zerstörung der Mauern zu befehlen.

Die scheinbare Milde, mit der Friedrich die apulischen Städte behandelte, auch, daß er die Verfolgung der flüchtenden Schlüsselsoldaten an den Grenzen des Kirchenstaates aufgab, obwohl er sie bis an die Mauern von Rom hätte treiben können, bezeugte seinen Wunsch, mit dem Papst Frieden zu schließen. Diesem Ziel diente auch ein Rundschreiben, in dem er den Fürsten der Christenheit sein Verhalten im Heiligen Land erklärte; der Ton dieses Briefes war ebenso versöhnlich wie der seiner Rede in der Grabeskirche.

Naturgemäß fielen die mannigfachen diplomatischen Missionen, die während der nächsten Monate zwischen Kaiser und Papst hin und her gingen, Hermann von Salza zu. Der siegreiche Kaiser versuchte mit demütiger Mäßigung und unendlicher Geduld, mit dem besiegten, aber noch immer widerstrebenden Papst die Bedingungen auszuhandeln, wobei der Kaiser – Ironie der Geschichte – in fast jedem Punkt nachzugeben gezwungen wurde. Die Anhänger des Papstes in Sizilien gingen mit Hilfe einer allgemeinen Amnestie straflos aus; die sizilische Geistlichkeit wurde von den allgemeinen Steuern befreit und hinfort nicht mehr der weltlichen Gerichtsbarkeit unterstellt, ja Friedrich scheint sogar in der ständig wiederkehrenden Streitfrage zwischen Kaiser und Papst, der Wahl der sizilischen Bischöfe, weitere Konzessionen gemacht zu haben. Beschlagnahmtes Kirchengut, sogar das der Johanniter und Templer, wurde restituiert. Das letztere muß Friedrich nach seinen Erfahrungen in Syrien sehr bitter empfunden haben.

Eine Konzession nach der anderen rang der unnachgiebige alte Papst, der sich noch immer einer Verständigung widersetzte, dem Kaiser ab. Friedrich hingegen bewies durch seine Mäßigung und seinen Gehorsam in diesem Augenblick des militärischen Triumphs die Haltung eines wahren Staatsmannes; durch seine Versöhnlichkeit wälzte er die Schuld für die fortdauernde Uneinigkeit innerhalb der Christenheit auf die Schultern des Papstes. Aber daß er, der siegreiche Kaiser, so demütig um Frieden bitten mußte, beweist die moralische Macht der Kirche, die damit über bloße militärische Niederlagen hinausgehoben war. Friedrich hätte als Gebannter die Ordnung in seinem Königreich unmöglich wiederherstellen, noch seine riesigen Besitztümer im Reich in der Hand behalten können. Ganz Europa wünschte die Beilegung des Streites; die Fürsten des Reichs legten beim Papst Fürsprache ein und verbürgten sich für Friedrichs guten Willen; mehrere Mitglieder des Kardinalkollegiums erhoben Protest gegen die Unversöhnlichkeit des Papstes. Schließlich gab der unbeugsame alte Mann nach und ließ sich herab, die umfassenden Konzessionen anzunehmen, die der Sieger demütig anzubieten bereit war.

Mitte Juli des Jahres 1230 überbrachte endlich der Bote des Papstes, ein Dominikaner namens Gualo, dem Kaiser Gregors Bedingungen; sie wurden gehorsam angenommen, und nach der Gegenzeichnung des Papstes kam endlich der Friede zustande. Während die letzten Vorbereitungen für die endgültige Unterzeichnung des Vertrages getroffen wurden, wartete Friedrich in Rocca d'Arce auf seiner Seite des Garigliano, der die Grenze zwischen dem Königreich und dem Kirchenstaat bildete. Hermann von Salza blieb bei ihm, während seine Abgesandten, die Bischöfe von Reggio, Modena, Mantua und Winchester, nach Ceprano gingen, wo der Friede unterzeichnet werden sollte. Mit ihnen zog ein junger Hofnotar, Petrus von Vinea, der in einer Nebenrolle recht aktiv an den langen Friedensverhandlungen teilgenommen hatte.

Am 28. August konnte der letzte Akt des Dramas in Szene gehen; in der kleinen Kapelle im Lager zu Ceprano wurde der Kaiser vom Bann losgesprochen.

Mit einem Ungestüm, das an seine Jugend erinnerte, begab sich Friedrich mit einer kleinen Schar von Anhängern nach Agnani, wo der Papst sich zu dieser Zeit aufhielt. Er lagerte in dem Tal unterhalb der grauen Mauern der Stadt, aus der schon drei der größten Päpste hervorgegangen waren – Alexander III., Innozenz III. und Gregor IX. Für die Hohenstaufen barg dieser Ort keine glücklichen Erinnerungen; seine Mauern hatten von den dumpfen Sätzen des furchtbaren Bannspruchs widergehallt, der gegen zwei Mitglieder dieser Familie – Kaiser Barbarossa und seinen Enkel Friedrich II. – gesprochen worden war. An diesem Tage herrschte jedoch Friede; der Papst lud den Kaiser ein, ihn in der Stadt zu besuchen. Sie speisten zusammen im päpstlichen Palast, der siebzig Jahre später der Schauplatz der furchtbarsten Beleidigung sein sollte, die je ein Papst erduldete, als Sciarra Colonna die Hand gegen Bonifatius VIII. erhob.

Die Zusammenkunft zwischen Papst und Kaiser, die sich bisher mit den unverzeihlichsten Schmähungen gegenseitig überhäuft hatten, verlief in intimer und freundlicher Form. Mit einer Naivität, die bei dem allerhöchsten Kirchenfürsten der Welt erstaunlich ist, beschrieb Gregor später in einem Brief an einen Freund, wie Friedrich ohne jeden kaiserlichen Pomp zu ihm in sein Haus gekommen sei. Der Papst Gregor mochte zwar in seiner geistlichen Eigenschaft dem Kaiser Widerspruch leisten, aber Hugo Conti, der Nachkomme einer kleinen Adelsfamilie aus der Provinz, empfand offenbar eine gewisse Ehrfurcht vor dem Mann, der das gewaltige Erbe der Hohenstaufen und der Hautevilles in der Hand hielt. Papst und Kaiser führten ein langes Gespräch, nur Hermann von Salza war dabei zugegen. Beide erlauchten Beteiligten erklärten sich hinterher zutiefst befriedigt.

Die Zusammenkunft in Anagni setzte den Schlußstrich unter den ersten und letzten Kreuzzug eines Gebannten; der Streit, der den Frieden Europas zu zerstören gedroht hatte, wurde endlich mit dem Friedenskuß beigelegt. Der Papst befahl dem Patriarchen von Jerusalem, den Vertrag mit dem Sultan Al-Kamil anzuerkennen und richtete einen in strengen Worten gehaltenen Brief an den Hochmeister der Templer, in dem er ihn ermahnte, den Waffenstillstand, der für die Sicherheit des Heiligen Landes unerläßlich sei, durch keine feindselige Handlung zu brechen. Das Interdikt über die Heiligen Stätten wurde in Gegenwart der Patriarchen von Antiochien und Aquileja und von vier Bischöfen, die den Kaiser vertraten, feierlich aufgehoben.

Schließlich wurde im folgenden Jahr noch der Epilog zu dem Drama aufgeführt, als der Papst am 12. August 1231 Friedrich offiziell als König von Jerusalem anerkannte. Die menschlichen Motive für diese lange Verzögerung wurden in der päpstlichen Bulle erwähnt. Etwas undurchsichtig entschuldigte sich der Papst, die Anerkennung »aus Gründen, deren Wert der Kaiser selbst zu würdigen wissen werde«, noch nicht ausgesprochen zu haben. Mit anderen Worten, der Papst brauchte Johann von Briennes Anspruch auf Jerusalem nicht mehr zu unterstützen, da der kluge Johann selbst viel besser für sich gesorgt hatte, indem er eine weitere Tochter – Maria – mit dem noch sehr jugendlichen Kaiser Balduin II. von Konstantinopel verheiratete. Der Ehevertrag enthielt die weitsichtige Bestimmung, daß er, Johann von Brienne bis zu seinem Tode den Kaisertitel innehaben sollte. Dieses Mal wollte er nichts riskieren.

Teil III

DIE SCHÖPFERISCHEN JAHRE

Kapitel 6

DIE KONSTITUTIONEN VON MELFI

NACH DEM FRIEDEN VON CEPRANO begann für Friedrich eine Zeit der Ruhe. Die Jahre zwischen seiner Rückkehr aus Deutschland und dem Beginn des Kreuzzuges hatten zahllose Sorgen gebracht – den Streit mit den lombardischen Städten, die Unterwerfung der Mohammedaner in Sizilien, das Zerwürfnis mit dem Papst, die Anstrengungen zur Finanzierung des Kreuzzuges. Jetzt aber durfte Friedrich erwarten, daß sich sein Staatsschiff zumindest eine Zeitlang in ruhigeren Gewässern bewegen würde. Allerdings konnten weder der Kaiser noch der Papst ernstlich glauben, daß ihre grundlegenden Meinungsverschiedenheiten endgültig aus dem Wege geräumt seien. Dennoch schien der Friede von Ceprano einige Jahre der Erholung zu gewährleisten.

Friedrich zeigte auch, als er Sizilien nach dem Einfall der päpstlichen Armeen befriedet und die Ordnung wiederhergestellt hatte, keinerlei Neigung, Deutschland zu besuchen, noch seinen Sohn in die Arme zu schließen, den er seit über zehn Jahren nicht gesehen hatte. Statt dessen widmete er sich mit der ganzen dämonischen Energie seines Wesens der Verwaltung des Königreichs Sizilien, womit er elf Jahre zuvor begonnen hatte.

In Friedrichs Leben gab es nur eine Liebe, der er unwandelbar treu blieb – sein sizilisches Königreich. Auch sein kurzer Aufenthalt im Orient, dessen geheimnisvoller Glanz ihn so stark anzog, verführte ihn nicht. Sizilien war »sein Augapfel«, und wenn ihn die Pflichten des Kaisers in die Fremde führten, so beteuerte er in seinen Briefen mit Ausdrücken von orientalischer Bildhaftigkeit seine

Liebe zu Sizilien, seine Sehnsucht nach der Heimat. »Wir haben Unseren Besitz Sizilien unter allen anderen Ländern insbesondere zu Unserem Eigen erkoren und das ganze Königreich zu Unserer Residenz ernannt; denn Wir – vom Glanze der Cäsaren umstrahlt – erachten es dennoch nicht als unwürdig, ›ein Mann aus Apulien‹ geheißen zu werden. Weitab von den bergenden Häfen Siziliens auf den kaiserlichen Meeren hin und her segelnd, fühlen Wir Uns als Pilger und Wanderer der Heimat fern.« Seltsame Worte eines durchaus nicht sentimentalen Mannes, der viele Sprachen beherrschte und den größten Teil seines Lebens auf weiten Reisen verbrachte.

Nach mittelalterlicher Ansicht war es die erhabenste Pflicht des Herrschers, Gerechtigkeit zu üben und den Frieden zu wahren. Die alten Krönungszeremonien der römischen Könige in Aachen betonten die heilige Verpflichtung des Königs, »die Gerechtigkeit während seiner Herrschaft zur Blüte zu bringen«. Die Formel wurde dreimal wiederholt – einmal bei den Gebeten, dann nach der Salbung, wenn die Bischöfe dem Herrscher Schwert und Zepter zurückgaben und ihn ermahnten, »die Gerechtigkeit zu lieben«, und schließlich im Krönungsgelöbnis, bei dem der König versprach, den Frieden zu wahren, die Rechte der Kirche zu achten, das Reich zu mehren und *dem Volke Gerechtigkeit zu geben.*

Für Friedrich, der einen ausgesprochenen Ordnungssinn besaß und eine tiefe Bewunderung für die klassische Welt hegte, war dieser Aspekt seiner königlichen Pflichten fast der wichtigste; er sah sich selbst als *lex animata in terris.* Als er die Zügel der sizilischen Regierung wieder in die Hand nahm, wandte er seine Aufmerksamkeit zuerst dem Rechtssystem oder vielmehr dem komplizierten Gebilde verschiedener Systeme zu, die die byzantinischen, lombardischen, mohammedanischen und normannischen Eroberer hinterlassen hatten. Im Jahre 1230 ordnete er eine allgemeine Zusammenstellung aller im Königreich geltenden Gesetze an. Die alten Konstitutionen wurden überprüft, die überlieferten alten Rechtsbräuche wurden befragt und ihre Aussagen von schreibkundigen Männern aufgezeichnet. Auf der Grundlage dieser Forschungen entschloß sich der Kaiser, ein neugeordnetes Rechtssystem zu schaffen – eine wahrhaft herkulische Aufgabe, die seit Justinian nicht mehr unternommen worden war. Es entstand Friedrichs *Liber Augu-*

stalis, das mit späteren Zusätzen allgemein die »Konstitutionen von Melfi« genannt wurde und an Ruhm dem *Codex Justinianus* des byzantinischen Kaisers gleichkam.

König Roger II. hatte im Jahre 1140 die verschiedenen in Sizilien geltenden Rechtsordnungen bis zu einem gewissen Grade in den Assisen von Ariano zusammengefaßt. Dieses normannische Recht ging im wesentlichen auf die Gesetze Justinians zurück, von denen sich Spuren in den alten byzantinischen Provinzen Süditaliens erhalten hatten. Die einzige legitime Rechtfertigung der Eroberung Siziliens durch die Hautevilles lag in der Belehnung durch den Papst, die sich ihrerseits auf die Schenkungen Konstantins und Karls des Großen gründete. Roger jedoch machte sich die byzantinische Vorstellung zu eigen, daß das Recht des Königs allein von Gott komme und es also ein Sakrileg sei, sich ihm zu widersetzen. Abgesehen von diesen überhöhten Begriffen, die der Festigung seiner Autorität dienen sollten, hatte Roger mit normannischer Klugheit darauf verzichtet, Sizilien fremdes Recht aufzuzwingen, sondern aus dem geltenden römischen, byzantinischen und kanonischen Recht übernommen, was seinen Zwecken am besten diente. Im Jahre 1140 konnte Roger lediglich das öffentliche Recht reformieren, da die normannische Eroberung Siziliens erst kurze Zeit zurücklag und die Völker, über die der König herrschte, so außerordentlich verschieden waren. Vorsorglich erklärte er: »Die Gesetze, die Wir kraft Unserer Autorität erlassen haben, sollen für alle gelten – ohne indes die Gewohnheiten und das Recht der Völker, über die Wir herrschen, anzutasten.«

Bei der Schaffung der Konstitutionen von Melfi zog Friedrich manche Anregung aus dem Werk seines Großvaters, sowohl hinsichtlich der Begründung der königlichen Macht als auch der Gesetze im einzelnen. Durch nahezu hundert Jahre war das Königreich Sizilien seit den Assisen von Ariano ungeachtet aller Wirren zumindest nominell ein einziger souveräner Staat geblieben, und die Zeit hatte das ihre getan, die verschiedenen Völker inniger zu verschmelzen. Friedrich konnte nun sehr viel weitergehen als König Roger und das erste große Gesetzbuch des Mittelalters schaffen.

Man hat fast ausschließlich Petrus von Vinea die vorbereitenden Arbeiten für die Konstitutionen von Melfi zugeschrieben. Wahrscheinlich gehörte er nur zu einer Gruppe von Juristen, die unter der Leitung des Erzbischofs Jakob von Capua zusammenarbeitete. Papst Gregor jedenfalls machte in erster Linie den Erzbischof für den neuen Kodex, den er mit tiefstem Mißtrauen betrachtete, verantwortlich. In einem Brief beschuldigte er ihn, als Werkzeug des Kaisers bei der Vorbereitung von Gesetzen gedient zu haben, die »das Heil verschmähen und maßloses Elend heraufbeschwören«.

Nicht genug, daß er den Kirchenfürsten tadelte, schrieb der Papst auch noch an den Kaiser: »Es ist uns zu Ohren gekommen, daß Du, entweder aus eigenem Antriebe oder von den böswilligen Ratschlägen verderbter Männer verführt, im Sinne hast, neue Gesetze zu erlassen. Deshalb nennt man Dich einen Verfolger der Kirche und einen Zerstörer der Freiheit des Staates.« Während der neun Monate, die zur Ausarbeitung der ersten Konstitution von Melfi nötig waren, müssen dem Papst Gerüchte über die revolutionären Änderungen zu Ohren gekommen sein, die diese Gesetze im Denken des Mittelalters hervorrufen sollten. Schon einmal hatte er Friedrichs zersetzende Kraft erkannt, die für die mittelalterliche Lebensauffassung viel gefährlicher war als die Taten seiner kriegerischen Vorfahren; auch jetzt befand sich Gregor in einem Zustand höchster Wachsamkeit, aber er war in diesem Augenblick nicht in der Lage, die Feindseligkeiten wieder aufzunehmen. Überdies hatte sich Friedrich bemüht, die Konstitutionen durch mannigfache Bestimmungen zu mildern, die der Kirche angenehm sein mußten; damit war die Gefahr eines erneuten Zerwürfnisses abgewendet.

Die Konstitutionen von Melfi waren in den schönen Perioden wohlklingender lateinischer Prosa gehalten, für die die kaiserliche Kanzlei berühmt war. Obwohl der Kodex nur für den Gebrauch im Königreich und nicht im Reich gedacht war, wurde der volle Titel des Kaisers in seiner ganzen erhabenen Größe genannt:

IMPERATOR FRIDERICUS SECUNDUS
ROMANORUM CAESAR SEMPER AUGUSTUS
ITALICUS SICULUS HIEROSOLYMITANUS ARELATENSIS
FELIX VICTOR AC TRIUMPHATOR.

In der Einleitung wird der Ursprung des menschlichen Rechts auf den Sündenfall Adams und Evas zurückgeführt, die, weil sie das göttliche Gebot verletzt hatten, aus dem Paradiese verbannt wurden. Die daraus folgende Anarchie machte, damit die Ordnung wiederhergestellt wurde, den Staat und die Herrschaft der Fürsten notwendig; deshalb sind die Herrscher Gott verantwortlich.

Friedrichs Vorstellung von der Quelle seines Rechts, zu herrschen und Gesetze zu erlassen, beruhte auf der Lehre (den Theorien König Rogers ähnlich) seines Rechtsberaters Roffred von Benevent, einer berühmten Autorität des römischen Rechts. Nach Roffred »gründet der Kaiser sein Recht auf ein vom Himmel gegebenes Geschenk der Gnade« und »empfängt seinen Antrieb aus himmlischer Überlegung«. Diesen göttlichen Auftrag muß der Kaiser ausführen, indem er die Kirche schützt, den Frieden wahrt und den Völkern, über die zu herrschen er gerufen ist, Gerechtigkeit spendet.

Die ersten Gesetze des Kodex handelten von der Ketzerei; ihre Bestimmungen entsprachen denen des kanonischen Rechts. Die Voranstellung dieser Gesetze und ihr Inhalt sollten zweifellos den Papst beschwichtigen, zugleich jedoch Friedrichs These von der Heiligkeit des Staates stützen, denn das Majestätsverbrechen wurde dem Sakrileg gleichgesetzt; damit bestätigte er verschiedene Gesetze seiner Vorgänger. Bereits Artikel 17 der Assisen von Ariano bestimmte, daß es ein Sakrileg sei, den Urteilen, Maßnahmen und Entschlüssen des Königs zu widersprechen oder daran zu zweifeln, daß die von ihm auserwählte oder ernannte Person würdig sei. Ein Mann, der das Urteil eines königlichen Richters anzweifelte, konnte des Sakrilegs angeklagt werden. So war es im Jahre 1168 dem Grafen von Molise ergangen, als er einen Richter König Rogers beschuldigte, ein falsches Urteil gegen ihn gesprochen zu haben. Friedrich ging noch weiter und setzte sowohl in Sizilien im Jahre 1232 als auch später in der Lombardei die Rebellion gegen die kaiserliche Macht der Ketzerei gleich.

Interessanter für die moderne Welt ist Friedrichs Vorstellung, daß vor dem Gesetz alle gleich seien. »Wir, die Wir die Waage der Gerechtigkeit für alle halten, wollen keine Unterschiede machen. Wir wünschen, daß dem Kläger oder dem Angeklagten, sei er Franke, Römer oder Lombarde, gleiches Recht widerfahre.« Der Herrscher war zwar die von Gott gegebene Quelle aller Gerechtigkeit, aber auch selbst dem Gesetz unterworfen. »Obwohl der Träger der höchsten kaiserlichen Würde, dem es aufgetragen ist, Gesetze zu erlassen, dem Gesetz nicht untersteht, werden Wir – aus Achtung vor dem Gesetze und der Unbeugsamkeit der Gerechtigkeit halber – dafür Sorge tragen, daß auch Wir die allgemeingültigen Gesetze achten; da Wir die Grundsätze der Gerechtigkeit zu erhalten wünschen, werden Wir von den königlichen Vorrechten keinen Gebrauch zum Schaden Unserer getreuen Untertanen machen, da Wir einen Schaden Unserer getreuen Untertanen als Schaden für Uns selbst und ihren Gewinn als Unseren Gewinn ansehen.«

So fortschrittlich auch Friedrichs Ansichten über die Gesetzgebung waren, so erscheint doch sein *Liber Augustalis* dem modernen Menschen als eine merkwürdige Mischung von Rechtssätzen einerseits und Vorschriften andererseits, die den Grund für das Verwaltungssystem legten, nach dem das Land regiert werden sollte; das Buch ist daher auch die »Konstitution der Bürokratie« genannt worden. Friedrichs laizistischer Staat steckte noch in den Kinderschuhen; man dachte noch nicht daran, diese verschiedenen Funktionen des Staates zu trennen. Das Privatrecht wurde kaum erwähnt.

Die in Capua entworfene Politik, die gesamte Macht in der Hand des Kaisers zu konzentrieren, wurde durch die erste Konstitution von Melfi fortgesetzt und verfeinert. Auch diese Gesetze gingen im wesentlichen auf Roger zurück. Der alte normannische Grundsatz, daß die Strafgerichtsbarkeit ein der Krone vorbehaltenes Recht sei, wurde in Capua bestätigt; jedoch war er in der normannischen Zeit hauptsächlich nur auf der Insel Sizilien und in Kalabrien angewandt worden, während in den anderen festländischen Provinzen die Strafgerichtsbarkeit meist die Grafen ausübten. Nach Capua hatte sich der Kaiser darum bemüht, dieses Recht wieder im gesamten Königreich in die Hand zu bekommen; in Melfi wurde der unveräußerlich königliche Charakter dieses Rechts durch Gesetze unterstrichen, die jeden Prälaten, Grafen oder Baron, der es usurpierte, mit der Beschlagnahme seiner Güter bestraften. Auch dies ging offenbar auf früheres normannisches Recht zurück. Die Strafgerichtsbarkeit sollte, von wenigen Ausnahmen abgesehen, von nun an von den Justitiaren des Kaisers ausgeübt werden; diese waren zwar meist Adlige, wurden aber für ihre Dienste vom Staat bezahlt. Die letzte Berufungsinstanz war das Hofgericht, dem der Großhofjustitiar präsidierte; ihm waren zur Unterstützung vier Richter beigegeben. Von allen Urteilen mußten schriftliche Berichte ausgefertigt werden. Die Verfolgung bestimmter Verbrechen oblag einer unserer modernen Staatsanwaltschaft ähnlichen Institution. Gottesurteile wurden abgeschafft.

Die Konzentrierung der militärischen Macht in der Hand der Krone vollzog sich in ähnlicher Weise wie die Zentralisierung der Strafgerichtsbarkeit. Hierfür hatten die Gesetze von Capua den Weg bereitet, indem sie die Burgen beschlagnahmten und die Freiheit der Barone, sich mit bewaffnetem Gefolge außerhalb ihrer Burgen zu bewegen, einschränkten. Die Verantwortung für die Wahrung des Friedens lag beim Kaiser; die Werkzeuge, deren er sich zu diesem Zweck bediente, waren ein Netz staatlicher Festungen und ein Söldnerheer, das ein wirksames Gegengewicht zur Feudalmacht bildete. Beschränkungen des Rechts, Waffen zu tragen, die bereits die Gesetze von Capua vorgesehen hatten, wurden verschärft; private Fehden und Akte persönlicher Rache wie zu Zeiten Rogers verboten. Der alte Lehnsbrauch, nach dem ein Angegriffener den Namen seines Lehnsherrn zum Schutz *(defensa)* anrufen konnte, wurde auf die Krone übertragen; zog sich der Angreifer nach der Anrufung des kaiserlichen Namens nicht zurück, so konnte er wegen seines Verbrechens vor das Hofgericht zitiert werden.

Den Städten wurden die letzten Reste der Selbstverwaltung genommen; selbst der Kirche und den religiösen Orden das Recht, Lehnsgüter oder freies Land zu erwerben, beschränkt. Letzteres war ebenfalls altes normannisches Recht, nach dem ohne Erlaubnis des Herrschers keine Lehnsgüter an die Kirche gegeben werden, noch die Kirche oder religiöse Orden, die dem König keinen Lehnsdienst schuldig waren, freies Land besitzen durften. Wenn ihnen Land testamentarisch vermacht wurde, mußte es innerhalb eines Jahres verkauft werden, und die Kirche behielt das Geld. Diese Bestimmung traf die Ritterorden der Templer, Johanniter und Deutschherren besonders hart, da sie vom Lehnsdienst befreit waren. Mit diesen Bestimmungen sollte verhindert werden, daß das freie Land in die Hand der Kirche kam. Die Beschränkung der Übergabe von Lehnsgütern an die Kirche trug der Tatsache Rechnung, daß nach alter normannischer Tradition die Kirche Land besitzen konnte, ohne dafür Lehnsdienste zu leisten; in seinen Bemühungen, alle der Krone zustehenden Rechte zurückzuerlangen, war Friedrich darauf bedacht, auch die unbedeutendsten soweit wie möglich wieder an sich zu ziehen.

Auf den Grundlagen des modernen Staates, die in Capua gelegt worden waren, bauten die Konstitutionen von Melfi ein Gesetzeswerk auf, in dessen Rahmen dieser Staat sich weiterentwickeln konnte. Denn gleichzeitig mit der Zentralisierung, die den Lehnsherren viele Privilegien nahm, entwickelte sich die Vorstellung, daß alle Menschen vor dem Gesetz gleich seien; daraus erwuchsen neue Begriffe der menschlichen Würde und Freiheit, die entscheidend dazu beitrugen, das Los des einfachen Mannes zu bessern. Friedrich hat einmal gesagt, »nichts ist hassenswerter als die Unterdrückung der Armen durch die Reichen«; er war zwar aus wirtschaftlichen Gründen nicht in der Lage, die Bindung an die Scholle abzuschaffen und mußte sogar die Leibeigenen zwingen, auf die Krongüter zurückzukehren, aber er milderte die Strafen für die, die sich entfernt hatten. Wer noch in der gleichen Provinz lebte, mußte innerhalb von drei Monaten, wer sich weiter entfernt ausgesiedelt hatte, innerhalb von sechs Monaten zurückkehren. Witwen und Waisen erhielten rechtliche Beratung kostenlos, und das Hofgericht hatte besondere Anweisung, sich der Fälle der Schwachen und Schutzlosen anzunehmen, die vor unteren Gerichten einer Einschüchterung ausgesetzt sein könnten.

Der Status der Frau ist seit jeher ein guter Maßstab für die Aufgeklärtheit einer Gesellschaft oder einer Kultur; die Bestimmungen der Konstitutionen von Melfi hierüber, die allerdings dem *Codex Justinianus* viel verdanken, sind für die mittelalterliche Welt erstaunlich. Frauen konnten Vermögen erben; sie zu entführen, galt als schweres Vergehen, die Vergewaltigung selbst einer Prostituierten als Kapitalverbrechen, bei dem allerdings bewiesen werden mußte, daß sich die Frau wirklich ernsthaft gewehrt hatte. Der Kuppler wurde zu Sklaverei oder Zwangsarbeit verurteilt; eine Mutter, die ihre Tochter zur Prostitution anhielt, unterlag schweren Strafen, die aber gemildert wurden, wenn nachgewiesen werden konnte, daß ihre Armut es ihr unmöglich gemacht hatte, dem Kind eine Mitgift oder auch nur das tägliche Brot zu geben. Heute erscheinen diese Gesetze selbstverständlich, aber man darf nicht vergessen, daß in Köln das Gesetz im dreizehnten Jahrhundert keine Strafe für einen Mann vorsah, der eine Frau vergewaltigte, wenn sie sich nachts allein auf der Straße befand.

Ein Minderjähriger oder ein geisteskranker Mörder konnte nicht gerichtlich belangt werden. Jeder, der Schiffbrüchige entführte oder sich ihnen gegenüber eines Verbrechens schuldig machte, wurde mit dem Tode bestraft; den Opfern eines Schiffbruchs nicht zu helfen, wurde als ein Vergehen mit einer hohen Geldstrafe geahndet. Wucher zu treiben, war allen außer den Juden verboten; diese aber genossen den Rechtsschutz als Leibeigene des Kaisers. Gewichte und Maße wurden vom Staat festgesetzt und überwacht, der auch den Verkauf schlechter Lebensmittel gesetzlich verbot; alle Schlachtbänke mußten aus hygienischen Gründen weit außerhalb der Stadtgrenzen liegen.

Die Gesetze für die Verwaltung und die Justiz trugen wahrscheinlich mehr als alle anderen dazu bei, daß die Gerichtsbarkeit unparteiisch geübt wurde und der gewöhnliche Bürger nicht der Tyrannei herrschsüchtiger Beamter ausgesetzt war. Alle Beamten wurden vom Kaiser ernannt, dem sie verantwortlich waren; ihre Amtszeit betrug nur ein Jahr, konnte aber verlängert werden. Die hohen Beamten, Justitiare genannt, waren Gouverneure der Provinzen und zwei Oberjustitiaren unterstellt, von denen jeder die Hälfte des Reiches regierte; diese beiden Männer waren ihrerseits dem Großhofjustitiar verantwortlich, der an der Spitze des Hofgerichts stand. Auch dies war eine geänderte und gestraffte Form des in der normannischen Zeit herrschenden Systems.

Die Justitiare durften nicht in der Provinz geboren sein, die sie verwalteten; weder sie noch ihre Kinder durften dort Land besitzen oder kaufen, noch einen Vertrag abschließen, noch sich mit einer Frau aus ihrem Herrschaftsbereich verheiraten oder verloben, auch keine Gastfreundschaft annehmen, außer wenn es bei der Ausübung ihrer dienstlichen Pflichten notwendig war. Ihre Ehefrauen durften sie nicht begleiten. Bestechung war streng verboten, und die Strafen, deren sich korrupte Beamte zu versehen hatten, waren außerordentlich schwer. Ein Richter, der bei einem Kapitalverbrechen ein ungerechtes Urteil fällte, wurde selbst mit dem Tode bestraft.

Der Justitiar entsprach ungefähr dem Präfekten eines französischen Departements von heute mit dem Unterschied, daß seine Hauptaufgabe darin bestand, den Gang der Rechtspflege zu beschleunigen. Der Kaiser sah es nicht gern, wenn die Mühlen der Justiz langsam mahlten und verlangte, daß alle Prozesse innerhalb von drei Monaten erledigt wurden. Der Justitiar befaßte sich im wesentlichen mit der Strafgerichtsbarkeit; er war jedoch ebenfalls zuständig für zivilrechtliche Fälle und mußte außerdem die Steuern bekanntgeben. Die Gehälter der Justitiare und der anderen Beamten waren keineswegs fürstlich; sie hafteten mit ihrem eigenen Besitz, ja sogar mit ihrem Leben für jeden dem Staat zugefügten Schaden. Es wurde erwartet, daß sich die Beamten gegenseitig überwachten; die Untertanen hatten zweimal im Jahr das Recht, Beschwerde gegen sie zu führen.

Abgesehen von seinen normalen Pflichten mußte der Justitiar dem Kaiser häufig persönliche Dienste aller Art leisten: zum Beispiel die Versorgung der kostbaren kaiserlichen Falken überwachen, die vielleicht zur Erholung in die Provinz geschickt worden waren, Kraniche und andere jagdbare Vögel für die Ausbildung der Falken oder Hunde für die Jagd des Kaisers besorgen, ja sogar naturkundliche Forschungen für den Kaiser anstellen.

Die Justitiare wurden bei der Wahrnehmung ihrer Aufgaben von Berufsrichtern und Rechtsberatern, Notaren und Sekretären unterstützt, die alle bezahlte Beamte des Kaisers waren. Für die weniger wichtigen Aufgaben der Justiz wurden noch die Bajuli, die Ortsvorsteher, herangezogen, die dem Kämmerer verantwortlich waren. Nach der großen Zahl der Bajuli zu schließen – in der Provinz Abruzzen waren es fast zweitausend –, waren sie Beamte minderen Ranges. Während die Justitiare bekanntgaben, welche Steuern gezahlt werden mußten, oblag es dem Amt des Oberkämmerers, sie einzuziehen. Dieser war früher auch für die Verwaltung des Krongutes verantwortlich gewesen, jedoch nahm die Ausdehnung des Beamtentums unter Friedrichs Herrschaft diesem Amt einiges von seiner Bedeutung; das Krongut wurde von den *Magistri Procuratores Demanii* oder Oberprokuratoren verwaltet, die sich zusammen mit den ihnen nachgeordneten Prokuratoren besonders darum bemühten, die Rechte des Kronguts zurückzuerlangen.

Dennoch besaß der Oberkämmerer großen Einfluß. Er hatte das Ohr des Kaisers, gehörte zu seinen engsten Beratern und verwaltete auch sein Vermögen. Nach dem Sturz der Hohenstaufen zur Zeit der Anjous war der Oberkämmerer für die Verwaltung des privaten Schatzes des Königs, für die Überwachung und Instandhaltung der königlichen Jagdreviere und die Weideländer des Krongutes verantwortlich. Da vermutlich die Aufgaben des Oberkämmerers auch zu Friedrichs Zeiten ungefähr die gleichen waren, ist anzunehmen, daß er besser über das Privatleben und die Gewohnheiten des Kaisers Bescheid wußte als die meisten anderen königlichen Beamten. Friedrich hatte während seiner Herrschaft zwei Kämmerer; der erste war Richard, seit seiner Jugend in Friedrichs Gefolge, ein gebürtiger Sizilier, dem große Güter auf der Insel gehörten; man vermutet, daß er mohammedanischer Herkunft und möglicherweise der erste unter den Eunuchen war. Sein Nachfolger, etwa ein Jahr nach Richards Tod ernannt, war mit Gewißheit ein Mohammedaner namens Giovanni il Moro, der Sohn einer sarazenischen Sklavin und eines Negers.

In normannischen Zeiten lag der Oberbefehl über das Heer und die Flotte in der Hand eines Mannes, der den Titel Admiral führte. Unter Friedrich wurde das Heer dem Marschall unterstellt. Der Kaiser hatte eine außerordentlich leistungsfähige Geheimpolizei geschaffen, über deren Organisation allerdings nur wenig bekannt ist. Ihre Tüchtigkeit läßt sich jedoch an ihren Erfolgen ablesen: der Kaiser wußte, auch wenn er sich im Ausland aufhielt, oft besser, was in einer Provinz vor sich ging, als der Justitiar selber. Es gehörte zu den Pflichten dieser Organisation, Akten über das Verhalten solcher Untertanen anzulegen, die staatsfeindlicher Umtriebe verdächtig waren, wie zum Beispiel der Ketzerei oder der geheimen Beziehungen zur Kurie oder zu Verbannten. Diese Akten wurden in Form kleiner Hefte geführt, die sogar die Quellen der in ihnen enthaltenen Informationen angaben. Alsdann wurde das Heft dem unglückseligen Verdächtigen überreicht, dessen Reaktionen man sich angesichts der bekannten unbeugsamen Grausamkeit des Kaisers gegenüber Verrätern nur allzuleicht vorstellen kann.

Das Königreich war für die Zwecke der Verwaltung in neun Provinzen aufgeteilt, die bis zur Einigung Italiens im vergangenen Jahrhundert im wesentlichen die gleichen blieben. Es waren dies die Abruzzen an der nordöstlichen Grenze, die Terra di Lavoro und Molise im Westen, im Zentrum Benevent, südlich von Molise die Capitanata, jene riesige Ebene im Norden der heutigen Provinz Apulien, dann Apulien, das ungefähr der südlichen Hälfte der heutigen Provinz Apulien einschließlich Bari und Otranto entsprach, die Basilicata, die den »Spann« des italienischen Stiefels ausfüllt und sich nach Norden bis nach Melfi erstreckt, und schließlich Kalabrien. Sizilien war in zwei Provinzen östlich und westlich des Salso aufgeteilt. Die einzige Landgrenze des Königreichs erstreckte sich etwa in der Form eines S von dem Tronto im Nordosten bis nach Terracina an der tyrrhenischen Küste Italiens. Diese Grenze war bis zur Zeit der Einigung Italiens am längsten unverändert geblieben.

Keine Staatsverwaltung ist funktionsfähig, wenn sie nicht auf einer gesunden Ordnung der Finanzen beruht. Friedrich war sich der Bedeutung dieser Tatsache durchaus bewußt und legte daher in der ersten Konstitution von Melfi die Grundzüge der Finanzpolitik des Königreichs fest. Dieses System machte es ihm trotz zahlreicher Mängel möglich, sich auf den gewaltigen Kampf mit der Kurie einzulassen, der dreizehn Jahre währte und erst mit seinem Tode endete. Der Erfolg dieses Systems geht vielleicht am deutlichsten aus einem Brief hervor, den Papst Clemens IV. im Jahre 1267 an Karl von Anjou schrieb, nachdem dieser das sizilische Königreich erobert hatte. Der Name Hohenstaufen war allen Päpsten verhaßt, dennoch schrieb Clemens seinem Schützling wie folgt: »Es ist seltsam, daß Du Dich über die Armut eines Königreichs beklagst, aus dem jener edle Mann Friedrich, obwohl er größere Ausgaben hatte als Du, für sich und seine Familie gewaltige Reichtümer gewonnen und noch dazu die Lombardei, Tuszien, die Marken Ancona und Treviso und Deutschland versorgt hat.« Daß ein Papst Friedrich, den gefährlichsten aus der »Vipernbrut« der Hohenstaufen, dem treuen Sohn der Kirche Karl von Anjou als

Vorbild hinstellt, ist in der Tat ein beredtes Zeugnis für die Leistungsfähigkeit der allerdings rücksichtslosen Finanzverwaltung Friedrichs.

Der Reichtum Siziliens beruhte einmal auf seiner außerordentlich hohen Weizenerzeugung, die es schon in römischen Zeiten zu einer der Kornkammern des Reiches gemacht hatte, zum anderen auf seiner geographischen Lage im Schnittpunkt aller Handelsrouten, die über das Mittelmeer gingen. Letzteres war besonders wichtig in einer Zeit, in der die Seerouten üblicherweise an den Küsten entlangführten und viele Waren, die wir heute Luxuswaren nennen würden, fast ausschließlich aus dem Orient kamen. Das waren auch die Gründe, warum sich die beiden größten Seemächte des Mittelalters, Genua und Pisa, gegenseitig den Rang abzulaufen suchten, um in Sizilien Fuß zu fassen, und weshalb sie eine so wichtige Rolle in der Politik Siziliens während Friedrichs Minderjährigkeit spielten.

Friedrichs Finanzpolitik zielte in erster Linie darauf ab, die beiden Vorzüge Siziliens finanziell für den Staat auszunutzen und daneben die Erzeugung orientalischer Waren im Königreich Sizilien zu fördern, und zwar sowohl um diese Güter auszuführen, als auch um ihre Einfuhr unnötig zu machen. Das Mittel, dessen er sich dabei bediente, war ein durchgreifendes System staatlicher Kontrollen und Monopole.

Jeder Versuch, Friedrichs Finanzen zu verstehen, wird durch die unentwirrbare Verflechtung seines privaten Vermögens mit dem des Staates erschwert. Als Erbe der normannischen Könige war er der größte Grundbesitzer des Landes, zudem aber auch am Krongut persönlich beteiligt, insofern es ihm jährlich ein Zwölftel seiner Erzeugung in Waren schuldete. Dieses riesige private Vermögen bildete den Grundstock der kaiserlichen Finanzen. Friedrichs Politik war von dem Augenblick an, da er volljährig wurde, darauf gerichtet, all jene Teile des Krongutes und des Privatbesitzes der Krone zurückzuerlangen, die während seiner Minderjährigkeit und seiner Abwesenheit von Sizilien verlorengegangen waren. Diesem Ziel dienten auch seine späteren Reformen.

Die wichtigsten Produkte der königlichen Güter waren Weizen und Wolle (das Weiderecht für Schafe blieb im sizilischen Königreich noch unter der Bourbonenherrschaft ein wertvolles Privileg der Krone). Friedrich war der größte Weizenerzeuger des Landes, und alles Getreide und Gemüse sowie Flachs und Hanf mußten an die staatlichen Lagerhäuser abgeliefert werden. Auf diese Weise lag die Kontrolle über den Weizen des Landes so weitgehend in der Hand Friedrichs und des Staates, daß sie zusammen praktisch ein Monopol darüber ausübten. Die Kontrolle der Krone über den Weizenhandel war um so wirksamer, als Friedrich eine staatliche Handelsflotte geschaffen hatte und kein Schiff, das nach der Ernte Getreide exportierte, die sizilischen Häfen verlassen durfte, ehe die kaiserlichen Schiffe ausgelaufen waren. Nachweisbar hat der Kaiser mindestens zweimal auf Grund seines Monopols und seiner Machtbefugnis einen erheblichen Gewinn für den Staat erzielt; und zwar einmal während der mohammedanischen Kriege nach seiner Rückkehr aus Deutschland, sodann in späteren Jahren seiner Herrschaft, als er sich in Oberitalien aufhielt. Bei dieser zweiten Gelegenheit erfuhr er, daß genuesische Händler eine Hungersnot in Tunis ausnutzen wollten, indem sie sizilischen Weizen aufkauften, um ihn in Nordafrika zu verkaufen. Friedrich ließ daraufhin die sizilischen Häfen schließen und schickte nach Verhandlungen mit der tunesischen Regierung die kaiserliche Flotte mit fünfzigtausend Getreideladungen nach Nordafrika.

Friedrichs Organisation des Zollsystems sicherte dem Staat regelmäßige Einnahmen. Auf Grund seiner erstaunlich modernen Vorstellung von der Freiheit des Handels innerhalb des Königreichs schaffte er die inländischen Zölle soweit wie möglich ab und konzentrierte sich statt dessen auf die Einnahmen aus Ein- und Ausfuhr. In allen Häfen und an den Hauptstraßen, die in das Innere des Landes führten, wurden staatliche Lagerhäuser errichtet, in denen alle importierten Waren gelagert werden mußten; der Käufer zahlte eine Zollgebühr von drei vom Hundert des Verkaufspreises, während der Verkäufer die Lagergebühren entrichtete. Für die Ausfuhr galten die gleichen Bestimmungen, wenn auch der Zollsatz je nach dem staatlichen Bedarf an den zu exportierenden Waren schwankte. In Zeiten des Notstandes konnte die Ausfuhr der damals strategisch wichtigen Güter – Waffen, Kriegspferde und Vieh – verboten werden.

Zu den Lagerhäusern, die unter dem arabischen Namen *fondachi* bekannt waren, gehörten Herbergen, in denen die ausländischen Händler wohnten; auf diese Weise konnte der Staat sie beaufsichtigen. Die Kosten ihres Aufenthaltes waren in den Lagergebühren eingeschlossen. Trotz seiner staatlichen Monopole und Handelskontrollen erkannte der Kaiser die große Bedeutung des Außenhandels für die Finanzen des Landes; ausländische Händler wurden rücksichtsvoll behandelt, ja in Kriegszeiten galten sogar die Händler eines feindlichen Landes als Neutrale. Der Handel wurde durch Abkommen mit anderen Ländern gefördert; Delegationen an Herrscher, ob Christen oder Mohammedaner, deren Reiche am Mittelmeer lagen, waren nichts Seltenes.

Bei seinen Bemühungen, den Handel seines Landes auszudehnen, war Friedrich ständig auf der Suche nach neuen Pflanzen, die er in Sizilien einführen konnte. So wurden auf seine Veranlassung Henna und Indigo angebaut. Ebenso förderte er Industrien, die auf der Einfuhr orientalischer Rohstoffe basierten, wie zum Beispiel Zuckerraffinerien.

Friedrichs Bewunderung für die Zisterzienser beruhte auf ihren selbst für moderne Maßstäbe bemerkenswerten Kenntnissen des Ackerbaus und der Viehzucht. Sie hatten zum Beispiel ein Bewässerungssystem entwickelt für Felder, auf denen Futtermittel angebaut wurden. Dadurch bekam das Vieh, außer in den kältesten Monaten des unfreundlichen oberitalienischen Winters, das ganze Jahr über Grünfutter. Dieses Bewässerungssystem ist noch heute im Gebrauch. Der Kaiser selbst besaß erstaunlich genaue landwirtschaftliche Kenntnisse, die königlichen Güter wurden auf moderne Weise bewirtschaftet und die Viehzucht auf Grund wissenschaftlicher Studien betrieben. Vor allem berühmt war die kaiserliche Pferdezucht in Palazzo San Gervasio in Apulien. Auch legte Friedrich künstliche Fischteiche an, von denen einer noch immer in der Nähe von Lentini in Sizilien zu sehen ist.

Die wichtigsten Staatsmonopole erstreckten sich auf Salz, Eisen, Seide, Hanf und die Färberei. Das Hanfmonopol wurde wahrscheinlich im Hinblick auf die außerordentlich wichtige Flotte geschaffen. Die Preise für Salz und Eisen wurden vom Staat festgesetzt und die Organisation dieser Industrien vier Männern übertragen. Die Seidenerzeugung war schon von König Roger in Sizilien eingeführt worden; sein berühmter Krönungsmantel ist ein beachtliches Beispiel für die hohe Qualität der damaligen Produktion. Die Verarbeitung dieses kostbaren Gutes überließ Friedrich den Juden von Trani, das königliche Färbereimonopol den Juden von Neapel und Capua; später scheint sich diese Industrie auch auf andere Orte ausgedehnt zu haben.

Der Kaiser hatte erkannt, daß eine gesunde Währung eine wesentliche Grundlage des Finanzwesens ist. Schon während seiner ersten Reformen zur Zeit der mohammedanischen Kriege hatte er neue Silbermünzen, Imperialen genannt, schlagen lassen; jetzt ließ er zum erstenmal seit Jahrhunderten Goldmünzen prägen, die Augustalen. Sie waren eine bewußte Nachahmung der Münzen des großen Cäsar Augustus. Auf ihnen war Friedrich als römischer Kaiser dargestellt, gekrönt mit einem Lorbeerkranz oder einem Strahlendiadem, seine Schultern in den kaiserlichen Mantel gehüllt. Um sein Bild lief die Inschrift IMP/ROM/CESAR/AUG; die andere Seite zeigte den kaiserlich-römischen Adler und seinen Namen Fridericus.

Die Steuern, vom Lehnssystem getrennt, wurden im Laufe von Friedrichs Herrschaft immer drückender. Die kaiserlichen Beamten und Steuereinnehmer mußten sorgfältig angelegte Bücher führen und sie der Zentralverwaltung einsenden. Die drückendste Steuer, die *Colleta*, ursprünglich nur in Zeiten großer finanzieller Not erhoben, lief auf eine Vermögensabgabe für Grundeigentum hinaus. Sie wurde jetzt mit zunehmender Regelmäßigkeit und schließlich jährlich erhoben. Ihre Höhe wechselte mit den Bedürfnissen der kaiserlichen Finanzen; im Jahre 1248, auf dem Höhepunkt des gewaltigen Ringens zwischen Kaiser und Papst, betrugen die Einnahmen einhundertdreißigtausend Goldunzen, das sind etwa drei Millionen Mark.

Wie Papst Clemens in seinem Brief an Karl von Anjou schrieb, mußte das unglückliche Königreich Sizilien die finanziellen Bedürfnisse des Kaisers befriedigen, der ganz Italien und Deutschland unter seine Herrschaft zu bringen versuchte; außerdem mußte es, was der Papst allerdings nicht erwähnte, die Mittel für die Löhnung, Ausrüstung und Ernährung der Heere im Kampf gegen die lombardischen Städte und die Truppen aufbringen, die die päpstlichen

Agenten gegen den gebannten Kaiser in Deutschland aufgestellt hatten. Kein Land, wie reich und wie gut organisiert es sein mochte, konnte eine so schwere finanzielle Belastung ohne verhängnisvolle Folgen ertragen, kein Wunder also, daß Sizilien dabei völlig verarmte. Daß es nicht vollständig zusammenbrach, war auf die Leistungsfähigkeit der Verwaltung zurückzuführen, eine Frucht der wenigen ruhigen Jahre, die dem dynamischen Herrscher des Landes vergönnt war.

Melfi, die Stadt, von der die Konstitutionen ihren Namen haben, fast genau in der Mitte des italienischen »Stiefels« an der nordöstlichen Grenze der Provinz Lukanien gelegen, war schon in normannischen Zeiten ein wichtiges Verwaltungszentrum. Die Burg liegt etwa fünfhundert Meter hoch in den riesigen Buchen- und Kastanienwäldern, die auch heute noch die Hänge des großen erloschenen Vulkans Monte Vulture bedecken. Die glühende Sommerhitze der apulischen Ebene wird hier durch den kühlen Wind und den Schatten der großen Wälder gemildert; so wurde Melfi zur besonders bevorzugten Sommerresidenz des kaiserlichen Hofes, wenn auch Friedrich sich häufig in die größere Einsamkeit seines Jagdhauses in Lagopesole zurückzog, unweit im Hochland Melfi.

Im Sommer 1231 rief der Kaiser die Geistlichen, die Barone, die Justitiare und die hohen Staatsbeamten an seinen Hof nach Melfi, wo die erste Konstitution verkündet wurde. Es war ein prunkvolles Schauspiel; der Kaiser saß auf seinem mit Juwelen besetzten Thron, während seine Beamten die neuen Gesetze verlasen.

Der Hof tagte den ganzen August und September hindurch; da der Kaiser bereits seit Mai in Melfi residierte, darf man annehmen, daß er die endgültige Formulierung der neuen Konstitution und ihre Verkündigung durch die höchsten Staatsbeamten des Königreichs sorgfältig überwachte. Es heißt, daß sogar Vertreter des dritten Standes zu dieser bedeutenden Zeremonie geladen wurden. Wahrscheinlicher ist, daß sie erst im folgenden Jahr zusammengerufen wurden, als der Kaiser von den Hoftagen in Ravenna und Aquileja zurückkehrte.

Die Einberufung des dritten Standes, die zum erstenmal im Jahre 1232 stattfand, wurde später zu einem regelmäßigen Brauch im ganzen Königreich. In einem 1233 in Messina erlassenen Dekret erklärte der Kaiser, die Versammlungen der Vertreter des Volkes – die *colloquia* – sollten in jeder Provinz zweimal im Jahr stattfinden, damit das Volk über die Steuererhebungen informiert werde und seine Beschwerden anbringen könne. Bei diesen Versammlungen mußte ein besonderer Vertreter des Kaisers anwesend sein, der einen schriftlichen Bericht für die kaiserliche Verwaltung anzufertigen hatte. Die Versammlungen wurden am 1. Mai und am 1. November abgehalten und dauerten oft acht bis vierzehn Tage. Die größeren Städte entsandten vier Vertreter, die kleineren und die Burgen zwei.

Besonders bedeutsam ist der Zeitpunkt dieses Dekrets. Es wurde 1233, ein Jahr nach den Aufständen in Messina und den anderen sizilischen Städten, erlassen, also in demselben Jahr, in dem der Kaiser die Lage selbst an Ort und Stelle untersuchte. Dabei hatte er offenbar den Eindruck gewonnen, daß Volksvertretung in irgendeiner Form notwendig sei, nachdem den Städten ihre Freiheiten genommen waren. So autokratisch Friedrich einerseits war, so kann man andererseits einräumen, daß er der erste Monarch des Mittelalters war, der den dritten Stand zusammenrief und damit – wenn auch unbewußt – den ersten zögernden Schritt auf dem Wege zur Demokratie tat.

Friedrich rief die Vertreter des dritten Standes nicht zu Beratungen zusammen; sie hatten zu erscheinen, das Wort des Kaisers zu hören und seine Befehle weiterzugeben. Dennoch war die Tatsache, daß sie überhaupt zusammengerufen wurden, ein bemerkenswertes Zeichen; wer vermag zu sagen, welche Rolle sie im Königreich gespielt hätten, wenn es sich in den kommenden Jahrhunderten auf der Grundlage der Konstitutionen von Melfi zu einer festen nationalen Einheit unter der Herrschaft sizilischer Könige entwikkelt hätte und nicht in die Hände fremder Eroberer und abwesender Monarchen gefallen wäre. So aber hatte das tragische Ende der Hohenstaufen Jahrhunderte der Vernachlässigung und des Verfalls zur Folge, die das sizilische Königreich, einst eines der reichsten Länder Europas, in ein Notstandsgebiet verwandelten, das der italienischen Regierung noch heute Sorge bereitet.

Kapitel 7

»UNSERE ORTE DER ERQUICKUNG«

DAS KASTELL VON MELFI, wo die Konstitutionen verkündet wurden, war von Friedrichs normannischen Vorfahren aus dem Hause Hauteville gegründet worden; dort hatte Papst Gregor VII. Robert Guiscard im Jahre 1073 als *Dux Apuliae* anerkannt. Guiscard ließ vier große Türme bauen, die wahrscheinlich durch eine Verteidigungsmauer verbunden waren. Dieser Kern wurde vom Kaiser in eine Zitadelle umgebaut, das Kastell nach allen Richtungen erweitert und das Ganze mit einer unregelmäßigen Mauer umgeben, die in bestimmten Abständen durch massive, polygonale Türme verstärkt war.

Man nimmt an, daß der Ausbau des Kastells von Melfi kurz nach der Rückkehr des Kaisers aus Deutschland begonnen wurde und schon weit fortgeschritten, wenn nicht gar fertiggestellt war, als er den Kreuzzug antrat, da er kurz vorher dort residierte.

Das Kastell von Melfi ist, häufig von schweren Erdbeben zerstört, durch die folgenden Rekonstruktionen in seinem Grundbestand weithin verändert worden, aber der gewaltige Saal, der wegen seiner drei Kuppeln als »Sala delle tre scodelle« bekannt ist, gilt den Einwohnern der Stadt noch heute als der Raum, in dem der Kaiser die Konstitutionen von Melfi verkündete. Er ist durch einen Vorraum mit einem weiteren großen Saal verbunden, der einen geräumigen Erker enthält; von hier aus bietet sich ein prachtvoller Blick auf die Berge. In einer Ecke dieses zweiten Saales befindet sich eine Geheimtür zu einer Treppe in einem Turm, von dem aus man zu den Ställen und einem Burgtor gelangt. Dieser Raum soll das Schlafgemach des Kaisers gewesen sein; obzwar diese Überlieferung fragwürdig ist, so ergab doch eine eingehende Untersuchung der Burg durch den Architekten, der für die Wiederaufbauarbeiten nach dem Erdbeben von 1851 verantwortlich war, daß die architektonischen Einzelheiten sehr frühen Ursprungs sind.

Melfi ist als Bau weniger planvoll angelegt als die meisten Schlösser des Kaisers, doch brauchte er damals eine Residenz und ein Verwaltungszentrum für diesen entlegenen Teil seines Königreichs, den er vor seiner Rückkehr aus Deutschland noch nie gesehen hatte. Apulien war schon unter den normannischen Königen immer ein Unruheherd gewesen; viele der Barone waren normannischer Herkunft, Nachfahren der Abenteurer, die zur gleichen Zeit wie die Hautevilles nach Süditalien gekommen waren. Diese kühnen und kriegerischen Männer betrachteten sich als den Hautevilles ebenbürtig, die ihre führende Stellung überhaupt nur der Wahl durch die Barone verdankten. Sowohl Robert Guiscard als auch sein Bruder Roger hatten sich lediglich kraft ihrer starken Persönlichkeit und ihrer kriegerischen Heldentaten zum *primus inter pares* unter ihren normannischen Landsleuten erhoben; ihre Nachfahren konnten sich den königlichen Status, den sie errungen hatten, nur durch eine starke Regierungsführung und scharfe Überwachung der Barone erhalten. Während Friedrichs Minderjährigkeit und seiner späteren Abwesenheit in Deutschland genossen die apulischen Barone eine noch größere Freiheit und Ungebundenheit als das restliche Königreich, da sie, von den Abruzzen abgesehen, am weitesten von dem Zentrum der Regierung in Palermo entfernt waren.

Friedrich erkannte rasch, welche strategische Bedeutung Apulien als Verbindungsweg zwischen dem Reich und dem sizilischen Königreich zukam; außerdem sicherten die ausgezeichneten apulischen Häfen in Verbindung mit der Freundschaft Venedigs den kaiserlichen Galeeren den Zugang zur Adria. Das alleine hätte genügt, um Friedrich zu einer entschlossenen Herrschaft über die Provinz zu bestimmen, aber es kam noch etwas Persönliches hinzu – Apulien zog ihn mehr an als alle anderen Teile seines weiten Reiches. Es ist bezeichnend, daß er sich nicht einen »Mann der Marken« nach seinem Geburtsort Jesi noch nach der Insel, auf der er aufgewachsen war, einen Sizilier nannte, sondern einen »Mann von Apulien«. Der weite Horizont der großen Ebene des Tavoliere, das offene, hügelige Land der Murgie und die einsamen Wälder des Monte Vulture besaßen für ihn einen Zauber, der ihn mit Sehnsucht nach Apulien erfüllte, wann immer seine Pflichten ihn jahrelang im Ausland festhielten. Die kultivierte Schönheit der Toskana und die üppige Fruchtbarkeit Oberitaliens boten ihm keinerlei Reiz.

Friedrich besuchte die Provinz zum erstenmal im Winter 1221/22; im folgenden Jahr begann er, eine Residenz in Foggia zu bauen, einer Stadt, die in der Mitte der großen Ebene liegt. Dies war die erste der vielen königlichen Residenzen, die er später im sizilischen Königreich gebaut hat. Heute steht nur noch der Torbogen des Hauptportals, aber nach alten Beschreibungen muß der Palast manche Stileigentümlichkeiten der maurischen Lustschlösser von Palermo besessen haben, in denen Friedrich aufgewachsen war. Der Palast war reich mit Marmor ausgestattet; Säulen aus Verde-antiko säumten die Kolonnaden, marmorne Löwen schmückten die Brunnenschalen, in die das Wasser der Fontänen versprühte unter dem goldenen Licht der südlichen Sonne, von dem die Höfe erfüllt waren. In kalten Winternächten, wenn die Sterne wie Laternen in der klaren Luft über der endlosen Ebene zu hängen schienen, ritt der Kaiser mit seinen Jägern durch das große von den kaiserlichen Adlern flankierte Tor herein, um vor lodernden Olivenholzfeuern zu speisen und über die Jagdbeute des Tages zu plaudern.

Während des Kreuzzuges mußte Friedrich seine Bautätigkeit vorübergehend unterbrechen, aber kaum war das Königreich befriedet, nahm er sie mit Energie wieder auf, und zwar zunächst in seiner Lieblingsprovinz Apulien. Im Gegensatz zu den meisten seiner Zeitgenossen baute der Kaiser vornehmlich für den praktischen Bedarf der Verwaltung und zur Befriedigung seiner persönlichen Wünsche. Die Kirche warf ihm später vor, daß er keine Gotteshäuser und Klöster errichtet habe; abgesehen von der Kathedrale von Altamura, mit deren Bau am Anfang von Friedrichs Herrschaft begonnen wurde, ist dieser Vorwurf berechtigt. Die Baudenkmäler, die Friedrich hinterließ, waren fast alle Profanbauten; diese für die damalige Zeit so ungewöhnliche Tatsache verleiht ihnen eine einzigartige Bedeutung.

Von den kleineren Gebäuden sind kaum noch Reste erhalten,

aber die massiven und gewaltigen Kastelle und Schlösser haben den Erdbeben, den Kriegen und dem Wunsch der erobernden Anjous, jede Spur des verhaßten Hohenstaufen zu zerstören, widerstanden.

Die apulischen Schlösser dienten in erster Linie zur Verteidigung der Küste, zur Überwachung der strategisch wichtigen Straßen und anderen militärischen Zwecken. Die meisten waren gleichzeitig königliche Residenzen, während einige lediglich als *loca solatiorum nostrum* – »unsere Orte der Erquickung«, wie Friedrich sie nannte – gebaut wurden; das schönste Beispiel hierfür bildet das Jagdschloß Castel del Monte.

Dieses gewaltige Bauvorhaben wurde im Jahre 1230 in Angriff genommen; zwei der Kastelle zur Verteidigung der Küste zeigen noch heute den für Friedrich typischen Stil. Es sind nicht mehr wie in Melfi Gruppen heterogener Gebäude, sondern wuchtige viereckige Gebäudekomplexe aus Rustikaquadern aus apulischem Tuff, die über die Häfen von Trani und Bari wachen. Die Türme an allen vier Ecken, die noch immer finster auf die blauen Gewässer der Adria hinunterblicken, sind unten von Spitzbögen durchbrochen, weiter oben aber deuten Bogen- und Rundfenster darauf hin, daß diese Kastelle nicht nur Verteidigungszwecken dienten. Obwohl von späteren Jahrhunderten zu Gefängnissen und Kasernen herabgewürdigt, lassen sie im Innern immer noch Spuren ihrer früheren Großartigkeit erkennen.

In Bari benutzte Friedrich die Grundmauern einer normannischen Burg; auch einige Türme mögen aus jener Zeit stammen. Die gewölbte, von Säulen getragene Eingangshalle mit ihrer Mischung aus romanischem und sarazenischem Stil war jedoch sicherlich ebenso wie die anmutige, zum Mittelhof führende Laube sein Werk. Die Kapitelle der Säulen sind mit Akanthusblättern, Falken und anderen Vögeln sowie mit feinen geometrischen Mustern geschmückt. Eine Gewölbekonsole ist mit einer Reihe von Köpfen behelmter Krieger verziert, die den Besucher erstaunlich lebendig anschauen, teils freundlich, teils finster. Einige dieser Bildhauerarbeiten sind von Melis di Stigliano gezeichnet; er war ein bekannter Steinmetz jener Zeit, dessen Arbeiten auch in anderen Schlössern Friedrichs sowie im Dom zu Bari zu sehen sind. Eine Freitreppe führte vom Hof hinauf zu den Wohngemächern des Kaisers; in einem der riesigen Säle steht noch eine Säule, deren Kapitell mit den kaiserlichen Adlern geschmückt ist. Man nimmt an, daß das Kastell von Riccardo di Barberia und Bartolomeo di Foggia unter der Leitung von Giovanni di Cicala gebaut wurde; Bartolomeo di Foggia war auch an dem Bau des Palastes in Foggia beteiligt.

Das Kastell in Trani schaut auf den prachtvollen romanischen Dom auf der anderen Seite einer kleinen Bucht. Da es als Gefängnis dient, hat es allen äußeren Schmuck eingebüßt. Doch selbst in seinem jetzigen traurigen Zustand ist das Innere reich an romanischen Fenstern, deren Einfassungen in Stein gemeißelte Blumen und Vögel zieren; deutlich erkennbar sind auch noch die Reste einer königlichen Treppe, deren eingewölbter Baldachin auf verzierten Konsolen ruht. Eine Inschrift auf der Mauer an der Seeseite besagt, daß das Kastell im Jahre 1249 von Philippe Chinard, Stefano di Trani und Romoaldo di Bari endgültig fertiggestellt wurde.

Von den Festungen ist Oria die früheste. Der Bau wurde vor dem Kreuzzug begonnen und im Jahre 1233 beendet. Die Festung beherrscht die wichtige Straße zwischen den Häfen von Brindisi und Taranto und befindet sich noch heute in gutem Zustand; allerdings ist sie als eine sehr frühe Gründung und durch ihren rein militärischen Charakter am wenigsten typisch für Friedrichs apulische Schlösser. Wie die Festung Lucera, deren Baubeginn mit der Vollendung von Oria zusammenfiel, besteht das Kastell aus einem riesigen, von Mauern und Wachttürmen umschlossenen Hof. Beide Festungen wurden an Orten errichtet, die schon in klassischer Zeit bebaut worden waren.

In den Jahren 1222 bis 1226 hatte Friedrich etwa sechzehntausend Mohammedaner von Sizilien nach der großen Ebene des Tavoliere gebracht, die die steile felsige Höhe umgibt, auf der Lucera steht. Zunächst wurden diese Verbannten damit beschäftigt, das unfruchtbare Land urbar zu machen und zu bebauen; später entschloß sich der Kaiser, die ehemaligen Feinde, vielleicht aus Achtung vor ihren Heldentaten während des Kreuzzuges, in sein Heer aufzunehmen. Um für diese Fremdenlegion ein Verwaltungszentrum zu schaffen, baute Friedrich auf den Trümmern eines römischen *castrum* eine gewaltige Festung, die die ganze Hochfläche des Hügels bedeckte. Die mächtigen Mauern aus Ziegelsteinen waren in regelmäßigen Abständen durch viereckige und polygonale Türme verstärkt; unten in der Ebene, die heute zu einer Wüste geworden ist, erhob sich eine vollständige sarazenische Stadt mit Moscheen und Wohnhäusern für eine Bevölkerung von vielen tausend Seelen.

Hier lebten die gefürchteten sarazenischen Armbrustschützen, hier stellten mohammedanische Handwerker Waffen aus dem weltberühmten damaszierten Stahl her. Hier fertigten die Anhänger Mohammeds, die die Schutzherrschaft des katholischen Kaisers genossen, zur Vernichtung seiner christlichen Feinde vergiftete Pfeile und jenes teuflische, als »griechisches Feuer« bekannte Gemisch aus Schwefel und Rohöl an; beide Rohstoffe kamen in großen Mengen im sizilischen Königreich vor. Auch waren die Sarazenen geschickt im Bau von Kriegsgeräten – jener gewaltigen Katapulte und Wurfmaschinen, die, mit Ausdauer angewandt, selbst die massiven Mauern mittelalterlicher Burgen zerstören konnten. Kein Wunder, daß die Aufforderungen der Kirche, diese gefürchtete Truppe, für die Interdikt und Bann keine Schrecken bargen, zum Christentum zu bekehren, bei Friedrich kein Gehör fanden.

In der Mitte dieser merkwürdigen Festung baute sich der Kaiser einen Palast in der Form einer mächtigen Zitadelle: auf einem geböschten, viereckigen, stark befestigten Sockel erhob sich ein achteckiger Turm, der einen gepflasterten Hof mit einem Brunnen oder einer Fontäne umschloß. Die eingewölbten Gemächer des Turmes waren luxuriös ausgestattet; wir wissen, daß sie antike Bronzefiguren enthielten – die Figur eines Mannes und einer Kuh, die einen Brunnen in dem alten basilianischen Kloster in Grottaferrata geschmückt hatten – und daß antike Kunstwerke von Neapel zu ihrer Verschönerung dorthin gebracht worden sind. Von den Fenstern seines gewaltigen Turmes genoß der Kaiser einen herrlichen Blick über die endlosen Weiten der apulischen Ebene, die den Besucher noch heute durch ihre großartige Einsamkeit beeindruckt. Das Gebiet wird noch immer mit dem alten byzantinischen Namen Capitanata bezeichnet.

Im Innern dieser bewehrten Zitadelle wurde ein Teil des kaiserlichen Schatzes aufgehoben und von Sarazenen der königlichen Leibwache gehütet. In den abgelegenen Kammern des Turmes wohnten die schönen sarazenischen Tänzerinnen, für die Friedrich im November 1239 aus dem fernen Lodi Gewänder mit einem Futter aus Marderfellen, linnene Unterwäsche und seidene Umhänge bestellte. Sie wurden von Frauen bedient und von Eunuchen bewacht; auch nahm der Kaiser auf seinen Reisen meist einige von ihnen als ständige Begleitung mit.

Von dem geheimnisvollen Turm in Lucera, an dem man noch die Anlage des Umgangs für die sarazenischen Wachtposten und die Zisternen sehen kann, ist nur noch das mächtige Rechteck des Sokkels erhalten. Der Hof, der Brunnen und die luxuriösen kaiserlichen Gemächer sind längst verschwunden. Das Kastell Gioia del Colle ist das früheste der apulischen Jagdschlösser, das erhalten geblieben ist; es mag ursprünglich zum Schutz der Straße von Bari nach Taranto gebaut worden sein. Für Friedrich aber war es in erster Linie ein Lustschloß, das nur durch die massiven Türme aus Rustikaquadern und durch das im Norden liegende Sumpfland geschützt war.

Gioia gehört zu den kleinsten und intimsten von den noch erhaltenen Schlössern Friedrichs; da später nur relativ geringe Änderungen an dem Bau vorgenommen wurden, kann man sich ein klares Bild davon machen, wie es zur Zeit des Kaisers aussah. Es ist erstaunlich modern: die rundbogigen Außentüren und -fenster sind mit sorgfältig behauenen Rustikaquadern eingefaßt und erinnern eher an einen florentinischen Renaissancepalast als an ein Kastell aus dem dreizehnten Jahrhundert. Der Innenhof ist hell und luftig und hat eine Freitreppe und eine Laube, ebenfalls im Stil eines florentinischen Palastes, die zu den Gemächern des Obergeschosses führen. Dort strömt das Licht hell durch mit Maßwerk, Blumen und Vögeln verzierte gotische Fenster herein; über einigen ist noch der kaiserliche Adler erkennbar. Zu beiden Seiten der Fensternischen und an den Wänden des größten Saales stehen Steinbänke; dieser »Thronsaal« leitet seinen Namen von einem Thron her, der vor kurzem aus alten, im Schloß aufgefundenen Fragmenten neu aufgebaut worden ist. Im Gegensatz zu den modernen Häusern dieses Gebietes haben alle größeren Räume von Gioia del Colle behagliche Kamine, wie überhaupt die kaiserlichen Gemächer, auch an modernen Maßstäben gemessen, viel wohnlicher sind als manche Schlösser aus späterer Zeit. Hier gibt es keine riesigen mittelalterlichen Hallen, sondern Räume von einer vernünftigen Größe, die gut beleuchtet und gelüftet sind; mit Ausnahme der Steingewölbe in den Turmzimmern haben die anderen Räume Balkendecken im normannischen Stil.

Das Schloß wirkt wie ein bewehrtes Landhaus, das für die Zusammenkünfte eines kleinen Hofes gebaut wurde, für einen Kreis von Freunden, die ohne Rücksicht auf die Hofetikette sich gemeinsamer Unterhaltung ergaben – ein langer Jagdtag in Sonne und Wind des süditalischen Winters, Musik und Gespräche am abendlichen Kamin.

Eines wird dieses Schloß wahrscheinlich nicht gekannt haben – lärmende Gelage trunkener Zechgenossen; denn Friedrich war wählerisch und enthaltsam. Er nahm nur eine Hauptmahlzeit am Tage zu sich, forderte aber beim Essen wie bei den übrigen Annehmlichkeiten des Lebens das Beste. Sein Koch Berard war berühmt für die Zubereitung von *scapece* – einem Gericht, das angeblich von Apicius, dem Brillat-Savarin der Antike, erfunden wurde und das in Südapulien auch heute noch an Festtagen gegessen wird. Es besteht aus Fisch oder Gemüse wie jungen Gurken oder Auberginen, die gebraten und dann in einer Sauce aus Safran und Weinessig mariniert werden.

Friedrich scheint auch eine besondere Vorliebe für den zartgeräucherten Schinken gehabt zu haben, der in Italien *prosciutto* und im Ausland Jambon de Parme heißt, denn in einem noch erhaltenen, im Jahre 1239 in Sarzano geschriebenen Brief bestellt er »gute prosciutti für unseren Hof«. Käsesorten, die in den Hofdokumenten genannt werden, sind noch heute in Italien berühmt. In seinem Buch über die Falkenjagd beschreibt Friedrich eine Art Weißkäse aus Schafs- oder Kuhmilch, die er als Futter für die Falken empfahl. Auch bemerkte er, daß Hunde besonders gerne Käse fressen – eine persönliche Beobachtung, die er wahrscheinlich gemacht hat, wenn sich seine Lieblingshunde unterm Abendbrottisch um die Brocken rissen.

Zu den Gemüsesorten, die in den italienischen Gärten des dreizehnten Jahrhunderts wuchsen, gehörten Spargel, Spinat, Gurken, Kürbisse, Blumenkohl, Lauch, Rüben, Schalotten und Salate, wie zum Beispiel Endivien und Kresse, sowie eine große Anzahl von

Kräutern – Basilikum, Thymian, Petersilie, Ysop, Majoran und mehrere Arten von Minze. Das sizilische Königreich war berühmt für seine mannigfachen Früchte. Es gab Trauben, Melonen, Birnen, Damaszenerpflaumen, Zitrusfrüchte, Feigen, Datteln und Mandeln in Hülle und Fülle zu einer Zeit, in der viele dieser Früchte in Nordeuropa unbekannt oder seltene Leckerbissen waren. Rosinen und andere getrocknete Früchte sowie Nüsse gehörten bereits zum normalen Familienessen. Zucker wurde in Sizilien seit der Zeit der normannischen Könige angebaut und zu Sirup für Arzneien und Süßspeisen verarbeitet. Sülze in irgendeiner Form muß auf der kaiserlichen Speiseplatte auch eine Rolle gespielt haben, denn es ist ein Kanzleivermerk erhalten, in dem gute Fische aus dem Lesinasee in der Nähe von Foggia für das berühmte *scapece* und für *gelatinum* bestellt werden. In einem weiteren Kanzleivermerk wird »echter Pfeffer« – damals ein sehr großer Luxus – für den kaiserlichen Tisch bestellt. Weinbestellungen tauchen häufig in den Büchern des Hofes auf, sowohl für griechischen als auch für solchen aus Gallipoli in Apulien, der noch heute berühmt ist. Die Speisen, die auf dem Tisch des Kaisers erschienen, müssen demnach abwechslungsreicher gewesen sein als die seiner Zeitgenossen im nördlichen Europa; sie deuten auf eine Kost, die sehr viel leichter war als die Hirschkeulen und gesalzenen Lendenstücke, an die sich in anderen Ländern selbst die Könige und der Adel während des strengen nördlichen Winters halten mußten.

Die erste Konstitution von Melfi, in der die Macht zentralisiert und die von vielen sizilischen Städten genossenen Rechte unterdrückt wurden, rief eine Reihe heftiger Aufstände auf der Insel hervor, so daß die persönliche Anwesenheit des Kaisers unbedingt notwendig wurde. Friedrich kehrte nach Sizilien zurück und befaßte sich offenbar eingehender, als er es seit dem Jahre 1221 getan hatte, mit den dort herrschenden Zuständen. Er entschloß sich unter anderem dazu, eine Reihe von Kastellen zu bauen. Mit Ausnahme der Schlösser in Enna und Caltagirone – beides wichtige Verkehrsknotenpunkte im Innern der Insel – wurden diese sizilischen Kastelle in erster Linie zur Verteidigung der Küste, aber auch als Stützpunkte für die Verwaltung und Garnisonen gebaut.

In Caltagirone, Trapani, Termini, Lentini und Milazzo scheint sich Friedrich damit begnügt zu haben, die bestehenden Kastelle auszubauen und zu verstärken; in Syrakus, Catania und Enna errichtete er jedoch trotz schon bestehender Festungsanlagen vollkommen neue Bauwerke. In Augusta baute er ein Kastell und gründete außerdem eine ganz neue Stadt.

Die vier Letztgenannten, die von den Kastellen Friedrichs in Sizilien bei weitem am besten erhalten sind, sollten – ebenso wie die in Apulien – offenbar gleichzeitig als Paläste dienen, denn auch sie sind mit einem erheblichen Luxus ausgestattet. Durch Erdbeben und andere Mißgeschicke wurden in allen, mit Ausnahme des Kastell Ursino in Catania, die Obergeschosse zerstört.

Als erstes wurde das Kastell von Syrakus gebaut, das nach der griechischen Festung, die ursprünglich hier stand, noch heute Castello Maniace heißt. Hier macht sich, wie in allen sizilischen Kastellen, der starke Einfluß der französischen Gotik bereits bemerkbar. Das Kastell ist quadratisch und aus glatten Quadern gebaut, an jeder Ecke steht ein ungewöhnlich starker runder Turm. Das gotische Hauptportal ist von Säulen aus rotem Brecciamarmor flankiert, auf denen Löwen stehen. Hoch oben sind auf beiden Seiten des Portals Konsolen angebracht, die zwei prachtvolle alte griechische Widder aus Bronze trugen. Einer, noch heute erhalten, gehört zu den kostbarsten Schätzen des Museums in Palermo. In der Mauer auf der Seeseite gegenüber dem Hauptportal befinden sich Reste eines großen Fensters, von dem aus man einen herrlichen Blick über die blauen Wasser des Mittelmeers gehabt haben muß. Das Schloßinnere liegt heute vollständig in Trümmern, aber Spuren seiner einstigen luxuriösen Ausstattung sind noch erkennbar, zum Beispiel der mächtige Kamin, über dem zwei Konsolen angebracht waren. Die Kapitelle der Pilaster sind in Form von Farnkraut und Palmenzweigen gemeißelt, steinerne Bänke säumen die Wände wie im Thronsaal von Gioia del Colle. In den jetzt zerstörten Ecktürmen gab es Räume mit Steingewölben, die von Konsolen mit Skulpturen getragen wurden; in der Mehrzahl sind es Löwen, eine jedoch zeigt den Kopf eines glattrasierten jungen Mannes, der auf dem langen lockigen Haar eine Krone trägt. Man hat darin ein Porträt des Kaisers vermutet.

Das Kastell Ursino in Catania, zwar kleiner als das von Maniace, gleicht diesem weithin; da es besser erhalten ist, kann sich der Besucher eine genaue Vorstellung von dem ursprünglichen Bau machen. So sind zum großen Teil noch die sanitären Anlagen aus dem dreizehnten Jahrhundert vorhanden mit Toiletten, die für die damalige Zeit erstaunlich gut ausgestattet waren; sie enthalten außer den üblichen Einrichtungen sogar eine Wandnische für den Nachttopf. In einem der größeren Räume ist die klassische Methode der Einwölbung unter Zuhilfenahme von Terrakottakrügen, offenbar um das Gewicht zu verringern, angewendet worden.

Wie in Syrakus und Catania ist auch das Kastell von Augusta quadratisch um einen Innenhof herum angelegt. Das größte der sizilischen Schlösser, erinnert es in seiner Wuchtigkeit an die Schlösser Apuliens, denn auch hier sind die viereckigen und polygonalen Türme aus großen Rustikaquadern gebaut. Auch dies Kastell wird zur Zeit als Gefängnis benutzt und ist daher schwer zugänglich. Zisterne und Wasserleitungen in den Türmen lassen vermuten, daß sie zu Friedrichs Zeiten mit dem ungewöhnlichen Luxus von Badezimmern ausgestattet waren.

In Enna (im Mittelalter hieß es Castrogiovanni) bestand im dreizehnten Jahrhundert bereits eine große Festung, die Lombardenburg genannt, die zur Verteidigung dieses strategisch wichtigen Knotenpunkts im Herzen der Insel dringend notwendig war. Man nahm lange Zeit an, daß der massive achteckige Turm auf der kleinen Anhöhe westlich von Enna von Friedrich II. von Aragon gebaut wurde, der hier seine Lieblingsresidenz hatte. Nach neueren Forschungen ist der Turm jedoch in Wirklichkeit von Friedrich II. von Hohenstaufen gebaut worden; trotz späterer Veränderungen sind noch bestimmte architektonische Einzelheiten erkennbar, die er mit dem berühmten Castel del Monte gemeinsam hat. Heute enthält der Turm nur zwei übereinanderliegende achteckige Räume, verbunden durch eine in der Mauerdicke ausgesparte Wendeltreppe. Ursprünglich waren jedoch ein weiteres Stockwerk und Außenbalkone vorhanden; außerdem war der Turm von einer zwei Meter breiten achteckigen Mauer umgeben, innerhalb derer vermutlich weitere Gebäude standen, teils Wohnhäuser für die Dienerschaft, teils Stallungen. In den Urkunden der aragonischen Könige des folgenden Jahrhunderts wird der Turm in Enna als »Regia Domus« oder »Regium Solacium« bezeichnet; wahrscheinlich wurde er trotz seiner Befestigungen von Friedrich als kleines Lustschloß und als Zuflucht vor der drückenden Hitze des sizilischen Sommers benutzt (Enna liegt etwa 950 m hoch, und die Nächte sind dort selbst im August kühl), denn der Kaiser hatte eine Vorliebe für die Stadt, und die wilde Schönheit der Landschaft sowie die Erinnerungen an die klassische Antike, die in dieser Gegend lebendig waren, bildeten einen besonderen Reiz für ihn.

Abgesehen von dem Turm in Enna dienten die sizilischen Kastelle des Kaisers durchweg seinem Plan, die Macht auch auf der Insel Sizilien zu zentralisieren; ihre Funktion als Festungen und Verwaltungszentren ist eindeutig. Die Kastellane waren kaiserliche Beamte, die höchstwahrscheinlich aus anderen Teilen des Königreichs stammten, manchmal sogar Ausländer wie zum Beispiel in Cefalu, wo das Kastell im Jahre 1239 »unserem klugen und treuen Hugo, dem Engländer« übergeben wurde. Der Luxus, mit dem diese Kastelle zugleich als königliche Residenzen ausgestattet wurden, wirkt für moderne Begriffe vielleicht übertrieben, da sie alle nur dreißig bis sechzig Kilometer voneinander entfernt in der östlichen Provinz der Insel lagen, in der ohnehin schon genügend königliche Paläste vorhanden waren.

Aus den Urkunden in den kaiserlichen Archiven geht außerdem hervor, daß ein Stab von Bediensteten auf Kosten der Krone ständig unterhalten wurde; diese Frage hat aber offenbar auch Friedrich als sparsamen Verwalter beschäftigt, denn in einem Brief aus dem Jahre 1240 aus Foligno weist er den Kastellan des Schlosses in Messina an, »die Mädchen zum Spinnen oder einer anderen nützlichen Arbeit anzuhalten, damit sie ihr Brot nicht in Faulheit verzehren«.

Warum hat also ein Herrscher, der die Ausgaben seines Haushalts persönlich so genau überwachte, enorme Summen aufgewendet, um sich so viele scheinbar überflüssige Residenzen zu bauen? Wenn Friedrich seine Absicht, den Lehnsstaat abzuschaffen und die Staatsmacht zu zentralisieren, in einer Zeit durchführen wollte, in der sich das Verwaltungssystem in den Kinderschuhen befand, es weder Post noch Telegramme gab und der Herrscher notwendigerweise auf seine eigenen Beobachtungen oder die von zuverlässigen Vertretern angewiesen war, mußte er in der Lage sein, alle Zweige der Verwaltung persönlich zu überwachen. Sein ausgedehnter Herrschaftsbereich und seine weitgespannten Interessen zwangen ihn und seine Höflinge und Staatsbeamten, ständig zu reisen. Männer wie Hermann von Salza oder Petrus von Vinea müssen die Hälfte ihres Lebens im Sattel auf den schlechten Straßen des Mittelalters verbracht haben, die im Winter von Schlamm überflutet und im Sommer in eine Staubwolke gehüllt waren. Die Anstrengungen und die Unbilden des Reisens waren außerordentlich groß; so ist es nicht überraschend, daß sich ein fähiger Organisator wie Friedrich, dem ungeheure Mittel zur Verfügung standen, darum bemühte, diese Reisen so oft wie möglich zu unterbrechen, um sich und seiner Umgebung eine Zeit der Ruhe und Erholung in einem der Kastelle oder der *loca solatiorum* zu gönnen.

Von zeitgenössischen Chronisten sind uns Augenzeugenberichte erhalten über den kaiserlichen Troß auf der Reise. Es muß ein Bild von unvergleichlicher Farbigkeit und Pracht gewesen sein. An der Spitze erschien die Vorhut der sarazenischen leichten Reiterei, die in exotischer Kleidung auf ihren Araberpferden den orientalischen Prunk repräsentierten, der Friedrichs Namen durch die Jahrhunderte verhaftet blieb. In ihrer Mitte trabten lautlos die schnellen Kamele aus der berühmten Mehari-Zucht – die Geschenke der Freunde des Kaisers, der Sultane von Babylon und Ägypten. Die Kamele trugen auf dem Rücken die mit bunten Vorhängen versehenen Sänften, in denen die geheimnisvollen verschleierten Schönen saßen, bewacht von riesigen, abstoßend häßlichen Negern, was dem ganzen Troß eine zauberische Aura verlieh.

In einem gewissen Abstand – damit sich der Staub legen konnte – folgte der Hof; die Zuschauermenge versuchte, in der Kavalkade farbenprächtig gekleideter Ritter und Hofleute den Kaiser zu erkennen – jene ehrfurchtgebietende Persönlichkeit, die das Recht hatte, als »heilig« angesprochen zu werden. Es kann nicht schwer gewesen sein, das rötliche Haar, das ruhige Antlitz und den fast hypnotischen Blick der Augen zu erkennen, die manchmal als blau, manchmal »grünschillernd, wie eine Schlange« beschrieben werden. Die stämmige Figur, wahrscheinlich im Jägerkleide, auf dem berühmten schwarzen Schlachtroß »Drachen« mußte schon dadurch auffallen, daß die trabenden Reiter ehrfürchtig zurückwichen, um Platz zu schaffen.

Dann folgte der schier endlose Zug der Pagen und Bediensteten in buntgestreiften Tuniken und ockerfarbenen Beinkleidern, auf dem von Stulpenhandschuhen geschützten Arm die wertvollen Falken, die für den Kaiser zum Kostbarsten gehörten, was er besaß. An der Straße entlangstreifend oder paarweise an scharlachroten Halsbändern und Leinen von Stallknechen geführt, liefen die kaiserlichen Jagdhunde; sie waren mager, sehnig und auf Schnelligkeit dressiert, aber ihr glänzendes Fell verriet die sorgfältige Pflege, die sie genossen. Dann kamen die seltsamen Jagdleoparden, die schnellen Tschitas, die wie die Falken Kappen über den Augen trugen; sie saßen auf besonders gepolsterten Sitzen auf der Kruppe der Pferde hinter den sarazenischen Knechten, die ihre Dressur überwachten.

Wenn die Reise weit ging und der gesamte Hof mitgeführt werden mußte, folgte auch die kaiserliche Menagerie: der Elefant mit dem hölzernen Türmchen auf dem Rücken, in dem der Elefantentreiber und einige sarazenische Armbrustschützen saßen, die Giraffe, von deren Existenz bislang niemand je etwas gehört hatte, die Luchse, Löwen und exotischen Vögel. Es folgte weiter ein ganzer Zug fluchender, schwitzender Maultiertreiber mit Packpferden, auf deren Rücken in Säcken und Kisten und Koffern die kaiserlichen Schätze, das Gepäck, die Bücher, die Register und Dokumente verstaut waren, die überall mitziehen mußten, wohin der königliche Herr es befahl. Die armen Sekretäre und Notare, die verantwortlich waren, daß die Reise in guter Ordnung verlief, jagten im Staub hin und her, um darauf zu achten, daß keine der kostbaren Lasten verlorenging und daß ein lahmendes Tier durch ein anderes ersetzt wurde, damit am Ende des langen Tagesmarsches die Bedürfnisse des Kaisers befriedigt werden konnten.

Im Jahre 1233, nur drei Jahre nach dem Frieden von Ceprano, konnte Friedrich bereits auf einige beachtliche Erfolge zurückblikken – die Neuordnung des Rechts- und Verwaltungssystems des sizilischen Königreichs durch die Konstitutionen von Melfi, die Sicherung der Verbindungswege zur See und zu Lande durch die Kette der apulischen und sizilischen Festungen, die Gründung von neuen Städten, vor allem Augusta und Lucera, und die Ansiedlung der feindlichen mohammedanischen Stämme in Apulien als gelehrige Landarbeiter und gehorsame Legionäre.

Bei dem Bau der apulischen und sizilischen Kastelle hatte sich der Kaiser, wie die meisten großen Herrscher, als ein großzügiger Schirmherr der Baumeister und Künstler seines Königreichs erwiesen. Die Architekten der sizilischen Schlösser sind unbekannt; die Handwerker und Steinmetze Apuliens, die ihre Kunst bisher in erster Linie dem Bau von Kirchen und Kathedralen gewidmet hatten, wendeten sich nun dem Bau von Kastellen und Palästen zu, die in Stein und Marmor den Willen des Kaisers bezeugten, einen laizistischen Staat zu schaffen.

Abgesehen davon, daß der Kaiser einen sehr hohen Standard der Bequemlichkeit verlangte, der alles übertraf, was das christliche Europa seit der Antike gekannt hatte, scheint er Stil und Entwurf der Schlösser jenen Männern überlassen zu haben, die sie bauten. Er beteiligte sich lediglich an ihrer Ausstattung und Ausschmückung. Vor Friedrichs Zeit hatten die Bauherrn – Geistliche und Fürsten – die Ruinen der Antike nur dazu benutzt, um ihnen Steine und Säulen oder die bunten Marmorplatten zu entnehmen, mit denen die prachtvollen Kirchenfußböden ausgelegt waren, bekannt unter dem Namen »opus alexandrum«. Manche hatten aus den klassischen Begräbnisplätzen die geschnitzten Sarkophage geraubt, um sie noch einmal als Gräber zu benutzen. Niemand scheint jedoch auf den Gedanken gekommen zu sein, die Skulpturen der antiken Welt als Kunstwerke zur Ausschmückung des eigenen Hauses zu verwenden.

Ein leises Interesse für die Ruinen des antiken Roms war in der zweiten Hälfte des zwölften Jahrhunderts zum Ausdruck gekommen in dem ersten Kunstführer, der je geschrieben wurde – in den *Mirabilia Urbis Romae*. In ihm wurden die Denkmäler selbst und nicht nur ihre Bedeutung als Schauplätze des frühen christlichen Märtyrertums zum erstenmal gewertet.

Friedrich hatte trotz seiner bewegten Kindheit die Gelehrsamkeit und Weisheit der antiken Welt schätzengelernt; jetzt als reifer Mann war er unter seinen Zeitgenossen, ja für die nächsten anderthalb Jahrhunderte, der erste, der die unübertreffliche Schönheit der klassischen Skulpturen erkannte und sie auch zu seiner Zeit in ihrer ganzen Vollkommenheit nachzubilden versuchte. Den ersten Beweis seines echt künstlerischen Verständnisses erbrachte er mit dem Entwurf der Goldmünzen, der Augustalen.

Im Frühjahr 1234 besuchte der Kaiser zusammen mit seinem Sohn Konrad die Stadt Capua. Seit zwei Jahren waren im Norden der Stadt großangelegte Aufräumungsarbeiten im Gange, die neue Befestigungsbauten an der Brücke über den Garigliano vorbereiteten; die Windungen des Flusses, die die Stadt nahezu uneinnehmbar machten, können auch heute noch, wie die alliierten Streitkräfte im Herbst 1944 erfahren mußten, ein beachtliches Hindernis bedeuten. Diese neuen Befestigungsbauten waren nicht nur militärisch bedeutsam, sie leiteten auch eine Wende der Baukunst ein. Das Festungswerk der Brücke zu Capua nahm schon den Baustil der Renaissance vorweg. Es ist bezeichnend, daß der Kaiser keinen Architekten oder Baumeister mit diesem fortschrittlichen Entwurf beauftragte, sondern ihn »mit eigener Hand« zeichnete, wie uns Richard von San Germano, einer der zuverlässigsten Chronisten des Mittelalters, berichtet.[8]

Auch in der Kunst der Technik war Friedrich bewandert; mit dem befestigten Tor, das die Brücke über den Garigliano schützen sollte, wollte er die Triumphbögen der römischen Cäsaren, die er als seine Vorgänger betrachtete, auf seine Weise neu schaffen. Das Tor bestand aus zwei massiven polygonalen Sockeln, auf denen runde Türme die Straße, die zur Brücke führte, flankierten. Sie waren durch einen Triumphbogen verbunden, den herrliche marmorne Skulpturen und Trophäen schmückten. Das Tor, wahrscheinlich erst etwa 1247 endgültig fertiggestellt, weckte Staunen und Bewunderung der gesamten Umgebung. Als es im Jahre 1557 bis zu den Sockeln abgerissen wurde, weil man das Festungswerk für den Gebrauch von Kanonen ausbauen mußte, weinten die Einwohner von Capua, weil ihr geliebtes Triumphtor zerstört wurde. Aber die Erinnerung daran lebt in dem Triumphbogen der aragonischen Sieger über die Anjous in Neapel fort, und Friedrichs Entwurf diente letztlich als Quelle der Inspiration für dieses Denkmal, das zu den schönsten Werken der italienischen Renaissance gehört.[9]

Nach einigen flüchtigen Federzeichnungen, die in den staatlichen Archiven in Wien liegen, können wir uns eine Vorstellung machen, wie das Tor zu Capua in vollkommenem Zustande ausgesehen haben muß; die Ausgrabungen und Forschungen moderner Gelehrter haben dieses geringe Wissen noch um einiges vermehrt. Bei dem Bau der Türme ließ Friedrich die alte klassische Kunst der Steinbehauung in der seltenen Form der Spiegelbossen neu aufleben; Originalbeispiele zur Nachahmung waren nahebei in dem antiken Amphitheater von Capua zu finden. Die Kanten der Turmsockel wurden durch eine Reihe von Hermen in Form menschlicher Köpfe gekrönt; die individuelle Prägung der Gesichtszüge dieser Skulpturen deutet darauf hin, daß sie wahrscheinlich Mitglieder des Hofes darstellten. Die Köpfe von zwei Frauen und einem älteren Mann mit tiefliegenden Augen sind von ungewöhnlicher Kraft und Lebendigkeit. Heute stehen die Skulpturen zusammen mit den bedeutenderen, die den Triumphbogen selbst schmückten, im Museum zu Capua.

Reisende, die das Tor vor seiner Zerstörung gesehen hatten, schildern es als gekrönt mit antiken Bildwerken aus den Ruinen des alten Capua; weiter unten stand die Statue des Kaisers mit der Krone auf dem Haupt, flankiert von den Büsten seiner Staatsmänner. Darunter befand sich die Büste einer Frau, die auf der Brust den kaiserlichen Adler trug, sie versinnbildlichte die kaiserliche Gerechtigkeit oder Capuas Treue zum Kaiser. Das Tor selbst war aus leuchtend weißem Marmor und mit Friedrichs Siegestrophäen geschmückt. Wie viele dieser Skulpturen wirklich antik und wie viele das Werk von Friedrichs »kaiserlicher Schule« zu Capua waren, wird wahrscheinlich niemals festzustellen sein, da nur wenige erhalten geblieben sind. Obwohl stark beschädigt, so sind doch die bedeutendsten Skulpturen dieser Gruppe ein unverkennbares Zeugnis von Friedrichs Bestreben, die Bildhauerkunst im klassischen Stil des alten Roms neu zu beleben. Abgesehen von der Statue des Kaisers, die ihn in Lebensgröße im Gewande der Cäsaren auf dem Throne sitzend darstellt, existieren noch die Porträts von zwei seiner berühmtesten Staatsmänner, die aus der Provinz Capua stammten, sowie allegorische Köpfe im Stil klassischer Götterbilder.

Der leider stark beschädigten Statue des Kaisers fehlen Kopf,

Hände und Füße; dennoch stammt sie offensichtlich von einem sehr begabten Bildhauer, dem es in der Behandlung des Faltenwurfs weitgehend gelang, das Stilempfinden der Antike wiederzugeben. Die Büsten der beiden Staatsmänner – Petrus von Vinea und Thaddeus von Suessa –, im gleichen Stil gehalten, tragen auf der Brust geknotete klassische Gewänder und Lorbeerkränze. Für das lockige Haar von Kopf und Bart haben offenbar Büsten von antiken Weisen oder Philosophen als Vorbild gedient. Weitere Ähnlichkeiten mit antiken Vorbildern bestehen jedoch nicht, denn das Antlitz selbst weist bei beiden Büsten große Individualität und Lebensnähe auf; trotz des ernsten Ausdrucks deutet sich bereits das geheimnisvolle Lächeln gotischer Skulpturen an, das der antiken Welt vollkommen fremd war. Zudem verraten kleine Details der Arbeit, daß diese Büsten, die auf den ersten oberflächlichen Blick klassischen Ursprungs zu sein scheinen, niemals von der Hand eines antiken Bildhauers stammen können. Die Lorbeerkränze, zwar sehr schön ausgearbeitet, stehen als Ganzes vom Kopf ab, wie es der Antike unbekannt war; auch sind die Köpfe selbst zu flach und rund, um als klassische Werke gelten zu können.

Die anderen erhaltenen Bruchstücke – der Kopf der Büste, die das getreue Capua darstellt, sowie ein Jupiterkopf – haben eine stärkere Ähnlichkeit mit ihren klassischen Vorbildern. Für das Haupt von Capua hat offenbar eine antike Darstellung der Göttin Juno, möglicherweise die Farnesische Juno, die sich jetzt im Museum in Neapel befindet, als Anregung gedient. Die Gelassenheit des Ausdrucks, der Hauch eines Lächelns, die Locken, die sich dem bändigenden Kranz von Weinblättern entwinden, beweisen, daß die Künstler von Capua auf Geheiß des Kaisers die antike Welt mit neuem Leben zu erfüllen vermochten.

Friedrichs Traum, das Römische Reich neu zu beleben, beruhte nicht auf einer Vision von unbegrenzter kaiserlicher Macht, sondern auf der Vorstellung einer auf die Weisheit und Kultur der Antike gegründeten neuen Welt, in der die Künste und Naturwissenschaften wie in jener Zeit zur Blüte gelangen sollten. Der menschliche Geist sollte wiedergeboren werden, nicht im kirchlichen Sinne, sondern wie er sich im folgenden Jahrhundert in Florenz tatsächlich entfaltet hat. Die tiefere Bedeutung der Skulpturen von Capua liegt darin, daß sie – zwar nur noch traurige, verstümmelte Fragmente – eine Zeit, von der so weniges geblieben ist, überdauert haben als ein Denkmal dessen, was hätte sein können.

Wer waren die Bildhauer der »kaiserlichen Schule« zu Capua? Wo kamen sie her und welche anderen Werke schufen sie? Da so wenige ihrer Werke erhalten geblieben sind, werden diese Fragen wahrscheinlich nie beantwortet werden. Eines aber ist sicher – die Neubelebung der klassischen Kunst Roms ging ausschließlich auf die Inspiration ihres kaiserlichen Schutzherrn zurück. Seit dem Zerfall des Römischen Reiches hatte Süditalien nichts, was diesen Skulpturen gleichkam, hervorgebracht, und weitere hundert Jahre sollten vergehen, ehe etwas Gleichwertiges geschaffen wurde. Sie waren jedoch Wegbereiter für die Renaissance, die später in Niccolo Pisano zu einer ersten Blüte kam.

Die dürftige Zahl erhalten gebliebener Skulpturen hat vor kurzem einen bedeutenden Zuwachs erfahren durch die Entdeckung einer Büste Kaiser Friedrichs II. in Barletta. Sie ist erheblich beschädigt, die Nase fehlt und Stirn und Mund sind stark abgeschürft; doch bleibt genug, um ein vollendetes Porträt des Kaisers erkennen zu lassen. Ein leiser Humor liegt über seinen Zügen, und die sprechende Haltung, in der Friedrich dargestellt ist, wirkt äußerst lebensvoll. Im Profil tritt das energische Kinn klar hervor, die tiefliegenden Augen verraten Rücksichtslosigkeit und Härte, die jedoch, wenn man den Kopf von vorne betrachtet, von dem ungewöhnlichen Charme des Gesichtsausdrucks gemildert werden. Dem genialen Bildhauer ist es gelungen, diese beiden sich widersprechenden Aspekte von Friedrichs Charakter, von denen so viele seiner Zeitgenossen berichten, gleichzeitig darzustellen.

Der Stil der Büste ähnelt dem der Skulpturen von Capua. Um die Schultern ist ein klassisches Gewand drapiert, das an einer Seite von einer Fibel mit der Inschrift S.P.Q.R. gehalten wird; den Kopf schmückt ein Lorbeerkranz. Eine stark verstümmelte Inschrift auf dem Sockel darf als DIVI FRI CAE gelesen werden – die abgekürzte lateinische Form für den Titel des Kaisers: DIVI FRIDERICI CAESARIS –, des heiligen Cäsars Friedrich, dem wahrscheinlich das Wort IMAGO – Bild oder Porträt – hinzugefügt werden sollte. Der klassische

Stil beschränkt sich jedoch auf das Gewand und den Lorbeerkranz der Persönlichkeit; die Darstellung ist unverkennbar mittelalterlich – die langen, unten eingerollten Haare im »Pagenschnitt«, die ausgesprochen naturalistische Behandlung, die sich nicht scheut, die Linien auf der Stirn, die kleinen Falten um die Augen, die tiefen Furchen zwischen Nase und Mundwinkel, die hageren, ausgehöhlten Wangen und das ein wenig schiefe Lächeln wiederzugeben.

Die äußeren Gesichtszüge entsprechen denen der Augustalen; die Hagerkeit jedoch wird durch die Tatsache erklärt, daß der Kaiser hier kurz vor seinem Tode dargestellt ist, als die Körperfülle früherer Jahre unter der auszehrenden Wirkung eines Magenleidens geschwunden war, an dem er schließlich starb.

Die beiden letzten Schlösser, die Friedrich in Apulien baute, enthalten Steinornamente, geschaffen von dem Künstler der »kaiserlichen Schule« zu Capua. Mit Ausnahme einer kopflosen Büste handelt es sich jedoch um reine Architekturdetails, die den Gebäuden eine gewisse Eleganz verliehen; dennoch sind sie offensichtlich das Werk äußerst geschickter Kunsthandwerker und zeigen die gleiche auffallende Mischung von klassischem Stilgefühl und persönlicher Ausdruckskraft. Von den beiden Schlössern ist das eine, Castel del Monte, so eng mit dem Namen des Kaisers verbunden, daß es mit mehr Recht als das Porphyrgrabmal im Dom zu Palermo als sein Denkmal gelten darf. Das andere, Castel Lagopesole, das verloren in einem entlegenen Tal an der Grenze Apuliens steht, ist der Welt fast unbekannt.

Golden wie die Kalksteinberge, auf denen es steht und aus deren Herzen seine gewaltigen Blöcke gehauen wurden, krönt das Schloß Castel del Monte den Gipfel der Murgie wie ein kaiserliches Diadem. Das Schloß besteht aus zwei konzentrischen Achtecken (das Innere ist ein Hof), und an jeder Kante der Außenmauer erhebt sich ein achteckiger Turm. Auf diese Weise wiederholt der Grundriß zehnmal die mystische Zahl acht, die der Kaiserkrone als Symbol für die kaiserliche Einheit die achteckige Form gab. Vielleicht wollte Friedrich, als er diese einzigartige Form für das Schloß wählte, das nach allgemeiner Ansicht nach seinen Entwürfen gebaut wurde, das Symbol des Reiches in Stein verewigen.

Aus den Fenstern von Castel del Monte überblickt man nach der einen Seite die gewaltige Ebene an der Küste Apuliens, nach der anderen das öde Bergland der Murgie. Es ist ein wilder, allen Winden ausgesetzter Ort, an dem man selbst an einem Frühlingstag des zwanzigsten Jahrhunderts die endlosen Horizonte, die Abgeschiedenheit von der Welt der Menschen und eine innige Verbundenheit mit der Natur empfindet. Die Sperber »stehen« im Winde und scheinen die Luft zu zerschneiden, wenn sie wie ein Blitz auf ihre Beute niedersausen. Genauso muß Friedrich vor sieben Jahrhunderten, wenn er für ein paar Tage von den Pflichten des Staates entfloh, seinen Falken bei der Jagd über den gleichen Bergen der Murgie zugesehen haben.

Castel del Monte ist das schönste und am besten erhaltene der noch bestehenden Schlösser Friedrichs II. Die Theorien über den Ursprung seines einzigartigen eklektischen Stils haben Bände gefüllt; heute nimmt man jedoch an, daß der Kaiser selbst der Architekt war. Die einzige zeitgenössische dokumentarische Erwähnung des Schlosses findet sich in einem Vermerk der kaiserlichen Register aus dem Jahre 1240, in dem der Kaiser den Justitiar der Capitanata anweist, sich sofort um den Fußbodenbelag zu kümmern; danach muß das Gebäude zu dieser Zeit nahezu fertig gewesen sein. Die Arbeiten an dem Schloß wurden aller Wahrscheinlichkeit nach in den frühen dreißiger Jahren begonnen, vielleicht zur gleichen Zeit wie an den sizilischen Schlössern. Der allgemeine Baustil von Castel del Monte gleicht eher dem gotischen Stil der sizilischen Schlösser mit ihren runden oder polygonalen Türmen aus kunstvoll behauenen Steinen als den massiven rechteckigen Blocks aus Rustikaquadern der anderen apulischen Kastelle.

Damit hört jedoch die Ähnlichkeit auf, denn durch die Wiederholung der achteckigen Form ist Castel del Monte einzigartig. Das Achteck, das einen besonderen Reiz für den Kaiser gehabt haben muß, wie der Turm in Enna und der kaiserliche Palast in Lucera bezeugen, war im Orient seit langem beliebt. Auch der berühmte Felsendom in Jerusalem ruht auf einem Achteck. Wir wissen, daß der Kaiser während seines kurzen Aufenthaltes in Jerusalem den Felsendom gesehen und bewundert hat; auch wird er in Palästina noch weitere Gebäude der gleichen Form gesehen haben, die für ihn den zusätzlichen Reiz der symbolischen Assoziationen enthielt.

So verbindet der Baustil von Castel del Monte gotische und orientalische Elemente mit den wiederentdeckten Formwerten der Antike, wie sie sich im Brückentor zu Capua zeigen, denn auch für das Hauptportal des Schlosses dienten die Triumphbögen des kaiserlichen Roms als Vorbild. Dieses eindrucksvolle Portal ist von kannelierten Pilastern mit korinthischen Kapitellen flankiert und von einem klassischen korinthischen Giebel gekrönt, dessen Proportionen auf den architektonischen Gesetzen der Antike beruhen. Die Tür ist von Säulen eingerahmt, auf denen Löwen aus rotem Brecciamarmor liegen, ähnlich denen im Kastell zu Syrakus. Das Portal ist reich an Marmor; aus dem gleichen Material waren auch die zu ihm hinaufführenden Stufen, die Türen hingegen, die später von den Anjous entfernt wurden, aus kunstvoll bearbeiteter Bronze. Während der Restaurierung des Schlosses wurde ein kopfloses Fragment einer Büste gefunden, die den Büsten des Brückentors in Capua ähnlich ist und für ein Porträt des Kaisers gehalten wird.

Das Innere von Castel del Monte besteht aus sechzehn trapezförmigen Räumen in zwei Geschossen. Die acht Türme enthalten Wachstuben, Lagerräume, Toiletten und erstaunlich moderne Baderäume. Das Obergeschoß eines der Türme diente scheinbar zur Unterbringung der Falken. Die hochliegenden Außenfenster des Erdgeschosses verdunkeln manche Räume erheblich, doch werden sie durch die farbenfreudige Innenausstattung aufgehellt. Das Gewölbe ruht auf Halbsäulen in Form von Pilastern aus rosigem Brecciamarmor, mit dem auch die Wände bekleidet waren. In einem Raum ist ein Bruchstück des ursprünglichen Fußbodens – wahrscheinlich sarazenische Arbeit – aus buntem Marmor und Fayence erhalten, der ebenso üppig wie die übrige Ausschmückung der Räume gewesen sein muß. Fast alle Räume im Erdgeschoß sind durch Türen verbunden; drei haben außerdem einen Zugang zum Innenhof, in dessen Mitte bis zum Ende des achtzehnten Jahrhunderts ein achteckiges Bassin stand, das, aus einem einzigen Block weißen Marmors gehauen, innen mit Stufen oder Sitzen versehen war. Im Sommer wurde der Innenhof anscheinend von einer Markise geschützt, die in der gleichen Weise befestigt wurde, wie es im antiken Theater und Zirkus üblich war.

An den Wänden des Innenhofs sind die Spuren eingelassener

Reliefs erkennbar, über einer der Türen der Umriß einer nackten Reiterfigur mit wehendem Kriegsmantel, die angeblich den Kaiser darstellt. Eine Galerie, die im achtzehnten Jahrhundert noch existierte, lief in Höhe des Obergeschosses rings um den Innenhof; zu ihr führten drei schöne, bis zum Boden reichende Fenster im klassischen Stil, noch heute ausgezeichnet erhalten. Ein Bogen erhebt sich über den rechteckigen, von kunstvoll gemeißelten Marmorsäulen flankierten Fenstern, die durch ihre Ähnlichkeit mit den Werken Palladios oder anderer großer Renaissancebaumeister für die Architektur des Mittelalters einzigartig sind.

Die Räume des Obergeschosses von Castel del Monte waren anscheinend für den Kaiser, seine bevorzugten Freunde und die hohen Beamten des Hofes bestimmt. Selbst in ihrem jetzigen verödeten Zustand strahlen sie eine Atmosphäre von Luxus und Intimität aus. Jeder Raum empfängt Licht aus gotischen, mit marmornen Ornamenten verzierten Fenstern; die Wände oberhalb des marmornen Gesimses sind nach der Art des alten römischen *opus reticulatum* konstruiert. Unterhalb des Gesimses waren sie wie in den alten kaiserlichen Palästen mit inzwischen verschwundenen dünnen Platten kostbaren griechischen Marmors bekleidet. Das Rippengewölbe wird von dreiteiligen Bündelsäulen von erlesener Schönheit getragen. Der Marmor ist rosenfarben mit blauer und lavendelfarbiger Äderung, die anmutigen Blattkapitelle kommen in ihrer selten schönen Ausführung der höchsten griechischen Handwerkskunst gleich. Die Schlußsteine sind in allen Räumen verschieden – Rosen, Gruppen von Seevögeln, einmal der Kopf eines Fauns. Diese Skulpturen kamen aus der »kaiserlichen Schule«, zeigen aber auch eine starke Ähnlichkeit mit den Arbeiten des berühmten Niccolo Pisano, der wahrscheinlich aus Apulien stammte.

Die Turmgemächer, sofern nicht mathematisch genau gearbeitete Wendeltreppen den Turm bis oben hinaufliefen, enthalten kleine achteckige Kammern mit schönen Gewölben; in der Mauerdicke ausgesparte Toiletten schließen sich an die Kammern; Bleirohre, die zu den Regenwasserzisternen auf dem Dach führten, sorgten für eine Wasserspülung.

Das erste der kaiserlichen Gemächer im Obergeschoß war ein Vorzimmer, aus dem eine Tür auf die Galerie führte; es war durch eine Turmtreppe mit dem Raum verbunden, in dem die Falken untergebracht waren. Ein zweites, anschließendes Gemach gewährte durch ein dreiteiliges gotisches Fenster einen prachtvollen Blick auf Andria – die treueste Stadt Apuliens, wo Friedrichs Sohn Konrad geboren und zwei seiner Gemahlinnen begraben sind. Die Wohnung des Kaisers umfaßte noch einen dritten Raum mit einem großen offenen Kamin, des weiteren zwei Turmkammern für Toilette und Bad mit fließendem Wasser.

Kein Raum in Castel del Monte ist groß, nirgendwo hat man das Gefühl, als habe hier jene Mischung von äußerem Pomp und primitiver Ausstattung geherrscht, die man gemeinhin mit dem Leben mittelalterlicher Fürsten verbindet. Wenn die sanitären Anlagen des Schlosses in Ordnung gebracht würden, wäre Castel del Monte auch heute noch bewohnbar. Hier noch mehr als in Gioia del Colle empfindet man, daß dieses Schloß für einen Mann gebaut wurde, der ein zurückgezogenes Leben von fast orientalischem Charakter bevorzugte. Die kleine Zahl der Räume, ihre Intimität und der für jene Zeit geradezu unglaubliche Luxus der Ausstattung weisen eher auf einen orientalischen Potentaten als auf einen europäischen Herrscher des dreizehnten Jahrhunderts. Auch die Badezimmer mit fließendem Wasser verraten eine Atmosphäre, die ganz im Widerspruch stand zu der mittelalterlichen Sitte, viele Schichten selten gewechselter oder gesäuberter, schwerer Kleider zu tragen. Zu einer Zeit, in der man den Schmutz häufig als sichtbares Zeichen christlicher Keuschheit betrachtete, wurde das tägliche, auch am Sonntag nicht ausgelassene Bad des Kaisers als offener Skandal, ja fast als Blasphemie angesehen. Sogar die Schreiber der kaiserlichen Kassen in Melfi und Venosa erhielten auf Staatskosten Unterzeug in doppelter Ausfertigung! Am Hofe Friedrichs muß eine äußerst heidnische Atmosphäre der Sauberkeit geherrscht haben.

Leider ist keine Aufstellung erhalten geblieben, aus der wir entnehmen könnten, wie Castel del Monte zu Friedrichs Zeit möbliert war, aber da wir über seinen Geschmack und seine Gewohnheiten informiert sind, läßt sich das Wesentliche rekonstruieren. In den Privatgemächern des Kaisers mögen in den Nischen zu beiden Seiten des Kamins klassische Kunstwerke gestanden haben – kleine Statuen aus Bronze oder Tanagrafiguren griechisch-antiker Arbeit, die er so sehr bewunderte und die in der Erde Apuliens, der einstigen griechischen Provinz, häufig zu finden sind. Bücher pflegte Friedrich auf all seinen Reisen mitzunehmen; man weiß, daß die kaiserlichen Schränke mit den sorgfältig geordneten Werken klassischer Autoren – insbesondere über naturwissenschaftliche Themen – gefüllt waren. Wir können uns vorstellen, daß einige mit ausgesucht schönen Illustrationen und Einbänden auf einem geschnitzten hölzernen Lesepult in der Nähe des Kamins lagen, wo der thronähnliche, goldverzierte kaiserliche Sessel stand, der mit vielen bunten Seidenkissen bedeckt war; vielleicht lag ein Jagdhund vor der verglimmenden Glut im Kamin und bewachte die Schätze seines Herrn.

An kalten Winterabenden wurden die schweren Seidenvorhänge an den Fenstern zugezogen und der Raum von dem warmen Licht der Kerzen erhellt, die in Leuchtern aus Kristall oder emaillierter Bronze standen; noch milderes Licht gaben die Öllampen, welche in der Form des zahmen Elefanten des Kaisers mit dem Türmchen auf dem Rücken sogar bis nach Deutschland gelangten. Auch die Wandbekleidung dürfen wir uns aus kostbaren Stoffen denken – Friedrich bestellte einmal für seine Gemahlin purpurnen und goldenen Damast. Die marmornen Bänke an den Wänden und die niedrigen Hocker waren mit den gestickten Seidenkissen bedeckt, deren Herstellung eine Spezialität der sarazenischen Handwerker aus Sizilien und Lucera war. Auf dem Boden lagen Teppiche aus dem Orient und aus den Teppichknüpfereien in Messina. Das Bett hatte wahrscheinlich eine Matratze aus Seide und Decken aus Zindel, denn diesen Luxus ließ der Kaiser selbst Staatsgefangenen und Geiseln, wie zum Beispiel den Neffen des Königs von Tunis, zukommen.

Der Eßtisch wird aus Marmor gewesen sein wie der angeblich aus Friedrichs Jagdhaus in Ferentino stammende, der heute in der Kathedrale von Lucera als Hochaltar dient. Die Tischplatte besteht aus einer einzigen herrlichen Tafel polierten Marmors, die Tischbeine haben die Form kleiner romanischer Säulen. Die Tischdecken waren wahrscheinlich aus feinstem Leinen, stand doch der gesamte im Krongut erzeugte Flachs dem Kaiser zu. Nach dem Tafelgeschirr zu urteilen, das zur Mitgift der Prinzessin Isabella gehörte, muß die kaiserliche Tafel prachtvoll gedeckt gewesen sein mit Schüsseln und Tellern aus reinstem Silber und Gold in herrlich ziselierter Arbeit.[10]

Dieser außerordentliche Luxus wirkt schlechthin erstaunlich in der Einsamkeit eines entlegenen Berges der Murgie, kilometerweit von der nächsten Stadt. Doch zeigt sich Friedrich auch darin als Nachfolger der römischen Kaiser und Vorläufer der Renaissancefürsten, die ebenfalls palastähnliche Lustschlösser auf dem Lande bauten, um die Schönheiten der Natur zu genießen und sich mit Muße in die Schriften der klassischen Autoren zu vertiefen. Man könnte Friedrich den ersten Humanisten nennen, denn in seiner Liebe zur Natur (die von seinen Zeitgenossen offenbar nur der heilige Franziskus und die Dichter seines eigenen Hofes mit ihm teilten) und in der erstaunlichen Vielseitigkeit seines kulturellen Wirkens war er dem typischen Renaissancemenschen viel näher als der mittelalterlichen Welt, in der er lebte.

Das letzte vom Kaiser erbaute Schloß bezeugt vielleicht noch besser als Castel del Monte sein Geschick, einen Bauplatz von unvergleichlicher landschaftlicher Schönheit auszuwählen. Castel Lagopesole, wie es genannt wird, ein Kastell, das die Straße von Melfi nach Potenza schützte, wurde an der Stelle eines der Jagdhäuser gebaut und sollte in seiner endgültigen Form sowohl Festung als auch »Ort der Erquickung« sein. Es krönt den Gipfel eines kleinen Berges eingangs eines grünen Tales, das, eintausend Meter hoch gelegen, von dem gewaltigen, bewaldeten Monte Vulture beherrscht wird. Auch heute noch sind dies, von den alpinen Gebieten abgesehen, die größten Wälder Italiens, in denen noch immer Wölfe leben. Die Schäferhunde im Tal tragen Halsbänder aus Metall mit scharfen Stacheln als Schutz in Kämpfen mit den Wölfen, die die Herden im Winter anfallen. An diesem entlegenen Ort hat sich anscheinend nicht viel geändert, seit der Kaiser seine Verwaltung anwies, Wolfsgift auszustreuen, um die kaiserlichen Jagdgehege von der Plage zu befreien.

Lagopesole verdankt seinen Namen dem jetzt ausgetrockneten Lacus Pensilis, dem hängenden See, dem der Brandadofluß entsprang. So gab es in nächster Nähe des Schlosses Fische und Wasservögel, die Lieblingsbeute der kaiserlichen Falken. Auch Bären und Wildschweine hausten in den Wäldern des Monte Volture in Mengen. In die Kühle und Abgeschiedenheit dieses *domus solatiorum* mit seinem natürlichen Jagdgehege zog sich der Kaiser mit einigen wenigen Freunden in den heißen Monaten zurück, während der größte Teil des Hofes in der Sommerresidenz Melfi blieb.

Castel Lagopesole wurde im Jahr 1242 begonnen; als der Kaiser starb, war der Bau offenbar noch nicht vollendet, muß aber schon seit einiger Zeit bewohnbar gewesen sein, da Friedrich den letzten Sommer seines Lebens im Jahre 1250 dort verbrachte. Das Schloß ist ein klotziger, rechteckiger Block aus roh behauenen Steinen, zwar ohne Türme, doch an einer Ecke durch einen gewaltigen Bergfried geschützt, der an den des *Grac des Chevaliers* in Syrien erinnert. Lagopesole ist weder den apulischen noch den sizilischen Schlössern ähnlich, wenn auch in manchen architektonischen Details mit Castel del Monte verwandt.

Die Serpentinen, die die steile Böschung zum Schloß hinaufführen, enden mit einer scharfen Wendung von rechts nach links; dadurch wurde jeder, der auf das Schloß zukam, gezwungen, den Bogenschützen, die an den Schießscharten wachten, die ungeschützte Seite zuzuwenden. Auch die Festung Lucera bediente sich dieser Art von Verteidigung, wie denn Lagopesole auf Grund seiner gewaltigen Ausmaße der Festung von Lucera ähnlicher ist als alle anderen Kastelle Friedrichs. Innen ist das Schloß in zwei Höfe aufgeteilt, die offenbar beide im wesentlichen von der Garnison benutzt wurden, wenn auch die ganze Nordwestseite eines Hofes von dem kaiserlichen Wohnpalast eingenommen wurde.

Dieser Palast ist heute leider eine Ruine, aber die wenigen noch erkennbaren architektonischen Einzelheiten zeigen eine deutliche Verwandtschaft – wenn auch in gröberer Form – mit Castel del Monte. Auch hier ist die Haupteingangstür von einer nackten Reiterfigur mit wehendem Kriegsmantel gekrönt. Roter Brecciamarmor wurde für die Fensterumrahmungen und für die Konsolen verwandt, deren gemeißeltes Blattwerk im gleichen Muster wie die Kapitelle im Erdgeschoß von Castel del Monte gehalten sind. Und wie dort gab es in die breiten Mauern eingelassene Badezimmer und Toiletten sowie das komplizierte System von Leitungen und Regenwasserzisternen auf dem Dach.

Die Atmosphäre von Lagopesole geht nicht von den Fragmenten vergangener Größe aus, sondern von seiner unvergleichlichen Lage. Von den königlichen Gemächern sieht man aus den hohen gotischen Fenstern auf den Vulkan Monte Vulture, sieht den Gipfel, von tiefen purpurnen Schatten gezeichnet, im Licht der untergehenden Sonne, als stünde ein neuer Ausbruch bevor – ein wahrhaft königlicher Anblick! Das Tal liegt bereits im Dunkel der kommenden Nacht, während das Schloß auf seiner Höhe, in rosiges Licht getaucht, in einer anderen Welt zu schweben scheint. Wer vermag zu sagen, welche Vorstellungen vergangener Größe und künftigen Ruhms den Kaiser bewegten, als er diese Landschaft von wilder Schönheit zu einem der »Orte der Erquickung« erkor? Glücklicherweise war auch für Friedrich die Zukunft, deren Geheimnisse zu enträtseln sich seine Astrologen umsonst bemühten, ebenso undurchdringlich wie für jeden anderen. Er konnte nicht ahnen, daß diese herrlichen Paläste eines Tages den Untergang seiner Dynastie bezeugen sollten.

Kapitel 8

»POI CHE TI PIACE AMORE«

Die berühmte Chronik des Fra Salimbene gibt uns ein höchst anschauliches Bild des Lebens am kaiserlichen Hofe; darin wird eine Szene vor dem Hause geschildert, in dem der Kaiser in Pisa lebte. Das Haus war offenbar von einem Garten umgeben, in dem eine mit Wein bedeckte Laube freundlichen Schatten spendete; hier bot sich Fra Salimbene ein heiteres Bild – eine Gruppe junger Männer und Frauen in leuchtenden Gewändern spielten auf Harfen und Fiedeln, während andere dazu tanzten und sangen; die Zuschauenden hielten Leoparden und andere fremdartige Tiere aus fernen Ländern an der Leine. Zahlreiche Bürger aus den Städten waren zusammengeströmt, um Zeuge dieser farbenprächtigen Szene zu sein, die sie mit stummer Bewunderung betrachteten.

Geht man den großen Ereignissen der Zeit nach – dem Kreuzzug, den Kriegen gegen die lombardischen Städte, den sich lang hinziehenden Auseinandersetzungen mit den Päpsten –, so vergißt man gelegentlich, daß sich der kaiserliche Hof nicht nur mit den politischen Ereignissen befaßte. Es gab auch die tägliche Runde von Klatsch, Intrigen und Liebesaffären, man feierte Feste, tanzte und ging auf die Jagd; kurz – der Hof unterhielt sich, wie es jede reiche und privilegierte Gesellschaft, die sich um die Person eines Herrschers schart, zu allen Zeiten getan hat. Dies um so mehr, als auch der Kaiser offensichtlich das Leben liebte und ein Kenner der Freuden und Zerstreuungen war, die es zu bieten hatte; auch als er älter wurde, sah er sich immer noch gern von jungen Menschen umgeben.

Die Sitte der Zeit kam dieser Neigung entgegen, denn zur Erziehung eines jungen Mannes aus guter Familie gehörte es, daß er einige Jahre am Hofe eines großen Fürsten verbrachte; die Söhne spanischer Könige, deutscher Fürsten und italienischer Adliger drängten sich um die Ehre, am Hofe des Kaisers dienen zu dürfen. Diese Gunst wurde jedoch nicht nur wenigen Privilegierten zuteil; fähige junge Männer wie Petrus von Vinea und andere hervorragende Juristen, die nicht von adliger Herkunft waren, gelangten über die kaiserliche Kanzlei zu Beförderung und Ruhm. Auch sie nahmen teil an den festlichen Vergnügungen dieses glanzvollen Hofes, der begabte Männer aus ganz Europa und sogar aus dem Nahen Osten anzog. Unnötig zu sagen, daß diese Art von Leben sehr kostspielig war; es gibt noch Briefe aus jener Zeit, in denen junge Männer die alte Klage anstimmen, wie schwierig es sei, mit dem modischen Leben am Hofe Schritt zu halten, wo man so viele schöne Kleider, Pferde, wahrscheinlich auch teure Falken und Jagdhunde haben mußte, daß man bald bis über beide Ohren in Schulden steckte und die herzlosen Gläubiger das gesamte Hab und Gut pfändeten. Schöne Kleider bildeten damals noch mehr als heute eine kostspielige Notwendigkeit des Hoflebens; und wir können uns vorstellen, wie die ehrgeizigen jungen Höflinge, nach der neuesten Mode gekleidet, einhergingen: in langen weiten Gewändern, bis zum Knöchel reichend, die für die Jagd mit einem kniekurzen Rock und im Kriege mit der Rüstung vertauscht wurden. Im Sommer waren diese Roben aus Zindel oder einer anderen leichten Seide, die in den Grundfarben leuchteten, am Hals und an den Handgelenken mit feiner Stickerei verziert und in der Taille von einem mit Edelsteinen besetzten Gürtel zusammengehalten, an dem ein zierlicher Dolch hing. Im Winter trug, wer es sich leisten konnte, einen schweren, mit kostbarem Pelz gefütterten Umhang, manchmal noch ein kurzes Schultercape dazu. Das lange, unten eingerollte Haar wurde im »Pagenschnitt«, wie man es heute nennen würde, getragen; auf der Jagd hielt eine enganliegende Kappe, die mit einem Riemen unter dem Kinn befestigt wurde, die langen Locken zurück. Beim Reiten war allerdings ein Filzhut mit einer nach oben gebogenen, vorne spitz zulaufenden Krempe, wie ihn die italienischen Studenten heute noch tragen, sehr beliebt.

Die Kleider der Frauen, noch üppiger und vermutlich kostbarer, fielen in anmutigen Falten bis zum Boden, im Winter waren sie aus Wolle und mit kostbaren Pelzen verziert, im Sommer aus Zindel oder anderer Seide. Gold- und Silberfäden zierten den Saum, Goldfäden und Perlen den Hals und den Rand der weiten Ärmel. Sehr reiche Damen schmückten ihre Kleider mit kleinen emaillierten oder edelsteinbesetzten Plaketten, desgleichen den Gürtel, der das Kleid an der Taille zusammenhielt. Wenn die weiten Ärmel dieser äußeren Robe zurückfielen, kamen die langen, enganliegenden Ärmel des Unterkleides zum Vorschein; junge Mädchen und Dienerinnen durften jedoch den Arm bis zum Ellbogen entblößen. Die Wirkung dieser Kleider beruhte meist auf ihren juwelenreinen Grundfarben, die wir noch heute auf den Miniaturen mittelalterlicher Manuskripte bewundern. Damen von hohem Rang trugen gelegentlich auch Stoffe, die mit einem durchgehenden Muster bestickt waren – besonders beliebt scheint ein Rautenmuster gewesen zu sein. Wir wissen, daß die englische Prinzessin Isabella eine in der heimatlichen Stickkunst *(opus anglicanum)* besonders geschickte Stickerin aus London nach Italien mitbrachte. Ein Stoff von dieser wunderbaren Arbeit sah aus, als sei er aus feinen Goldfäden gewebt und mit winzigen Bildern aus Goldstickerei verziert.

Frauen trugen das Haar meist in der Mitte gescheitelt und zurückgekämmt, so daß es das Gesicht locker umrahmte; die berühmte Büste aus dem Dom zu Ravello stellt eine Dame dar, die über dieser Haartracht eine hohe, mit Edelsteinen besetzte Krone trägt, von der lange Perlengehänge auf beiden Seiten bis zu den Schultern fallen. Ein Kopfputz ähnlicher Art wurde Friedrichs erster Gemahlin Konstanze von Aragon mit ins Grab gelegt.

Damenschuhe waren aus Stoff oder sehr feinem Leder, dazu kunstvoll bestickt und häufig sogar mit Perlen besetzt. Die Umhänge der Damen, an den Rändern bestickt, wurden mit einer edelsteinbesetzten Brosche an der Brust zusammengehalten; im Winter waren sie mit Pelz – vielfach mit Eichhörnchenfellen – gefüttert. Wenn eine Dame aus dem Hause ging, trug sie meist – auch beim Reiten – Kapuze und Schleier.

Nach Salimbenes Beschreibung der kaiserlichen Residenz in Pisa gehörten Musik und Tanz im Garten zu den beliebtesten Unterhaltungen des Hofes. Daß Friedrich Gärten liebte, geht aus den Kanzleidokumenten hervor; im Jahre 1239 schickte er aus Sarzana den Befehl, bei seinem Schloß in Cosenza einen Garten anzulegen, der mit Wein bepflanzt werden sollte, wahrscheinlich um eine Laube aufzustellen, wie sie Salimbene von Pisa beschreibt, denn Lauben waren charakteristisch für die Gärten der damaligen Zeit. Auch der königliche Palast in Syrakus sowie zwei der kleineren »Orte der Erquickung« in Sizilien besaßen Gärten mit süß duftenden Myrrhen, mit großen Wiesen und Fischteichen. Die Kunst des Gartenbaus scheint im Königreich Sizilien sehr viel weiter entwickelt gewesen zu sein als in allen anderen Ländern Europas.

In der berühmten Abhandlung über die Landwirtschaft von Pietro de Crescenzii, die er Ende des dreizehnten Jahrhunderts verfaßte, als er fast neunzig Jahre alt war, beschreibt er den idealen Garten für einen König oder einen Edelmann. Seinem Entwurf dienten offensichtlich die Lustgärten von Palermo und anderer Schlösser Friedrichs als Vorbild, was dafür spricht, daß sie in ganz Italien berühmt waren. In diesem Mustergarten Pietro de Crescenziis lag nördlich vom Palast ein Gehölz, in dem wilde Tiere umherstreifen konnten, im Süden ein schattiger Garten mit Fischteichen; dort lebten Rehe, Kaninchen und Vögel aller Art, insbesondere Singvögel und Nachtigallen. Beschnittenes Baumwerk und ein weinbedeckter Laubengang spendeten Schatten an heißen Tagen. Im Blumengarten wuchs inmitten von Rosen, Veilchen, Lilien und süß duftenden Kräutern eine Fontäne aus dem Rasen.

Pietro de Crescenziis Bild eines königlichen Gartens hätte den Hintergrund für eine jener Szenen aus dem höfischen Leben abgeben können, die wir von den französischen Gobelins einer späteren Zeit kennen. Die gleiche idyllische Szene kehrt wieder in der Dichtung des kaiserlichen Hofes; die fließenden Versmaße waren gedacht, in Musik, häufig sogar für den Tanz gesetzt zu werden; die Worte wiederholen in unendlicher Vielfalt das ewige Thema der höfischen Liebe.

»Poi che ti piace, Amore« sind die Worte der ersten Zeile eines Gedichts, das in einer Manuskriptensammlung aus dem dreizehnten Jahrhundert »Lo imperadore federico« zugeschrieben wird. Damit ist das Thema angeschlagen, das von den Dichtern des gesamten Hofes aufgenommen wurde, war es doch nur natürlich, daß sie einem Kaiser nacheiferten, »der es liebte, zu singen, Verse zu schreiben und zu komponieren«. Dante betrachtete Friedrich als den Vater der italienischen Dichtung, weil der Kaiser als einer der ersten in italienischer Sprache dichtete, und überdies, wie er in *De Vulgare Eloquio* sagt: »Die erlauchten Helden Kaiser Friedrich und sein Sohn Manfred das Edle liebten und das Gemeine verachteten; so kamen die besten Dichtungen jener Zeit von ihrem Hofe. Und weil ihr königlicher Thron in Sizilien stand, wurden alle Gedichte unserer Vorgänger in der Volkssprache ›sizilisch‹ genannt.«

Latein war im dreizehnten Jahrhundert noch immer die Sprache der Diplomatie, der Hofkanzleien und bei allen feierlichen Anlässen geboten, auch die Dichter schrieben weiterhin lateinische Verse; aber die Sprache hatte sich im täglichen Gebrauch des Volkes bereits in viele verschiedene Dialekte aufgespalten. Heute gehen die Ansichten bedeutender Gelehrter auseinander, warum die italienische Dichtung am Hofe Friedrichs II. ihren Anfang nahm. Manche weisen auf das Erbe der mohammedanischen Dichter der sarazenischen Emire in Sizilien hin, andere auf den Einfluß der provenzalischen Troubadoure; wahrscheinlich verdankten die Dichter der sizilischen Schule beiden Quellen ihre Kunst. Die Erklärung Dantes scheint jedoch die überzeugendste zu sein; es war die Atmosphäre des Hofes selbst, die dieses plötzliche Aufflammen dichterischer Inspiration hervorrief; ihren natürlichen Ausdruck fand sie eher in der beweglichen, im Entstehen begriffenen italienischen als in der sonoren lateinischen Sprache.

Der sizilische Hof gehörte der Jugend und dem Geist; er war von dem pulsierenden Leben neuer Vorstellungen und Gedanken erfüllt und zog die genialsten Männer und – wie es naheliegt – die schönsten Frauen aus Ost und West an. Nichts Heutiges läßt sich damit vergleichen, ja es hat seit der Zeit der Herrscher des achtzehnten Jahrhunderts und der Renaissancefürsten, die sich wie Phönixe aus der Asche des zerstörten Hofes Friedrichs II. erhoben, nichts dergleichen gegeben. Wenn man sich einen Hof vorstellt, der die politische Macht der Welt, die Eleganz von Paris, die Heiterkeit des alten kaiserlichen Wiens, die Gelehrsamkeit der *Royal*

Society und die Lebenslust der Elisabethanischen Zeit in England vereint, und dies alles zusammengehalten durch die Anziehungskraft einer leidenschaftlichen Persönlichkeit, so mag man die den Geist befeuernde Atmosphäre am Hofe Friedrichs II. ermessen.

Es ist unwahrscheinlich, daß die Hofpoeten ihren Versen einen besonderen Wert beimaßen; sie hätten mit Staunen das Urteil der Nachwelt vernommen, daß diese anmutige Form, sich die Mußestunden zu vertreiben, eine literarische Revolution hervorrufen sollte. Es war eben Mode, Liebessonette an eine entzückende Dame zu richten, deren Schönheit die des Smaragds überstrahlte und deren Gleichgültigkeit, sei sie erheuchelt oder echt, den feurigen Liebhaber in die tiefste Verzweiflung stürzte.

Das Sonett wurde von einem Dichter der sizilischen Schule erfunden, vermutlich von Giacomo da Lentini, der sich im Jahre 1233 an Friedrichs Hof aufhielt, meist aber als Notar in Catania lebte und arbeitete. Seine Gedichte wurden von Dante bewundert, und er gilt allgemein als der größte sizilische Dichter. Die uns erhaltenen vierzig Gedichte zeichnen sich durch eine innige Liebe zur Natur aus.

Zu einer Zeit, in der die Schönheit der Natur meist unbeachtet blieb, gehören die Vergleiche aus diesem Bereich zu den überraschendsten Merkmalen der sizilischen Dichtung; es ist durchaus denkbar, daß sie eine persönliche Neigung des Kaisers widerspiegeln. So hat einer seiner engsten Freunde, Percival Doria, ein Mitglied der großen ghibellinischen Familie Doria aus Genua, ein wunderschönes Gedicht verfaßt, das mit der Beschreibung eines klaren Morgens beginnt, an dem die Vögel singen, dann aber ziehen Wolken auf, der Tag wird dunkel und regnerisch, und der Dichter vergleicht ihn – wie sollte es anders sein – mit der Unbeständigkeit seiner Geliebten.[11] Ihn übertreffend vergleicht Rinaldo d'Aquino seine unerwiderte Liebe mit einem Feuer, das inmitten von Schnee und Eis brennt. Das Bild ist so lebendig, daß das Auf- und Absteigen des Versmaßes die Bewegung der züngelnden Flammen zu wiederholen scheint, und unwillkürlich meint man, der Dichter habe dabei an irgendein Lagerfeuer in einer Schneelandschaft gedacht, an dem er auf einem seiner Feldzüge geruht hat.

Offenbar hat Rinaldo d'Aquino bei einer anderen Dame mehr

Glück gehabt, denn er beschreibt in einem lustigen Lied, wie er sein Herz beim Tanze verlor. Das Lied sollte offensichtlich zu einem Tanzrhythmus gesungen werden; nach der raschen Wiederholung der Reime zu schließen, sang es der Anführer des Tanzes, während die anderen im Kreise oder in einer langen Kette sich singend im Rhythmus des Kehrreims wiegten.

Die Mehrzahl der uns überlieferten Gedichte der sizilischen Schule sind eben diese Tanzlieder, in denen die Rose, die Nachtigall und die Schönheit der Tänzerin gefeiert wird. Es gibt jedoch auch andere, in denen die Leidenschaft die Maske der Verstellung und der leichten Spielerei fallen läßt. Das berühmteste ist Giacomo Puglieses »La dolce ciera piacente« (»Das süße, liebliche Antlitz«). In diesen Versen verschmäht der Dichter die üblichen Konventionen der höfischen Minne und beschreibt in Worten, die von sinnlichen Empfindungen vibrieren, eine Leidenschaft, die offensichtlich voll und ganz erwidert wurde. Die arabischen Liebeslieder des sarazenischen Siziliens klingen in diesen Gedichten der Leidenschaft wieder auf.

Aber es gibt noch zwei weitere Gedichte der sizilischen Schule, die von einer leidenschaftlichen Sehnsucht ganz anderer Art erfüllt sind. Sie wurden von dem berühmtesten unter den jüngeren Dichtern des Hofes geschrieben – König Enzio, Friedrichs ältestem unehelichem Sohn –, als er in Bologna gefangenlag hinter den hohen Mauern der welfischen Stadt, aus der er niemals entkommen sollte. Eines dieser Gedichte, nur als Fragment erhalten, gehört zu den meistzitierten Versen der gesamten Dichtung des kaiserlichen Hofes:

> Va Cansonetta mia a salute messere
> dilli lo mal ch'i' aggio
> Quelli che m'a'n balia – si distretto mi tene,
> ch'eo viver non poraggio.
> Salutemi Toscana-quella ched è sovrana,
> in cui regna tutta cortezia
> e vanne in Puglia piana-la magna Capitana
> là dov'è lo mio core notte' e dia ...[12]

Diese Zeilen schrieb Enzio bald nach seiner Gefangennahme durch die Bolognesen, als sein Vater noch am Leben war und er hoffen konnte, ausgelöst oder befreit zu werden und das »Puglia piana-la magna Capitana« wiederzusehen, das Friedrich und seine Söhne so liebten. Kein Wunder, daß von Enzio berichtet wird, er habe »am Morgen gesungen und am Abend geweint«.

Das zweite Gedicht ist von unendlicher Trauer erfüllt; offenbar wurde es von Enzio geschrieben, als schon viele Jahre seiner langen Haft verstrichen waren. Enzio überläßt sich in dem ganzen Gedicht dem Grübeln über den Sinn der Zeit, sie zu Beginn jeder Zeile neu beschwörend:

Tempo vene che sale a che discende
Tempo da parlare a d'attacare
Tempo d'ascoltare e da imprendere,
Tempo di minacce non temere,
Tempo di ubbidire chitti riprende
Tempo di molte cose provedere
Tempo di negghiare che t'affende,
Tempo d'infingere di non udire...[13]

Kein Zweifel, daß Enzio sein eigenes Dasein schildert, wie die nicht endenwollende Zeit der Gefangenschaft auf ihm lastet, während mit den dahinrinnenden Jahren die Hoffnung schwindet.

Das tragische Schicksal Enzios spielte eine wichtige Rolle in der Entwicklung der italienischen Dichtkunst. Er wurde während seiner zwanzigjährigen Gefangenschaft in Bologna mit allen Ehren behandelt und zeichnete sich durch Tapferkeit, Schönheit und Charme aus. Auch heute noch heißt der Palast, in dem er gefangengehalten wurde, Palazzo di Re Enzio; dort hielt er in einem Kreise von Dichtern Hof, die viel dazu beitrugen, die Dichtung der sizilischen Schule nach Mittelitalien zu verpflanzen. Es ist übrigens interessant, daß, von Bologna und dem Königreich Sizilien abgesehen, die neue italienische Dichtkunst zuerst in Pisa, Arezzo, Lucca, Siena und Florenz aufblühte; alle diese Städte hatten enge Beziehungen zum kaiserlichen Hof. Der spätere Aufstieg der *Lingua Toscana* im Bereich der italienischen Dichtung ist zweifellos auf die lange Anwesenheit des Hofes in Mittelitalien zurückzuführen.

Aber nicht nur König Enzios Gedichte befaßten sich mit den dunklen Seiten des Lebens; andere Dichter der sizilischen Schule sangen von dem Schmerz der Liebenden, die sich trennen mußten; was nicht zu verwundern ist, wenn man an die ständigen Reisen des Hofes in Friedenszeiten denkt. Später kamen zu diesen vorübergehenden Trennungen im Frieden die tragischen Abschiede des Krieges. In manchen dieser Gedichte wird der Abschiedsschmerz nur zum Anlaß, um dem Zauber der Geliebten in der anerkannten höfischen Form anmutig Tribut zu zollen; in anderen jedoch sind die Worte von tiefem menschlichem Gefühl getragen. Zu der letztgenannten Gruppe gehören, erstaunlich genug, zwei der vier Gedichte, die mit Wahrscheinlichkeit aus Friedrichs Feder stammen. Zwei Gedichte, unter den Eingangsworten – *»Dolze meo drudo«* und *»Oi lasso, nom pensai«* – bekannt und beide dem Kaiser zugeschrieben, sind erfüllt von dem Abschiedsschmerz der Liebenden. In dem zweiten Gedicht wird die »Macht anderer« für die Trennung verantwortlich gescholten; manche Kritiker zweifeln daher, ob der allgewaltige Kaiser wirklich der Verfasser war, da niemand ihn von der Dame seines Herzens zu trennen vermocht hätte. Andere hingegen behaupten, Friedrich habe in diesen Gedichten lediglich den literarischen Konventionen seiner Zeit gehuldigt. Beide Gedichte enthalten jedoch eindeutige Hinweise, daß es sich hier tatsächlich um den Abschied von einem konkreten Menschen handelte. In »Dolze meo drudo« spricht der Verfasser Toskanien die Schuld dafür zu, daß es ihm sein Herz entwendet habe, und in »Oi lasso, nom pensai«, das an die »Blume Syriens« gerichtet ist, bekennt der Dichter, er glaube sterben zu müssen, wenn er den Fuß auf das Schiff setze, das ihn davontragen werde. Da nun Friedrich ständig in Staatsangelegenheiten auf Reisen war, so blieb ihm eine Trennung von der Geliebten kaum erspart.

Es spricht also einiges dafür, daß der Kaiser trotz seiner Sinnlichkeit und Unbeständigkeit eines echten Gefühls durchaus fähig war, wenn auch nur für kurze Zeit. Aufschlußreich in diesem Zusammenhang ist auch eine Stelle in einem langen Brief voller wissenschaftlicher Fragen, den Friedrich an Michael Scotus, seinen Hofphilosophen und Astrologen, richtete. Über die Unsterblichkeit der Seele meditierend, fragte Friedrich: »Und wie kommt es, daß die Seele eines lebendigen Menschen, wenn sie in ein anderes Leben übergeht, weder durch die *erste Liebe* noch durch den Haß zur

Rückkehr gezwungen werden kann, als wäre das Vergangene rein gar nichts gewesen, ja als habe sie nichts zurückgelassen.« Daß nun der Kaiser menschliche Leidenschaften wie Liebe und Haß in eine wissenschaftliche Erörterung einflicht, heißt doch wohl, daß er selbst dieser Gefühle fähig war.

Abgesehen von Friedrichs drei Gemahlinnen, die er aus politischen Gründen heiratete, ohne sie je vorher gesehen zu haben, ist uns erstaunlicherweise von den vielen Frauen, die ihm nahestanden, ja sogar von den Müttern seiner unehelichen Kinder nur eine mit Namen bekannt, nämlich Bianca Lancia, die Mutter Manfreds und Konstanzes.

Die Lancias, eine adlige Familie aus Piemont, waren seit langem mit dem Hause Hohenstaufen verbunden. Drei Brüder – Heinrich, Hugo und Manfred – lebten schon am Hofe Barbarossas. Dieser Manfred starb im Jahre 1215 und hinterließ drei Kinder – Manfred, Giordanino und Bianca. Er scheint kein guter Geschäftsmann gewesen zu sein, denn die großen Ländereien, die er geerbt hatte, verkaufte er Stück für Stück und brachte seine Familie schließlich an den Rand des Ruins. Davon abgesehen, war dieser erste Manfred ein ungewöhnlicher Mann, ein begabter *trovatore*, der Gedichte in provenzalischer Sprache schrieb, ein Freund des Marquis von Montferrat, dessen Hof für die Pflege erlesener Sitten im provenzalischen Stil in Oberitalien bekannt war.

Sein Sohn Manfred, der im Jahre 1212 ungefähr siebzehn Jahre alt war, scheint Friedrich etwa zur Zeit der bedeutsamen Reise nach Deutschland kennengelernt und sich mit ihm befreundet zu haben. Im Jahre 1216 trat Manfred mindestens einmal als Vertreter Friedrichs in Oberitalien auf. In einem Dokument aus dem Jahre 1218 bezeichnet Friedrich ihn als »Fidelis noster«, und im Jahre 1226 hielt er sich am kaiserlichen Hof in Sarzana auf. Manfred Lancias gesamte Familie scheint um 1230 in das Königreich Sizilien gezogen zu sein, wo er bereits eine so wichtige Stellung am Hof einnahm, daß er Staatsurkunden mitunterzeichnete; so trägt eine in San Germano kurz vor dem berühmten Frieden von Ceprano ausgestellte Urkunde Manfreds Unterschrift als Zeuge. Während der Jahre 1231 und 1232 weilte Manfred Lancia ständig am Hofe.

Friedrich, zu dieser Zeit Witwer, war ein tätiger Mann von siebenunddreißig Jahren, der auf der Höhe seiner ungewöhnlichen geistigen und körperlichen Gaben stand (mit vierundfünfzig Jahren konnte er noch immer vierundzwanzig Stunden im Sattel verbringen); die Schwierigkeiten und Nöte der Exkommunikation und des Kreuzzuges lagen hinter ihm, und er fing bereits an, die Früchte der Neuordnung seines geliebten sizilischen Königreiches zu ernten. Zu dieser Zeit, als er auf dem Gipfel seiner persönlichen Entwicklung stand, wurde Manfred, sein Sohn von Bianca Lancia, wahrscheinlich im Sommer 1232, in Venosa geboren. Der Hof befand sich in Melfi, Friedrich scheint sich jedoch seiner Gewohnheit gemäß mit einem kleinen Kreis enger Freunde in die größere Einsamkeit seiner Jagdhütten in der wilden gebirgigen Umgebung zurückgezogen zu haben. Es besteht keinerlei Grund anzunehmen, daß Friedrich sich mit Bianca aus politischen Gründen verbunden haben sollte; ihre völlig verarmte Familie verdankte ihren jetzigen Wohlstand lediglich Friedrichs Gunst. Eher hing es mit Manfred Lancias plötzlichem Aufstieg zu einer wichtigen Stellung bei Hofe zusammen, daß der Kaiser eine leidenschaftliche Zuneigung zu einer Frau aus der Familie Lancia faßte.

Über Bianca wissen wir sehr wenig, nicht einmal, ob sie die Schwester oder die Nichte Manfred Lancias war. Da jedoch Manfred im gleichen Alter wie Friedrich stand, vermutet man, daß es sich eher um die Tochter seiner Schwester Bianca handelt. Über ihre Erscheinung berichtet keine Indiskretion der Höflinge oder Chronisten, ob sie groß oder klein, blond oder dunkel war; wohl aber scheint sie sehr schön und begabt gewesen zu sein. Ihr Sohn genoß während seines ganzen Lebens den Ruhm, eine strahlende Erscheinung, ein begabter Dichter und der Schönheit ergeben zu sein; schon daß wir Biancas Namen kennen, während die Mütter von Enzio, Friedrich von Antiochien und aller anderen unehelichen Kinder Friedrichs vergessen sind, ist bemerkenswert. Auch scheint Bianca mindestens sechzehn Jahre hindurch einen gewissen Einfluß auf den unbeständigen Kaiser ausgeübt zu haben, denn nach dem Tode seiner dritten Gemahlin Isabella im Jahre 1241 stattete Friedrich sie mit riesigen Ländereien aus – den Grafschaften Gravina, Tricarico und Monte Sciaglioso und mit der Würde von

Monte San Angelo. Letzteres ist deshalb besonders interessant, weil es seit jeher zur Mitgift der sizilischen Königinnen gehörte.

Die meisten Historiker zweifeln kaum daran, daß Friedrich Bianca Lancia nach dem Tode der Kaiserin Isabella tatsächlich geheiratet hat. Sein Geschenk an sie – die Würde von Monte San Angelo – und die Tatsache, daß Manfred Lancia, ihr Bruder oder Onkel, zur Zeit der Hochzeit ihres Sohnes Manfred mit Beatrix von Savoyen im Jahre 1248 in kaiserlichen Dokumenten als »dilectis affinis noster« (unser teurer Verwandter) bezeichnet wird und den Vorrang vor dem Brautvater, Thomas von Savoyen, hatte, werden als Beweise für diese Eheschließung angesehen. Außerdem ist Biancas Besitz später ihrem Sohn vermacht worden. Friedrich bestätigte diese Schenkung in seinem Testament, überdies wird von seinen unehelichen Kindern nur Manfred in dieser offiziellen Staatsurkunde genannt, obwohl alle seine Söhne wichtige Positionen innehatten und die Töchter in die berühmtesten italienischen oder ausländischen Familien hineinheirateten. Dies alles spricht dafür, daß Friedrich tatsächlich die Ehe mit Bianca einging; doch gab es Gründe genug, von einer offiziellen Verlautbarung abzusehen, da der Kaiser, zu dieser Zeit exkommuniziert, mit Bianca, die nicht von königlichem Geblüt war, ohnehin nur eine morganatische Ehe eingehen konnte.

Besonders interessant ist diese Heirat insofern, als Friedrich in keinem anderen Fall versucht hat, die Stellung seiner Geliebten zu legalisieren; auch war diese Ehe die einzige, die er aus Neigung und nicht aus staatspolitischen Gründen schloß. Daß er es tat und außerdem Bianca noch zehn Jahre nach der Geburt Manfreds ausgedehnte Ländereien schenkte, setzt eine Neigung Friedrichs zu dieser Frau voraus, die tiefer reichte als eine nur physische Anziehung. Weder die Heirat mit Isabella noch die Existenz anderer Mätressen oder der berühmten Odalisken scheinen die Beziehung zu Bianca, der Mutter seines Lieblingssohnes, beeinträchtigt zu haben.

Jedenfalls war Manfred dasjenige seiner Kinder, das Friedrich am nächsten stand; die Chronisten berichten, er habe ihn »wie seine eigenen Augen« geliebt. Das Buch des Kaisers über die Falkenjagd – *De Arte Venandi cum Avibus* – ist Manfred gewidmet, der nach dem Tode seines Vaters eine neue Ausgabe liebevoll vorbereitete. Die Erziehung des Knaben wurde mit unendlicher Sorgfalt überwacht.

Obwohl Friedrich für die Mehrzahl seiner Kinder eine fast orientalische Zuneigung empfunden zu haben scheint, so behandelte er manche doch recht spartanisch; er überhäufte zwar seine Söhne mit Ehren, nötigte ihnen aber schon in jungen Jahren schwere Verantwortung auf; die Töchter verheiratete er, wenn sie kaum dem Kindesalter entwachsen waren, wie es ihm gut dünkte. Auch Manfred hatte schon früh ernste Pflichten auf sich zu nehmen, aber er scheint mit seinem Vater viel inniger zusammengelebt zu haben als die anderen; er als einziger unter Friedrichs Kindern wachte am Sterbelager seines Vaters.

Zieht man die wilde Eifersucht in Betracht, die sich in Friedrichs Beziehungen zu Frauen immer geltend machte, so wird Bianca, nachdem sie einmal Friedrichs Geliebte war, nicht mehr viel von dem heiteren Leben und Treiben des Hofes gesehen haben. Vor dieser Zeit dürfen wir sie uns jedoch inmitten der fröhlichen jungen Schar vorstellen, die an Sommertagen in den Gärten des kaiserlichen Palastes tanzte. Vielleicht war sie es, die Friedrich mit dem Gedicht »Poi che ti piace, Amore« zu erhöhen wünschte, oder deren Gedanken er in den Versen »Dela mia disianza« so anmutig beschreibt: noch zögere sie, ihre Liebe zu gestehen, da sie die Unbeständigkeit des Mannes fürchte – begreiflich genug, wenn es sich um Friedrich handelte.

Den Herbst und Winter nach Manfreds Geburt verbrachte Friedrich in einer seiner Lieblingsjagdhütten in Apricena, wo der Wald der Incoronata in die Seen und Sümpfe übergeht, die die nördliche Küste des wilden, gebirgigen Monte Gargano säumen. Mit ihm waren Manfred Lancia und vermutlich auch Bianca und ihr neugeborener Sohn. Bei späteren Besuchen muß der Knabe in den Lieblingssport seines Vaters eingeführt worden sein, denn die Sümpfe und Seen sind voll von den Wasservögeln, die Friedrichs geliebte Falken jagten. Es geht tatsächlich auf Manfreds ständiges Drängen zurück, daß Friedrich sein berühmtes Buch über die Falkenjagd schrieb: *De Arte Venandi cum Avibus (Von der Kunst, mit Vögeln zu jagen).*

Abhandlungen über die Falkenjagd waren im Mittelalter in Europa und im Orient nichts Seltenes; die europäischen waren jedoch lediglich Handbücher für das Abrichten und die Pflege der Falken. Das Buch des Kaisers hingegen ist sehr viel mehr – eine wissenschaftliche Arbeit über Ornithologie und zugleich eine detaillierte und gründliche Untersuchung der Falknerei, wie sie geübt werden soll, als Kunst, nicht als Sport. Das Buch hat der Zeit standgehalten und war bis zum achtzehnten Jahrhundert maßgeblich für alle Fragen der Falknerei.

Für das Mittelalter war jedoch *De Arte Venandi cum Avibus* in vieler Hinsicht etwas ganz Neues. Vor dem gesammelten Schrifttum der Zeit zeichnet das Werk sich aus durch die wissenschaftliche Behandlung des Themas und die klare Anordnung, durch bewußtes Ausscheiden aller Tatsachen, die nicht durch Beobachtungen des Verfassers oder zuverlässiger Mitarbeiter erhärtet waren, sowie durch den einfachen und klaren Stil. Zweifellos verdankte es vieles der Zoologie des Aristoteles, die von Michael Scotus zu Beginn des Jahrhunderts übersetzt worden war; aber Friedrich zeigt sich mehrfach mit der Beschreibung, die Aristoteles von den Vögeln und ihren Gewohnheiten gibt, nicht einverstanden. »Wir sind dem Aristoteles gefolgt, wenn es sich schickte, aber in vielen Fällen, und besonders, wenn er von der Natur einiger Vögel schreibt, scheint er von der Wahrheit abgewichen zu sein. So konnten Wir Uns dem Fürsten der Philosophen nicht immer anschließen, da er ja selten oder nie die Jagd betrieben hat, die Wir seit jeher geliebt und geübt haben.«

Der besondere Reiz des Buches liegt in der Gabe des Kaisers, das, was er mit äußerster Genauigkeit beobachtete, ebenso anschaulich darzustellen. Wenn er die Ursache für ein bestimmtes Phänomen nicht finden konnte, sagte er es unumwunden; wenn ihm etwas unklar blieb, zog er keine Schlüsse, sondern ließ die Frage offen; wenn er eine Theorie aufstellte, tat er es mit großer Vorsicht. In der abergläubischen Zeit, in der Friedrich lebte, ist dieses klare und geordnete Denken erstaunlich. Immerhin lassen sich in Sizilien Beispiele einer ähnlichen geistigen Haltung schon früher feststellen. So pflegte der Admiral Eugenius, auch Eugen der Emir (Eugen von Palermo) genannt, der am Hofe Wilhelms I. die Finanzverwaltung leitete und einer der bekanntesten Übersetzer des normannischen Hofes war (unter anderem übersetzte er die Optik des Ptolemäus), auf die gleiche methodische Art vorzugehen; seine poetische Beschreibung einer Wasserlilie ist ein Musterbeispiel detaillierter Beobachtung. Woher kam diese besondere Art der geistigen Schulung? Es liegt nahe, sie dem arabischen Einfluß zuzuschreiben, denn dieselbe Methode verrät sich in der klinischen Genauigkeit, mit der arabische Ärzte Krankheiten beschrieben.

Was der Kaiser an Beobachtungen aufschrieb, konnte er sich nicht aus Büchern oder in ruhigen Mußestunden in der Jagdhütte angeeignet haben. Nur ein Mann mit unendlicher Geduld, der sich die Zeit nahm, die Vögel in ihrer natürlichen Umgebung zu beobachten, konnte dies alles wissen. Zweifellos besaß Friedrich eine echte Liebe zu Tieren und Vögeln. Das leidenschaftliche Interesse, mit dem er, trotz seiner Herrscherpflichten, sich das umfassende Wissen über die Vögel und ihre Gewohnheiten erwarb, spricht aus jeder Seite seines Buches.

De Arte Venandi cum Avibus ist in der uns erhaltenen unvollständigen Form in sechs Bücher aufgeteilt; der Abschnitt über die Krankheiten der Falken ist verlorengegangen. Das erste Kapitel des ersten Buches beschreibt die Falknerei als die edelste der Künste; darauf folgt eine allgemeine Abhandlung über Struktur, Flug und Gewohnheiten der Vögel; die Beschreibung der Struktur und des Fluges zeigen, daß der Verfasser genaue Kenntnisse der Gesetze der Mechanik besaß. Das zweite Buch handelt von dem Fang und Abrichten der Raubvögel, das dritte von den verschiedenen Lockmitteln, durch die die Falken zum Jäger zurückgerufen werden, das vierte von der Jagd nach Kranichen mit Gierfalken, das fünfte von der Jagd nach Reihern mit den heiligen »sakker« Falken (Sakerfalken) und das sechste von dem Gebrauch kleinerer Falkenarten für die Jagd auf Wasservögel.

Die letzten vier Bücher, rein technischer Art, sind nur für einen Fachmann der Falknerei von Interesse; die ersten beiden jedoch bieten jedem, der sich für das Leben der Natur interessiert, eine faszinierende Lektüre. Zunächst teilt der Kaiser die Vögel in drei Kategorien ein: Landvögel, Wasservögel und amphibische Vögel, die in beiden Elementen leben. In dieser Untersuchung ihrer Anatomie und Gewohnheiten beweist Friedrich genaueste Kenntnisse. So hatte er zum Beispiel beobachtet, daß bei Vögeln, die ihre Nahrung durch Kratzen in der Erde suchen, die Innenseite der Kralle des mittleren Zehs an beiden Füßen gezackt, daß bei Kranichen der innere Vorderzeh an beiden Füßen gebogen ist wie bei Raubvögeln, und daß diese Zehen auf dem Boden seitwärts aufruhen, um ihre Schärfe zu bewahren. Daß Geier keine Federn am Nacken haben, erklärte er daraus, daß sie beim Fressen den Kopf tief in die Tierkadaver hineinstoßen.

Am interessantesten jedoch sind die Abschnitte des Buches, die vom Vogelzug handeln. Apulien, noch heute außerordentlich reich an Vögeln, liegt an einer der wichtigsten Zugstraßen, was vermutlich nicht ohne Einfluß war auf Friedrichs Vorliebe für diese Provinz, die er im Zusammenhang mit den Zuggewohnheiten der Kraniche nennt – übrigens eine der seltenen topographischen Angaben in *De Arte Venandi cum Avibus*. Friedrich rühmt den erstaunlichen Wettersinn der Vögel und ihr instinktives Wissen um die Gefahren der Erschöpfung und berichtet, wie seine Gierfalken in der Capitanata Kraniche mit blutbedeckten Federn und in erschöpftem Zustand gefangen haben. Daraus schließt er, wenn auch mit wissenschaftlicher Vorsicht, daß die Erschöpfung den Kranichen das Blut aus den Nasenlöchern getrieben habe. An anderer Stelle weist er darauf hin, daß Zugvögel sich bei Gegenwind zahm auf ein Schiff niederzulassen pflegen und dort bleiben, bis ein günstiger Wind weht, worauf sie sofort weiterfliegen, ohne sich durch reichlich dargebotenes Futter zum Fressen oder Ausruhen verleiten zu lassen.

Außerdem besaß Friedrich eine erstaunliche Kenntnis von Vogelarten aus der ganzen Welt. So beschreibt er zum Beispiel den Flug des Kolibris und die Eigentümlichkeiten der Pelikane, des Papageis und des Wiedehopfs; manche dieser Vögel konnte er sicher in seiner eigenen Menagerie beobachten, denn die Sultane des Orients wußten wohl, daß ein seltener Vogel oder ein seltenes Tier dem Kaiser ein genehmeres Geschenk waren als die üblichen Schätze und Juwelen. Zum Teil bezog er sein Wissen über exotische Tiere auch aus dem Briefwechsel mit seinen orientalischen Freunden und von Mitgliedern der Gesandtschaften, die an seinem Hofe akkreditiert waren. Doch, wie er selber zugibt, wendete er wie sein Großvater Roger große Summen auf, um solche Informationen durch besondere dazu beauftragte Personen beizuschaffen. Zu demselben Zweck setzte er, wie aus den Hofregistern hervorgeht, die Verwaltungsmaschinerie des Staates ein.

Aus dem zweiten Buch, in dem der Fang und das Abrichten der verschiedenen Falkenarten beschrieben wird, geht deutlich hervor, mit welch ungeheuren Ausgaben die Falkenjagd im königlichen Stil verbunden war. Friedrich hielt den Gierfalken für den »König und Herrn der Falken« und bezeichnete die schneebedeckte Insel zwischen Norwegen und Grönland, die in der deutschen Sprache Islandia heiße, als ihre Heimat.

Der Kaiser war um die Pflege der Gierfalken auf ihrer langen Reise sehr besorgt und empfahl, ihnen nach ihrer Ankunft einen Winter oder gar ein ganzes Jahr lang Ruhe zu gönnen. In seinen Vorschriften für die Pflege und Abrichtung der Falken tritt Friedrichs Liebe zu diesen Vögeln und sein Verständnis für sie unverhüllt zutage. Er empfand offenbar eine tiefe Sympathie für ihre Wildheit und für ihren unbegrenzten Drang nach der Freiheit des Fliegens und sah die Fähigkeit des Menschen, sie abzurichten, als einen besonderen Vorzug an: »Die Raubvögel sind nichts als Werkzeuge in der Hand eines Meisters ... und doch sollte der geschulte Falkner ihnen und ihrer Ausrüstung seine ganze Aufmerksamkeit zuwenden ... Der Falkner sollte sich zum obersten Ziel setzen, seine Jagdvögel durch seine Geschicklichkeit darauf abzurichten, daß sie die Beute, die er begehrt, auf die Art und Weise fangen, die ihm gut dünkt. Der eigentliche Fang der Beute sollte erst an zweiter Stelle stehen.«

Die Abrichtung des Falken begann damit, daß man ihn an die Nähe des Menschen gewöhnte. Um seine Angst zu überwinden und ihn davon abzuhalten, sich durch wildes Flügelschlagen Schaden zuzufügen, wurden ihm die Augen zugebunden, indem ein Faden durch das untere Lid und dieses über das Auge gezogen wurde. Diese Maßnahme ist in Europa durch den Gebrauch der Kappe ersetzt worden, die Friedrich aus dem Orient einführte; er befürwortete jedoch die Anwendung beider Systeme, um dem Vogel das Augenlicht und damit ungewohnte und furchterregende Anblicke vorübergehend zu entziehen. Am meisten erschrecke er sich, so schreibt Friedrich warnend, vor dem Gesicht des Menschen. Nach dem Zubinden der Augen mußte der Falke vierundzwanzig Stunden ohne Unterbrechung auf der Faust einander ablösender Falkner in einem dunklen Raum umhergetragen werden; diese Methode wird noch immer in Zentralasien angewandt. Am zweiten Tage wurde der Falke zum erstenmal gefüttert. Der Kaiser empfahl ein nicht zu kleines Hühnerbein, aber auch in Milch gekochte Eier, oder Schafskäse. Der Falkner mußte im Umgang mit den Falken wie bei der Zubereitung ihrer Nahrung peinlichste Sauberkeit beachten.

Während der Falke fraß, war der Falkner angehalten, ihm ein kleines Lied vorzusingen, das der Vogel mit der Zeit mit seinem Futter in Verbindung bringen sollte. Auch sollte er den Falken – immer mit sauberen Händen – berühren und liebkosen, ihn täglich gleichmäßig sanft streicheln. Kein Wunder, daß Friedrich schrieb, ein guter Falkner müsse seinen Beruf lieben und ihn mit Fleiß und Geduld ausüben. Ein vom Kaiser angestellter Falkner mußte klug sein, ein gutes Gedächtnis, scharfe Augen und Ohren und eine angenehme Stimme haben. Er mußte schwimmen können, Mut beweisen, nicht zu jung sein und einen leichten Schlaf haben, da er die Vögel während der Nacht beaufsichtigen und beim Morgengrauen aufstehen mußte, um sie auszuführen. Auch durfte er weder gierig, noch ein Trinker, weder übellaunig noch exzentrisch, ja nicht einmal zerstreut sein.

Der erste Ausflug des Falken wurde mit äußerster Sorgfalt und Vorsicht überwacht; er fand stets beim Morgengrauen an einer einsamen Stelle statt, damit kein störender Anblick, kein Geräusch das Tier erschrecken konnten. Langsam schritt die Abrichtung fort, und der Falke, der zunächst nur kleinere Vögel angriff, lernte allmählich, wenn er das richtige Temperament entwickelte, mit anderen Falken zusammen große Beuten wie Kraniche und Reiher zu fangen. Auch mußte sich der Falke daran gewöhnen, mit Hunden zusammenzuarbeiten; um ihm die Scheu zu nehmen, fütterte der Falkner die Hunde zu Füßen des Vogels mit Käse und anderem Futter. Die ganze Abrichtung war ein sehr langwieriger, komplizierter Prozeß, der sich, zumindest in den orientalischen Ländern, im Laufe der Jahrhunderte kaum geändert hat. Die Falken des Kaisers von Japan wurden bis zum letzten Krieg in genau der gleichen Weise abgerichtet, wie Friedrich sie vor siebenhundert Jahren in Europa empfohlen hat.

Mit der ihn auszeichnenden wissenschaftlichen Genauigkeit untersuchte Friedrich in seinem Buch über die Falkenjagd zuerst die verschiedenen, in anderen Ländern gebräuchlichen Locksysteme, ehe er sich für ein Federspiel aus Kranichflügeln entschied, das in die Luft geworfen wurde, während der Falkner gleichzeitig einen Lockruf ertönen ließ.

Es gibt in den berühmten Bibliotheken Europas noch mehrere Manuskripte des Falkenbuchs. Manche enthalten nur die zwei ersten Bücher, andere alle sechs, aber auch diese gelten als unvollständig. Etwa im Jahre 1265 schrieb Wilhelm Bottatus von Mailand an Karl von Anjou und bot ihm zwei reich mit Gold und Silber verzierte Bände zum Kauf an, die bei dem Überfall auf Friedrichs Lagerstadt Vittoria bei Parma im Jahre 1248 mit dem Gepäck des Kaisers erbeutet worden waren. Nach der Beschreibung handelte es sich nicht nur um eine Luxusausgabe des *De Arte Venandi cum Avibus* in der uns bekannten Form, sondern um weitere Abschnitte über die Krankheiten der Falken und ihre Heilung sowie um ein ganzes Buch über die Pflege, die Ernährung und das Abrichten der verschiedenen Hunderassen. Man vermutet, daß diese herrlich illustrierten Bände die persönlichen Exemplare des Kaisers waren; unglücklicherweise sind sie spurlos untergegangen. Das früheste Manuskript, das wir besitzen, gehört der Bibliothek des Vatikans; es stammt aus der Mitte des dreizehnten Jahrhunderts, wahrscheinlich aus der Zeit von Manfreds Herrschaft, da es Zusätze und Randbemerkungen von seiner Hand enthält.

Dieses Exemplar des *De Arte Venandi cum Avibus* ist wegen der Schönheit und Originalität der Miniaturen, die den Text mit großer Treue illustrieren, einer der kostbarsten Schätze der Bibliothek des Vatikans. Die Illustrationen zeigen die richtige und die falsche Art, mit dem Falken auf der Faust das Pferd zu besteigen; die notwendigen Vorsichtsmaßnahmen beim ersten Ausflug des Falken; auch wie man den Falken aus dem Munde mit Wasser bespritzen soll, um den Vogel zu beruhigen, damit er nicht mit den Flügeln schlage (der Kaiser wies die Falkner an, vorher den Mund dreimal auszuspülen!).

Die eigentliche Schönheit des Buches liegt jedoch in den Bildern der Vögel; dem Künstler ist es gelungen, wissenschaftliche Exaktheit der Darstellung mit einem ungewöhnlich starken Gefühl für die Anmut und Haltung des fliegenden Vogels zu verbinden. Da er überdies manches von dem Impressionismus japanischer Drucke übernahm, so überrascht es nicht zu hören, daß er entweder aus dem Orient stammte oder orientalische Einflüsse erfahren haben soll.

Trotz der wissenschaftlichen Behandlung des Themas und des sachlichen Stils, der für ausschmückende und persönliche Kommentare wenig Raum läßt, gewährt uns *De Arte Venandi cum Avibus* einigen Einblick in die Persönlichkeit und die Ansichten des Verfassers. Friedrich war in erster Linie Sportsmann; die Prahlereien des Jägers nach der Jagd waren ihm offensichtlich zuwider. Was ihn reizte, war die Kunst des Menschen, die wilde Kreatur zu bändigen; Grausamkeit oder Gewalt dürfen beim Abrichten des Falken keine Rolle spielen, es ist ein Werk, das tiefes Verständnis, unendliche Geduld und, nach Friedrichs Ansicht, auch Liebe erfordert. Seine Ansichten zusammenfassend entwirft der Kaiser ein Bild des guten Falkners; er solle bestrebt sein, »schöne Falken zu haben, besser ausgebildet als andere, die bei der Jagd Hervorragendes leisten und ihm Ehre machen. Ist dieses Ziel erreicht, so wird er sich für seine mühevolle Arbeit vollauf belohnt fühlen.«

Kapitel 9

NATURWISSENSCHAFT UND PHILOSOPHIE

Die wissenschaftliche Einstellung des Kaisers, wie wir sie in *De Arte Venandi cum Avibus* finden, zeigt sich auch in einem anderen Werk, das von einem Mitglied seines Hofes geschrieben wurde. *De Medicina Equorum*, eine Abhandlung über die Pflege der Pferde, ihre Krankheiten und therapeutische Behandlung, wurde auf Veranlassung des Kaisers von seinem Stallmeister Jordanus Ruffus geschrieben, jedoch erst nach Friedrichs Tod vollendet. Das Buch, im Unterschied zu dem des Kaisers vorwiegend fachlich orientiert, galt jahrhundertelang als ein Standardwerk, einige der vom Verfasser empfohlenen Mittel sind noch heute gebräuchlich.

Wie der Kaiser, teilte Jordanus Ruffus sein Werk in sechs Bücher; die Überschriften lauten: »Von der Zeugung und Geburt der Pferde«, »Vom Fang und Zureiten der Pferde«, »Von der Pflege und Ausbildung der Pferde«, »Wie man die Schönheiten der Pferde erkennt – ihr Körperbau und seine Funktionen«, »Natürliche Krankheiten und Unfälle« und »Arzneien und Heilmittel für das Kurieren der Pferde«. Die beiden letzten Bücher bilden den wichtigsten Teil des gesamten Werkes; darin werden siebenundfünfzig Krankheiten aufgezählt und ihre Symptome mit großer Sorgfalt beschrieben. Gerade diese Fähigkeit zu genauer Beobachtung, die auch dem Kaiser eigen war, macht das Buch heute so interessant als Beispiel für die geistige Einstellung, die die gesamte wissenschaftliche Tätigkeit des Hofes kennzeichnet.

Die Naturwissenschaften und die Mathematik waren die bevorzugten Studiengebiete des Kaisers, und es ist nur natürlich, daß seine persönlichen Neigungen die des Hofes beeinflußten. Jedoch förderte er die Bildung auch außerhalb seines Kreises, einmal, weil es ihm selbstverständlich war, sodann auch als bewußte politische Maßnahme, aus der Erkenntnis, daß eine weitere Verbreitung des Wissens eine der Grundlagen des laizistischen Staates war, den er zu schaffen versuchte. Die Gründung der Universität Neapel war ein Schritt in dieser Richtung; hiermit wie auch sonst trug er viel zur Verbreitung der Bildung in den unteren Volksschichten bei. Zur Regierungszeit seines Sohnes Manfred berichtete ein Chronist, als Friedrich den Thron bestieg, hätten nur wenige Menschen im Königreich Sizilien lesen und schreiben können; jetzt hingegen verstünden viele Kinder die Grundlagen der Grammatik.

Friedrich beschränkte seine Bemühungen nicht auf das sizilische Königreich. Im Jahre 1232 schenkte er den Professoren der Universität Bologna eine Reihe von Büchern, unter denen sich Werke des Aristoteles über Logik und Physik befanden, die er eigens aus dem Arabischen und Griechischen hatte übersetzen lassen. In einem beigelegten Brief schilderte der Kaiser, wie er schon als Knabe der Gelehrsamkeit zugetan, auch heute noch seine Zeit, soweit es die Pflichten seines Amtes zuließen, den Freuden des Lesens in seiner Bibliothek widme, in der Manuskripte aller Art »wohlgeordnet Unsere Schränke zieren«. Durch seine Protektion und Unterstützung förderte Friedrich einen ganzen Kreis von Übersetzern und Naturwissenschaftlern. Einige der bedeutendsten unter ihnen waren Juden – Jakob Anatoli aus Marseille und Jehuda ben Salomon Cohen; es spricht für die Unvoreingenommenheit der Zeit, daß sich der Kaiser offensichtlich eingehend mit dem jüdischen Glauben und jüdischen Sitten beschäftigt hat. Dieses Wissen kam ihm einmal in Deutschland zugute, als er sich mit einem angeblichen Ritualmord befassen mußte, den Juden an einem christlichen Knaben begangen haben sollten und der die öffentliche Sicherheit gefährdende, antisemitische Unruhen hervorgerufen hatte. Der Kaiser genoß wegen seiner Gelehrsamkeit bei den Juden offenbar hohes Ansehen und seine Aussprüche wurden zusammen mit denen des Aristoteles und Alexanders des Großen im »Sittenspiegel«, einer jüdischen Abhandlung aus dieser Zeit, zitiert.

Auch für die Medizin hegte Friedrich großes Interesse. Seinen

Freunden und seiner Familie soll er selbst Arzneien verschrieben haben; im Britischen Museum existiert noch heute ein Manuskript mit einem Rezept für die Wundbehandlung, das »dem Kaiser Friedrich« zugeschrieben wird. Das sizilische Königreich beherbergte die bekannteste medizinische Fakultät des Mittelalters, die Schule von Salerno, deren Ruhm sich in der ganzen lateinischen Welt ausgebreitet hatte. Nach der Eroberung Siziliens durch Karl von Anjou ging ihr Einfluß allmählich zurück, bis er zu Beginn des vierzehnten Jahrhunderts ganz unbedeutend geworden war; im Jahre 1811 wurde die Schule von Napoleon geschlossen.

In den Konstitutionen von Melfi bestimmte der Kaiser, wie vor ihm König Roger, daß im sizilischen Königreich kein Arzt praktizieren dürfe, ohne sein Studium an der Schule von Salerno abgeschlossen zu haben. Die umfassende Ausbildung begann mit Vorlesungen in Logik und sah dann ein fünfjähriges Studium der Chirurgie vor (dazu gehörte auch der Gebrauch gewisser Narkosemittel – der narkotische Schwamm wird ausdrücklich erwähnt); während des letzten Jahres mußte der Medizinstudent, um Erfahrungen zu sammeln, als Helfer eines praktizierenden Arztes arbeiten. Unter Friedrich wurde in Salerno die erste europäische Schule für Anatomie eröffnet. Die Gesetze, die der Kaiser erließ, regelten die Ausübung des medizinischen Berufs bis ins kleinste Detail: freie Behandlung für die Armen; die Zahl der Besuche, die ein Arzt bei Tag und bei Nacht zu machen habe, die Honorare, die er berechnen durfte, sowie seine Beziehungen zu den Apothekern, die sich eidlich verpflichten mußten, ihre Arzneien in korrekter Form auszugeben. Ärzte und Apotheker unterlagen strengen Kontrollen und einer genauen Überwachung durch kaiserliche Beamte; wenn sie die Gesetze übertraten, mußten sie mit der Beschlagnahme ihres Vermögens rechnen.

Zahlreiche medizinische Abhandlungen wurden für den Kaiser verfaßt. Eine der frühesten, geschrieben von Adam von Cremona, enthielt hygienische Verhaltensmaßregeln für Armeen und große Pilgergruppen – offenbar war die Seuche, die unter den Kreuzfahrern im Jahre 1227 gewütet hatte, für Friedrich eine Lehre gewesen. Einer seiner Hofphilosophen, Magister Theodor, der ebenfalls eine Abhandlung über Hygiene schrieb, stellte auf Friedrichs Wunsch eine besondere Diät für ihn auf. Ein anderer Hofarzt, Zaccaria, verfaßte auf Grund griechischer Quellen eine Augenheilkunde, die den Kaiser seiner schwachen Augen wegen besonders interessierte.

Alles, was an medizinischem Wissen zusammengetragen wurde, wendete der Kaiser in praktischer Form an, sowohl in den Gesetzen, die er erließ, um die hygienischen Verhältnisse der Städte des Königreichs zu verbessern, als auch in seinem persönlichen Leben. Die außerordentlich modernen sanitären Einrichtungen in seinen Schlössern zeigen, daß er die Bedeutung der Hygiene und der persönlichen Sauberkeit erkannt hatte; seine Gewohnheit, täglich zu baden, straft die Beschreibung des Mittelalters als der »tausend Jahre ohne Bad« Lügen. Friedrich lebte streng nach gesundheitlichen Verhaltensmaßregeln, zu denen auch häufige Aderlasse gehörten; obwohl offensichtlich ein Feinschmecker, war er enthaltsam im Essen und Trinken und beachtete eine strenge Diät; er fastete während des Tages und nahm nur abends eine Mahlzeit zu sich.

Die hervorstechendste wissenschaftliche Persönlichkeit am Hofe war Michael Scotus, während vieler Jahre Friedrichs Hofphilosoph und -astrologe. Er wurde um das Jahr 1175 herum geboren und stammte vermutlich aus der schottischen Familie Balwearie in der Grafschaft Fife. Er studierte als junger Mann Philosophie und Mathematik in Oxford und Paris. Zwischen 1210 und 1220 gehörte er zu einer Gruppe von Übersetzern an der Universität von Toledo; dort verfaßte er sein bedeutendstes Werk, die Übersetzung des Buches *De Sphaera* von Alpetragius und *Über die Tiere* von Aristoteles mitsamt den Kommentaren des Averroes über andere aristotelische Werke. Damit hat er drei Werke in die lateinische Welt eingeführt, die eine umwälzende Wirkung auf das naturwissenschaftliche Denken Europas haben sollten.

Michael Scotus war ungefähr fünfzig Jahre alt, als er Friedrich kennenlernte. Er war ein typisches Beispiel für den vielsprachigen wandernden Gelehrten des Mittelalters, ein Geistlicher, der Latein, Arabisch und Hebräisch beherrschte, der von einem Zentrum der Gelehrsamkeit zum anderen zog und immer nach einem wohlhabenden Gönner Ausschau hielt, denn er war ehrgeizig und ausgesprochen geschickt. König Heinrich III. von England bot ihm ein entlegenes Bistum in Irland an, was er jedoch ausschlug mit der

Begründung, er könne kein Gälisch; das Amt des kaiserlichen Astrologen war seinen unleugbar vorhandenen Gaben angemessener.

Michael Scotus war ohne Zweifel ein ernst zu nehmender Gelehrter, und die Werke, die er übersetzte, besaßen für die damalige gelehrte westliche Welt große Bedeutung. Außerdem verstand er, natürliche Phänomene wie die süditalienischen Vulkane und Heilquellen, die er auf Friedrichs Bitte untersuchte, objektiv und genau zu beschreiben. Aber aus seinen eigenen Schriften geht hervor, daß ihm die kritischen Fähigkeiten und der durchdringende Geist fehlten, die der Kaiser bei Themen, die er aus persönlicher Erfahrung kannte, aufzubringen vermochte. Anders als sein bedeutender Zeitgenosse Fibonacci, der größte Mathematiker Europas bis zum achtzehnten Jahrhundert, hatte Michael Scotus etwas von einem Scharlatan; seine Antworten auf Fragen, die Friedrich ihm stellte, zeigen, daß er und in mancher Hinsicht auch der Kaiser echte Kinder ihrer Zeit waren.

Will man Michael Scotus gerecht werden, so darf man nicht vergessen, daß viele Gelehrte des Mittelalters durch astrologische Schriften und Voraussagen ihr tägliches Brot verdienten. Ein Mann wie Leonardo Fibonacci ließ sich zwar nie herab, durch so billige Mittel zu Ruhm und Wohlstand zu gelangen; nach seinen Reisen in den mohammedanischen Ländern lebte er zurückgezogen in seiner Heimatstadt Pisa. Michael Scotus und viele andere aber genossen auf diese Weise den Luxus und die Anregungen des Lebens an fürstlichen Höfen. Fibonacci war im wesentlichen nur in der engen Welt der Gelehrten bekannt; um Michael Scotus entstand eine Legende, die nicht nur in Italien, sondern auch in seiner schottischen Heimat weit verbreitet war.

So mag es Friedrich verziehen werden, wenn er von den unbezweifelbaren Leistungen des Michael Scotus so beeindruckt war, daß er sich von den weniger ehrbaren Tätigkeiten seines »Philosophen«, wie Weissagungen und Sterndeuten, täuschen ließ. Die Leichtgläubigkeit des Kaisers zeigt, daß er in mancher Hinsicht doch ein typischer Mensch seiner Zeit war, ihr nicht in allem voraus. Was Michael Scotus betrifft, so darf man nicht vergessen, daß er, von seinen Übersetzungen griechischer und arabischer Werke abgesehen, drei Abhandlungen über Astrologie und allgemeine naturwissenschaftliche Fragen verfaßte, die nicht nur zu seinen Lebzeiten populär waren, sondern bis zur Erfindung der Buchdruckerkunst und sogar noch im sechzehnten Jahrhundert allgemein gelesen wurden. Die ersten beiden, *Liber Introductorius* und *Liber Particularis*, enthalten zwar ziemlich viel Stoff, der an »Molchesaug und Unkenzeh« erinnert und offensichtlich einen abergläubischen Leserkreis ansprechen sollte; abgesehen davon sind alle drei Werke ernst zu nehmende naturwissenschaftliche und medizinische Studien; das dritte, *Liber Physionomia*, ist in gewisser Hinsicht eine frühe Abhandlung über die Psychologie.

Nach einem von Michael Scotus in seinem *Liber Particularis* später veröffentlichten Bericht schrieb der Kaiser ihm einen vertraulichen Brief (wahrscheinlich zu der Zeit, als er in Pozzuoli nach dem mißglückten Start zum Kreuzzug im Jahre 1227 die Kur gebrauchte). Der Brief, der mit der Anrede »Mein teuerster Meister« beginnt, fährt folgendermaßen fort: »Wir haben einander häufig und auf verschiedene Weise Frage und Antwort gegeben über die Himmelskörper, das heißt über Sonne, Mond und Fixsterne, über die Elemente und über die Seele der Welt, über christliche und heidnische Völker und andere Geschöpfe über und in der Erde, wie Pflanzen und Metalle; und doch haben Wir nichts gehört von jenen Geheimnissen, die den Geist erbauen und belehren, wie zum Beispiel vom Paradies, vom Fegefeuer und von der Hölle, von dem Aufbau und den Wundern der Erde. Wir bitten Dich daher bei Deiner Liebe zur Weisheit und der Ehrfurcht vor Unserer Krone, erkläre Uns den Aufbau der Erde, das heißt, erkläre Uns, wie die Erde über dem Abgrund und wie der Abgrund unter der Erde steht und ob die Erde von alleine steht oder auf den Himmeln unter ihr ruht. Auch sag Uns, wie viele Himmel es gibt und wer über sie herrscht und wer sie bewohnt; und sag Uns genau, wie weit ein Himmel vom andern ist und um wie vieles einer größer als der andere ist; was ist hinter dem letzten Himmel, wenn es mehrere gibt? In welchem Himmel ist Gott in seiner göttlichen Majestät, wie sitzt Er auf dem Thron und auf welche Weise wird Er von Engeln und Heiligen begleitet und was tun sie immerfort vor Gott? Sag Uns auch, wie viele Abgründe es gibt und die Namen der Geister, die darin wohnen. Wo sind Hölle und Fegefeuer und das himmlische Paradies? Unter oder über der Erde?« In einem Manuskriptenexemplar heißt es weiter: »Über oder in den Abgründen? Was ist der Unterschied zwischen den Seelen, die täglich dorthin gebracht werden und denen, die vom Himmel gefallen sind? Kennt eine Seele die andere im nächsten Leben und können wir in dieses Leben zurückkehren, können wir sprechen und uns sichtbar machen? Wie viele Strafen der Hölle gibt es?«

In einem anderen Manuskriptenexemplar wird die letzte Frage anders formuliert: »Und wie kommt es, daß die Seele eines lebendigen Menschen, wenn sie in ein anderes Leben als das unsrige übergeht, weder durch die erste Liebe noch durch den Haß zur Rückkehr gezwungen werden kann, als sei nichts gewesen, als ob sie sich um das, was sie zurückgelassen hat, nicht kümmert?« Dann fährt der Brief mit weiteren Fragen fort über die Größe und die Struktur der Welt, über die Natur der Vulkane und der verschiedenen Arten von Gewässern, Flüssen, Meeren und vulkanischen Quellen. Dies sind bezeichnende Fragen, mit denen Friedrich erneut zeigte, daß er zugleich ein mittelalterlicher Mensch und ein Vorläufer der Renaissance war, und zwar in seinem Glauben, daß überhaupt ein Mensch imstande sei, ihm Antwort auf diese Fragen zu geben, als auch in der Formulierung der Fragen, vor allem in seiner angelegentlichen Beschäftigung mit dem Problem der Unsterblichkeit der Seele.

Nach zeitgenössischen Berichten spielten wissenschaftliche Experimente eine wichtige Rolle am kaiserlichen Hof; die Chronik des Fra Salimbene enthält eine Liste der Versuche, die Friedrich angeblich selbst durchgeführt hat. Um festzustellen, welches die Muttersprache des Menschen sei, ließ der Kaiser, so berichtet Salimbene, einige Kinder von Geburt an ohne jede menschliche Ansprache aufziehen, um zu sehen, welcher Sprache sie sich von selbst bedienen würden. Der Versuch mißglückte, alle Kinder starben. Weiter berichtet der Chronist, daß Friedrich, um das Leben der Fische und Unterwasserpflanzen kennenzulernen, dem Taucher Nikolaus befahl, immer tiefer in die Gewässer der Straße von Messina zu tauchen, und zwar so lange, bis der Unglückselige nicht mehr zurückkehrte. Ein weiterer Beweis für Friedrichs Wißbegier auf nähere Kenntnis vom Leben der Fische scheint überraschenderweise zweihundertfünfzig Jahre nach seinem Tode bestätigt worden zu sein.

Im Jahre 1497 wurde dem Kurfürsten von der Pfalz ein Hecht geschenkt, der am Kiemen einen kupfernen Ring mit einer griechischen Inschrift trug: »Ich bin der Fisch, den Kaiser Friedrich II. am 5. Oktober 1230 eigenhändig in den See getan hat.«[14]

Fra Salimbene erwähnt in diesem Zusammenhang noch mehrfach die Geringschätzung des Kaisers für das menschliche Leben. Übrigens eine notorische Klatschbase, erzählt er, wie Friedrich einmal zwei Gefangene die gleiche Mahlzeit zu sich nehmen ließ, um danach den einen ruhen, den anderen sich bewegen zu lassen; dann wurde beiden der Magen aufgeschnitten (man kann nur hoffen, daß dies nach ihrer Hinrichtung geschah), um den Verdauungsvorgang zu beobachten und festzustellen, ob Bewegung oder Ruhe den Verdauungsorganen besser bekomme. Ein anderes Experiment, von dem auch Salimbene berichtet, muß für mittelalterliche Vorstellungen noch schlimmer gewesen sein. Friedrich ließ einen zum Tode verurteilten Mann in ein Faß einschließen, um zu sehen, ob seine Seele nach seinem Tode daraus entweiche. Als nichts geschah, erklärte der Kaiser, dies sei ein Beweis dafür, daß die Seele den Tod nicht überlebe; als jedoch Mitglieder seines Hofes darauf hinwiesen, man habe die Schreie des Mannes durch das Faß hindurch gehört, obwohl nichts Sichtbares daraus entwichen sei, mußte er zugeben, daß seine Theorie nicht bewiesen worden sei.

Es gibt keine wirklich glaubwürdigen Belege für diese Geschichten, obschon Salimbene einen Mann persönlich kannte, der dem Kaiser nahestand und seine naturwissenschaftlichen Interessen teilte; es handelt sich um Fra Elias von Cortona, der eine Zeitlang Generalminister des Franziskanerordens gewesen war und nach seiner Absetzung durch den Papst am Hof des Kaisers lebte. Jedenfalls aber spiegeln diese Anekdoten die Meinung von Friedrichs Zeitgenossen über den Kaiser wider und mögen außerdem noch ein Körnchen Wahrheit enthalten. Sein leidenschaftlicher Wissensdrang, der eine Erklärung für die Geheimnisse des Weltalls suchte, veranlaßte ihn, alles, und sei es noch so heilig, in Frage zu stellen, verführte ihn aber zugleich dazu, sich von der Scharlatanerie eines Michael Scotus gelegentlich beeindrucken zu lassen. Es wird berichtet, er habe sogar das Dogma der Transsubstantiation geleugnet und gesagt, er glaube nicht, daß der Priester lediglich durch das Aufheben der Hostie einen Gott erschaffe; indem er auf ein reifes Kornfeld wies, fragte er: »Wie viele Götter werden aus diesem Feld noch zu meinen Lebzeiten geschaffen werden?«

Im Jahre 1239 beschuldigte Papst Gregor IX. Friedrich in aller Form, er glaube nicht an die jungfräuliche Geburt und habe erklärt, die Welt habe sich von drei Betrügern – Moses, Mohammed und Jesus Christus – verführen lassen. Die Wahrheit dieser Behauptungen wäre selbst zu Friedrichs Lebzeiten schwer festzustellen gewesen, und kein Papst hat den Vorwurf jemals wiederholt; aber nach allem, was wir von dem am kaiserlichen Hofe herrschenden geistigen Klima wissen, können wir sie nicht unbedingt als falsch zurückweisen. Die Geschichte der drei Betrüger stammt jedoch nicht von Friedrich; sie ging bereits Ende des vorhergehenden Jahrhunderts um; auch zeigen die blasphemischen Parodien der Goliardensänger jener Zeit, daß der Mißbrauch der Macht und das anmaßende Verhalten der römischen Kurie und einiger hochgestellter Geistlicher schon damals Kritik hervorgerufen hatten zu einer Zeit, die man vielleicht allzuoft als das »Zeitalter des Glaubens« bezeichnet hat.

Friedrichs Verhalten im Kreise seiner intimen Freunde war, das dürfen wir mit Sicherheit annehmen, sehr anders als das fast priesterliche Gebaren des fernen, gottähnlichen Kaisers, das sein öffentliches Auftreten kennzeichnete. Fra Salimbene, ein sehr scharfsichtiger Beobachter seiner Zeit und als Franziskanermönch sicherlich kein Anhänger der Staufer, gibt in seiner Chronik einen Augenzeugenbericht wieder über einen Abend an der kaiserlichen Tafel. Während der allgemeinen Unterhaltung zu Beginn des Abends lobte jedermann den Kaiser und sagte, wie edel, klug und mächtig er sei; allmählich aber fingen die Anwesenden an zu lachen und Witze über ihn zu machen und ihn aufzuziehen. Friedrich, der der Tafel vorsaß, tat häufig so, als höre er nichts, um niemanden ermahnen oder bestrafen zu müssen. Diese Freiheit, die, wie Salimbene es ausdrückte, »im Herzen der Häuslichkeit« des Kaisers herrschte und die es seinen Freunden gestattete, in seiner Gegenwart Witze sogar über seine heilige Person zu machen, mag noch größer gewesen sein, wenn sich das Gespräch den wissenschaftlichen Themen zuwandte, an denen er selbst so stark interessiert war. Vermutlich war in diesen nächtlichen Gesprächen nichts verboten, keine

Theorie zu gewagt und kein Thema zu heilig, als daß es nicht analysiert, kritisiert, ja sogar dem Spott ausgesetzt wurde. Daran wäre auch nichts Ungewöhnliches gewesen, denn ähnliche Diskussionen waren damals auch in den intellektuellen Kreisen von Paris üblich.

In der Öffentlichkeit spielte Friedrich notwendigerweise immer die Rolle des katholischen Fürsten – des ältesten Sohnes der Kirche –, aber es kann kaum ein Zweifel daran bestehen, daß seine privaten Ansichten ganz andere waren. Schein und Heuchelei waren ihm verhaßt, und er nahm keine Legende, keine Theorie hin, ohne sie vorher zu prüfen, wie seine Kritik an Aristoteles, dem »Fürsten der Philosophen«, in *De Arte Venandi cum Avibus* zeigt. Selbst als seine Beziehungen zur Kirche freundlich waren, wußte Friedrich genau, daß die Kirche und alles, was sie vertrat, seiner Vorstellung eines laizistischen Staates und der neuen Welt, die er zu schaffen versuchte, feindlich gesinnt war. Wenn die Berichte über seine ehrfurchtslose Ablehnung des Dogmas der Transsubstantiation auf Tatsachen beruhen, so mag seine Einstellung wenigstens zum Teil durch seine Furcht vor der Macht der Priester erklärt werden. Das Dogma war zu Friedrichs Zeit außerordentlich aktuell, da es erst im Jahre 1215 auf dem vierten Laterankonzil offizielle Gültigkeit erlangte. Es war unvermeidbar, daß es in den philosophischen Kreisen, in denen sich der Kaiser bewegte, häufig erörtert wurde und daß alle der Kirche Fernstehenden die ungeheure Macht, die das Dogma den Priestern in die Hand gab, fürchten mußten.

Woran glaubte der Kaiser wirklich? Eine befriedigende Antwort auf diese Frage ist heute, genau wie zu seinen Lebzeiten, fast unmöglich, denn wahrscheinlich schwankte er auch in seinen geheimsten Gedanken. Ein orthodoxer Katholik war er sicherlich nicht, doch ist es ebenso unwahrscheinlich, daß er einem ketzerischen christlichen Glauben oder, wie seine Feinde behaupteten, dem Islam anhing. Aber es ist auch schwer vorstellbar, daß er nur Materialist war; sein Interesse für die verschiedenen Formen der Religionen, für das seine Kenntnisse der jüdischen und indischen Riten ein Beweis sind, bezeugen, daß er fortwährend nach den ewigen Wahrheiten forschte, die allen Religionen zugrunde liegen. Am deutlichsten zeigt sich jedoch Friedrichs echt religiöse Haltung in seinen ständigen Fragen nach der Unsterblichkeit der Seele.

Manfreds Einführung zu seiner Übersetzung des pseudo-aristotelischen Werkes *De Pomo* wirft ein interessantes Licht auf die Erziehung in geistlichen Dingen, die er am Hofe seines Vaters genoß. Er beschreibt, wie seine Freunde ihn während einer schweren Krankheit dem Tode nahe glaubten und ihn bedauerten, weil sie meinten, er müsse bei dieser Aussicht Angst und Schrecken empfinden. »Wir aber«, so schreibt er, »hielten uns an die theologischen und philosophischen Dogmen, die uns von vielen großen Doktoren der Theologie und der Philosophie im kaiserlichen Palast des heiligen Augustus, des erhabensten Kaisers, unseres Herrn und Vaters gelehrt worden waren über die Natur der Welt, die Auflösung der Körper, die Erschaffung der Seele, ihre Unsterblichkeit und ihre Fähigkeit, zur Vollkommenheit zu gelangen, und über die Verwandelbarkeit der Materie und darüber, daß ihr nicht alles in die Verwesung und Auflösung folgt. So trauerten wir nicht, wie sie meinten, um unseren Tod, da wir hinsichtlich des künftigen Lohns unserer Vollkommenheit nicht auf die Gerechtigkeit, sondern auf die Gnade des Schöpfers vertrauten.«

Um diese Zeit, so fährt Manfred fort, sei ihm das Werk *De Pomo* in die Hände gefallen, das »Aristoteles am Ende seines Lebens schrieb und in dem bewiesen wird, daß die Weisen über die Zerstörung ihrer irdischen Hülle nicht trauern, sondern mit Freuden auf den Lohn der Vollkommenheit zueilen, zu deren Erlangung sie nicht Zeit noch Mühe gescheut, sondern sich in tiefgründige Studien versenkt und die Sorgen um das materielle Leben gemieden haben. Unseren freundlichen Wärtern rieten wir, dieses Buch zu lesen, weil sie daraus erfahren würden, warum wir uns nicht fürchteten, aus diesem Leben zu gehen. Da wir das Buch in einer hebräischen Übersetzung aus dem Arabischen gelesen hatten und es in keiner christlichen Sprache fanden, übersetzten wir es nach unserer Genesung aus dem Hebräischen ins Lateinische, auf daß es vielen zugute kommen möge.«

Ein Mann, der seinen Sohn zu solchen Ansichten erzogen hatte, kann nicht als Materialist bezeichnet werden. Die geistige Unabhängigkeit, die sich in dieser Einstellung zeigt, muß jedoch den Priestern des Mittelalters verdächtig gewesen sein, da sie ihnen die Möglichkeit nahm, durch Angst zu herrschen; selbst Manfreds

Gefolge zeigte sich über seine Ansichten betroffen. Manfred zweifelte offensichtlich nicht an der Unsterblichkeit der Seele; und man möchte meinen, daß auch sein Vater nicht aus Unglauben so beharrlich dem Fortleben der Seele nachforschte, sondern weil er den »Beweis durch die Vernunft und die Natur« suchte. Man hat den Eindruck, daß Friedrich, gleichgültig, wie gut er sich verstellen konnte, wenn er es für politisch angebracht hielt, zumindest sich selbst gegenüber ehrlich war. Er gab sich mit keinem Notbehelf, mit keinem verworrenen Gedanken und mit keinem Universalheilmittel zufrieden; er wollte die Wahrheit erkennen, soweit es dem menschlichen Geist überhaupt möglich ist. Dieses innere Ringen, das auf seiner grundsätzlichen Aufrichtigkeit gegenüber allem, was ihm wirklich wichtig war, beruhte, spiegelt sich in seiner scheinbaren Unentschlossenheit, in seiner Unfähigkeit, sich hinsichtlich dessen, was er tatsächlich glaubte, festzulegen.

Bis zum Anfang des dreizehnten Jahrhunderts stützte sich die Philosophie des Abendlandes im wesentlichen auf Augustin und Plato. In ihrem Bemühen, die christliche Offenbarung mit der realen Welt in Beziehung zu setzen, das heißt, das Natürliche mit dem Übernatürlichen in Einklang zu bringen, bezogen sich der heilige Augustin und die Kirchenväter auf Plato, den sie als mit dem Christentum enger verwandt empfanden als alle anderen klassischen Philosophen. Über die arabische Welt und durch das Werk von Übersetzern wie Gerard von Cremona und, zu Friedrichs Zeit, Michael Scotus gelangte die rationalistische Philosophie des Aristoteles in den Westen und wirkte wie ein Stein, der in die ruhigen Gewässer feststehender Ordnungen fällt und immer weitere Kreise zieht, je mehr sich sein störender Einfluß bemerkbar macht. Zwar waren einige dieser Werke bereits im zwölften Jahrhundert in Sizilien und in Spanien übersetzt worden, aber eine Verbreitung erlebten sie erst Anfang des dreizehnten Jahrhunderts. In dieser Atmosphäre geistiger Wirren (Innozenz III. hatte im Jahre 1209 das Studium des Aristoteles verboten) wuchs Friedrich auf. Der Kampf für und wider Aristoteles tobte während des ganzen Jahrhunderts; erst unter dem Einfluß von Thomas von Aquin entschloß sich die katholische Kirche schließlich im Jahre 1366, die Aristotelische Philosophie offiziell anzuerkennen.

Es war, wie wir gesehen haben, in erster Linie Michael Scotus zu danken, daß die Werke des Averroes, des größten Kommentators des Aristoteles, in die abendländische Welt eingeführt wurden. Viele der »Aristotelischen« Werke, die vorher übersetzt worden waren, stammten in Wirklichkeit von anderen Verfassern und enthielten neuplatonische Zusätze; Averroes vermittelte die Aristotelische Philosophie in ihrer ursprünglichen Form. Er lebte und wirkte im zwölften Jahrhundert in Spanien, so daß seine Kommentare verhältnismäßig neu waren, als sie durch Michael Scotus den kaiserlichen Hof erreichten. Man gelangt immer mehr zu der Ansicht, daß dieser neue Aristotelismus Friedrich zu dem kühnen Schritt veranlaßte, den Gelehrten der mohammedanischen Welt eine Reihe von philosophischen Fragen vorzulegen, die als »die Sizilischen Fragen« bekannt sind.

Friedrich hat im Laufe seines Lebens gelehrten Männern des öfteren naturwissenschaftliche und mathematische Fragen vorgelegt. Erwiesenermaßen wandte er sich im Jahre 1226 an Leonardo Fibonacci, im Jahre 1227 in einem Brief an Michael Scotus, während des Kreuzzuges an den Sultan von Ägypten und zu einem späteren Zeitpunkt an Jehuda ben Salomon Cohen, auch mag es durchaus noch weitere »Fragebogen« gegeben haben, von denen jede Spur verschwunden ist. Diese früheren Fragen waren jedoch eher eine Art freundschaftlicher Diskussion zwischen dem Kaiser und Mitgliedern seines Hofes oder befreundeten Fürsten, die lediglich der gegenseitigen geistigen Unterhaltung dienten. Die berühmten Sizilischen Fragen waren bei weitem anspruchsvoller. Sie wurden etwa im Jahre 1240 vom Kaiser ausgesandt, und zwar zunächst nach Ägypten, Syrien und dem Irak, Kleinasien und dem Jemen; als er von dort keine ihn befriedigenden Antworten erhielt, schickte er die Fragen an den Almohadensultan al-Raschid von Marokko. Sie erregten großes Aufsehen in der Welt. Friedrich, zu dieser Zeit bereits zum zweitenmal exkommuniziert, muß sich bewußt gewesen sein, welche Wirkung er mit ihrer Verbreitung in der ganzen orientalischen Welt erzielen würde. Selbst wenn diesen Fragen ein wissenschaftliches Interesse zugrunde lag, so wirkten sie doch als Gegenstand einer öffentlichen Erörterung zwischen einem Christen und einem Ungläubigen erstaunlich.

Die einzigen uns erhaltenen Antworten auf diese Fragen sind die des Abd al-Haqq Ibn Sabin, der sie von dem Almohadensultan durch den Gouverneur von Ceuta erhielt. Ibn Sabin, einer der größten mohammedanischen Gelehrten seiner Zeit, war alles andere als orthodox und seinen Glaubensgenossen bereits wegen seiner abweichenden Ansichten verdächtig. In seinen Antworten auf die Fragen des christlichen Kaisers legte er jedoch eine untadelige orthodox-mohammedanische Haltung an den Tag, wenn er auch hinzufügte, daß er gerne mit Friedrich »von Mund zu Mund« sprechen würde. Es wäre verlockend zu wissen, was diese beiden Männer bei einer wirklichen Begegnung miteinander gesprochen hätten – der nichtorthodoxe Kaiser, der, wie viele angebliche Christen seiner Zeit, die Aristotelische Philosophie als Deckmantel für seinen Unglauben benutzte, und der nichtorthodoxe mohammedanische Gelehrte, der schließlich Selbstmord beging, weil er nicht glauben konnte, daß »es außer Gott keinen Gott gibt«.

Die brennenden Fragen, die die mohammedanischen Philosophen der damaligen Zeit bewegten, waren die Beziehung zwischen Gott und der Welt und die Beziehung zwischen dem Intellekt und den anderen Eigenschaften des Geistes; um diese grundsätzlichen Gedanken kreisen die Sizilischen Fragen. Die erste lautete: »Der Philosoph (Aristoteles) sagt in all seinen Werken ausdrücklich, daß die Welt ewig ist, und er selbst hat es sicher geglaubt. Wenn er es bewiesen hat, welche Beweise führte er an, sofern aber nicht, wie geht er dann vor?« Die zweite Frage: »Welches ist das Gebiet der theologischen Wissenschaft; welches sind ihre wichtigsten Postulate, sofern sie Postulate aufstellt?« Die dritte Frage: »Welche Kategorien gibt es und wie werden die zehn, die wir kennen, in allen Zweigen der Wissenschaften angewendet? Aber gibt es wirklich zehn und warum können wir nicht einige abziehen oder andere hinzufügen? Wie wird das alles bewiesen?« Die vierte Frage beginnt mit den Worten: »Welchen Beweis haben wir für die Unsterblichkeit der Seele?« und fährt fort mit einer Erörterung der scheinbaren Widersprüche auf diesem Gebiet in den Werken des Aristoteles und Alexanders von Aphrodisias. Die fünfte Frage heißt: »Wie sind die Worte des Mohammed zu erklären – ›Das Herz des Gläubigen liegt zwischen den beiden Fingern (Gottes) des Barmherzigen‹?«

Das waren erstaunliche Fragen, die ein christlicher Kaiser an einen Ungläubigen richtete. Da die Bibel die Erschaffung der Welt beschreibt und ihr Ende voraussagt, war es außerordentlich kühn, die Ewigkeit der Welt in Frage zu stellen. Die zweite, dritte und fünfte Frage entsprangen wahrscheinlich Friedrichs Wunsch, zu erfahren, wie die mohammedanischen Gelehrten und Philosophen über die Probleme der aristotelischen Philosophie dachten und sie auf Grund der Vernunft oder des Glaubens auslegten. Betrachtet man diese Fragen im Zusammenhang mit der vierten nach der Unsterblichkeit der Seele, so werfen sie ein Licht auf das Wesen des Kampfes, der sich in den geheimsten Gedanken des Kaisers und in denen vieler zeitgenössischer Philosophen abspielte.

Ibn Sabins Antworten waren in einem außerordentlich verächtlichen Ton gehalten, weil er sich wahrscheinlich in den Augen der orthodoxen Mohammedaner zu rehabilitieren wünschte; das gelang ihm auch, seine Antworten wurden als großartiger Beweis für die Überlegenheit der mohammedanischen Gelehrsamkeit angesehen. Ibn Sabin wies sich als hervorragender Kenner aus, indem er aus dem Koran, dem Pentateuch, den Evangelien, den Psalmen, dem Sohar, aus Plato, Sokrates und Aristoteles zitierte. Er hielt sich von Anfang bis Ende an die orthodoxe mohammedanische Lehre, lehnte Aristoteles ab, sofern er sich nicht mit dieser Lehre vereinbaren ließ, proklamierte die Unsterblichkeit der Seele und führte seine Argumente auf mohammedanische, christliche und klassische Quellen zurück. Zu der Frage nach der theologischen Wissenschaft äußerte er jedoch den Wunsch, sie mit Friedrich persönlich zu erörtern, was vielleicht besagen sollte, daß er seine Ansichten zu diesem Thema schriftlich nicht voll zum Ausdruck gebracht habe. Übrigens war, als Ibn Sabins Bruder Abd Allah im Jahre 1243 auf eine Mission zum Papst geschickt wurde, Innozenz IV. über Friedrichs Fragen und Ibn Sabins Antworten bereits unterrichtet; und zweifellos fühlte sich die römische Kurie in ihrer Beurteilung von Friedrichs gefährlichen ketzerischen Neigungen dadurch bestätigt.

Fra Salimbene hegte jedenfalls keinen Zweifel an Friedrichs Skeptizismus. Die Charakteristik des Kaisers, die in seiner Chronik nach der Beschreibung von Friedrichs Tod folgt, fängt mit den Worten an: »Glauben an Gott hatte er nicht« und fährt fort: »er war schlau und verschlagen, geizig, sinnlich, boshaft und jähzornig... Und doch war er auch ein ritterlicher Mann, und wenn er Höflichkeit und Güte zeigen wollte, konnte er freundlich, heiter und huldvoll sein. Er war fleißig, verstand zu lesen, zu schreiben und zu singen und komponierte Lieder und andere Musik. Er war ein schöner Mann, zwar nur mittelgroß, doch von edler Gestalt. Ich habe ihn gesehen und er gefiel mir gut. Er verstand viele Sprachen zu sprechen... und wenn er ein guter Katholik gewesen wäre und Gott und die Kirche und seine eigene Seele geliebt hätte, so wären ihm nur wenige Kaiser in der Welt ebenbürtig gewesen.«

Salimbenes Zusammenfassung erscheint, selbst im Lichte der Forschungen betrachtet, die die Gelehrten – denen auch die Geheimdokumente aus Friedrichs Kanzlei und seine Privatbriefe zur Verfügung standen – seit Jahrhunderten über den undurchschaubaren Charakter und den persönlichen Glauben des Kaisers angestellt haben, noch immer als eine recht gelungene Beurteilung eines außerordentlich komplizierten Menschen. Sie beruhte vermutlich auf den Mitteilungen seines Ordensbruders Elias von Cortona, der Salimbene aus persönlicher Erfahrung über das Leben am Hof, über Friedrichs Erscheinung und Manieren, über sein Verhalten im engsten Freundeskreise berichten und Friedrichs Gedanken und Überzeugungen beurteilen konnte.

Friedrichs Charakter war für seine Zeitgenossen, mehr noch als für uns heute, ein Rätsel und eine Quelle der Verwunderung. Wie sehr er sie in Erstaunen setzte und ihre Phantasie beschäftigte, geht aus der Beschreibung des Matthäus von Paris hervor, der ihn *Stupor Mundi* nannte. Friedrich rief in den Menschen Verwunderung, Liebe oder Haß hervor, niemals aber ließ er sie gleichgültig. Die schroffen Gegensätze seines Wesens waren, stärker als bei anderen, durch seine Kindheit und Erziehung bedingt. Von den Hohenstaufen übernahm er die mystische Auffassung des Reiches. In allem anderen war er der Erbe seines normannischen Großvaters König Roger, und seine gesamte Erziehung und die Erfahrung der Jahre, die ihn entscheidend formten, stärkten diese Seite seines Charakters. Hätte er die Erziehung als Sohn eines deutschen Fürsten genossen, so hätte das Normannische vielleicht nicht die Oberhand in ihm gewonnen, er aber auch nicht so viel Aufsehen in der Welt erregt.

In der Treibhausatmosphäre von Palermo, wo die jüngsten philosophischen Gedanken aus dem Orient dauernd einströmten, wo die mohammedanische, die griechische und die lateinische Kultur aufeinandertrafen, entwickelte sich Friedrichs Charakter zu seltsamer Kompliziertheit. Auch war es nicht ohne Bedeutung, daß er während der wichtigsten Jahre seiner Kindheit – von sieben bis zwölf – sich ungehindert unter die Bevölkerung dieser vielsprachigen Stadt mischte. Rauhe Glücksritter, die in seinem Namen Macht ausübten, überließen ihn völlig sich selbst; so bildete er sich selbst auch an den dunklen Seiten des Lebens; auch ließ er sich, wie ein mohammedanischer Chronist berichtet, von dem Kaid der Sarazenen unterrichten. Eine etwas orthodoxere Erziehung durch katholische Priester hat Friedrich nur vor und nach dieser Zeit, vielleicht auch gelegentlich zwischendurch erhalten.

Es ist kaum zu verwundern, daß dieses Erbe und diese ungewöhnliche Kindheit eine eigenartige und äußerst komplexe Persönlichkeit hervorbrachten. Wäre Friedrich nicht von Natur aus mit hoher Intelligenz und einer angeborenen Liebe zur Gelehrsamkeit begabt gewesen, hätte er nicht ungewöhnliche geistige Gaben, wenn auch nicht im religiösen Sinne, besessen, so hätten das Leben und die Umgebung seiner Kindheit ihn leicht zu einem brutalen und zügellosen Menschen machen können, der nach der Erreichung seiner Volljährigkeit seinen heftigen Neigungen freien Lauf gelassen und als kleiner, unbedeutender Fürst auf seinen zusammengeschrumpften Ländereien gelebt hätte. Unfähig, sich in seinem Königreich durchzusetzen, wäre er wahrscheinlich bei irgendeiner von seinen Rivalen angezettelten Palastrevolution auf unwürdigste Weise umgekommen.

Da wurde ihm nun mit achtzehn Jahren in einer außerordentlich kritischen Phase seines Lebens die Kaiserkrone angeboten, die eine schier unbegrenzte Macht zu verheißen schien. Es folgte die Reihe beinahe unglaublicher Glücksfälle, durch die Friedrich mit zwanzig Jahren auf den Kaiserthron gelangte, ohne daß er, wie sein Onkel Philipp, Jahre des Ringens und des Blutvergießens bestehen oder wie sein Vater Heinrich VI. lange Zeit die Bevormundung durch eine starke und bedeutende Persönlichkeit erdulden mußte.

Die Macht, die er so früh in die Hand bekam, und der Mangel

an jeglicher Disziplin während seiner Kindheit und Jugend – außer der selbst auferlegten – waren wahrscheinlich für viele seiner unerfreulichen Eigenschaften verantwortlich; für seine Grausamkeit, seine plötzlichen, unbeherrschten Zornesausbrüche, seine ungehemmte Sinnlichkeit. Es lag in der Natur der absoluten Macht, die er ausübte, daß sein Wille und seine Instinkte nur durch seine Selbstbeherrschung gezügelt werden konnten. Er war es gewohnt, daß seine Person als »heilig« und seine Residenz als »der heilige Palast« bezeichnet wurden, daß unterwürfige Höflinge selbst in ihren privaten Briefen in Ausdrücken von ihm sprachen, die eigentlich nur einer Gottheit zukamen. Daß er dieser Atmosphäre nicht völlig erlag, sondern Scherze und Kritik freundlich hinnahm, wenn er von der Aufrichtigkeit und der Zuneigung des Betreffenden überzeugt war, zeigt, daß Friedrich unter anderen, glücklicheren Umständen die echt menschliche Seite seines Wesens viel freier entfaltet hätte.

Die Unfähigkeit, sich in einem größeren Kreise beliebt zu machen, trotz der offensichtlichen Begabung, im persönlichen Kontakt den einzelnen zu bezaubern – wie man aus der faszinierenden Wirkung ersehen kann, die er auf Fahr ed-Din und Fra Salimbene ausübte – gehören zu den vielen merkwürdigen Widersprüchen seines Charakters. Die Eigenschaft, auf den einfachen Mann eingehen zu können, die seinem Großvater Barbarossa die Liebe seiner Soldaten und seines Volkes eingetragen hatte, fehlte Friedrich völlig. Er konnte seinen Charme nur in einer intimen Umgebung entfalten.

Ein weiteres Moment, das zu Friedrichs Vereinsamung beitrug, war sein ungewöhnlicher Intellekt – eine Eigenschaft, die noch nie die Massen angesprochen hat, sei ihr Träger ein Herrscher oder ein gewöhnlicher Sterblicher. Als Friedrich einen Hof um sich versammelte, der seine geistigen Neigungen und Interessen teilte, errichtete er eine weitere Schranke zwischen sich und dem Volk. Er lebte in einer eigenen esoterischen Welt, deren dünne Luft nur berühmten Gelehrten und den brillantesten Köpfen der damaligen Zeit zusagte. Die mathematischen Probleme, die Friedrich Leonardo Fibonacci vorlegte, und die Sizilischen Fragen sind Beispiele, welcher Art Gespräche am kaiserlichen Hof geführt wurden. Ihnen galt in erster Linie das Interesse des Kaisers – das Dichten, das Tanzen, die Musik und die Liebesgeschichten waren nichts als Zeitvertreib.

Ein weiterer seltsamer Widerspruch in Friedrichs Charakter war die Unbekümmertheit und Rücksichtslosigkeit, die sich immer wieder neben seiner Vorsicht geltend machte; er war ausgesprochen unbeständig, der größten Begeisterung und eines ebenso großen Zynismus fähig. Sein Glaube an die abergläubischen Ideen des Michael Scotus auf der einen, sein Mißtrauen gegenüber dem Christentum auf der anderen Seite kennzeichnen diese Inkonsequenz im Bereich seines persönlichen Lebens; sehr viel unheilvoller wirkte sie sich jedoch auf seine politischen und militärischen Taten als Kaiser aus. Im allgemeinen bewies Friedrich ein hohes Maß an politischem und diplomatischem Geschick. Aber wenn alles gut zu gehen schien, ließ er gelegentlich seine gewohnte Vorsicht außer acht und handelte so leichtsinnig, daß selbst seine großen Fähigkeiten ihn kaum vor den Folgen zu retten vermochten. Beispiele dieser gefährlichen Eigenschaft sind die gescheiterte Expedition nach Oberitalien im Jahre 1226, das vorzeitige Abbrechen der Belagerung von Brescia im Jahre 1237 und seine mangelnde Wachsamkeit bei der Belagerung von Parma im Jahre 1248. Die beiden letzten Ereignisse zeigen, daß sein Leichtsinn nicht nur jugendliche Unbedachtsamkeit war, sondern mit einer geistigen Überheblichkeit einherging, die ihn häufig seine Gegner unterschätzen ließ. Hinzu kam, daß Friedrich von Natur aus optimistisch war; seine Lustigkeit und Fröhlichkeit werden häufig von den Zeitgenossen erwähnt. Diese Eigenschaft war nur natürlich bei einem Mann von hervorragender Gesundheit, der sich von Kindheit an in den Dingen auszeichnete, die in seinen Kreisen bewundert wurden. Er war ein prachtvoller Reiter und ein Meister in der Kunst des Waffengebrauchs, die eine so wichtige Rolle in der Erziehung eines adligen jungen Mannes spielte; zudem ein hervorragender Jäger und bekannt für seine Erfolge bei den Frauen.

Es ist nicht verwunderlich, daß ein solcher Mann in dem Hochgefühl seiner Erfolge die gewohnte Vorsicht und Vorstellung ablegte, die die ungünstigen Umstände seiner Kindheit seiner leidenschaftlichen Natur aufgezwungen hatten, und seinem im Grunde sanguinischen Temperament freien Lauf ließ. Erstaunlich ist nur, daß er dies so lange tat und daß er seinen Optimismus erst ganz zum Schluß verlor, als nach Jahren des fruchtlosen Ringens Mißtrauen und Zynismus die Oberhand gewannen. Es ist bedauerlich, daß gerade diese Eigenschaft, die zu der menschlichen und ansprechenden Seite in Friedrichs Wesen gehört, die Ursache für so viele seiner Mißerfolge war. Wäre er konsequenter gewesen und hätte auch in Augenblicken des Überschwangs größere Vorsicht walten lassen, so hätte er – in den Grenzen, die ihm durch sein unheilvolles Erbe gesetzt waren – sicher weit Größeres erreicht. Dann hätte er am Ende seines Lebens klarer erkannt, wer seine wirklichen Freunde waren und wer nur im Glück zu ihm hielt. So aber brachte der geniale Herrscher sich und seinem Geschlecht den Untergang und Zerstörung über Sizilien und das Reich.

Teil IV

DER KAMPF

Kapitel 10

DER ZENIT

KONNTE FRIEDRICH nach dem Frieden von Ceprano seinen schöpferischen Fähigkeiten freien Lauf lassen, so wandte er seine Aufmerksamkeit nun auch erneut dem Reich zu, das vor den drängenderen Problemen des Kreuzzuges und der Nachwehen der Exkommunikation hatte zurückstehen müssen.

Bezeichnenderweise beschäftigten ihn die Aufgaben des Reiches in Italien, nicht aber in Deutschland. Der Friede war kaum geschlossen, als die Ereignisse, die durch Friedrichs verhängnisvolles doppeltes Erbe des sizilischen Königreichs und der hohenstaufischen Träume von imperialer Macht bedingt waren, mit der Unentrinnbarkeit einer griechischen Tragödie den Höhepunkt des langen Ringens zwischen den Päpsten und Kaisern des Mittelalters heraufführten. Dieser zerstörerische Kampf brachte nicht nur dem Kaiser den Untergang und dem Reich das Interregnum, er führte auch zum Niedergang des Papsttums bis zur Gefangenschaft von Avignon. Damit war das Mittelalter endgültig zu Ende.

Während des Jahrhunderts vor Friedrichs Herrschaft war die Macht des Reiches tief gesunken; die beiden vorhergehenden Kaiser des Hauses Hohenstaufen erkannten, daß ihnen trotz aller hochtönenden Titel der feste Untergrund der Macht fehlte, den die erblichen Monarchien in England und Frankreich sich bereits zu schaffen begannen. Deshalb war ihnen alles daran gelegen, das sizilische Königreich in die Hand zu bekommen. Der Reichtum Siziliens sollte beisteuern zu dem riesigen persönlichen Vermögen, das unerläßlich war, wenn sie ihre Macht innerhalb des Reiches aufrechterhalten wollten. Für Friedrich war die Lage noch schwieriger. Die Nachfolge in dem völlig verarmten Herzogtum Schwaben sowie die stark geschwächte kaiserliche Macht nötigten ihn, Konzessionen an die geistlichen Fürsten zu machen; inwieweit es ihm mit dieser Politik gelang, Deutschland an sich zu binden, möge im Lichte späterer Ereignisse beurteilt werden. Jedenfalls aber zahlte er dafür mit einer zunehmenden Abhängigkeit von seinen sizilischen Hilfsquellen.

Hätte Friedrich sich damit begnügt, eine weniger bedeutende Rolle zu spielen, so wäre es ihm vielleicht gelungen, durch die Konzentrierung seiner außergewöhnlichen Energien auf Deutschland die kaiserliche Macht erneut zu stärken; dann hätte er allerdings Sizilien seinem Sohn überlassen müssen. Ein solcher Weg war jedoch – zum Unglück für den Frieden der Welt – für einen Mann von Friedrichs Temperament und Neigungen undenkbar. Wenn er Deutschland und Sizilien fest in der Hand behalten wollte, war es schon aus geographischen Gründen unerläßlich, die kaiserliche Macht in der Lombardei und in einem Teil des Kirchenstaates zu festigen, um eine sichere Landverbindung zwischen den beiden Ländern herzustellen. Die erste Voraussetzung dafür war die Unterwerfung der Lombardei; damit wäre dem Papst der letzte starke Verbündete auf der italischen Halbinsel genommen und seine weltliche Macht unweigerlich geschwächt worden, während zugleich der Kaiser das Patrimonium Petri leichter teilweise oder ganz zurückerlangt hätte.

Zu der politischen und militärischen Notwendigkeit dieses Weges kamen noch die persönlichen Empfindungen des Kaisers. Er hegte einen unversöhnlichen Haß gegen die Mailänder, weil sie Barbarossa bei Legnano besiegt, sich Friedrich gegenüber zur Zeit seiner Thronbesteigung feindlich verhalten und ihm die eiserne Krone der Langobarden verweigert hatten; außerdem lehnte er entschieden die Form der kommunalen Selbstverwaltung ab, die der Stolz der lombardischen Städte war. Ihre Unterwerfung hätte also seinen Wunsch nach Rache befriedigt und zugleich den Weg zu seinem letzten Ziel geebnet: nämlich das Schwergewicht des Reiches von Deutschland nach Italien zu verlagern und Rom wieder zur Hauptstadt des Kaiserreiches zu machen.

Alle die komplexen Einflüsse des Erbes und der Umwelt des Kaisers – der Ehrgeiz der Hohenstaufen, die italienische Erziehung, die klassische Kultur und die vielgestaltigen Interessen – verschmolzen zu diesem einen Ideal. War Rom die Hauptstadt, so würde das Reich, wie Friedrich meinte, wieder weltweite Bedeutung erlangen, vermehrt um das Ansehen der Stadt der Cäsaren; seine Gebiete wären vereint und die Macht seines einzigen großen Rivalen, der Kurie, unter dem Schutz des weltlichen Schwertes des Kaisers auf die ihr angemessene geistliche Sphäre begrenzt gewesen.

Die Weltgeschichte wäre anders gelaufen, wenn Friedrich diesen großartigen Plan hätte verwirklichen können. Einzig der Eigensinn einiger Städte und der unüberwindliche Mut und Haß eines Neunzigjährigen schien ihm noch im Wege zu stehen. Zweimal sah es so aus, als ob Friedrich der Erfolg schon sicher sei; in Wirklichkeit aber stand mehr gegen ihn als er glaubte; hinter seinem Hauptfeind stand die nicht abzuschätzende Macht der mittelalterlichen Kirche, die die Gedanken der Menschen seit dem Zerfall des Römischen Reiches gelenkt hatte. Friedrich kämpfte nicht nur gegen das Papsttum, dessen Stärke schon furchterregend genug war, sondern gegen den Geist seiner Zeit, und dafür genügten seine Waffen nicht.

Das gewaltige Drama nahm einen scheinbar harmlosen Anfang, als der Kaiser seinen Sohn, König Heinrich, die deutschen Fürsten und die Vertreter der oberitalienischen Städte an Allerheiligen 1231 zu einem Hoftag nach Ravenna entbieten ließ. Friedrich knüpfte wieder dort an, wo er im Jahre 1227 abzubrechen gezwungen worden war. Der Hoftag sollte »der Ehre Gottes, der Kirche und des Reiches und dem Wohlergehen der Lombardei« gewidmet sein. Der Papst hatte Friedrich zur Mäßigung ermahnt und ihm versichert, er werde in der Lombardei durch friedliche Mittel mehr erreichen als mit Gewalt; so zog der Kaiser wieder einmal nur mit einem kleinen Gefolge in diese widerspenstige Provinz, um einen Hoftag abzuhalten. Gregor hatte versprochen, alles aufzubieten, um die Lombarden versöhnlich zu stimmen und den deutschen Delegierten freien Zugang zum Brenner zu verschaffen.

Den Lombarden aber erschien die Lage noch bedrohlicher als im Jahre 1227. Das offenbare Einvernehmen zwischen Kaiser und Papst hatte bereits die kühler werdenden Beziehungen zwischen den Städten des Lombardischen Bundes zu neuem Leben erweckt, so daß sie ihr Bündnis erneut festigten. Die Nachricht des bevorstehenden

Hoftages spornte sie zu sofortiger Aktivität an; Verteidigungsmaßnahmen wurden eilends ergriffen und die Alpenpässe für die deutschen Delegierten gesperrt. Die Bemühungen des Papstes, falls er sich überhaupt einsetzte, waren offensichtlich erfolglos, und es sah aus, als werde der Hoftag von Ravenna ein ebenso großer Mißerfolg werden wie der Hoftag von Cremona im Jahre 1226.

Friedrich, der scheinbar gelassen abwartete, verschob die Eröffnung auf Weihnachten und wandte sich, wie er es auch im Jahre 1227 in Pisa getan hatte, seinen persönlichen Interessen zu, um sich von seinen politischen Mißerfolgen abzulenken. Er verbrachte seine Tage mit archäologischen Arbeiten im Schatzhaus der byzantinischen Kaiser und gotischen Könige, ließ das Grabmal der Galla Placidia von dem Schutt befreien, unter dem es vergraben war, und suchte seltene Marmorkunstwerke und antike Plastiken aus, um seine Schlösser in Sizilien damit zu schmücken. Auch in dieser unschönen Gewohnheit, antike Denkmäler auszuplündern, zeigte er sich als Vorläufer der Renaissance.

Zur Weihnachtszeit war es einer verhältnismäßig großen Anzahl von deutschen Fürsten gelungen, die Alpen zu überqueren, aber die Sperrung der Pässe durch die Lombarden zwang sie, alle möglichen Listen anzuwenden, um der kaiserlichen Aufforderung zum Hoftag in einer Provinz des Reiches Folge leisten zu können. Es nimmt daher nicht wunder, daß die widersetzlichen Städte in die Reichsacht getan und die kaiserlichen Sanktionen gegen die Ketzer mit furchterregender Feierlichkeit wiederholt wurden, wobei Friedrich zweifellos den Papst an die zahlreichen Ketzer in Mailand erinnern wollte. Davon abgesehen aber wurde der Hoftag festlich begangen. Er war der Treffpunkt alter Freunde wie Hermann von Salza, Erzbischof Berard von Palermo und Gebhard von Arnstein, die an den zur Unterhaltung des Hofes veranstalteten Festen, Turnieren und Jagden teilnahmen. Das Volk wurde durch Aufführungen von Mimen, Akrobaten und Spielmännern und durch die Schaustellung der berühmten kaiserlichen Menagerie unterhalten – der Elefanten, Löwen, Panther und zahlloser anderer fremder Tiere und Vögel, die in den Augen der mittelalterlichen Menschen so stark zu dem Glanz des kaiserlichen Hofes beitrugen.

Trotz der freudigen Atmosphäre lag ein Schatten, der dunkler war als die feindliche Haltung der lombardischen Städte, auf den Festlichkeiten des Hoftages zu Ravenna, denn der wichtigste aller Delegierten, der Sohn des Kaisers, König Heinrich, fehlte. Zugegeben, daß die Sperrung der Pässe für ihn ein größeres Hindernis war als für seine Untertanen, die Fürsten, aber er hätte, wie so viele andere, über die Friauler Alpen zu seinem Vater gelangen können, wenn er es ernstlich gewollt hätte.

Verlief der Hoftag zu Ravenna auch unbefriedigend, so klärte er doch die Lage insofern, als er der Welt gemeinhin bewies, daß der Einfluß des Papstes nicht stark genug – oder möglicherweise nicht mit dem nötigen Nachdruck eingesetzt worden war –, als daß der Kaiser sich bei seinen künftigen Beziehungen zu den Städten auf ihn verlassen konnte. Dieser zweite Mißerfolg bewies aufs neue, daß die Gewalt die einzige Sprache war, in der sich ein Kaiser seinen lombardischen Untertanen verständlich machen konnte. Der Papst bot sich erneut als Vermittler an und schickte zwei Kardinäle als seine Vertreter nach Norden; daß er jedoch lombardische Kardinäle wählte, die zunächst die aufständischen Städte besuchten, anstatt dem Kaiser ihre Aufwartung zu machen, um seine Ansichten zu hören, zeigte hinlänglich, wo Gregors Sympathien lagen und daß er bei jeder Vermittlung die Lombarden stark begünstigen würde.

Jedenfalls wartete Friedrich das Erscheinen der päpstlichen Boten nicht ab. Anfang März ritt er aus Ravenna hinaus und begab sich auf eine Galeere, die versteckt bereitgelegen hatte. Seine künftigen Pläne hielt er geheim; er wies lediglich die deutschen Fürsten an, sich für einen weiteren Hoftag zu Ostern in Aquileja zu rüsten. Die Sperrung des Brenners und das Nichterscheinen seines Sohnes in Ravenna hatten zwei Maßnahmen des Kaisers zur Folge. Die erste war ein Staatsbesuch in Venedig, dessen wohlwollende Neutralität gesichert werden mußte, damit der Weg zwischen Friaul und der Steiermark, die einzige Alternative zum Brenner, offenblieb. Die zweite war ein direkter Befehl an seinen Sohn Heinrich, zu Ostern in Aquileja zu erscheinen.

Die Patriarchen von Aquileja hatten seit der Zeit der Karolinger in ihrer Diözese die weltliche Macht ausgeübt. Im elften Jahrhundert wurde sie fast auf die ganze Provinz Friaul ausgedehnt, die den Patriarchen als kaiserliches Fürstentum verliehen wurde; ihre

Rechte empfingen sie unmittelbar vom Kaiser. Der Grund für diese Sonderstellung war die strategische Bedeutung der Provinz als »Hintertür« des Reiches. Spätere Kaiser hatten darauf gesehen, daß das Amt des Patriarchen immer von einem ihrer Landsleute übernommen wurde, auf den sie sich bei etwaigen Meinungsverschiedenheiten mit den Päpsten verlassen konnten. Es war auch ein Patriarch von Aquileja gewesen, der Friedrichs Mutter und Vater getraut und mit der eisernen Krone der Langobarden gekrönt hatte, wodurch er das päpstliche Interdikt für seine Anmaßung auf sich herabrief.

Die *Republica Serenissima* war von der dargebotenen Freundschaft des Kaisers nicht sonderlich begeistert, konnte sich jedoch seinem frommen Wunsch, das Nationalheiligtum von San Marco zu verehren, kaum verschließen. Der Große Rat gestattete ihm, venezianisches Gebiet zu betreten, und Friedrich blieb ein paar Tage in der Stadt. Er machte dem Heiligtum von San Marco kostbare Geschenke und empfing als Gegengabe einen Splitter des Kreuzes Christi, den er später an Hermann von Salza weitergab, der diese große Auszeichnung zweifellos besser zu würdigen wußte. Ende März begab sich Friedrich mit dem Schiff nach Aquileja, um dort Heinrichs Ankunft zu erwarten. Wie stark die Spannung zwischen Vater und Sohn inzwischen geworden war, ist daraus ersichtlich, daß der Kaiser die benachbarte Stadt Cividale Heinrich als Aufenthaltsort anwies, fast als sei er ein fremder Herrscher, mit dem er Verhandlungen zu führen habe.

Diese Kälte gegenüber seinem Sohn entsprach an sich nicht Friedrichs Wesen, denn bei all seinen Fehlern scheint er seinen ehelichen und unehelichen Kindern ein liebevoller Vater gewesen zu sein. In seinem Stolz auf sie erwartete er große Dinge von ihnen; und man könnte ihm den Vorwurf machen, daß er ihnen in allzu jungen Jahren eine zu große Verantwortung auferlegte. Hierin erfuhren sie jedoch kaum eine andere Behandlung als viele junge Adlige. Die jüngere Generation der Aquinos, Friedrichs Verwandte, die Brüder Hohenburg und mindestens einer der Carraciolis wurden alle, noch ehe sie dreißig waren, mit höchstverantwortlichen Ämtern betraut. Die unehelichen Söhne des Kaisers, Enzio, Richard von Theate, Friedrich von Antiochien und sogar Manfred nahmen in noch jüngeren Jahren eine noch größere Verantwortung auf sich.

Während diese jungen Männer ihren Pflichten offenbar befriedigend nachkamen, zeichnete sich der älteste Sohn Heinrich durch die hohenstaufische Vorliebe für die guten Dinge des Lebens aus, ohne allerdings den starken Charakter und die staatsmännische Begabung seiner Vorfahren zu besitzen. Wie sein Vater, gelangte er schon früh zur Reife und war, wie Friedrich mit vierzehn Jahren, ungeduldig gegenüber jeder Bevormundung – eine verhängnisvolle Eigenschaft für einen jungen Mann, dem die geistige Klarheit und die Zielbewußtheit seines Vaters fehlten. Die Vergnügen, die für Friedrich nichts als eine freundliche Zugabe zum Dasein waren, beherrschten das Leben seines Sohnes vollständig; erschwerend kam noch hinzu, daß er seine Zechgenossen zu seinen Ratgebern in Staatsgeschäften gemacht hatte.

Der arme Heinrich war nicht nur töricht, er hatte auch noch Unglück. Erzbischof Engelbert von Köln, den Friedrich zum Gubernator ernannt hatte, wurde ermordet, als Heinrich erst dreizehn Jahre alt war; die anderen Vormünder, unter deren Obhut er lebte, bis er mit achtzehn Jahren volljährig wurde, scheinen nicht einen ähnlich mäßigenden Einfluß auf diesen schwierigen jungen Mann ausgeübt zu haben wie ihr Vorgänger. Außerdem wurde Heinrich in seinem Streben nach völliger Unabhängigkeit durch die lange Abwesenheit seines Vaters von Deutschland bestärkt. Die zehnjährige Trennung mußte unweigerlich dazu führen, daß Heinrich nur noch eine schattenhafte Vorstellung von Friedrich als Vater wie als Kaiser hatte. Kaum volljährig fing Heinrich an, der Politik seines Vaters Widerstand zu leisten.

Friedrich hatte seine Regierung in Deutschland von Anfang an auf die Fürsten gestützt. Diese Politik war zunächst bedingt durch die Schwäche seiner Position und auch, weil die Unterstützung der Fürsten die erste Voraussetzung für Heinrichs Wahl zum römischen König war, die es Friedrich ermöglichte, nach Sizilien zurückzukehren. Auf lange Sicht war die Treue der Fürsten unentbehrlich, wenn Friedrich, um seine großen Pläne zu verwirklichen, lange Zeit von Deutschland abwesend sein wollte. Um diese Treue zu erreichen, hatte er seinen ganzen Charme und seine ganze diplomatische Kunst aufgewendet, Begünstigungen und große Geldgeschenke verteilt und insbesondere den geistlichen Fürsten viele Vorrechte und Privilegien des Königs überlassen. Als Gegenleistung hatten die Fürsten den Frieden in Deutschland schlecht und recht gewahrt, Friedrich auf dem Kreuzzug und bei seinen Schwierigkeiten mit dem Papst einhellig unterstützt und ihm bei den Verhandlungen, die zum Frieden von Ceprano führten, beigestanden.

Von Friedrichs Standpunkt aus hatte sich seine Politik bewährt; den Interessen Deutschlands diente sie jedoch nicht. Selbst wenn es Friedrich gelungen wäre, Deutschland und Italien in einem einzigen riesigen Reich zu vereinen, wäre Deutschland an die zweite Stelle gedrängt worden. Da es ihm jedoch nicht gelang, wurde das Land den Schrecken eines Bürgerkrieges ausgesetzt, in dem die Fürsten, durch Friedrich fast zu kleinen Königen erhöht, miteinander wetteiferten und das unglückliche Land in einen Zustand der Anarchie stürzten.

Erzbischof Engelbert hatte Friedrichs Absichten offenbar früh erkannt, denn er bemühte sich in erster Linie darum, Heinrich ausschließlich zum deutschen König zu erziehen und verhinderte, daß er ausländische Verbindungen oder gar eine ausländische Heirat einging. Hätte der junge König auch nur einen Bruchteil der Fähigkeiten seines Vaters besessen, so hätte alles einen glücklichen Ausgang nehmen können, da er aber Deutschland besser zu kennen glaubte als sein Vater, so fühlte er sich berechtigt, selbständig zu handeln. Heinrich besaß nicht das Prestige und war nicht Persönlichkeit genug, um die Fürsten in Schach zu halten; ihre Arroganz erregte, wie bei vielen seiner Vorgänger, seinen Unwillen; er suchte Unterstützung bei dem niederen Adel, den Rittern, den Ministerialen und sogar bei den Bürgern der Städte und zog deren unerfreulichste Vertreter an sich. Wäre Heinrich ein Mann von Bedeutung gewesen, so hätte er gerade auf diesen Elementen – und darin liegt die Tragik dieser Situation – ein einiges Deutschland aufbauen können; aber unfähig, dies zu erkennen, war er nicht einmal in der Lage, die ernsteren Männer unter ihnen heranzuziehen.

Die Fürsten wußten dies genau, und als Heinrich im Jahre 1230 die Partei der Bürger von Lüttich gegen ihren Bischof ergriff, vereinten sie sich gegen ihn und schüchterten ihn derart ein, daß er seine Verfügungen widerrufen mußte. Auf dem Hoftag in Worms im Frühjahr 1231 rangen sie dem König Privilegien ab, auf Grund deren die weltlichen Fürsten innerhalb ihrer eigenen Territorien ebenso unabhängig wurden wie die geistlichen Fürsten es waren, seit Friedrich ihnen im Jahre 1220 das *Privilegium in favorem principum ecclesiasticum* gewährt hatte. Der König verzichtete auf das Münzrecht, auf die Einnahme von Gebühren und Zöllen und auf den Bau von Befestigungen in den Territorien der Fürsten. Als Gegenleistung für die Wahl seines Sohnes hatte Friedrich den geistlichen Fürsten ähnliche Zugeständnisse gemacht, die aber, da ihre Ämter nicht erblich waren, für den Kaiser eine geringere Gefahr bedeuteten als die Fürstenfamilien. Jetzt hatte Heinrich durch sein törichtes Verhalten die kaiserliche Macht geschwächt und, ohne eine Gegenleistung zu verlangen, Rechte von unschätzbarem Wert aufgegeben.

Friedrich sah sich aus politischen Gründen gezwungen, gute Miene zum bösen Spiel zu machen, da er die von Heinrich gewährten Zugeständnisse nicht widerrufen konnte. Schon in Ravenna hatte er beabsichtigt, seinen Sohn ernstlich zu ermahnen; daß aber Heinrich überhaupt nicht erschien, ließ seine sträfliche Dummheit zu bewußtem Ungehorsam werden. Ungehorsam aber war für Friedrich das unverzeihlichste aller Verbrechen, da es, was er am heiligsten hielt, die kaiserliche Autorität, an der Wurzel traf.

Wie töricht Heinrichs Verhalten war, ist an der Tatsache zu ermessen, daß er sich aus Angst oder Anmaßung weigerte, dem Befehl seines Vaters nachzukommen und in Friaul zu erscheinen. Schließlich gelang es dem kaiserlichen Kanzler, Bischof Siegfried von Regensburg, der Friedrich bei den Verhandlungen vor dem Frieden von Ceprano beigestanden hatte und ihn daher gut kannte, Heinrich dazu zu überreden, nach Cividale zu kommen.

Der König mußte sich mit den Bedingungen des Kaisers einverstanden erklären, ehe er vor dem Angesicht seines Vaters erscheinen durfte; die Bedingungen waren insbesondere für einen jungen Mann von Heinrichs Temperament demütigend. Sie liefen auf eine Probezeit hinaus, während der die verhaßten Fürsten als Wächter über sein Verhalten und seinen unbedingten Gehorsam gesetzt waren. Sogar eine Urkunde wurde abgefaßt, in der es hieß, der Patriarch von Aquileja, die Erzbischöfe von Magdeburg und Salzburg und die Herzöge von Sachsen, Meran und Kärnten seien dafür verantwortlich, daß Heinrich seine Versprechen hielt, widrigenfalls sie mit Waffengewalt gegen ihn einschreiten würden. Außerdem wurde Heinrich gezwungen, dem Papst zu schreiben, er sei mit seiner eigenen Exkommunizierung einverstanden, wenn er seinem Vater nicht gehorche.

Das waren in der Tat strenge Maßnahmen, aber wenn Friedrich die deutschen Angelegenheiten nicht wieder selbst in die Hand nehmen wollte, blieb ihm keine andere Wahl; denn hätte Heinrich seine Politik fortgesetzt, so wären die Fürsten unweigerlich ein Bündnis gegen die Krone eingegangen. Damit aber wäre der Bürgerkrieg in Deutschland heraufbeschworen und das gesamte Reich gefährdet worden. Unter diesen Umständen konnte Friedrich kaum väterliche Nachsicht üben, auch war er nicht der Mann, der persönliche Gefühle den Angelegenheiten des Staates voranstellte.

Nachdem Friedrich die von Heinrich heraufbeschworenen Probleme geregelt hatte, bestätigte er die Zugeständnisse seines Sohnes an die weltlichen Fürsten und begann, mit den Delegierten Pläne für die Unterwerfung der Lombardei zu erörtern. Das Ergebnis war das Versprechen der deutschen Vertreter, im folgenden Frühjahr ein Heer aufzustellen. Nach diesem Übereinkommen wurden sie, mit Geschenken überhäuft, entlassen, und der Kaiser setzte seine Vorbereitungen für das Unternehmen fort, durch das er die dornige lombardische Frage endgültig zu lösen hoffte. Zu diesem Zwecke verhandelte er mit den Brüdern Ezzelino und Alberich von Romano, die in der Trevisaner Mark immer mehr an Macht gewannen; sie lohnten seine Freundschaft bald in reichem Maße, indem sie sich der strategisch wichtigen Stadt Verona bemächtigten und damit den Brenner für die deutschen Heere öffneten.

Die ersten Monate des Jahres 1232, das für Friedrich so enttäuschend begonnen hatte, gingen glanzvoll zu Ende. In Pordenone erneuerte er den Freundschaftsvertrag mit Frankreich, und die Abgesandten des »Alten vom Berge« und des Sultans von Damaskus machten ihm ihre Aufwartung mit prachtvollen Geschenken. Unter den Gaben des Sultans befand sich das berühmte Planetarium in Form eines Zeltes, in dem durch einen versteckten Mechanismus die aus Gold und Edelsteinen gearbeiteten Himmelskörper ihre Bahnen zogen. Friedrich erklärte, dieses Geschenk sei ihm teurer als alles andere auf der Welt, außer seinem Sohn Konrad. Als Gegengabe schickte er einen weißen Pfau und einen weißen Bären, der in Syrien ungeheures Aufsehen erregte, weil er ins Meer sprang, um Fische zu fangen. Wahrscheinlich war es ein Eisbär; daß es ein solches Tier in der kaiserlichen Menagerie gab, wirft ein interessantes Licht auf Friedrichs Beziehungen zu den nordischen Ländern. Im Mai gab der Kaiser nach seiner Rückkehr nach Apulien in Melfi ein großes Bankett für seine Gäste; zu Ehren des mohammedanischen Festes fand es am Tage der Hedschra statt. Zur Überraschung vieler Gäste setzten sich christliche Bischöfe und deutsche Adlige mit den Vertretern mohammedanischer Herrscher zu Tisch. Etwas Ähnliches hätte an keinem anderen europäischen Hof des dreizehnten Jahrhunderts stattfinden können.

Inzwischen war der Papst mit den Römern uneins geworden – ein endemisches Leiden, von dem alle Päpste des Mittelalters, Gregor allerdings mehr als die anderen, betroffen wurden. Die Lage hatte sich so zugespitzt, daß er seinen guten Freund, den Kaiser, um Hilfe bitten mußte. Für Friedrich hätte die Situation peinlich werden können, da Gregor offensichtlich seine persönliche Intervention an der Spitze eines Heeres erwartete, und das wäre das letzte gewesen, was der Kaiser wollte. Zum Glück aber rebellierten gerade in diesem Augenblick Messina und einige andere Städte im Osten Siziliens gegen die Unterdrückung ihrer Rechte durch die Konstitutionen von Melfi. Damit hatte der Kaiser eine glaubhafte Entschuldigung; er wies deutsche, provenzalische und burgundische Ritter an, dem Papst zu Hilfe zu eilen.

Auch in Syrien gab es Schwierigkeiten. Unter der Führung von Johann von Ibelin hatten die Barone Friedrichs Statthalter Richard Filangieri besiegt; Hermann von Salza wurde hingeschickt, um die Lage zu untersuchen. Mit Hilfe der päpstlichen Legaten gelang es ihm, Frieden zu stiften, aber die Feindseligkeit gegen Friedrich und Filangieri war so stark, daß der Friede kaum von Dauer sein konnte. Obwohl der Papst den unnachgiebigen Patriarchen Gerold absetzte, verschlechterte sich die Lage immer mehr, und Zypern ging innerhalb eines Jahres verloren.

Zu dieser Zeit erklärte Friedrich sich wiederum bereit, die Vermittlung des Papstes im lombardischen Konflikt anzunehmen; um die Frage im Zusammenhang mit der kaiserlichen Hilfe für die bedrängte Kurie zu erörtern, mußte eine neue Delegation zusammengestellt werden. Friedrichs bevorzugter Gesandter Hermann von Salza befand sich im Nahen Osten; so schickte er statt seiner den Großhof-Justitiar Heinrich von Morra und Petrus von Vinea, der großes Ansehen am Hofe genoß. Dieser begabte Jurist aus Capua, nur wenig älter als sein kaiserlicher Herr, kam an den Hof durch Erzbischof Berard von Palermo, dem bereits im Jahre 1220 das geschliffene Latein des unternehmungslustigen jungen Mannes in einem Brief an ihn aufgefallen war.

Petrus von Vinea hatte während der vergangenen zwölf Jahre verschiedene unbedeutende Ämter in der kaiserlichen Kanzlei versehen und beim Abschluß des Friedens von Ceprano zum erstenmal eine kleinere Rolle auf der diplomatischen Bühne gespielt. Dieser neue Auftrag war jedoch der Anfang einer großen Karriere. Petrus von Vinea sollte wie kein anderer den neuen Beamtentypus repräsentieren, den Friedrich durch die Schaffung des modernen laizistischen Staates in Sizilien ins Leben gerufen hatte. Bisher waren die Staatsmänner des Mittelalters nur Adlige oder Geistliche gewesen; Petrus von Vinea hingegen stammte aus einer verarmten bürgerlichen Familie und hatte nie die Priesterweihe empfangen, die bisher für alle jungen Männer, die weder adlig waren noch Einfluß besaßen, allein den Weg zum Erfolg ebnete. Er hatte trotz seiner Armut an der Universität in Bologna studiert, die Ausbildung aber, die ihn in die vordersten Reihen brachte, verdankte er seiner Heimatstadt.

Capua war seit langem für seine Schule der *ars dictandi* berühmt – jenen formellen Stil lateinischer Prosa, der damals so bewundert wurde und den Petrus von Vinea auf das vollkommenste beherrschte. In seinen Briefen und Schriftstücken überwuchern für unseren Geschmack Hyperbeln und biblische und klassische Anspielungen, sie entsprechen auf literarischem Gebiet der überladenen Barockarchitektur des Südens. Sein Stil galt jedoch jahrhundertelang den Kanzleien Europas als vorbildlich.

Diese Begabung war ein sicheres Mittel, um die Gunst des Kaisers zu erlangen, denn Friedrich war der Ansicht, daß der Korrespondenzstil der kaiserlichen Kanzlei makellos sein müsse. Er trieb diese Forderung so weit, daß er, wie Fra Salimbene berichtet, einmal einem Schreiber den Daumen abschneiden ließ, weil er den Namen seines kaiserlichen Herrn falsch geschrieben hatte. Aber vom Stil abgesehen, war es für den Kaiser äußerst wichtig, einen Mann zur Hand zu haben, der die Kunst, Briefe zu schreiben und Manifeste aufzusetzen, beherrschte, die von jeher eine wichtige Rolle in Friedrichs politischer Tätigkeit gespielt hatte. Je stärker die Rivalität mit der Kurie, um so wichtiger wurde auch diese Form der Propaganda, denn die Kirche verstand sich auf Grund ihrer jahrhundertealten Erfahrung so meisterhaft darauf, daß im Vergleich zu ihr alle anderen europäischen Herrscher nur Stümper waren.

Wir wissen nicht, ob Petrus von Vinea schon an dem Entwurf der Rundschreiben mitwirkte, die Friedrich vor dem Kreuzzug aussandte, aber es ist durchaus möglich; im Jahre 1230 nahm er bei Hof bereits eine so bedeutende Stellung ein, daß er bei der Ausarbeitung der Konstitutionen von Melfi eine wichtige, wenn nicht die entscheidende Rolle spielte. Nachdem er im Sommer 1232 die Briefe des Kaisers an den Papst entworfen hatte, war es also nur natürlich, daß er Heinrich von Morra begleitete. Diese Mission verlief jedoch ergebnislos; der Forderung des Kaisers nach Genugtuung für die Sperrung des Brenners wurde nicht entsprochen, die Lage hingegen weiter erschwert durch Friedrichs verständliche Weigerung, den lombardischen Bund anzuerkennen. Für ihn handelte es sich lediglich um einige Städte in einer Provinz seines Reiches, die sich gegen seine rechtmäßige Autorität auflehnten. Der Papst konnte es sich trotz seiner Schwierigkeiten mit den Römern nicht leisten, diesen seinen einzigen mächtigen Verbündeten in Italien allzusehr unter Druck zu setzen und ließ, da er sah, daß der Kaiser scheinbar mit anderen Dingen beschäftigt war, die Verhandlungen im Sande verlaufen.

Im folgenden Jahr wurde die Stellung des Papstes durch ein ungewöhnliches Ereignis unerwartet gestärkt: Ober- und Mittelitalien wurden von dem religiösen Taumel einer Bußbewegung heimgesucht, die in der Geschichte als das »Große Halleluja« bekanntgeworden ist. Fanatische Prediger zogen durch das Land, forderten die Menschen zur Buße auf und verkündeten einen allgemeinen

Frieden. Tausende verfielen ihnen, und ihr Einfluß war so groß, daß selbst ein so hartgesottener Sünder wie Ezzelino von Romano sich gezwungen sah, dem mächtigsten unter ihnen, Fra Giovanni di Vicenza, der vom Volke zum Herzog von Verona ausgerufen worden war, Gehorsam zu schwören. Aber ebenso plötzlich, wie er gekommen, war der Spuk vorüber. Nachdem etwa vierhunderttausend Menschen einer Friedensversammlung in Vicenza beigewohnt hatten, zerbarst die trügerische Hoffnung, und der mörderische Krieg der Städte Norditaliens brach in alter Stärke wieder aus. Der *status quo* war wiederhergestellt.

Die Bußorgie berührte das sizilische Königreich nicht, und Friedrich hatte mit seinen eigenen Angelegenheiten so viel zu schaffen, daß die Lombardei vergessen schien, obwohl er auch inzwischen offensichtlich erkannt hatte, daß der Streit nur mit Waffengewalt beendet werden konnte. Der Aufruhr in Sizilien wurde mit barbarischer Grausamkeit unterdrückt. Friedrichs Verhalten bei dieser Gelegenheit gehört zu den dunkelsten Punkten seines Wesens, da er sein Versprechen, Gnade zu üben, in verräterischer Weise brach. Jede Form der Rebellion gegen die kaiserliche Macht brachte stets die schlimmste Seite seines Charakters zum Vorschein, weil er die kaiserliche Macht als gottgegeben und in jeder Opposition dagegen eine Form des Sakrilegs sah. Deshalb berief er sich nun bei der Unterdrückung des Aufstands in Messina auf die Ketzergesetze der Konstitutionen von Melfi und ließ die Rebellen auf dem Scheiterhaufen verbrennen. Den Anführern gelang es, nach Malta zu entkommen, wo sie gefangengenommen und lediglich aufgehängt wurden; viele der unglückseligen Bürger von Messina, die sich in eine Kirche geflüchtet hatten und sich auf die ihnen zugesagte Gnade ergaben, wurden gefangengenommen und getötet. Ähnliche Gemetzel fanden in Catania, Syrakus und Nicosia statt; Centorbe, das Widerstand leistete, wurde zerstört und die überlebenden Bürger mit Gewalt in die neu gegründete Stadt Augusta gebracht.

Im Dezember 1233 hielt der Kaiser in Syrakus, im Januar 1234 in Messina Hof. Nachdem er den Aufstand mitleidlos unterdrückt hatte, nahm er eine gründliche Untersuchung der Lage auf der Insel Sizilien vor. Zu intelligent, um nicht zu wissen, daß er nicht auf unabsehbare Zeit durch Gewalt herrschen könne, wollte er sich nach sechsjähriger Abwesenheit persönlich von den Zuständen auf der Insel überzeugen, die einen solchen Aufstand möglich gemacht hatten. In Syrakus wurde ein Gesetz erlassen, das es seinen sizilischen Untertanen verbot, Ausländer zu heiraten. Es ist merkwürdig, daß ein Mann von Friedrichs Herkunft und Neigungen, der über ein Reich herrschte, in dem so viele verschiedene Nationalitäten lebten, eine solche Bestimmung erließ. Fast sieht es aus, als glaubte er, daß irgendein fremdes Element die Unruhen angestiftet habe. Eine weitere Folge seiner Untersuchungen in Sizilien war die Einrichtung von Provinzgerichten, die Mißbräuche der Verwaltung aufgreifen und abändern sollten, sowie von verschiedenen Handelsmessen und Märkten im sizilischen Königreich. Auch begann der Kaiser zu dieser Zeit nun mit dem Bau der sizilischen Kastelle.

Während Friedrich den Winter in dem milden Klima der Insel Sizilien verbrachte, wurde Italien von der strengen Kälte eines der schlimmsten Winter der Geschichte heimgesucht. Die Flüsse froren zu, Venedig war mit dem Festland durch Eisflächen verbunden; überall herrschten Not und Elend, selbst in Rom. Vom Hunger getrieben plünderte das Volk die Paläste der Kardinäle, ja sogar den Lateran, der Papst flüchtete nach Rieti und richtete einen Appell an die Könige der Christenheit, ihm zu Hilfe zu kommen. Auch die zynischen Römer hatten sich der Wirkung des »Großen Hallelujas« nicht entziehen können, aber jetzt, da sie zu ihrer feindseligen Haltung zum Papst zurückgefunden hatten, wählten sie einen antipäpstlichen Senator, der in ihrem Namen auf einen Teil der Gebiete des Patrimonium Petri – die Campagna und Toskana – Anspruch erhob.

Diese Ereignisse versetzten den Papst in eine schwierige Lage; für Friedrich hingegen gestaltete sie sich damit außerordentlich günstig. Die Nachrichten aus Deutschland waren beunruhigend; alle Berichte deuteten darauf hin, daß Heinrich seinem Vater die besten Freunde zu entfremden suchte und daß sich die Unordnung allmählich im ganzen Lande verbreitete. Friedrich sah voraus, daß die Unfähigkeit seines Sohnes sehr bald zu einer Krise in Deutschland führen mußte und daß dann die Unterstützung des Papstes von größter Bedeutung für ihn sein würde. Der Augenblick war günstig. Zwar würde er päpstliche Hilfe vielleicht bald in Anspruch nehmen müssen, der Papst aber brauchte seinen Beistand sofort. Und so machte Friedrich, zusammen mit seinem Sohn Konrad, Gregor einen überraschenden Besuch. Die Zusammenkunft verlief zumindest äußerlich freundlich; wahrscheinlich schlug der Papst bei dieser Gelegenheit dem Kaiser vor, eine Engländerin – Prinzessin Isabella, die Schwester Heinrichs III. – zu heiraten, denn bald danach wurde Petrus von Vinea nach London geschickt, um vorbereitende Verhandlungen über die Eheschließung zu führen.

Dies war für Friedrich eine ernste Entscheidung, da eine englische Heirat mehr oder weniger zu einer Entfremdung zwischen ihm und den Franzosen führen mußte, die seit jeher treue Verbündete der Hohenstaufen gewesen waren. Aber Heinrichs Verhalten in Deutschland hatte die Frage einer möglichen Änderung der Thronfolge aufgeworfen, und der Kaiser besaß nur einen weiteren legitimen Erben, nämlich den siebenjährigen Konrad. Hinzu kam der weitere Vorteil, daß eine Verbindung mit England der feindlichen welfischen Partei in Deutschland die englische Unterstützung entziehen würde; angesichts der offenbar unvermeidlichen weiteren Schwierigkeiten mit Heinrich spielte diese Überlegung eine wesentliche Rolle. Im Hinblick auf die zu erwartenden Schwierigkeiten rang Friedrich dem Papst das Versprechen ab, Heinrich zu exkommunizieren.

Der Kaiser seinerseits versprach, sofort für den Papst gegen die aufständischen Römer vorzugehen. Friedrich verfügte gerade über ein relativ großes Heer deutscher Soldaten unter der bewährten Führung des Bischofs von Winchester, des alten Waffenbruders von Richard Löwenherz, und des Grafen von Toulouse. Trotzdem begab sich der Kaiser persönlich nach Viterbo, um den päpstlichen Truppen Hilfe zu leisten, die dort von den Römern angegriffen wurden; es gelang ihm, die Stadt zu entsetzen, doch bestürmte er vergeblich die Festung Rispampani in der Nähe der heutigen Stadt Tuscania, obwohl er das ganze umliegende Land verwüstete.

Dieses energische Eingreifen des Kaisers für den Papst und das scheinbar zwischen ihnen herrschende Einvernehmen erregte aufs neue das Mißtrauen der Mailänder; Gregor ließ ihnen jedoch insgeheim sagen, daß er zwar Friedrichs Unterstützung gegen die Römer dringend nötig habe, aber nichts tun werde, was der Stellung der Lombarden schaden könnte. Nach dem Mißerfolg von Rispampani scheint Friedrich es müde geworden zu sein, sich für den Papst zu schlagen und kehrte nach Apulien zurück; er ließ jedoch seine Truppen dem Papst, um den Angriff fortzusetzen, bis es Gregor mit ihrer Unterstützung schließlich gelang, Frieden mit den Römern zu schließen.

Die Voraussicht des Kaisers, die seinen Besuch bei Gregor veranlaßt hatte, wurde früher belohnt, als er selber dachte. Er hatte sich die päpstliche Unterstützung für seine künftigen Maßnahmen in Deutschland gerade noch rechtzeitig gesichert, denn in dem Augenblick, als Friedrich Rispampani belagerte, warf Heinrich den Fürsten den Fehdehandschuh hin. Er trotzte den feierlichen Ermahnungen seines Vaters, brach seine Eide, ergriff Partei für die Bürger der rheinischen Städte und befreite sie von dem Treueid zu ihren Bischöfen. Die Unruhen, die bis zu diesem Moment nur geschwelt hatten, entwickelten sich rasch zu einem Bürgerkrieg; Heinrich und sein Schwager, der Herzog von Österreich, griffen gemeinsam einen der treuesten Anhänger des Kaisers, den Herzog von Bayern, an. Als die Nachricht den Kaiser erreichte, erklärte er die Befreiung der rheinischen Städte für ungültig und drohte den Friedensbrechern mit harter Strafe. Inzwischen traf der furchtbare Schlag der Exkommunikation den Sohn, der es gewagt hatte, sich gegen den Vater und den Kaiser zu wenden.

Das Ausmaß von Heinrichs Verrat wurde erst Ende 1234 bekannt, als es sich herausstellte, daß die Unterhändler des jungen Königs, Anselm von Justingen und Walter von Tannenburg, ein geheimes Abkommen zwischen Heinrich und den Mailändern geschlossen hatten. Es handelte sich um einen Angriffs- und Verteidigungspakt, der auf unbegrenzte Zeit alle zehn Jahre erneuert werden sollte. Als äußeres und sichtbares Zeichen dieses erstaunlichen Freundschaftspaktes zwischen einem Mitglied des Hauses Hohenstaufen und seinen größten Feinden wurde Heinrich die eiserne Krone der Langobarden angeboten, die seinem kaiserlichen Vater seit fünfzehn Jahren verweigert worden war. So wurde dem Verrat noch die Beleidigung hinzugefügt; der Sohn Friedrichs hätte nichts tun können, was seinen Vater mehr aufgebracht und tiefer gekränkt hätte.

Der Kaiser verbrachte Ostern 1235 in der Zurückgezogenheit seines Jagdhauses in Precina bei Foggia; dann begab er sich auf die Reise nach Deutschland. Auf dem Wege nach Norden hielt er in Fano Hof, um für die Verwaltung des Königreichs während seiner Abwesenheit vorzusorgen, die angesichts der Zustände in Deutschland wahrscheinlich von längerer Dauer sein würde. Der nächste Teil der Reise, die Strecke von Rimini zur friaulischen Küste, wurde mit dem Schiff zurückgelegt.

Es spricht für das persönliche Ansehen des Kaisers, daß er bei einem so gefahrvollen Unternehmen, nach Jahren der Abwesenheit in Deutschland den Aufstand seines eigenen Sohnes zu unterdrücken, sich nur mit einem kleinen Gefolge aufmachte. Es ist merkwürdig, daß Friedrich offenbar viel eher seine deutschen Untertanen richtig einzuschätzen wußte als die Italiener, zu denen er eine stärkere Neigung empfand. Seine früheren Erfahrungen hatten ihn anscheinend davon überzeugt, daß Freigebigkeit zusammen mit dem Zauber seiner Persönlichkeit die besten Mittel waren, um sein nördliches Königreich zu unterwerfen. So rüstete er sich lediglich mit den Geldern, die ihm die vor kurzem seinen sizilischen Untertanen auferlegte *Colleta* eingebracht hatte, und umgab sich mit der orientalischen Pracht, durch die er die Deutschen so gut zu beeindrucken verstand; auch der kaiserlichen Menagerie war in diesem Spiel ihre Rolle zugedacht.

Als der Kaiser bei Gregor König Heinrichs Exkommunikation durchsetzte, hatte er den Weg für seine unglückselige Mission in Deutschland gut vorbereitet; Gregors Lage war jedoch weniger glücklich. Der Papst hatte sich in ein Dilemma hineinmanövriert: seine lombardischen Freunde waren mit einem Mann verbündet, den er exkommunizieren mußte, außerdem hatten sie sich zu dem Vergehen hinreißen lassen, einen Sohn gegen seinen Vater aufzuhetzen. Unter diesen Umständen blieb dem Papst, so schwer es ihm fallen mochte, nichts anderes übrig, als Partei zu ergreifen für Friedrich, den zu Recht entrüsteten Vater. Es war nun zu spät, eine Formel zu finden, wobei er zugleich das Gesicht wahren und Heinrichs Bündnis mit den Lombarden, das ihm so viel sympathischer gewesen wäre, auch nur heimlich hätte fördern können. Das einzige, was Gregor zu tun blieb, war, Friedrich in Deutschland zu unterstützen und die Rolle, die die Lombarden bei der ganzen Sache gespielt hatten, so gut wie möglich zu vertuschen.

Viele der deutschen Fürsten waren in Aquileja gewesen, um ihren Kaiser zu begrüßen, aber noch mehr eilten herbei, um ihn auf seiner Fahrt durch die Steiermark und Bayern zu begleiten; in Bayern wurden sie Zeuge, wie die Treue des Herzogs zum Kaiser durch die Verlobung seiner siebenjährigen Tochter mit dem jungen Prinzen Konrad belohnt wurde.

Die bloße Ankunft des Kaisers in Deutschland genügte, um die Anhänger seines Sohnes in die Flucht zu schlagen; sie ließen ihn im Stich und zogen sich auf ihre Festungen zurück. Von allen verlassen, flehte Heinrich Hermann von Salza an, für ihn beim Kaiser Fürsprache einzulegen; offenbar hoffte er noch immer, daß ihm verziehen und er in seine Rechte wieder eingesetzt werden würde. In dem Wahne, daß er jetzt seine Position noch stärken könne, beging er den schweren Fehler, Trifels und andere Festungen nicht herauszugeben; auch soll er einen Fluchtversuch unternommen haben. Aber sein Vater ließ sich nicht erweichen; nur die bedingungslose Kapitulation konnte ihm Genüge tun.

Schließlich warf sich der bejammernswerte Jüngling in der ersten Juliwoche in Worms dem Kaiser zu Füßen und lag schluchzend auf dem Boden; mit gebrochener Stimme flehte er seinen Vater um Gnade an. Als Friedrich kein Zeichen gab, daß er die Anwesenheit seines Sohnes wahrgenommen habe, verbreitete sich eine furchtbare Stille im ganzen Saal. Schließlich legten, als könnten sie die Spannung nicht mehr ertragen, einige der Fürsten Fürsprache für Heinrich ein, und es wurde ihm gestattet, sich zu erheben. Aber er mußte auf der Stelle und in Gegenwart des gesamten Hofes auf sämtliche Titel und Besitztümer verzichten und sich uneingeschränkt der Gnade seines Vaters überlassen.

Heinrich wurde für immer aus der Gegenwart des Kaisers verbannt und im Heidelberger Schloß eingekerkert, bewacht von seinem Todfeind, dem Herzog von Bayern, als Kerkermeister. Das Leben wurde ihm gelassen, aber das nützte ihm wenig. Er brachte es in den kaiserlichen Festungen Siziliens hin unter Aufsicht des

Marquis von Lancia, zunächst in dem Kastell San Felice (heute San Fele), wo er jahrelang dahinsiechte, später in Nicastro; auf dem Wege zu einem weiteren Kerker beging er mit dreißig Jahren Selbstmord, indem er sich mit seinem Pferd in einen Abgrund stürzte.

Friedrichs Verhalten gegenüber seinem Sohn war mitleidlos, aber es blieb ihm im Grunde keine andere Wahl. Heinrich freizulassen, hätte in der damaligen Zeit bedeutet, daß sich jeder Unzufriedene und jeder Feind des Kaisers auf Heinrichs Seite schlug oder ihn gegen den Kaiser ausspielte. Heinrichs Verhalten war nicht nur eine verbrecherische Torheit, sondern ein direkter Verrat. Es gab also keine Alternative, als ihn zum Staatsgefangenen zu machen, es sei denn, Friedrich hätte ihn hinrichten lassen; aber daran hat er trotz aller Bitterkeit und Empörung offenbar nie gedacht.

Für die Unruhen in Deutschland war Heinrich allein verantwortlich; deshalb ließ der Kaiser, der hierbei gerecht und diplomatisch vorging, gegenüber den Anhängern seines Sohnes Milde walten. Er ließ sogar die mailändischen Gesandten frei, die sich auf dem Trifels versteckt hatten, und verzieh dem Bischof von Worms und den anderen Anhängern Heinrichs. Auch gegen die Masse der unbedeutenden Mitläufer bewies Friedrich mehr Nachsicht, als selbst von dem mildesten mittelalterlichsten Herrscher zu erwarten gewesen wäre.

Während des letzten Aktes dieses unglückseligen Dramas bereitete sich ganz Deutschland auf ein freudigeres Ereignis vor – die Vermählung des Kaisers mit der englischen Prinzessin Isabella. Der arme Heinrich muß selbst hinter seinen düsteren Gefängnismauern von den kommenden Festlichkeiten gehört und über die tragische Ironie der Ereignisse nachgedacht haben, die ihn zum Gefangenen machten, während sein Vater das schöne Mädchen heiratete, das ihm zehn Jahre früher als Braut vorgeschlagen worden war. Die Verhandlungen über Friedrichs Eheschließung wurden seit dem vorhergehenden August geführt, als Petrus von Vinea das erstemal nach London geschickt wurde; später erhielt er alle Vollmachten, um den Ehevertrag auszuhandeln. Gerade diese schwierige Aufgabe brachte ihm seine Vorrangstellung unter den kaiserlichen Diplomaten ein. Er wurde bevollmächtigt, für den Kaiser zu schwören, daß Friedrich bereit sei, die Prinzessin zu heiraten, und, was das Wichtigste war, über die Höhe der Mitgift zu verhandeln. Petrus von Vinea bewies dabei offenbar ziemliches Geschick, denn die künftige Kaiserin brachte dreißigtausend Silbermark mit in die Ehe, um die Hälfte mehr als ihre Vorgängerin Prinzessin Johanna erhalten hatte, als sie Wilhelm II., den letzten normannischen König von Sizilien, heiratete. Petrus von Vinea hatte auch insofern Glück, als Isabella wirklich schön war; als er sie endlich sehen durfte, nachdem ihr Bruder, König Heinrich, und die englischen Barone drei Tage lang das Für und Wider dieser wichtigen Eheschließung erörtert hatten, war er, wie die Chronisten berichten, von ihrem Aussehen entzückt.

Als Isabella Ende Februar zur Verlobungszeremonie vom Tower zum Hof in Westminster gebracht wurde, wiederholte Petrus von Vinea den Antrag seines Herrn, leistete an Friedrichs Stelle den Eid und bot ihr seinen Ring an. Nachdem die Prinzessin huldvoll zugestimmt hatte, steckte Petrus von Vinea ihr Friedrichs Ring an den Finger und begrüßte sie unter der begeisterten Zustimmung des Hofes als Kaiserin der Römer.

Isabella, damals einundzwanzig Jahre alt, war an einem hochkultivierten Hof aufgewachsen; trotz seiner Mängel als Herrscher galt Heinrich III. als Schutzherr der Künste, und die anmutige Art und gepflegte Sprache seiner Schwester beeindruckte sogar Friedrich. Heinrich scheint Isabella gern gehabt zu haben, denn in den Hofregistern der damaligen Zeit werden mehrfach Geschenke erwähnt, die er ihr machte. So zum Beispiel ein Päckchen mit hundert Mandeln – damals ein großer Luxus in England; oder ein anderes Mal einen silbernen Kelch und eine goldbestickte Stola und Armbinde für ihre Privatkapelle sowie Sättel für ihren persönlichen Gebrauch. Heinrich war selbst außerordentlich extravagant, aber auch bei der Garderobe seiner Schwester keineswegs geizig. Sie besaß, noch bevor sie diese Ehe einging, prachtvolle Kleider: scharlachrote, mit Rehfell besetzte Roben, einen scharlachroten, mit grauem Eichhörnchenfell geschmückten Rock, auch blaue und grüne Kleider aus feinen französischen Stoffen, verziert mit Hermelin, werden in den Registern aufgezählt.

Isabellas prächtige Aussteuer war das Gespräch von ganz London. Ihre Krone aus reinstem Gold zeigte die Bildnisse von vier englischen Märtyrerkönigen; sie besaß einen kostbaren Halsschmuck und Kassetten voller Juwelen sowie ein herrlich ziseliertes Service aus Gold und Silber. Sogar die Kochtöpfe waren aus Silber, was, begreiflich genug, als unnötige Extravaganz angesehen wurde. Wunderbare Decken und seidene Bezüge für das Brautlager sowie eine Koppel ausgesucht schöner Pferde gehörten ebenfalls zur Aussteuer.

Nach Ostern kamen der Erzbischof von Köln und der Herzog von Brabant, um Isabella einzuholen; so sagte die Prinzessin im lieblichen englischen Frühling ihrer Heimat auf immer Lebewohl. Sie muß sich manchmal im trockenen Sommer Apuliens nach England gesehnt haben; mit ihren letzten Worten auf dem Sterbebett empfahl sie das Land und ihren Bruder ihrem kaiserlichen Gemahl. Im Augenblick aber war sie von Heiterkeit und Pracht umgeben, dreitausend Ritter begleiteten sie zuerst nach Canterbury, wo sie am Grab Thomas à Beckets betete, und dann nach Sandwich, wo die Schiffe, mit den besten Weinen, Weizen und Speck an Bord, am 11. Mai bereitlagen, um sie nach Antwerpen zu bringen.

Isabellas Reise von Antwerpen nach Köln war ein einziger Triumphzug. In Köln zogen ihr zehntausend Bürger aus der Stadt entgegen; Reiter auf spanischen Pferden brachen ihr zu Ehren Lanzen in Kampfspielen. Die Stadt hallte vom Glockengeläute, bannertragende Geistliche und die Adligen der Stadt empfingen die Prinzessin. Die Straßen waren mit Blumen geschmückt und farbenprächtige Gobelins hingen an den Häusern; Meistersänger begleiteten sie auf ihrem feierlichen Ritt durch die Straßen; ihre Musik entzückte die Prinzessin so, daß sie die Sänger für den Rest ihres Aufenthalts an ihrem Hof behielt. Die ganze Stadt brannte darauf, die Braut ihres Kaisers zu sehen, und als Isabella hörte, daß die Damen, die sie von ihren Fenstern vorbeireiten sahen, gehofft hatten, einen Blick auf ihr Antlitz werfen zu können, gewann sie alle Herzen im Sturm, indem sie Kapuze und Schleier zurückfallen ließ. Ein prachtvoller Umzug wurde für sie veranstaltet, in dem von Pferden gezogene Galeeren, in denen Sänger saßen, auf künstlichen Wellen aus Seide zu fahren schienen. Die festliche Atmosphäre hielt während der sechs Wochen an, die Isabella in Köln verbrachte, bis sie zur Vermählung nach Worms gerufen wurde. Es war eine Feier von unvergleichlicher Pracht, bei der vier Könige, elf Herzöge, dreißig Grafen, Marquis' und zahllose Prälaten und Ritter anwesend waren. Vier Tage dauerten die Feste und Turniere; die deutschen Meistersinger, französischen Troubadoure und italienischen *trovatori* wetteiferten miteinander, um den Gästen Musik zu bieten. Akrobaten und Spielmänner durften mit Rücksicht auf den Ernst der Feier ihre leichten Künste nicht darbieten.

Isabella kann von dem allgemeinen Jubel nur wenig gesehen haben, da sie sich sofort in die Zurückgezogenheit des Haremslebens begeben mußte, das von nun an ihr Los sein sollte. Die Ehe wurde auf den Rat des Hofastrologen erst am Tage nach der Hochzeit vollzogen. Unmittelbar danach überließ Friedrich sie der Obhut schwarzer Eunuchen, die Matthäus von Paris als »scheußliche alte Masken« beschrieb. Friedrich war zwanzig Jahre älter als Isabella, und die Heirat war eine rein politische, dennoch scheint uns die Behandlung, die er ihr zukommen ließ, im höchsten Grade gefühllos.

Die Prinzessin durfte nur zwei ihrer englischen Dienerinnen behalten: ihr Mädchen Katherine, eine Londonerin, die die berühmte englische Stickkunst beherrschte, und wahrscheinlich ihre alte Kinderfrau Margaret Biset, die seit Isabellas Kindheit bei ihr war. Friedrich schien entschlossen, keine ausländische Clique bei Hof aufkommen zu lassen. Schon in Worms schickte er alle übrigen Mitglieder von Isabellas englischem Gefolge zurück und überhäufte sie mit kostbaren Geschenken, unter anderem drei Leoparden für seinen Schwager König Heinrich. Diese lebendigen Symbole des königlich-englischen Wappens sollten die ersten Insassen des Zoos am Tower werden; Friedrich scheint mit seiner königlichen Menagerie eine Mode geschaffen zu haben, die sich im konservativen England durch sechs Jahrhunderte hielt.

Als die Festlichkeiten der kaiserlichen Hochzeit vorüber waren, machte sich Friedrich im Ernst daran, die Ordnung im politischen Gefüge Deutschlands wiederherzustellen. Im August berief er einen Hoftag nach Mainz, der den September und Oktober hindurch dort tagte und im November in Augsburg zu Ende ging. Es war das bedeutendste politische Ereignis während Friedrichs Herrschaft in

Deutschland und bestimmte die Geschichte des Landes für die nächsten Jahrhunderte. Fast alle deutschen Fürsten waren anwesend, und die Verhandlungen fanden in einer so feierlichen und prunkvollen Atmosphäre statt, daß sie die Erinnerung an die goldenen Zeiten Barbarossas wachriefen.

Das wichtigste Ziel des Hoftages war, Heinrichs Absetzung zu legalisieren; dies geschah durch den Erlaß eines neuen Gesetzes, in dem es hieß: wer auch immer die Waffe gegen seinen Vater erhob, sich mit dessen Feinden verbündete oder dessen Leben und Freiheit bedrohte, verlor jedes Recht auf das väterliche und mütterliche Erbe und wurde der kaiserlichen Gerichtsbarkeit übergeben. Damit war Heinrich endgültig ausgeschaltet, und sein Vater hatte die juristischen Mittel in der Hand, um nötigenfalls die früheren Anhänger seines Sohnes anzugreifen. In seinem Zorn gegen Heinrich ging der Kaiser noch einen Schritt weiter und erkannte das Recht der Fürsten an, den Herrscher nicht nur zu wählen, sondern ihn auch abzusetzen; hiermit wurde, entgegen der Politik seiner Vorfahren, ein außerordentlich gefährlicher Präzedenzfall geschaffen, den er zwar bereits durch seine eigene Thronbesteigung nach Ottos Absetzung *de facto* akzeptiert hatte.

Die Rechte der Fürsten, die Heinrich auf dem Hoftag zu Worms im Jahre 1231 gewährt und Friedrich in Aquileja bestätigt hatte, wurden nunmehr genau geprüft und in einem Kodex, dem Mainzer Landfrieden, zum erstenmal in deutscher Sprache zusammengefaßt. Einige sizilische Gesetze, wie das Verbot des gerichtlichen Zweikampfs und der Zahlung von Blutgeld, wurden auch in Deutschland eingeführt, ebenso ein kaiserlicher Großhof-Justitiar nach sizilischem Vorbild ernannt; die Fürsten unterstanden allerdings nicht seiner Gerichtsbarkeit. Der neue Kodex war nicht so umfassend wie die Konstitutionen von Melfi, hätte aber im Laufe der Zeit den Weg für ein geordneteres Rechtssystem bereiten können.

Das letzte wirklich wichtige Ereignis dieses bedeutsamen Hoftages war die Beendigung der Fehde, die die Häuser der Welfen und Staufer seit Generationen trennte. Friedrich hatte inzwischen alle Erbländer seiner Familie zurückerlangt, die zu Lebzeiten seines Onkels Philipp verstreut worden waren, und sie noch durch den Kauf der braunschweigischen Länder vermehrt. Letztere schenkte er dem Welfen Otto von Lüneburg und erhob ihn zum Herzog von Braunschweig-Lüneburg. Damit erlosch die Fehde, die so viel Blutvergießen in Deutschland verursacht hatte, in einem Freundschaftsbündnis. Der Hoftag schloß mit einem Hochamt im Augsburger Dom, dem der Kaiser im vollen Glanz der kaiserlichen Regalien beiwohnte. Darauf gab er ein großes Staatsbankett, zu dem alle deutschen Fürsten und zwölftausend Ritter geladen waren.

Weihnachten und den Rest des Winters verbrachte Friedrich verhältnismäßig zurückgezogen in seiner Lieblingsresidenz Hagenau, wo er die Gesandten des Königs von Kastilien und einen russischen Herzog empfing. Auch die Menagerie war mitgereist, und die Bürger von Kolmar eilten herbei, um die auf einer Wiese friedlich wiederkäuenden Kamele zu bestaunen. Eines dieser Tiere wurde alsbald zusammen mit einer Koppel Lastpferde, die mit Geschenken beladen waren, an Heinrich von England geschickt. Zu dieser Zeit geschah es auch, daß der Kaiser aus seiner genauen Kenntnis der jüdischen Religion ein Urteil über einen angeblichen Ritualmord an einem Christen fällte, der in Fulda einen Pogrom ausgelöst hatte. Friedrich bewies, daß es kein Ritualmord war, begnügte sich aber nicht damit, lediglich auf Grund seiner eigenen Kenntnisse zu urteilen, sondern richtete an alle christlichen Könige eine Umfrage, in der er sie bat, Bekehrte, die früher jüdischen Glaubens gewesen waren, über den jüdischen Ritus befragen zu lassen. Das Ergebnis war eine triumphale Rechtfertigung seiner eigenen Schlüsse.

Der Aufenthalt in Hagenau war jedoch in erster Linie eine Zeit der Erholung von den Prüfungen und Sorgen des vergangenen Jahres und der Vorbereitung auf den Feldzug gegen die Lombarden, der nunmehr drohend am Horizont stand. Friedrich verbrachte seine Tage auf der Jagd und in Gesellschaft seiner neuen Gemahlin. Nach dem ersten kurzen, ein wenig furchterregenden Zusammentreffen mit Friedrich bei der Vermählung scheint es Isabella gelungen zu sein, ein freundliches Verhältnis zu ihrem exzentrischen Gemahl herzustellen. Doch hatte sie ebensowenig Einfluß auf ihn wie seine anderen Gemahlinnen, sogar weniger als Konstanze, die zur Kaiserin gekrönt worden war. Isabella ist, zum Verdruß ihres Bruders, nie öffentlich mit der Krone auf dem Haupt erschienen. Jedoch innerhalb der Grenzen seiner merkwürdigen Einstellung zu Frauen bewies Friedrich für Isabella Bewunderung und sogar Zuneigung. Ihre Schönheit und ihre geistreiche Unterhaltung erfreuten ihn, und als ihr Bruder Richard von Cornwall sie besuchen durfte, fand er sie von neuen und »unbekannten Spielzeugen und Spielen und Musikinstrumenten« umgeben, die der Kaiser zu ihrer Unterhaltung bestellt hatte.

Isabella scheint eine besondere Vorliebe für die Musik gehabt zu haben. Ein Überrest der kaiserlichen Register, das bis zum letzten Krieg erhalten blieb, enthielt eine Eintragung über die Bestellung einer Posaune entweder für sie selbst (ihre beiden Brüder spielten Instrumente) oder für einen ihrer Musikanten. Die gleichen Register erwähnten häufig die Wünsche »unserer geliebten Gemahlin« – Dienstboten für ihren Haushalt, Vorbereitungen für ihre Ankunft in Neapel, Bestellungen für Roben, kostbare Seiden und Brokate, ja sogar für Schuhe. Dies alles eingestreut zwischen Botschaften von größter Bedeutung oder Eintragungen über den persönlichen Bedarf des Kaisers, bei dem es sich meist um Falken, Jagdhunde und Leoparden handelte. Wenn die Kaiserin auch durch die Eifersucht ihres Mannes gezwungen war, ein zurückgezogenes Leben zu führen, so wurde sie doch offenbar mit größtem Luxus verwöhnt. Eines wurde ihr jedoch wie jeder anderen Frau des dreizehnten Jahrhunderts hinlänglich klargemacht: ihre einzige wirkliche Aufgabe im Leben bestand darin, einen Erben und so viele weitere Kinder wie möglich in die Welt zu setzen, um die Nachfolge zu sichern.

Ein anderes, sehr merkwürdiges Ereignis ging der Rückkehr des Kaisers in die harte Realität des lombardischen Streites voraus. Im Mai 1236 zog Friedrich nach Marburg zur Erhebung der Gebeine der vor kurzem heiliggesprochenen Elisabeth von Ungarn, der Verwandten Friedrichs und Witwe des Landgrafen von Thüringen, der im Jahre 1227 in Brindisi der Seuche zum Opfer gefallen war. Als die Gebeine dieser frommen Fürstin, die als Witwe in der Nachfolge des heiligen Franziskus der Welt entsagt hatte, aus dem Grabe gehoben wurde, setzte der Kaiser ihr eine goldene Krone aufs Haupt und schaute in demütig-frommer Haltung zu, wie ihre sterbliche Hülle in einem goldenen Schrein beigesetzt wurde, der später in der großen, zu diesem Zwecke gebauten Elisabethkirche in Marburg aufgestellt wurde. Am nächsten Tage schrieb Friedrich über diese Vorgänge einen genauen Bericht an seinen alten Freund Bruder Elias, der inzwischen Ordensgeneral der Franziskaner geworden war. Darin kommt der Adelsstolz des Kaisers, der in jüngeren Jahren selten in Erscheinung getreten war, klar zum Ausdruck. Er rühmt die Heilige, daß sie von königlichem Blut war und fährt fort mit der Bemerkung, daß nur die, die von edler Geburt waren, die Bundeslade berühren durften, ja daß Jesus Christus selbst aus dem Königsstamm Davids entsprungen sei.

Man könnte diese plötzlich zur Schau getragene Frömmigkeit teils auf Friedrichs Familienstolz, teils darauf zurückführen, daß die heilige Elisabeth nunmehr als Schutzheilige der Kaiserin Isabella gelten konnte, deren Name eine romantische Form von Elisabeth war. Aber es ist eher anzunehmen, daß der feierliche Pomp der Beisetzung in erster Linie dazu diente, den Kaiser in der Rolle des frommen Fürsten, des ersten unter den christlichen Königen, in wirkungsvoller Weise herauszustellen. Die Betonung dieser Seite von Friedrichs Herrschaft war gerade jetzt besonders wichtig, da der Papst plötzlich begonnen hatte, einen sofortigen Kreuzzug als dringend notwendig hinzustellen.

Gregors Motive waren rein politischer Art, denn Jerusalem lag für die nächsten vier Jahre sicher in den Händen der Christen, bis der zehnjährige Vertrag zwischen Friedrich und dem Sultan abgelaufen war. Also rief nicht die Sorge um die Heiligen Stätten die plötzliche Begeisterung des Papstes für einen Kreuzzug hervor, sondern etwas viel Näherliegendes – die unmittelbare Bedrohung der lombardischen Städte. Die deutschen Fürsten waren entschlossen, dem Kaiser bei der Unterwerfung dieser aufrührerischen Untertanen zu helfen, da die Lombarden im Bunde waren mit dem Verräter Heinrich, der durch die Befreiung der rheinischen Städte die den Fürsten unbillig erscheinende Selbstverwaltung begünstigte. Heinrich hatte seinem Vater wenigstens diesen einen Dienst geleistet, daß er durch sein Verhalten die Fürsten in dem Streit mit den Lombarden einhellig auf die Seite des Kaisers brachte.

Der Papst hatte um eine kurze Frist gebeten, während der er noch in friedlicher Form mit den Lombarden verhandeln wollte, worauf Friedrich ihm eine Frist bis Weihnachten gewährte, um zu einem Übereinkommen zu gelangen. Gregor betrachtete jedoch selbst dieses geringfügige Nachgeben Friedrichs als Zeichen eines Schwankens und verlangte, daß Friedrich bedingungslos alle Vereinbarungen des Papstes annehmen sollte. Natürlich weigerte sich der Kaiser, dieser lächerlichen Forderung zu entsprechen, schickte jedoch, um das äußere Einvernehmen zu wahren, Hermann von Salza an den päpstlichen Hof, um gemeinsam mit Petrus von Vinea die Interessen des Kaisers wahrzunehmen.

Die Mission des Hochmeisters war ergebnislos, da die lombardischen Abgesandten erst nach seiner Abreise aus Rom erschienen, er sich aber trotz der Aufforderung des Papstes weigerte, zurückzukehren und auf die Lombarden zu warten. Friedrich hatte, als er Hermann von Salza im letzten Augenblick zu Verhandlungen schickte, außerordentlich diplomatisch gehandelt. Nun mußte es der Welt klarwerden, daß die verschlagenen Städte mit dem Kaiser und dem Papst gleichermaßen ihr Spiel zu treiben wagten, weil sie sich letztlich auf Gregors Hilfe verlassen konnten. Dieses Verhalten rief sogar den Protest des ungarischen Königs hervor, der den Papst in einem Brief davor warnte, die Lombarden zu unterstützen.

Die Zeit der diplomatischen Vorsicht war vorbei, sie hatte ihren Zweck erfüllt und wiederholt Beweise dafür erbracht, daß die lombardischen Städte nur durch eine militärische Niederlage zur Vernunft zu bringen waren. Ebenso unmißverständlich wie die Taten des Kaisers, als er das deutsche Heer sammelte, um mit ihm die Alpen zu überqueren, waren nun die Worte, mit denen er seine Absichten kundtat. Die Lombardei war nur der erste Schritt, das Ziel war Italien. In aller Deutlichkeit erklärte er: »Italien ist, wie die ganze Welt weiß, Mein Erbe.« Damit war der Kampf eröffnet; mit grimmiger Ironie widerlegte Friedrich den päpstlichen Vorwand des Kreuzzuges und enthüllte seinen eigentlichen Kern. »Über das Meer zu fahren, um gegen die Ungläubigen zu kämpfen, wenn überall um Uns herum die Ketzerei blüht und gedeiht, hieße, die Wunde verbinden, ohne das Eisen zu entfernen. Da es unmöglich ist, ohne einen großen Schatz und ohne die Hilfe eines großen Heeres einen Kreuzzug zu unternehmen, und da Meine Mittel nicht ausreichend sind, beabsichtige Ich, die Mittel Meiner Feinde der Sache Gottes zu weihen.« Der Kaiser übertrieb keineswegs, als er andeutete, daß die Ketzerei bei den lombardischen Schützlingen des Papstes ihr

Unwesen treibe; in Mantua hatten sich die Patarener erhoben, den Bischof bis in die Kathedrale verfolgt und ihn über dem Altar gekreuzigt sowie andere blasphemische und grausame Handlungen begangen.

Jetzt gab es kein Zurück mehr, der große Kampf gegen die Lombarden, der erste und wichtigste Schritt im Kampf um Italien, hatte begonnen. Bei den Vorbereitungen zu diesem Feldzug, der zum entscheidenden Wendepunkt in Friedrichs Leben werden sollte, setzte er alles ein und griff auf alle Hilfsmittel zurück. Das Gold aus der Mitgift der Kaiserin wurde dazu benutzt, die Ritter und Söldner zu werben, die den Kern des Heeres bildeten; eine weitere *Colleta* wurde in Sizilien erhoben, um die Kosten des Krieges zu bestreiten, und die Feudalheere der Fürsten aufgerufen.

Aber selbst nach diesen ungeheuren Anstrengungen blieb das Ergebnis weit hinter den Leistungen seiner Vorgänger zurück; Friedrich kann nicht einmal über eine moderne Division – also höchstens fünfzehntausend Mann – verfügt haben, eine kümmerliche Zahl, wenn man sie mit den hunderttausend vergleicht, die die Chronisten Barbarossa zuschreiben. Das war die Tragik in Friedrichs Leben und der wichtigste Grund für sein Scheitern – er hat niemals über die militärische Macht verfügt, die eine Grundvoraussetzung für die Verwirklichung seines Traumes vom Reich war; doch hat er die bei seinem sanguinischen Temperament und im Bewußtsein seines eigenen genialen Geistes offenbar kaum begriffen. Zwar ein tüchtiger General, war er doch nie ein militärisches Genie, ja nicht einmal ein so tüchtiger Soldat wie seine beiden Großväter[15].

Der Kaiser marschierte nach Süden, sobald die Alpenpässe offen waren, und erreichte Verona am 15. August. In fast ganz Oberitalien wurde planlos und schwach gekämpft, die Mailänder hatten sich vorsichtigerweise in den Schutz ihrer Stadtmauern zurückgezogen, so daß der Feldzug des Sommers 1236 eher als ein vorbereitendes Geplänkel für die großen Schlachten des kommenden Jahres anzusehen ist. Zusammen mit den Brüdern Romano überfiel Friedrich Vicenza und plünderte es aus. Wir besitzen eine erstaunlich ausführliche Beschreibung dieses Ereignisses, darin der Verfasser sein trauriges Schicksal folgendermaßen schildert: »Ich, obwohl ein außerordentlich treuer Untertan, wurde von den Deutschen gegriffen und mit Stricken gebunden, obwohl ich eigentlich von Friedrich hätte belohnt und geehrt werden müssen. Denn ich allein habe, als kein anderer es wagte, dem Lombardischen Bund öffentlich Widerstand geleistet und gegen den Marquis (von Este) Partei ergriffen. Ich tat dies aus Liebe zum Kaiser und den Herren Romano, nicht, wie andere, aus Haß auf die Mailänder. Ich habe die Treue gepredigt und posaunt, aber andere sind belohnt worden und ich nicht. Ich habe nicht aufgehört zu predigen wie nur je ein Dominikaner, denn ich habe Friedrichs Gerechtigkeit gegenüber seinen Untertanen, seinen Glanz und seine gerechten Taten erlebt. Jetzt, da ich beraubt worden bin, kennen mich weder Friedrich noch die Herren von Romano. Drei Tage bin ich in einem gar ärmlichen Kleide in der Stadt umhergelaufen; einige Menschen gaben mir Geld, damit ich meine Bücher zurückkaufen und Nahrung und Kleidung erwerben konnte. Unsern Herrn den Kaiser entschuldige ich, denn ich war ihm unbekannt, und auch den Herren von Romano verzeih' ich wegen der Gefahren, die ihnen drohten. Ich war ihnen immer treu und bin meines Lohnes sicher. Ich sah viele edle Damen und Menschen beider Geschlechter, die man nackt ausgezogen hatte, keiner konnte den anderen erkennen; alle wurden bestraft, die Gerechten wie die Ungerechten.

... Wir in Vicenza haben für die Schuld einiger weniger gelitten; unser gnädiger Herr Friedrich hätte alle Bürger ruinieren können, aber er hatte Mitleid mit ihnen und gab ihnen ihr Eigentum wieder und befahl Ezzelino, die Gefangenen zu befreien, die Rebellen aber zurückzubehalten. Viele Welfen wurden entlassen, aber ich wurde von den Deutschen um Mitternacht nackt und von allem beraubt hinausgeworfen.«

Andere Chronisten berichten von einem Zwischenfall, der im Widerspruch steht zu Ezzelinos angeblicher Grausamkeit, insbesondere gegenüber Frauen. Sie schildern, wie er einen Mann tötete, der eine Dame von Vicenza vergewaltigte, und sich dann dem Kaiser zuwandte und sagte, er hätte auch ihm gegenüber genauso gehandelt, wenn Friedrich sich einen »so großen Skandal« hätte zuschulden kommen lassen. In Vicenza hat Friedrich angeblich Ezzelino die Kunst des Regierens durch eine symbolische Handlung demonstriert – mit seinem Dolch köpfte er die am höchsten stehenden

Gräser im Garten des Bischofs. Selbst auf einer schwerwiegenden militärischen Expedition dieser Art ließ sich der Kaiser von seinem Astrologen begleiten; in Vicenza war es wahrscheinlich Meister Theodor, den Friedrich auf die Probe stellte mit der Frage, durch welches Tor er die Stadt verlassen werde. Die Antwort wurde in einem versiegelten Brief übergeben, und Theodor war glänzend gerechtfertigt, als sein Herr, der die Stadt durch eine extra geschlagene Bresche in den Mauern verließ, die Worte »durch das neue Tor« las.

Als der Feldzug in Italien wegen des Herbstwetters beendet werden mußte, begab sich der Kaiser wieder über die Alpen, um sich mit den noch ungelösten Problemen seines nördlichen Königreichs zu befassen, vor allem, um mit dem Herzog von Österreich abzurechnen, der Heinrichs Partei ergriffen hatte und am Hoftag von Mainz und Augsburg nicht erschienen war. Es gab noch einen weiteren und dringenderen Grund für Friedrichs Rückkehr, den er jedoch kaum offen zugeben konnte, nämlich die Frage der Thronfolge; in Mainz war es ihm offenbar zu früh erschienen, diese Frage anzuschneiden. Sie war jedoch um so dringender, als die Kaiserin nach fast zweijähriger Ehe anstatt dem ersehnten Sohn einer Tochter Margarete das Leben geschenkt hatte.

Nachdem der Kaiser das Weihnachtsfest in Ruhe in Graz verbracht hatte, reiste er Anfang 1237 nach Wien. Sein Feind Friedrich von Babenberg, Herzog von Österreich, ergriff die Flucht, als der Kaiser sich näherte, und zog sich in die Festung von Wiener Neustadt zurück. Ende Januar wurde ein prunkvoller Hoftag in der österreichischen Hauptstadt abgehalten, dem der König von Böhmen, die Herzöge von Bayern und Kärnten, der Landgraf von Thüringen, der Patriarch von Aquileja, die Erzbischöfe von Mainz, Trier und Salzburg und Hermann von Salza beiwohnten. Diese illustre Versammlung wählte Konrad zum römischen König und sicherte damit die Thronfolge. Während der nun folgenden Feste und Feierlichkeiten erklärte der Kaiser Wien zur Reichsstadt, die unmittelbar vom Kaiser abhängig war, und nahm die Herzogtümer Österreich und Steiermark für sich selbst. Von Wien aus begab er sich nach Speyer, wo die restlichen Fürsten Konrads Wahl auf einem Hoftag im Juni bestätigten.

Nachdem nun Deutschland einmütig hinter ihm stand und die

Nachfolge gesichert war, überquerte der Kaiser im September zum letztenmal den Brenner und kehrte in die Lombardei zurück. In der Zwischenzeit hatten die Brüder Romano einiges erreicht. Padua und damit ganz Italien nordöstlich von Verona und Ferrara war jetzt in ihrer Hand; auch Mantua hatte sich ergeben. Mit den staufischen Städten Parma und Cremona besaßen die kaiserlichen Streitkräfte einen vorgeschobenen Stützpunkt unmittelbar neben dem mailändischen Gebiet. Nur die Bürger von Piacenza waren abtrünnig geworden und hatten einen venezianischen Podesta eingesetzt, wobei sie auf Wunsch der Republik schworen, nie wieder einen Staufer in dieses Amt zu wählen. Damit war es Venedig, das, beunruhigt von der Stärke der kaiserlichen Truppen an seinen Grenzen, die Vorherrschaft des Kaisers in der Lombardei fürchtete, gelungen, die Verhandlungen mit den Lombarden in Rom zu sabotieren, die angesichts der kaiserlichen Macht endlich zu einem Abschluß zu kommen schienen. Die Stadt Piacenza, die einen der wichtigsten Übergänge über den Po beherrscht, ist seit jeher von strategischer Bedeutung gewesen; ihre Beherrschung durch einen staufischen Podesta war eine außerordentlich wichtige Bedingung für den Kaiser, auf der er bei den lombardischen Verhandlungen stets bestanden hatte.

Ganz Italien wartete mit angehaltenem Atem auf den nächsten Zug des Kaisers; den Beobachtern der damaligen Zeit muß es jedoch klar gewesen sein, daß sein erstes Ziel die Stadt Brescia sein würde, die etwa in der Mitte zwischen dem Gardasee und dem Iseosee liegt und den nördlichen Weg nach Mailand beherrscht. Die Festung Brescia bedeutete für die kaiserlichen Truppen eine ähnliche Bedrohung wie Cremona für das mailändische Gebiet und sperrte außerdem den Weg zu ihrem letzten Ziel, der Stadt Mailand selbst. Am 21. Oktober nahmen die kaiserlichen Truppen Montechiaro, eine Festung außerhalb von Brescia; eine Belagerung der Stadt selbst wurde jedoch durch die mailändischen Streitkräfte verhindert, die ihrem Verbündeten zu Hilfe geeilt waren und vor den Mauern lagerten. Die mailändischen Truppen zählten etwa zehntausend Mann; die kaiserlichen Streitkräfte bestanden aus dem deutschen Heer, das durch sechstausend Sarazenen aus Lucera und Rittertrupps aus Sizilien und den staufischen Städten des Nordens verstärkt war. Es waren im ganzen ungefähr fünfzehntausend Mann, aber selbst mit dieser Streitmacht konnte der Kaiser eine Feldschlacht nicht wagen, solange die Mailänder durch die Mauern von Brescia gedeckt waren. Es blieb ihm nichts anderes übrig, als seine Truppen abzuziehen. Er marschierte also nach Süden, während die Mailänder ihm folgten, um eingreifen zu können, falls er eine andere lombardische Stadt belagern sollte; nichts konnte sie jedoch dazu bewegen, sich auf eine offene Feldschlacht einzulassen.

Ende November lagen sich die beiden Heere bei Pontevico gegenüber, lediglich durch einen kleinen versumpften Nebenfluß des Oglio getrennt, der seinerseits ein Nebenfluß des Po ist und vom Iseosee nach Süden fließt. Die Mailänder ließen sich nicht aus der sicheren Deckung der Sümpfe herauslocken, die Zeit der Kriegsführung neigte sich ihrem Ende zu; wenn es dem Kaiser nicht gelang, sie in diesem kritischen Augenblick endgültig zu schlagen, würden sie den ganzen Winter Zeit gehabt haben, Verstärkungen heranzuholen und seinem Ansehen nicht wiedergutzumachenden Schaden zufügen. Friedrichs einzige Hoffnung lag darin, sie glauben zu machen, daß er sich nunmehr verärgert zurückziehe. Cremona, das als Winterquartier am nächsten lag, war nur ein paar Stunden entfernt, und Friedrich tat so, als marschiere er dorthin. Er überquerte den Oglio und wandte sich geräuschvoll nach Süden.

Der Kaiser schickte tatsächlich einen Teil seiner Truppen nach Cremona; mit der Reiterei und den sarazenischen Bogenschützen aber machte er sich unauffällig auf den Weg nach Norden und versteckte sich in der Nähe von Soncino. Endlich kam die Nachricht, auf die er wartete: Kundschafter berichteten ihm, daß die Mailänder ihre Zelte abgebrochen hatten und nach Norden marschierten, ehe sie sich nach Westen auf die Straße nach Mailand wandten. Die Nachricht wurde Friedrich am Morgen des 27. November überbracht. Er begab sich in einem Gewaltmarsch nach Norden und erreichte am Nachmittag eine Stellung, von der aus er den Feind überfallen konnte. Die Mailänder zogen singend einher und waren außerordentlich überrascht, als ein Herold des Kaisers auf einem Schimmel auf sie zuritt und mit lauter Stimme verkündete, daß sie sich dem Kaiser zu stellen hätten. Die kaiserlichen Truppen brachen aus dem Wald hervor, in dem sie sich versteckt gehalten hatten, die Mailänder flohen zu ihrem *carroccio*, dem Fahnenwagen, der Schlachtentrophäe der Stadt, der in der kleinen benachbarten Stadt Cortenuova stand. Die berittenen Sarazenen setzten ihnen nach, der Kaiser selbst folgte mit den schwereren Truppen der gepanzerten Ritter. Als er das Schlachtfeld erreichte, waren die Sarazenen fast aufgerieben worden, hatten aber fürchterlich unter den Mailändern gewütet. Die Erde war mit Toten und Sterbenden bedeckt, die Lombarden, um ihren *carroccio* geschart, kämpften jedoch erbittert weiter. Die kaiserlichen Ritter ließen ihren Schlachtruf »Soldaten des Kaisers! Soldaten von Rom!« ertönen und griffen an, und bis die Nacht hereinbrach, war ein großer Sieg errungen. Die Dunkelheit machte es unmöglich, Cortenuova noch am selben Abend anzugreifen; im Morgengrauen zeigte es sich, daß sich die besiegten Mailänder und die Garnison von Cortenuova im Schutze der Nacht davongeschlichen hatten, die Reste ihres *carroccio* mit Waffen und Gepäck schmählich zurücklassend.

Bei den kaiserlichen Heeren herrschten Triumph und Jubel über den großen Sieg. Tausende von Lombarden lagen tot auf dem Schlachtfeld, auch waren zahlreiche Gefangene gemacht worden, darunter kein Geringerer als der Podesta von Mailand, Pietro Tiepolo, der Sohn des Dogen von Venedig. Aber im Triumph des Augenblicks unterließ es der Kaiser, der sich bisher als ein recht guter Stratege erwiesen hatte, eine der wichtigsten Regeln der Kriegskunst zu befolgen: nämlich seinen Erfolg dadurch zu sichern, daß er die flüchtigen Mailänder aufgreifen ließ. Es mag sein, daß Friedrich über die Zahl der Flüchtenden falsch informiert worden war, aber ein allzu starker Optimismus gehörte seit jeher zu seinen Fehlern. So kam es, daß etwa die Hälfte der lombardischen Truppen die Schlacht überlebte, um an einem späteren Tage erneut in den Kampf zu ziehen.

Der Einzug der kaiserlichen Streitkräfte in das jubilierende Cremona war wie der Triumphzug der Cäsaren in alten Zeiten. Friedrich ritt an der Spitze des Zuges; die kaiserlichen Banner wehten im Winde, der berühmte Elefant, auf dem Rücken das Holztürmchen, in dem die Trompeter saßen, zog den *carroccio* der Mailänder, auf den Pietro Tiepolo in unwürdiger Stellung flach auf dem Rücken liegend gebunden war; weitere Gefangene folgten in

Ketten. Die Cremoneser, die den Kaiser zum erstenmal willkommen geheißen hatten, als er, ein unbekannter Jüngling, sich auf den Weg machte, sein Reich zu erobern, begrüßten ihn in einem Taumel der Freude. Endlich hatte ihr Held ihre Todfeinde, die Mailänder, in den Staub gedrückt. Kein Wunder, daß Petrus von Vinea in Begeisterung geriet und in sonoren lateinischen Perioden den Sieg der kaiserlichen Waffen feierte: ... »Cäsar schlug alle Feinde mit eigener Hand, die deutschen Schwerter waren blutgefärbt und die glücklichen Ritter des Königreichs kämpften herrlich an der Seite ihres Fürsten.«

Das Ende des Jahres 1237 fand Friedrich auf dem Höhepunkt seiner Macht; seine Leistungen als Diplomat, als Gesetzgeber, als Schirmherr der Wissenschaften und als großer politischer Führer wurden nun mit dem Triumph des militärischen Erfolges gekrönt. Es schien, als sei für Mailand und seine Verbündeten – jene aufrührerischen Städte, die selbst Barbarossa gedemütigt und Friedrich von Anfang an Widerstand geleistet hatten – nun endlich der Tag des Gerichts gekommen, als sei die letzte Hoffnung des alternden Papstes, die weltliche Macht in der Hand zu behalten, in Cortenuova zerstört worden.

Um seinen Sieg dem Bischof von Rom, der es einst gewagt hatte zu sagen: »Du siehst, wie Könige und Fürsten den Nacken unter dem Knie des Priesters beugen«, eindringlich vor Augen zu führen, schickte der Kaiser seine größte Trophäe, den mailändischen Fahnenwagen, als Geschenk an das römische Volk, das ihn unter großem Jubel auf dem Kapitol aufstellte. Der Tag schien nicht mehr fern, an dem der Kaiser im Triumph an der gleichen Stelle stehen würde, denn das war das Ziel seiner Wünsche. Auf dem Höhepunkt des Erfolges schien die Göttin Fortuna ihm jeden Wunsch zu erfüllen: bald darauf kam die freudige Nachricht, daß die Kaiserin ihm einen Sohn geboren hatte.

Kapitel 11

DIE ZWEITE EXKOMMUNIKATION

1237–1241

NACH DEM SIEG von Cortenuova schien Friedrich sich als der mächtigste Herrscher über die mittelalterliche Welt zu erheben, wie einst der Koloß über dem Hafen von Rhodos; als er dreizehn Jahre später im Sterben lag, waren seine Träume vom Reich zerbrochen. Wohl hatte er dazwischen Siege errungen, so daß es bis zum Ende schien, als werde er doch noch über seinen Gegner triumphieren. Indes scheiterte er zuletzt, und nach dem Urteil der späteren Jahrhunderte war dieses Scheitern unvermeidlich.

Es ist Friedrichs Tragödie, daß seine Idee vom Reich, der er immer treu blieb, der er sich mit ganzer Kraft hingab, für die er sein Wort brach, furchtbare Grausamkeiten beging, sein Vermögen, seine Freunde, seine Familie und sich selbst opferte, unvermeidlich zum Werkzeug seiner Zerstörung werden mußte. Dem allem lag keine materielle Auffassung zugrunde, sondern ein mystisches Ideal, das bei Friedrich die Religion ersetzte. Dieser mystische Glaube an die Heiligkeit des Königtums, der in einem so merkwürdigen Gegensatz zu seinen sonstigen materialistischen und skeptischen Ansichten steht, war offenbar von frühester Kindheit an in ihm lebendig. In seiner gefährlichen und unwürdigen Lage als Geisel in den Händen Markward von Annweilers und Wilhelm Capparones muß dieses seltsame Kind entgegen allen Beleidigungen, die ihm widerfuhren, an dem geheimen Bewußtsein seines Königtums festgehalten haben. Dies geistige Erbe der Kindheit wandelte sich, als Friedrich in jungen Jahren durch unerwartete und glückliche Umstände zu höchster Macht aufstieg, zum beherrschenden Element im Charakter des Mannes. Eine abergläubische Natur, wie er es war, konnte in dem meteorhaften Aufstieg nichts anderes sehen als die Bekräftigung seines königlichen Selbstbewußtseins durch die göttliche Vorsehung. Nun war es seine heilige Pflicht, die kaiserliche Macht, die zur Zeit seiner Kindheit so schwer gelitten hatte, wieder zu ihrer rechtmäßigen Herrschaft zu erheben; dieser Idee – und nicht seinem persönlichen Aufstieg – war er alles zu opfern bereit.

Der mittelalterliche Begriff des Reiches wurzelte in der alttestamentarischen Vorstellung, daß der König seinen Auftrag von Gott erhält – er war der Erwählte des Herrn. Friedrich führte den Ursprung der kaiserlichen Macht zurück auf die Augustinische Lehre von der Erbsünde, das aus ihr entstandene Chaos erforderte die Herrschaft der Fürsten, damit die Ordnung wiederhergestellt werde. Das war die traditionelle Meinung. Neu, aber im Einklang mit den damaligen von der Aristotelischen Philosophie beeinflußten Gedankengängen, war Friedrichs Ableitung der kaiserlichen Macht aus den Gesetzen der natürlichen Notwendigkeiten, die von grundlegender Bedeutung für den Staat seien. Er erläuterte diese Ansicht, indem er eine Parallele zur Ehe zog, die ihre Existenz der Notwendigkeit verdankt, ein grundlegendes Bedürfnis des Menschen durch eine Ordnung zu sanktionieren.

Das Reich existierte also, damit Ordnung sei, und sie aufrechtzuerhalten war die heilige Pflicht des Kaisers. Das Mittel, um dieses Ziel zu erreichen, war das Gesetz, das, in diesem Zusammenhang gesehen, auch an der Heiligkeit seines göttlichen Auftrages teilhatte. Der mittelalterlichen Welt galt die Gesetzgebung als eines der feierlichsten Attribute des Kaisers; er war *lex animata in terris*, das beseelte Gesetz auf Erden, sein Wort war Gesetz.

Friedrichs Idee vom Reich entsprach durchaus den Begriffen der Zeit. Bei seiner Krönung hatte er feierliche Eide geschworen, diese Idee heilig zu halten und das Reich vor jeder Einschränkung seiner Macht und seiner Gebiete zu schützen. Diese Pflicht, die »Ehre und die Rechte des Reiches« zu verteidigen, war die einzige, die er wirklich heilig hielt. Diese Formel kehrt in seinen Briefen, Staatsurkunden und Manifesten ständig wieder; alle anderen Bedürfnisse des Staates wurden diesem alles beherrschenden Ziel untergeordnet. Friedrich mochte in politischen Fragen nachgiebig sein, aber nichts durfte in irgendeiner Form gegen diese heilige Aufgabe verstoßen, der er alles – Menschen, Geld, sein eigenes Wohlergehen und das seiner Untertanen und nicht zuletzt seinen eigenen Seelenfrieden – opferte. Ihr galten seine Gedanken noch, als er im Sterben lag; in seinem Testament erscheinen die Worte ein letztes Mal: der Kirche sollten alle Rechte zurückgegeben werden außer denen, »die der Ehre und den Rechten des Reiches widersprechen«. Diese Worte umschließen das Drama und schließlich die Tragödie von Friedrichs Leben. Denn die Ehre und die Rechte des Reiches konnten niemals mit den Ansprüchen jener anderen »universalen« Macht, dem Papsttum, in Einklang gebracht werden. Der Papst erhob Anspruch auf ähnliche, aber noch weitergehende Rechte, die, im Gegensatz zu den kaiserlichen Ansprüchen, über das Grab hinausgingen. Friedrich war durchaus bereit, die Autorität des Papstes über die Seelen der Menschen vor und nach dem Tode anzuerkennen, aber über ihre Leiber zu bestimmen, war seine heilige Pflicht allein. Das, was er für seine Verantwortung vor Gott hielt, war er entschlossen, nicht einmal mit dem Papst zu teilen. Trotz der Theorien, die zum Beweis dieser These aufgestellt worden sind, scheint es nicht haltbar, daß Friedrich eine schismatische Kirche zu gründen beabsichtigte. Seine Idee war rein politischer Natur, wenn sie auch zugegebenermaßen auf seinem göttlichen Recht beruhte. Welcherart seine persönlichen religiösen Ansichten gewesen sein mögen, so hat er doch niemals ein Dogma der Kirche öffentlich in Frage gestellt. Wohl versuchte er, die weltliche Macht der Kirche zu zerstören, weil er erkannte, daß sie mit seinem Ziel eines geeinten Reiches – insbesondere eines Reiches, das sich auf die Kaiserstadt Rom gründete, unvereinbar war.

Andererseits hatten die Päpste zweifellos recht, wenn sie glaubten, daß in einem Zeitalter der brutalen Gewalt das Papsttum keinerlei politische Bedeutung mehr gehabt hätte, wenn es seiner Territorien und seines großen Reichtums beraubt worden und finanziell von dem allgewaltigen Kaiser abhängig gewesen wäre. Deshalb war Friedrichs Kampf gegen die Kurie nicht zu vermeiden. Die damals unüberwindlich erscheinende Macht, die das Reich darstellte, mußte mit dem Papsttum, das einem unerschütterlichen

Fels zu vergleichen ist, zusammenstoßen; und das Ergebnis war, ganz abgesehen von der fanatischen Entschlossenheit Gregors und dem diplomatischen Raffinement seines Nachfolgers Innozenz, ebenfalls unvermeidlich. Diese Macht, die sich gegen den Kaiser durchsetzte, war im Jahre 1849 noch immer stark genug, um sich mit Hilfe französischer Soldaten behaupten zu können. Wie hätte Friedrich sie sechshundert Jahre früher besiegen können!

Aber im Augenblick ging alles gut. Zehn Tage nach der Schlacht von Cortenuova (Dezember 1237) öffnete Lodi dem Kaiser die Tore; damit war er nur noch dreißig Kilometer von Mailand entfernt, und die halsstarrige Stadt schickte endlich Sendboten, die demütig um Frieden baten. Ihr Führer war ein Franziskaner, der die Anweisung hatte, dem Kaiser den Treueid der Stadt, das Verbrennen der Fahnen, wenn er es wünschte, eine große Summe Geld als Entschädigung und zehntausend Soldaten für den Krieg im Heiligen Land anzubieten. Friedrich aber wollte nichts davon – er verlangte die bedingungslose Kapitulation.

Zweifellos bestimmte der unnachgiebige Haß auf die Mailänder den Kaiser zu dieser Antwort; es ist sogar fraglich, ob er sie, selbst wenn sie kapituliert hätten, mit ähnlicher Milde behandelt hätte, wie er sie den anderen Städten des Lombardischen Bundes erwies, als sie um Frieden baten. Die Mailänder waren offensichtlich auch darauf gefaßt; so führte Friedrichs Forderung zu einer Versteifung ihrer Haltung. Bedingungslos kapitulieren konnten sie jederzeit, im Augenblick aber war ihre große Stadt unbeschädigt, die Mauern waren intakt und das umgebende Land von einem Netz von Wasserwegen durchzogen, das die Mailänder in einem Verteidigungskrieg gut auszunutzen verstanden.

Hatten Erfolg und Haß Friedrich trunken gemacht, daß er das mailändische Angebot ablehnte? Oder hatten seine bisherigen Versuche, mit den verschlagenen Mailändern zu verhandeln, die, wie Fra Salimbene sagte, »glatt wie Aale« waren, ihn davon überzeugt, daß man die lombardische Frage, die ihm seit seiner Thronbesteigung ein Dorn im Auge gewesen war, nur lösen könnte, wenn man diese aufrührerische Stadt einnahm, vielleicht sogar zerstörte, jedenfalls aber militärisch besetzte? Im Lichte späterer Ereignisse kann man leicht sagen, Friedrichs Urteil sei in diesem Falle von seinen persönlichen Empfindungen getrübt worden; irrte er aber wirklich? Ein notdürftig zusammengeflickter Friedensvertrag, selbst die Einsetzung eines kaiserlichen Podesta konnten leicht rückgängig gemacht werden, wenn der Kaiser den Rücken drehte und seine Aufmerksamkeit anderen Dingen, wie zum Beispiel der Abrechnung mit dem Papst, zuwandte. Ob nun Friedrich zu diesem Schluß auf Grund eines instinktiven Gefühls oder durch reife Überlegung gelangte, seine Beurteilung der Lage war richtig, insofern als die militärische Unterwerfung Mailands eine grundlegende Voraussetzung für die Verwirklichung seines Zieles, der Einigung Italiens, darstellte. Allerdings verführte ihn sein angeborener Optimismus in Zeiten des Erfolges dazu, die hierzu erforderliche militärische Stärke zu unterschätzen.

Zweifellos waren Berichte über die wilde Unordnung, die in der Stadt Mailand nach der Niederlage von Cortenuova herrschte, dem Kaiser zu Ohren gekommen und hatten ihn überzeugt, daß das Unternehmen nicht so schwierig sein könnte. Der Pöbel der Stadt war unter der Führung der ketzerischen Elemente in die Kirchen eingebrochen und hatte die Kruzifixe mit dem Kopf nach unten aufgehängt und Unrat auf die Altäre gehäuft. Als die Ordnung wiederhergestellt war und die Bürger die Lage mit kühler Vernunft betrachteten, erkannten sie, daß ihnen keine andere Wahl blieb, als Widerstand zu leisten; nun wurde die Parole ausgegeben: »Besser durch das Schwert sterben als durch Hunger, den Scheiterhaufen oder den Strick.«

Mailand wurde in seiner Not nur von drei Städten des Lombardischen Bundes – Alessandria, Piacenza und Brescia – und von zwei Städten der Romagna – Bologna und Faenza – unterstützt. Es gehörte in der Tat Mut dazu, Mailand beizustehen angesichts der, wie man damals meinen mußte, überwältigenden Übermacht des Kaisers; selbst der Papst hielt in diesem Augenblick den Atem an, da die Zukunft Italiens auf Jahrhunderte hinaus in der Lombardischen Ebene entschieden wurde.

Denn darum ging es jetzt; wenn es Friedrich gelungen wäre, diese sechs Städte zu erobern, hätte Italien ihm gehört, und die weltliche Macht der Kurie wäre zu Ende gewesen. Nach der Unterwerfung der Lombardei hätte der Kaiser Italien zu einem vereinigten Königreich nach dem fortschrittlichen Vorbild Siziliens zusammenzuschweißen vermocht. Welche Fehler er auch haben mochte, Friedrichs organisatorische Begabung steht außer jedem Zweifel; unter seiner klugen Führung hätte Italien eine der großen europäischen Mächte werden können anstelle der vielen Kleinstaaten, die sich bis zum neunzehnten Jahrhundert hielten.

Durch den Widerstand der Lombarden im Namen der städtischen Freiheit ist Italiens politische Entwicklung für Jahrhunderte aufgehalten worden. Schon zu Friedrichs Lebzeiten äußerte sich der große Jurist Roffred von Benevent über die Statuten der lombardischen Städte: sie seien »hart, elend und außerordentlich tyrannisch«, und dabei seien die Mailänder noch stolz darauf, ein Maximum an Freiheit zu genießen. Ein Jahrhundert später bedeutete die Freiheit der Stadt Florenz, die von ihren Bürgern regiert wurde, daß bei einer Bevölkerung von neunzigtausend in Wirklichkeit eine kleine Minderheit von dreitausend Menschen, die das volle Bürgerrecht besaßen, das Regiment ausübte. Aus den Kommunen entwickelten sich die Signorien; diese zahllosen kleinen Tyrannen, die sich in mörderischem Ringen gegenseitig umbrachten, gaben der unglücklichen Bevölkerung keine starke zentralisierte Regierung, sondern zwangen ihr ständige Bürgerkriege auf und unterdrückten sie weit mehr als die europäischen Könige der damaligen Zeit ihre Untertanen. Friedrichs Regierung mag am Anfang tyrannisch gewesen sein, wie es im dreizehnten Jahrhundert nicht anders denkbar war, aber die staatliche Einheit und die Herrschaft von Recht und Ordnung, die er sich zum Ziel gesetzt hatte, hätten sich im Laufe der Jahrhunderte weiterentwickelt und Italien die ständigen Bürgerkriege und die Fremdherrschaft erspart, die bis zum Jahre 1870 sein Schicksal sein sollten.

Friedrich wußte genau, wofür er kämpfte, und ahnte, selbst wenn er sich in der Beurteilung gerade dieser Frage täuschen ließ, daß der Kampf hart sein würde, denn er richtete jetzt einen Appell an die Herrscher der Welt, ihm durch die Entsendung militärischer Kontingente zu Hilfe zu kommen. »Diese Sache geht Euch und alle Könige der Erde an... welche Ermutigung wäre allen denen gegeben, die das Joch der Autorität abwerfen wollen, wenn das Römische Reich durch Aufruhr dieser Art leiden sollte!« Diese

Argumente überzeugten die Könige, daß sie selber wirklich stark davon betroffen waren; England, Frankreich, Ungarn, der Kaiser von Nikäa, ja sogar die orientalischen Sultane schickten Streitkräfte, um den Kaiser des Westens bei seinem Feldzug gegen die aufrührerischen Städte zu unterstützen.

Wie im vorigen Jahr war Verona der Stützpunkt, von dem aus der Kaiser seine militärischen Operationen unternahm. Dort verbrachte er Ostern, und dorthin kamen sein zehnjähriger Sohn König Konrad und das deutsche Heer. Auf den Rat von Ezzelino da Romano entschloß sich Friedrich, den lombardischen Feldzug mit einem Angriff auf Brescia einzuleiten. Bei einem von Verona ausgehenden Angriff auf Mailand Brescia ungeschoren zu lassen, wäre außerordentlich riskant gewesen, da die Flanke und die Verbindungswege des kaiserlichen Heeres dann keine Deckung gehabt hätten. Die ersten Angriffe auf Brescia fanden im Juli statt, mit der eigentlichen Belagerung wurde aber erst im August begonnen. Während dieser Zeit erlitten die kaiserlichen Truppen ein Mißgeschick; Calamandrinus, ein bekannter spanischer Ingenieur, den Ezzelino geschickt hatte, damit er für den Kaiser Belagerungsgeräte bauen sollte, wurde von den Brescianern gefangen. Das war ein schwerer Schlag, da Calamandrinus, der seine Kunst in hervorragender Weise beherrschte, nun den Belagerten zur Verfügung stand, die ihn mit offenen Armen aufnahmen und ihn sofort mit einem Haus und sogar mit einer Ehefrau versorgten. Auch bewährte er sich außerordentlich, indem er Kriegsmaschinen baute, die das kaiserliche Heer in Schach hielten und noch einen großen Teil der Belagerungsgeräte zerstörten.

Es folgten vierzehn Tage erbitterter Kämpfe, während derer gefangene Brescianer an die kaiserlichen Belagerungsmaschinen gebunden wurden in der vergeblichen Hoffnung, die Treffsicherheit ihrer Mitbürger abzulenken. Friedrich selbst wurde fast gefangengenommen, aber durch das mutige Vorgehen von Henry de Troubleville und seinen hundert englischen Rittern gerettet. Der Kaiser war nicht darauf gefaßt, daß Brescia sich nicht durch sein großes Heer einschüchtern ließ, sondern erbitterten Widerstand leistete; er entschloß sich daher, Unterhändler in die Stadt zu schicken, die über eine Kapitulation verhandeln sollten.

Es ist nicht bekannt, welche Bedingungen Friedrich durch den Führer der Mission, Bernardo Orlando di Rossi, den Brescianern anbieten ließ. Jedenfalls wurden sie nicht angenommen, und zwar, weil Rossi, der einer bekannten Familie aus Parma angehörte, die dem Kaiser seit einigen Jahren freundschaftlich verbunden war, Verrat übte und den Brescianern zum Ausharren riet. Die Gründe für dieses Verhalten Rossis sind niemals geklärt worden. Zeitgenössische Chronisten vermuteten, daß Friedrich Rossi irgendwann einmal unabsichtlich beleidigt und Rossi seitdem den Kaiser insgeheim gehaßt habe. Aus welchem Grunde Rossi sich nun zu rächen wünschte, er riskierte sehr viel. Trotz der anfänglichen Rückschläge verfügte Friedrich über ein riesiges Heer und große Hilfsquellen, und wenn, wie zu erwarten, das Wetter noch wochenlang gut blieb, so konnte die Belagerung zu einem erfolgreichen Ende geführt werden; damit wäre der Verrat auf jeden Fall offenbar geworden. Aber der Kaiser war vom Mißgeschick verfolgt; Regengüsse im September verhinderten jede militärische Aktion, und eine merkwürdige Viehseuche brach im kaiserlichen Lager aus; ein Chronist berichtet, die Brescianer hätten kranke Tiere aus der Stadt in das Lager getrieben und damit die Seuche hervorgerufen.

Nach einem letzten erfolglosen Angriff entschloß sich Friedrich am 9. Oktober, die Belagerung abzubrechen. Sie hatte genau zwei Monate und sechs Tage gedauert, aber diese wenigen Wochen genügten, um die Legende der Unüberwindbarkeit des Kaisers zu zerstören. Friedrich beging mit diesem Rückzug einen schweren Fehler. Er hatte zwar in Cortenuova eine große Feldschlacht gewonnen, aber bei dem Kampf gegen die bewehrten Städte des Lombardischen Bundes konnte der endgültige Sieg kaum durch Feldschlachten gewonnen werden. Mailand zu unterwerfen, war letztlich nur in einem Belagerungskrieg möglich. Und nun war es ihm, trotz des riesigen Heeres, das mit so viel Aufwand aus allen Teilen der Welt zusammengerufen worden war, nicht gelungen, die sehr viel kleinere und weniger bewehrte Stadt Brescia zu nehmen.

Die Belagerung Brescias hätte unter allen Umständen bis zum bitteren Ende durchgeführt werden müssen. Drei Jahre später in Faenza bewies Friedrich, daß er sich diese Lehre zu Herzen genommen hatte, jetzt aber versagten seine militärischen Fähigkeiten.

Wahrscheinlich wollte er nach seinem Siege bei Cortenuova ausruhen und die Belagerung im nächsten Jahr wieder aufnehmen. Er hätte keinen größeren Fehler begehen können. Nichts ist so erfolgreich wie der Erfolg, und diese Maxime trifft für das dreizehnte Jahrhundert in Italien in besonderem Maße zu. Ein einziger Mißerfolg genügte, um die widerstrebenden Interessen, die die italienische Politik kennzeichneten, wiederaufleben zu lassen. Das war die Gelegenheit, auf die der Papst gewartet hatte, und er nutzte sie sofort aus.

Der Kaiser war jedoch noch immer in einer aggressiven Stimmung. In Cremona wurde mit großer Feierlichkeit die Schwertleite Enzios begangen, des ältesten seiner unehelichen Söhne, eines kühnen und schönen Jünglings, der offenbar seinem Vater ähnlicher sah als Friedrichs andere Kinder. Gleich danach wurde Enzio mit Adelasia vermählt, der Erbin der sardinischen Provinzen Torres und Gallura. Anstatt nun diese Ehe als familiäre Angelegenheit zu behandeln, nahm der Kaiser die Gelegenheit wahr, um Enzio zum König zu erklären und öffentlich bekanntzugeben: »Wir haben bei Unserer Krönung geschworen, die Provinzen zurückzuerlangen, die Unseren Vorgängern genommen worden sind, und Wir werden Unsere ganze Kraft dafür einsetzen, diesen Eid zu halten. Da es unbestreitbar ist, daß Sardinien der Krone gehört, ist es Unser Recht, diese Insel mit dem Reich wieder zu vereinen.«

Enzio wurde sofort nach Sardinien geschickt, um von seinem neuen Königreich Besitz zu ergreifen, obwohl sein Vater genau wußte, daß auch der Papst den Anspruch erhob, Lehnsherr von Sardinien zu sein. Die Wochen unmittelbar nach dem Mißerfolg von Brescia waren kaum der richtige Augenblick für eine Geste dieser Art. Entweder hatte Friedrich den Ernst der Lage noch nicht voll begriffen, oder er ging von dem irrigen Gedanken aus, daß die Wiedererlangung Sardiniens den Mißerfolg von Brescia bis zu einem gewissen Grade wiedergutmachen würde. Jedenfalls aber diente dies Vorgehen nur dazu, Gregors Zorn zu schüren; es dauerte auch nicht lange, bis ein in scharfen Worten gefaßter Protest des Papstes eintraf.

Die militärischen Erfolge des Kaisers während der vergangenen zwei Jahre hatten den Papst gezwungen, heimlich gegen den Kaiser vorzugehen, aber aufgegeben hatte er es nicht. Merkwürdige Gerüchte über den Kaiser wurden ausgestreut: daß er das Dogma der Transsubstantiation ablehne, sowie die Geschichte mit den drei Betrügern Moses, Mohammed und Jesus Christus, und zudem skandalöse Schilderungen seines unmoralischen Lebenswandels. Eine Schar christlicher Mätressen war bei einem Mann in Friedrichs Stellung für die damalige Zeit selbstverständlich, aber die berühmten Odalisken boten eine willkommene Grundlage für Beschuldigungen, denen die päpstlichen Propagandisten, von denen sie herrührten, im Laufe der Jahre jedes nur erdenkliche widernatürliche Laster hinzufügten. Diese Gerüchte waren, wie sich später zeigte, das erste Grollen des Sturmes, der sich bald mit noch nie dagewesener Heftigkeit entladen sollte; schon jetzt dienten sie dem Papst als Vorwand, dem Kaiser die Behandlung der sizilischen Kirche und gewisser Glaubensfragen vorzuwerfen. Ende Oktober wurde eine Delegation von vier Bischöfen, zwei Deutschen und zwei Italienern, zu Friedrich geschickt, um ihn darüber zu verhören. Nachdem der Kaiser mit seinem Hof beraten hatte, unterwarf er sich mit scheinbarem Gleichmut, ja fast mit Demut dieser Prüfung, und es gelang ihm, die Bischöfe von seinem Glauben zu überzeugen.

Die Behauptungen des Papstes über Friedrichs schlechte Behandlung der sizilischen Kirche waren, ebenso wie der im Jahre 1236 propagierte Kreuzzug, nur ein weiteres Mittel, um die Aufmerksamkeit von den durchaus berechtigten Beschwerden des Kaisers über Gregors Verhalten als Schiedsrichter in der lombardischen Frage abzulenken. Dennoch erklärte sich Friedrich, in der Hoffnung, zu einer Lösung zu kommen, erneut bereit, über die Klagen des Papstes zu verhandeln, deren vierzehn Punkte de facto aber völlig belanglos waren. Es handelte sich wieder einmal um die altbekannten Probleme der sizilischen Kirche und das den Templern und Johannitern geschehene Unrecht; hinzu kamen Beschwerden, daß der Kaiser die Bekehrung eines mohammedanischen Fürsten verhindert habe, den er als Staatsgefangenen festhielt. Die lombardische Frage, der eigentliche Kern der Sache, wurde lediglich als Nebenfrage dargestellt, die den Beginn eines neuen Kreuzzuges verhindere; Friedrich bewies bei dieser Gelegenheit eine erstaunliche Geduld, um Zeit zu gewinnen, aus der bitteren Erkenntnis, wieviel ihn der Mißerfolg von Brescia gekostet hatte; auch spürte er zweifellos, daß die sich versteifende Haltung Gregors zu einem offenen Bruch führen konnte, den er in diesem schwierigen Moment um jeden Preis vermeiden wollte.

Zur gleichen Zeit hatte Friedrich den päpstlichen Beauftragten ein Exposé über den Verlauf der lombardischen Verhandlungen während der letzten zehn Jahre zukommen lassen, das von einer für den Papst peinlichen Aufrichtigkeit und Deutlichkeit war. Darin hieß es: »Hinsichtlich der lombardischen Frage hat uns der Kaiser kundgetan, daß er sie mehrfach dem Schiedsspruch der Kirche überlassen habe, jedoch keineswegs zu seinem Vorteil. Das erstemal wurden die Lombarden dazu verurteilt, vierhundert Ritter zu stellen; mit Billigung des Papstes entledigten sie sich dieser Schuld, indem sie in Sizilien gegen den Kaiser zu Felde zogen, während er sich im Jahre 1228 auf dem Kreuzzug befand. Das zweitemal wurden sie dazu verurteilt, fünfhundert Ritter zu stellen; der Papst aber befahl, sie unter seinem Schutz und im Auftrag der Kirche, obwohl diese keinerlei Forderung gegen sie hatte, nach Syrien zu schicken; außerdem wurde dies niemals durchgeführt. Das drittemal wurde auf Wunsch von zwei Kardinälen und mit Wissen des Meisters Pietro von Capua die lombardische Frage wiederum zu den vom Papst diktierten Bedingungen völlig dem Schiedsspruch der Kirche unterworfen. Seitdem ist nie wieder die Rede davon gewesen. Erst als Seine Heiligkeit erfuhr, daß der Kaiser, weil er so häufig zum Narren gehalten worden war, sich anschickte, mit einem Heer nach Italien zu kommen, bat er rasch darum, ihm die ganze Sache noch einmal vorzulegen. Der Kaiser erklärte sich, obwohl der Papst ihn mehrfach im Stich gelassen hatte, wiederum dazu bereit, setzte ihm aber eine Frist und stellte die Bedingung, daß die Angelegenheit zu seinen Ehren und zum Vorteil des Reiches geregelt werden müsse. Der Papst weigerte sich, diese Bedingung anzunehmen – wie ein Brief von ihm beweist, obwohl er jetzt in einem anderen Brief behauptet, die Kirche wäre geneigt gewesen, die Angelegenheit so zu regeln, daß die Ehre und die Rechte des Reiches gewahrt worden wären. Daraus folgt, daß diese beiden Briefe sich in offenkundigster Form widersprechen.«

Es besteht kein Zweifel, daß Friedrich in dem lombardischen Streit nicht nur das Recht auf seiner Seite hatte, sondern auch bei seinen Verhandlungen mit dem Papst eine ungewöhnliche Geduld an den Tag legte. Als Gegenleistung war ihm einzig die geradezu lächerliche Genugtuung geboten worden, daß ihm nach der beleidigenden Sperrung der Alpenpässe im Jahre 1226 vierhundert mailändische Ritter für den Kreuzzug zur Verfügung gestellt wurden. Seitdem hatte er trotz endloser Verhandlungen für die wiederholten Beleidigungen keinerlei Genugtuung empfangen. Kein Wunder, daß Gregor den Wunsch hatte, die eigentliche Frage zu verschleiern, indem er den geplanten Kreuzzug und die Beschwerden der sizilischen Kirche in die Debatte warf.

Hinter der Tarnung dieser angeblichen Verhandlungen bemühten sich beide Parteien fieberhaft, ihre Position für den Kampf zu festigen, der, wie sie beide wußten, unausweichlich bevorstand. Genau wie zur Zeit des Kreuzzuges war noch immer der greise Papst der Angreifer; mit allen ihm zur Verfügung stehenden Mitteln versuchte Friedrich, Zeit zu gewinnen und die Anhänger des Papstes zu spalten. Er hatte allen Grund dazu. Der Papst war ein starker und geschickter Gegner, was schon daraus hervorgeht, daß er ein geheimes Bündnis zwischen den beiden großen Seemächten, den Todfeinden Genua und Venedig, zustande gebracht hatte. Genuas Haltung gegenüber Friedrich war seit dem Verlust der sizilischen Handelsstützpunkte immer feindseliger geworden; die antikaiserliche Partei hatte allerdings erst vor kurzem die Macht in der Stadt an sich gerissen und einen mailändischen Podesta eingesetzt. Die Stadt Venedig, die die zunehmende Macht und Aktivität des Kaisers in der Lombardei mit wachsender Beunruhigung beobachtete, fühlte sich durch die Behandlung von Pietro Tiepolo bei dem Triumphzug des Kaisers durch Cremona tödlich beleidigt; Tiepolo, der Sohn des Dogen, befand sich noch immer in strenger Haft in Apulien. Unter dem Einfluß des geschickten päpstlichen Zuredens erklärten sich die beiden grollenden Städte bereit, ihre Meinungsverschiedenheiten zu begraben und einen Angriffspakt einzugehen. Das war für Friedrich politisch und militärisch ein schwerer Schlag.

Friedrich hatte sich in das Kloster San Justina am Rande der Stadt Padua zurückgezogen, um dort den Winter in Ruhe zu verbringen. Sein Hofstaat war recht kostspielig. Ezzelino sowie der Marquis von Este, den der Kaiser zu versöhnen und für seine Sache zu gewinnen suchte, weilten bei ihm zu Gast. Ihnen zu Ehren veranstaltete er prachtvolle Unterhaltungen, was für die Mönche sehr unbequem gewesen sein muß, denn zu dem kaiserlichen Haushalt gehörten der berühmte Elefant – der übrigens für seine Sanftmut und seine guten Manieren bekannt war –, vierundzwanzig Kamele, fünf Leoparden, Falken, Jagdhunde und das ganze Zubehör der kaiserlichen Jagden. Der Abt Arnold scheint jedoch die ungewöhnliche Ehre, die seinem Kloster widerfuhr, gewürdigt zu haben, insbesondere, nachdem der Kaiser seine Klagen über Ezzelino angehört und ihm das Besitzrecht an San Justina bestätigt hatte, denn er schenkte seinem illustren Gast kostbare Gobelins, einen kunstvoll geschmückten Thron und einen Schemel, zwei Wagenladungen vom besten Wein, dreißig Scheffel Gerste, vierundzwanzig Fuhren Heu und gewaltige Störe aus Ferrara.

Die Kaiserin lebte zurückgezogen ein paar Kilometer östlich von Padua in Noventa, wo ihr Gemahl sie von Zeit zu Zeit besuchte. Die Jagden und das prunkvolle Hofleben in San Justina waren die sorglos lächelnde Maske, die die harte Wirklichkeit der diplomatischen Intrige und der politischen Pläne verdeckte; denn für Friedrich ging es jetzt darum, den offenen Krieg gegen den Papst sowie seine eigene Exkommunizierung abzuwenden.

Nach außen hin waren die Beziehungen zwischen Kaiser und Papst immer noch freundlich, wenn auch Gregor Fra Elias, der damals noch Generalminister der Franziskaner war, als seinen Vertreter zum Kaiser geschickt hatte, um gegen Enzios Heirat Protest einzulegen. (Friedrichs persönliche Ansicht ging dahin, daß der Papst Enzio mit einer seiner Nichten verheiraten wollte.) Aber unter der Oberfläche war es ein Krieg bis aufs Messer. Da Friedrich wußte, daß er von Gregor nichts zu erwarten hatte als die rachsüchtige Weiterführung einer Fehde, die früher oder später mit seiner Exkommunizierung enden mußte, betrieb er mit zunehmender Energie eine neue Politik; er versuchte, das Kardinalskollegium zu spalten und damit dem Papst die Unterstützung der Kardinäle zu entziehen.

Unter den Mitgliedern des Kollegiums gab es eine kaiserliche Partei, deren führender Kopf Kardinal Giovanni Colonna war. Diese Parteinahme beruhte weniger darauf, daß die betreffenden Kardinäle persönliche Zuneigung zum Kaiser empfanden, als daß sie mit tiefer Beunruhigung verfolgten, wie der leidenschaftliche Haß Gregors die gesamte Kirche in einen allgemeinen Kampf gegen den Kaiser hineinriß.

Friedrich versuchte, diese Unstimmigkeiten auszunutzen und richtete einen Brief an die Kardinäle, in dem er eindeutig erklärte, das Kardinalskollegium trage für seine etwaige Exkommunizierung die gleiche Verantwortung wie der Papst, und der einzige Grund, warum Gregor eine solche Maßnahme ergreife, sei sein Wunsch, den ketzerischen lombardischen Kommunen zu Hilfe zu kommen. Es ist ein merkwürdiger Brief, in dem Friedrich seinen Beleidigern unverhüllt mit Vergeltung droht und sich im selben Atem mit Stolz seiner königlichen Herkunft rühmt. Der Kaiser schrieb: »Wir wünschten, es wäre Uns möglich, private Rache zu üben von Gleich zu Gleich, indem Wir auf Kosten des Mannes (Gregor), der dieses Unerhörte verursacht, und seiner Familie Genugtuung erhielten; dann fiele die Schmach, die Uns angetan wird, auf ihn und die Seinigen zurück. Da aber weder er noch seine Sippschaft es wert sind, daß sich die kaiserliche Erhabenheit herablasse, ihn anzugreifen, und da seine Kühnheit auf der Macht seiner Stellung und auf der Einigkeit so vieler ehrwürdiger Brüder beruht, die ihn in seinem gefährlichen Eigensinn zu bestärken scheinen, sind Wir bis in die Tiefen Unserer Seele beunruhigt; denn Wir sind zu der Überzeugung gelangt, daß es, wenn Wir Uns gegen Unseren Verfolger verteidigen wollen, notwendig ist, auch die anzugreifen, die Uns Widerstand leisten.«

Das Leben am Hofe setzte sich in der Zwischenzeit in einer heiteren Runde von Jagden und Festen fort; der Kaiser sicherte sich Ezzelino da Romanos Beistand, indem er ihm Selvaggia, eine seiner sechs unehelichen Töchter, zur Gemahlin gab. Am Palmsonntag wurde ein Volksfest gefeiert, dem der Kaiser beiwohnte – was höchst selten geschah. Offenbar bemühte er sich in diesem Augenblick der Spannung besonders, die Bevölkerung Paduas für sich zu gewinnen. Nach alter Sitte versammelten sich die Bürger zu Spielen und Belustigung auf den Wiesen von Prato della Valle, die zwischen der Stadt und dem Kloster San Justina liegen. Der Kaiser erschien in ihrer Mitte im Purpurgewand, die Krone auf dem Haupt; lächelnd ließ er sich auf einem erhöhten, thronartigen Sitz nieder und sah dem Feste zu. Überdies hielt Petrus von Vinea eine Rede, in der er das Wohlwollen und die Liebe seines Herrn für die guten Bürger der Stadt zum Ausdruck brachte. Es war ein heiteres Bild – ein sonniger Frühlingstag Ende März, die Edlen und hohen Beamten des Hofes in ihren farbenprächtigen Gewändern und das Volk im Sonntagsstaat. Die dunklen Gerüchte über den Streit zwischen den beiden Häuptern der Christenheit schienen ganz unwirklich; aber genau zur gleichen Stunde verhängte Gregor vor einem Geheimkonsistorium der im Lateran versammelten Kardinäle den Bannspruch über den Kaiser, während im fernen Salerno Hermann von Salza, der sein Leben der Aufgabe gewidmet hatte, die Einheit zwischen Kaiser und Papst zu erhalten, seinen letzten Atemzug tat. Ein gnädiges Geschick hat ihn vor der Erkennntis bewahrt, daß alle seine Bemühungen umsonst waren und der gewaltige Kampf, den er zu verhindern gesucht hatte, jetzt doch über die Welt hereinbrach.

Die Exkommunikation wurde erst vier Tage später am Gründonnerstag bekanntgegeben, als der fast hundertjährige Gregor mit zornbebender Stimme eine lange Rede verlas, worin er die Gründe für die Exkommunikation des Kaisers darlegte. Die Beschuldigungen waren mannigfaltig: er habe in Rom politische Unzufriedenheit erregt, dem Kreuzzug keine Hilfe geleistet, die enteigneten Ländereien der Templer und Johanniter nicht zurückgegeben; vor allem aber griff der Papst den Kaiser wegen seines Verhaltens gegenüber der sizilischen Kirche an. Der lombardische Streit hingegen, die Wurzel aller Uneinigkeit zwischen Papst und Kaiser, wurde nicht erwähnt. Gregor ordnete an, daß der Bannspruch in der ganzen christlichen Welt bei jedem Hochamt verlesen werden solle, und löste Friedrichs Untertanen von ihrem Treueid.

Die Nachricht verbreitete sich rasch, und innerhalb einer Woche wußte Friedrich, welches Schicksal ihn getroffen hatte. In Padua herrschte eine düstere Atmosphäre; das Volk schwieg, die Beamten des Hofes waren niedergeschlagen, und die Spannungen zwischen den rivalisierenden Parteien Ezzelinos und des Marquis von Este, die Friedrich während des Winters durch freundschaftliche Bande zu bessern versucht hatte, traten bereits erneut in den Vordergrund. Nicht einmal das Ehebündnis zwischen den beiden Familien – Alberico da Romanos Tochter war mit Rinaldo, dem Sohn des Marquis, verheiratet worden – hatte den Bruch heilen können; in der allgemeinen Atmosphäre von Verdacht und Mißtrauen spürte Friedrich, daß viele, die in der Stunde des Erfolges zu ihm gehalten hatten, nur auf die erste Gelegenheit warteten, um ihn im Stich zu lassen und sich gegen ihn zu wenden. Er sicherte sich Geiseln aus beiden Familien, indem er Rinaldo und seine Braut in Gewahrsam nahm und sie beide nach Apulien schickte.

Der Kaiser war der erste, der sich von dem Schlag seiner Exkommunikation erholte. Er rief die bedeutendsten Bürger der Stadt Padua im Rathaus zusammen, wo Petrus von Vinea eine lange Rede hielt, deren »Text« aus Ovid genommen war. Die Ausführungen klangen, wenn man von dem weitläufigen oratorischen Beiwerk absah, schlicht, ja sogar versöhnlich. Seit Karl dem Großen hatte kein so guter, unparteiischer und gerechter Fürst über das Reich geherrscht wie Friedrich. Er, und nicht die Kirche, sei der Leidtragende. Wäre der Bannspruch gerecht gewesen, hätte der Kaiser sich ihm demütig gebeugt, aber die Diener des Heiligen Stuhls hätten übereilt und unklug gehandelt. Petrus von Vinea griff den Papst nicht unmittelbar an, sondern legte hauptsächlich den führenden Männern der Kirche die Kränkungen seines Herrn zur Last. Als der Minister geendet hatte, sprach zur Überraschung aller der Kaiser von seinem Thron und verteidigte sich selbst. Wie bei seiner Rede in der Kirche zum Heiligen Grabe in Jerusalem rechtfertigte er sein Verhalten gegenüber dem Papst auch dieses Mal in ungewöhnlich mildem Ton. Es besteht kein Zweifel, daß Friedrich jetzt wie damals gute Gründe hatte, sich zu beklagen; der Papst war der Angreifer, und wiederum beruhte die Exkommunikation auf Gregors maßlosem Haß und keineswegs auf den angegebenen Gründen.

Friedrich setzte seine versöhnliche Politik fort und zeigte sich würdig und gelassen angesichts der Verfolgung; er schickte unter Führung der Bischöfe von Santa Agata und Calvi eine Delegation an den päpstlichen Hof mit einem Dokument, in dem der Kaiser die gegen ihn vorgebrachten Beschuldigungen ausführlich widerlegte und die Kardinäle bat, einen besonderen Rat einzusetzen, vor dem er seine Unschuld beweisen wolle. Der Papst weigerte sich jedoch, die Delegation oder die vier Bischöfe zu empfangen, die Friedrich im vergangenen Herbst verhört hatten. Auch die Proteste der europäischen Könige, die versuchten, zwischen Papst und Kaiser Frieden zu stiften, waren umsonst. Ludwig der Heilige schickte einen persönlichen Ratgeber, den Bischof von Lagres, und der König von Kastilien einen mahnenden Brief. Der englische Chronist Matthäus von Paris, der allerdings ein lebhafter Kritiker des Papsttums war, schrieb: »Der Vater der Gläubigen versuchte, sie (die Völker) zu überzeugen, daß der Gehorsam in der Rebellion, die Pflicht im Vergessen der Eide liege.«

Nachdem die Zurückhaltung, die die Erfolge des Kaisers dem Papst während der vergangenen Jahre auferlegt hatten, nicht mehr notwendig war, ließ Gregor seinem leidenschaftlichen Haß freien Lauf. Die christlichen Fürsten und Prälaten wurden angewiesen, den Bannspruch überall bekanntzugeben; als Berichte darüber aus der ganzen christlichen Welt – aus Aragon, Schottland, dem sizilischen Königreich, ja sogar aus der Hauptstadt seines Schwagers König Heinrich, wo der Bannspruch in der Paulskathedrale verlesen worden war – in der kaiserlichen Kanzlei einliefen, wuchs der Zorn des Kaisers, bis auch er mit einer Heftigkeit ausbrach, die der Gregors in nichts nachstand. Friedrich richtete Protestbriefe an die christlichen Könige und erklärte dem König von England offen, daß seine Weigerung, einer Ehe zwischen Enzio und einer Nichte des Papstes zuzustimmen, einer der Gründe für Gregors Wut gewesen sei.

Gregor antwortete mit seiner berühmten Enzyklika, die mit den Worten beginnt: »Eine wütende Bestie hat sich aus dem Meer erhoben, mit den Tatzen eines Bären, dem Haupt eines Löwen, ansonst einem Leoparden vergleichbar.« Sodann warf er dem Kaiser öffentlich die schwerste aller Ketzereien vor, die Leugnung Jesu Christi, und berief sich dabei auf die Geschichte mit den drei Betrügern. Doch ist es interessant, daß selbst in dieser Zorneshymne gegen seinen verhaßten Feind auch der Papst das Projekt einer Ehe zwischen einem Mitglied seiner Familie und Enzio erwähnte, allerdings behauptete, diesen Plan habe er abgelehnt.

Daß beide Parteien empört bestritten, dieses Ehebündnis je erwogen zu haben, läßt darauf schließen, daß ein solcher Plan tatsächlich irgendwann einmal bestanden und sein Scheitern die Verbitterung auf beiden Seiten noch verstärkt hatte. Der Papst behauptete ferner, der Kaiser habe ihm Kastelle angeboten; es ist durchaus denkbar, daß Friedrich den Versuch gemacht hatte, auf diese Weise den Streit und die Eifersucht, die die Päpste und Kaiser jahrhundertelang entzweit hatten, endgültig beizulegen. Ähnliches hatten sowohl Barbarossa als auch Heinrich VI. getan, als sie dem Papst jährliche Zahlungen anboten anstelle der Einkünfte aus den Kirchenstaaten und aus kirchlichen Gebühren; wahrscheinlich sollte die geplante Heirat zwischen Mitgliedern der kaiserlichen und der päpstlichen Familie ein solches Abkommen besiegeln.

In seiner Empörung über die päpstliche Enzyklika widerlegte der Kaiser alle Beschuldigungen, bekannte sich entschieden zu seinem Glauben und bezeichnete den Papst als den Antichrist. Der wortreiche Kampf sank nun zu einer unwürdigen Zankerei herab, in deren Verlauf die beiden Häupter der Christenheit in ganz Europa um Anhänger warben.

Als Gregor versuchte, die deutschen Fürsten gegen ihren Herrscher aufzuhetzen, wurde ihm eine energische Absage und eine deutliche Erklärung über die Grenzen der päpstlichen Macht zuteil; der Papst könne lediglich einen Kaiser, den die Fürsten gewählt hätten, in sein Amt einsetzen, unter keinen Umständen aber ihn absetzen. Darauf versuchte der Papst, Ludwig den Heiligen für Friedrichs Absetzung zu gewinnen, indem er ihm das Königreich Arelat für seinen Bruder Robert von Artois anbot; er erhielt die entrüstete Antwort, einen Fürsten, dessen Würde in der christlichen Welt so hoch erachtet werde, daß niemand über ihm stehe, könne man auf diese Weise nicht aus dem Wege schaffen; wenn er unwürdig sei, könne er nur durch ein Generalkonzil abgesetzt werden.

Gregors Vorgehen mochte zwar in der Welt im allgemeinen Abneigung und Verachtung hervorrufen, in Italien aber – und das war für Friedrich weit gefährlicher – begann die Exkommunizierung ihre tödliche Wirkung auszuüben. Im Mai wurde Treviso von den Adligen der Umgebung unter der Führung von Alberico da Romano angegriffen und der kaiserliche Podesta hinausgeworfen. Als Friedrich dorthin eilte, um den Aufstand zu unterdrücken, trat eine Sonnenfinsternis ein; Friedrich selbst wußte, daß dieses Phänomen auf natürliche Ursachen zurückzuführen sei, die abergläubischen Soldaten und die Bevölkerung hingegen sahen dieses Naturereignis als böses Omen an. Schließlich mußte der aufgeklärte, in der Astronomie bewanderte Friedrich deshalb seine Truppen aus der Trevisaner Mark zurückziehen.

Der Kaiser entschloß sich nun, nach Verona zurückzukehren und von dieser Stadt aus einen Angriff auf Mailand zu machen. Albericos Abfall hatte sein Mißtrauen zum Marquis von Este und dessen Anhängern verstärkt, wie sich herausstellte, nicht ohne Grund; denn als er auf der Begleitung des Marquis nach Verona bestand, ergriff dieser mit seinen Anhängern unterwegs die Flucht und setzte sich in der Festung San Bonifacio fest, und nicht einmal die Beredsamkeit Petrus' von Vinea, der zum Verhandeln dorthin geschickt wurde, konnte ihn dazu bewegen, die schützenden Mauern zu verlassen. Azzo d'Este ließ viele seiner Freunde als Geiseln in der Hand des Kaisers zurück; sie wurden alsbald in die apulischen Festungen geschickt, wo sich schon der Sohn und die Schwiegertochter des Marquis befanden. Am 13. Juni verkündete Petrus von Vinea auf der Piazza San Zeno, daß die Reichsacht über den Marquis von Este und die Trevisaner Rebellen verhängt worden sei.

Während der nächsten acht Monate – vom Sommer 1239 bis Januar 1240 – hielt sich der Kaiser in Oberitalien auf; die Sommermonate gingen mit fruchtlosen militärischen Anstrengungen hin, die lombardischen Heere in eine Feldschlacht hineinzulocken. Friedrich unternahm keine Stadtbelagerung mehr, obwohl er eine Geheimkorrespondenz mit den mailändischen Adligen unterhielt, die ihn zu einem direkten Angriff auf die Stadt zu überreden suchten und ihrerseits einen Aufstand zu organisieren versprachen. Vielleicht traute Friedrich ihnen nicht, auch wird er die Stärke der mailändischen Truppen mit Recht gefürchtet haben, die den seinen durchaus ebenbürtig waren und überdies noch auf bekanntem Terrain zwischen den tückischen Wasserwegen kämpfen konnten, die die Stadt umgaben. Im September sah es so aus, als werde es zum Kampf kommen; er wurde aber durch die militärische Tüchtigkeit des mailändischen Podesta abgewandt, der den Olonafluß so umleitete, daß er das kaiserliche Lager überschwemmte, und Gräben anlegen ließ, die sich mit den Wassern des Ticinello füllten und somit ein Hindernis zwischen den beiden Heeren bildeten.

Inzwischen war ein bemerkenswerter Mann, der päpstliche Legat Gregor von Montelungo, in Mailand angekommen, um den Widerstand der Stadt zu stärken. Aus kleinen Verhältnissen emporgekommen, war Montelungo nur Subdiakon; obwohl ein fanatischer Anhänger der Kirche, verfolgte er eher militärische als kirchliche Ziele. In Mailand trug er eine Rüstung, führte und besichtigte die Truppen und gestattete den Mitgliedern der religiösen Orden, Waffen zu tragen. Von ausschweifendem Lebenswandel, war er von Ehrgeiz besessen, dabei energisch, intelligent und vor allem ein fähiger Diplomat und Organisator. Das Scheitern der kaiserlichen Heere in Oberitalien war letztlich weitgehend auf die Tätigkeit dieses einen Mannes zurückzuführen. Durch seine unermüdlichen Anstrengungen gelang es Montelungo, nicht nur Friedrichs militärische Position zu untergraben, sondern auch – und das war viel schwieriger – die verschiedenen Elemente, die trotz ihrer Feindschaft gegen Friedrich von mörderischen Eifersüchteleien untereinander gespalten waren, zu gemeinsamem Widerstand zu einen. Vom ersten Tage seiner Mission in der Lombardei war Montelungo als offizieller Vertreter des Heiligen Stuhls der bisher fehlende Sammelpunkt für die antikaiserlichen Kräfte.

Friedrichs Sorgen waren nicht auf das militärische Gebiet beschränkt, auch seine finanzielle Lage war recht mißlich. Während der letzten drei Jahre hatte er große Heere in ständig einsatzbereitem Zustand halten müssen; die Lehensabgaben, die während der Wintermonate meist nach Hause geschickt wurden, gingen zwar auch im November 1239 dorthin, aber die Sarazenen mußten fast während des ganzen Jahres ernährt, die anderen Söldner überdies noch bezahlt werden.

Die Steuern waren in Sizilien schon sehr hoch, genügten aber immer noch nicht; so wurden wieder neue Steuern erhoben, um die Kosten des lombardischen Krieges zu decken. Ein paar Jahre war das sizilische Königreich dank Friedrichs geschickter Finanzverwaltung in der Lage, diese ständige wirtschaftliche Überbelastung zu ertragen, aber die ersten Warnzeichen des späteren Zusammenbruchs machten sich bereits bemerkbar.

Im Herbst 1239 betrugen die Schulden des Kaisers 24 653 Goldunzen oder rund achthundertvierzigtausend Mark, eine für die damalige Zeit enorme Summe, dennoch mußte er immer wieder Anleihen aufnehmen. Nach einer interessanten Eintragung in den kaiserlichen Registern vom 15. Januar 1240 war ein Wiener Kaufmann namens Heinrich Baum einer seiner Bankiers. Zinssätze waren hoch und Friedrichs finanzielle Verpflichtungen gewaltig; sogar der Gesandte des »Königs von Rußland«, der sich damals in Wien aufhielt, wurde von ihm unterhalten.

Die kaiserlichen Register, die die Zeit vom Herbst 1239 bis zum Sommer 1240 umfassen, bieten ein faszinierendes Bild des täglichen Lebens an diesem umherziehenden Hof, der durch Ober- und Mittelitalien bis hinunter nach Apulien reiste. Das interessanteste daran ist, daß sie zeigen, wie die sizilische Verwaltung nunmehr am kaiserlichen Hof zentralisiert war und von dort aus gesteuert wurde. Das Geheimbündnis, das der Papst zwischen Genua und Venedig zustande gebracht hatte, war inzwischen publik geworden, da es jetzt auch Mailand, Piacenza und sogar den Heiligen Stuhl umfaßte. Durch diese neueste Entwicklung war Sizilien Angriffen vom Land und vom Meer her ausgesetzt, da die großen Seemächte starke Flotten besaßen und Genua, wie Friedrich wohl wußte, danach dürstete, seine sizilischen Handelsstützpunkte zurückzuerlangen und auch Venedig zweifellos ein begehrliches Auge auf die Häfen des Königreichs warf. Der Papst hatte sich schon in einer Geheimklausel des Vertrages damit einverstanden erklärt, daß Genua Syrakus zurückbekommen und Venedig mit Barletta und Salpi belohnt werden sollte. Mit einer so verlockenden Beute vor Augen, ließen sich die Städte gerne durch Gregor dazu überreden, einen sofortigen Angriff auf das sizilische Königreich vorzubereiten.

Diese bedrohliche Lage – Friedrich hatte wahrscheinlich durch seinen Nachrichtendienst oder durch geheime Anhänger bei der Kurie von den Plänen des Papstes erfahren – wird ihn dazu bewogen haben, die gesamte Verwaltung seiner ausgedehnten Besitztümer in einer ihm unmittelbar unterstehenden zentralen Kanzlei zusammenzufassen. Das war nicht geschehen, seit er 1220 Papst Honorius versprochen hatte, Sizilien nicht mit dem Reich zu vereinen. Das Königreich unterstand seit Friedrichs Abreise nach Deutschland fünf Jahre zuvor einem Regentschaftsrat, der sich aus hohen Staatsbeamten und einigen Bischöfen zusammensetzte. Eine so schwerfällige Institution aber eignete sich nicht, rasche Entscheidungen zu treffen, oder, wie es der Krieg forderte, schnell zu handeln; außerdem mußte das Königreich, wenn es als Schatzhaus und Waffenarsenal in dem bevorstehenden großen Kampf dienen sollte, auch auf den Krieg umgestellt werden, um einer Invasion standzuhalten.

Wenn man heute die kaiserlichen Befehle liest, die diese ganze komplizierte Maschinerie in Bewegung setzten, so kann man nur die Klarheit und Leistungsfähigkeit des Mannes bewundern, der dieses Unternehmen leitete und das hervorragende Verwaltungssystem aufgebaut hatte, das seine Durchführung ermöglichte. Aus der Lombardei, der Toskana und aus dem Kirchenstaat wurden die kaiserlichen Aufträge hinausgesandt; der Hof war ständig unterwegs, und die Beamten und Schreiber mußten den Kaiser auf allen seinen Reisen begleiten. Morgens luden diese vielgeplagten Männer den Packpferden und Mauleseln die Dokumente und Register auf, abends am Ende der Tagesreise luden sie sie wieder ab und mußten dann bis tief in die Nacht arbeiten, um die gewaltige Arbeitslast eines jeden Tages zu bewältigen. Die Befehle wurden von einem Kurier zum nächsten Hafen befördert, dann auf einer schnellen kaiserlichen Galeere nach Sizilien und dort wieder durch Kurier dem Beamten überbracht, der für ihre Durchführung verantwortlich war. Wie ungeheuer anstrengend die Arbeit war, geht aus einem an Petrus von Vinea gerichteten Brief hervor, in dem ein Schreiber mit beredten Worten das Leben eines ehrgeizigen jungen Beamten der kaiserlichen Kanzlei schildert. »Ich bin, wie man wohl sagen kann, mit meiner Feder ein Leib – so ist meine Person mit meinem Register verwachsen. Mir ist oft heiß, oft kalt, die schwere Arbeit überwältigt mich häufig, wie dieses Register, der Gefährte meines Martyriums, bezeugt ... zu den Qualen dieser Erschöpfung kommt die Bescheidenheit meines Gehalts hinzu, das, wie Ihr wißt, in keinem Verhältnis zu meiner Arbeit steht.«

Wenn Friedrich seine Beamten und Sekretäre bis an den Rand des Zusammenbruchs trieb und manchmal ihr Versagen mit Ungeduld oder sogar Grausamkeit beantwortete, so lag das vor allem daran, daß er selbst unermüdlich war und über eine übermenschliche Energie verfügte. Wenn er aber einsah, daß er sie überfordert oder selbst einen Fehler gemacht hatte, entschuldigte er sich in gütiger und gewinnender Form. Dies bezeugt ein Brief Friedrichs an Andrea da Cicale: »Die unglückseligen Worte, die Dir Kummer bereitet und Dich um Deinen Gleichmut gebracht haben, entsprangen einer zornigen und reizbaren Verfassung. Um so mehr sind Wir erfreut, daß Deine bewährte Rechtschaffenheit und Dein guter Wille nicht durch solche unnützen Worte erschüttert wurden... Brauchen Wir mehr zu sagen... kannst Du noch Zweifel hegen... abgesehen von den unmerklichen Zeichen der Zuneigung, welche die Augen nicht wahrnehmen, mußt Du Dir Unseres Vertrauens bewußt sein, da Wir Unsere Sorgen in Deine Hände legen und Uns auf Dich verlassen wie auf Uns selbst.«

Das große Werk der Reorganisation schritt unaufhaltsam weiter; die Kastelle wurden besetzt, scharfe Sicherheitsmaßnahmen durchgeführt, die Häfen bewacht, eine Zensur eingerichtet – eine besondere kaiserliche Erlaubnis war notwendig, um einen Brief in das Königreich einzubringen; jede Verbindung mit Rom wurde verboten und jede Übertretung dieser Anordnungen mit drakonischen Strafen geahndet. Das ganze Sicherheitssystem hatte sich unendlich kompliziert gestaltet, da die Exkommunizierung des Kaisers die gesamte Geistlichkeit in eine potentielle fünfte Kolonne verwandelte. Aber Friedrich fand ein wirkungsvolles, wenn auch rücksichtsloses Mittel, um auch mit diesem Problem fertig zu werden. Den Justitiaren wurde die wenig beneidenswerte Aufgabe zuteil, der Geistlichkeit in ihrem Bezirk mitzuteilen, daß die Gottesdienste auf Friedrichs Wunsch trotz des kirchlichen Banns fortgesetzt werden sollten; er könne sie zwar nicht zwingen, die Messe zu lesen, aber wenn sie es nicht täten, so werde dies als Beweis für ihre Untreue gelten. Die Beschlagnahme des Vermögens von Priestern, die sich dieser Anordnung nicht fügten, ja sogar das Todesurteil wurde häufig verhängt; ersteres hatte noch den besonderen Vorteil, die erschöpften kaiserlichen Kassen ein wenig aufzufüllen. Auf diese Weise wurde allmählich die gesamte sizilische Kirche von all jenen Bischöfen und Priestern gesäubert, die nicht den Gehorsam zum Herrscher – oder zumindest ihre persönliche Sicherheit – der Treue zum Papst voranstellten.

Gleichzeitig mit der Reorganisation des Königreichs ging der Kaiser daran, einen italischen Staat nach sizilischem Vorbild zu schaffen. Er setzte Enzio mit dem Titel eines Reichslegaten als seinen Statthalter über ganz Italien, während die einzelnen Provinzen von Generalvikaren oder Generalkapitänen verwaltet wurden, deren Befugnisse etwa denen der sizilischen Justitiare entsprachen. Die politische und militärische Lage war zu unruhig, als daß sich dieses System jemals wirklich festigen konnte – die Größe und die Grenzen der Vikariate änderten sich je nach dem Auf und Ab des Krieges –, aber wäre der Kaiser schließlich erfolgreich gewesen, so hätte dieses neue Verwaltungssystem zweifellos die Grundlage für ein geeinigtes Italien abgeben können. Waren die Grenzen der Vikariate ständig einem Wechsel unterworfen, so auch die Männer, die dieses Amt innehatten; zunächst kamen sie aus den Reihen des sizilischen Adels und der kaiserlichen Günstlinge, wie zum Beispiel Teobaldo di Francesco. Als aber der Kampf immer erbitterter wurde, zog der Kaiser, mißtrauisch geworden, den Kreis immer enger, bis das Amt des Generalvikars, abgesehen von Ezzelino und dem Marquis Uberto Pallavicini, nur Friedrichs unehelichen Söhnen offenstand oder Männern, die mit ihm verwandt waren.

Obwohl Friedrichs italischer Staat nur von kurzer Dauer war, sollte das Amt des Generalvikars oder Generalkapitäns in der späteren italienischen Geschichte eine wichtige Rolle spielen. Es lieferte die Vorbilder für die Signoren. Zunächst nannten sich viele der Signoren Generalkapitäne und auch später, als die kaiserliche Macht längst aus Italien verschwunden war, immer noch Generalvikare. Nachdem die Signoren sich durchgesetzt hatten, ließen sie außer acht, daß sie ihre Macht vom Volke empfangen hatten; als dann spätere Kaiser ihnen die Herzogs- und Markgrafenwürde erteilten, war es nur noch ein Schritt bis zum selbstherrlichen Souverän.

Aber nicht nur die politische Macht der Signoren ging auf Friedrich zurück. Auch die Renaissancehöfe verdankten ihm ihren Glanz. Denn seine unehelichen Söhne und die anderen Generalvikare umgaben sich in Nachahmung des Kaisers mit dem gleichen Luxus wie er; auch sie hatten Hofdichter, Astrologen, ja sogar Menagerien. Diese Tradition hielt sich, bis sie sich an den berühmten Höfen der Visconti in Mailand, der Gonzaga in Mantua und der Este in Modena und Ferrara zu voller Blüte entfaltete.

Anfang Februar 1240 gab Friedrich in einem Brief an den Erzbischof von Messina seine Absicht bekannt, den Krieg mitten ins feindliche Lager hineinzutragen. Er schrieb: »Nachdem Wir seit langem von der Gerechtigkeit Unserer Sache überzeugt sind und erkannt haben, daß der Römische Hof, weit davon entfernt, sich Unserer Verdienste zu erinnern, sich bei jeder Gelegenheit gegen Uns ausspricht, halten Wir es nun für notwendig, anders zu handeln, als Wir es bisher getan haben. Wir werden daher das freundschaftliche Verhalten, das Wir so häufig bewiesen haben, aufgeben und Uns der Gewalt bedienen. Es ist Unsere feste Absicht, dem Reiche das Herzogtum Spoleto, die Mark Ancona und andere Ländereien einzuverleiben, die ihm zu verschiedenen Zeiten genommen worden sind.« Offensichtlich gab er sich nicht mehr mit dem Herzogtum Spoleto und den Marken als Verbindung zwischen dem Reich und dem sizilischen Königreich zufrieden; das gesamte Patrimonium Petri sollte den kaiserlichen Gebieten angeschlossen werden, um dem Papst die weltliche Macht zu nehmen und seine Autorität auf den geistlichen Bereich einzuschränken.

Der Kaiser hatte Weihnachten in Pisa verbracht; an seinem Geburtstag geschah etwas höchst Ungewöhnliches, er selber hielt nach der Messe von der Kanzel der Kathedrale eine Predigt. Der Tenor seiner Rede war, daß er gekommen sei, um der Welt Frieden zu bringen. Dieses Ereignis leitete eine der merkwürdigsten Epochen in Friedrichs Leben ein. Seine öffentlichen Erklärungen, viele seiner Proklamationen, selbst seine Briefe nehmen jetzt einen messianischen Ton an. Er hatte den Papst als Antichrist und als Ungläubigen gebrandmarkt, nun war er gefährlich nahe daran, sich selbst mit dem Heiland der Welt zu identifizieren.

Am erstaunlichsten unter allen Proklamationen an die Fürsten und sonstigen Propagandaschriften, die ununterbrochen von der kaiserlichen Kanzlei ausgesandt wurden, wirkt der Brief, den Friedrich an seinen Geburtsort, die kleine Stadt Jesi in der Mark Ancona richtete, die er gerade dem Reiche anschließen wollte. In diesem Brief erhebt sich der Gedanke von der Göttlichkeit des Kaisers zu kühnsten Höhen. »Von natürlicher Neigung getrieben, wenden Wir Uns Dir zu, o Jesi ... dem Ort Unserer erhabenen Geburt, wo Unsere göttliche Mutter Uns zur Welt gebracht hat, wo Unsere strahlende Wiege stand ... Du, o Bethlehem, Stadt der Mark, bist nicht die geringste unter den Städten Unseres Geschlechts, denn aus Dir ist der Herrscher gekommen!« Der Ton dieses Briefes wurde von den lobrednerischen Höflingen aufgenommen und nachgeahmt; so wird in Briefen an Petrus von Vinea sein Herr mit dem mystischen Lamm der Apokalypse und Petrus von Vinea mit dem heiligen Petrus verglichen. Sogar ein Bischof, der sich entschuldigte, weil er nicht sofort dem Ruf des Kaisers gefolgt sei, schrieb an Petrus von Vinea, er werde »auf dem Wasser« gehen, daß er zu seinem Herrn komme.

Wendungen wie »Petrus, liebest Du mich?«, »weide meine Schafe« und »Petrus, der die Schlüssel des Reiches hält und alles bindet, was kein Mensch lösen darf, und löst, was kein Mensch wieder binden darf« erschienen in offiziellen Briefen. Es ist nicht zu verwundern, daß man meinte, Friedrich wolle eine schismatische Kirche gründen mit Petrus von Vinea als Hohenpriester. Wahrscheinlich aber war diese blasphemische Ausdrucksweise nur der Versuch zu einer Propaganda als Gegengewicht zu den donnernden Worten der Kirche in einer Welt, deren geistige Atmosphäre von Weissagungen und dem immer wieder auftauchenden Glauben an das Ende der Welt oder an das Kommen des Antichrist beherrscht war. Die plötzliche Massenbewegung des »Großen Halleluja« und die spätere Bußorgie der Flagellanten zeigen, wie wenig im dreizehnten Jahrhundert dazu gehörte, um eine religiöse Hysterie hervorzurufen. Wenn der Kaiser oder Mitglieder der kaiserlichen Familie als göttlich bezeichnet werden, so darf man das nicht falsch verstehen; solche Bezeichnungen waren im zwölften und dreizehnten Jahrhundert durchaus üblich und wurden *deius de prole deorum* genannt. Noch lange nach dem Tode des Kaisers und all seiner Söhne wurden die Nachfahren der Hohenstaufen in weiblicher Linie »göttliche Kinder« oder »Sproß des göttlichen Blutes« genannt.

Nachdem diese seltsame Propaganda eingeleitet war, begann die Invasion der päpstlichen Provinzen, und das Glück schien dem Kaiser endlich wieder gewogen zu sein. Er begegnete auf seinem Vormarsch kaum ernstlichem Widerstand, und die Städte der Campagna sammelten sich unter seinem Banner – Civita Castellana, Corneto, Tivoli, Orte, ja sogar das rebellische Viterbo. Sutri wurde genommen und großzügig begnadigt; kaum dreißig Kilometer lagen zwischen den kaiserlichen Streitkräften und Rom. Das Ende schien in Sicht, das Ziel aller ehrgeizigen Wünsche Friedrichs, die kaiserliche Stadt der Cäsaren, wo er als ihr Nachfolger zu herrschen gedachte, war fast in seiner Hand.

In Rom herrschte Aufruhr, Gerücht jagte Gerücht; ein Komet, der vor kurzem gesehen worden war, galt als Vorbote großer Ereignisse, als Zeichen für den unausbleiblichen Erfolg des Kaisers. Umsonst prophezeiten die wenigen, die noch zum Papst hielten, schreckliche Geschehnisse und entsetzliche Sakrilegien, wenn der gebannte Kaiser die Heilige Stadt betreten sollte. Gregor war seit jeher einer der unbeliebtesten Päpste, und das unbeständige Volk, wie immer gierig nach Sensationen und nach dem Glanz, der den nahenden Eroberer umgab, war bereit, Friedrich mit offenen Armen zu empfangen. Die meisten Kardinäle hatten den greisen Papst im Stich gelassen; was konnte ein schon kindisch gewordener alter Mann bieten im Vergleich zu der Machtfülle eines Kaisers in den besten Jahren, der sich außerdem mit seinem gefürchteten Heer rasch der Stadt nahte?

Für Gregor schien jede Hoffnung verloren, dennoch gab der unbeugsame alte Mann nicht nach; er trotzte dem beleidigenden Hohn der Massen und ging durch die Straßen Roms, die von den Rufen *»Ecce Salvator, Ecce Imperator, Veniat Veniat Imperator!«* widerhallten. Es war der 22. Februar, einer der großen kirchlichen Festtage Roms, die heiligsten Reliquien – ein Kreuzessplitter, die Häupter der Apostel Petrus und Paulus – wurden in feierlicher Prozession vom Lateran zur Peterskirche getragen. Mit würdevoller Verachtung, ohne sich um das, was um ihn her geschah, zu kümmern, schritt der majestätische alte Mann durch die lärmerfüllten Straßen. Die Erregung hatte ihren Höhepunkt erreicht, als der Papst stehenblieb und sich der Menge zuwandte. Er wies auf die Reliquien und rief mit lauter Stimme: »Das sind die Altertümer Roms, für die Eure Stadt verehrt wird. Dies ist die Kirche, dieses sind die Reliquien, die Ihr, Römer, zu schützen verpflichtet seid. Ich kann nicht mehr tun, als ein Mensch vermag; aber ich fliehe nicht, seht, hier warte ich auf die Gnade des Herrn.« Dann nahm er die Tiara vom Kopf und legte sie auf die Reliquien. »Ihr Heiligen, verteidigt Rom, wenn die Männer von Rom es nicht verteidigen wollen.« Im nächsten Augenblick waren der Kaiser und all sein Glanz vergessen, mit Tränen und Wehklagen drängten sich die Menschen um den Papst, beteuerten ihre Bereitschaft, Rom zu schützen und nahmen das Kreuz als Zeichen ihrer heiligen Aufgabe.

Gregor war selbst überrascht von dem Wunder, das er durch seinen hohen Mut bewirkt hatte. Einen Augenblick lang stand das Schicksal der Welt auf des Messers Schneide: hier wurde die Wahl zwischen der mittelalterlichen Welt und der kommenden Welt der Renaissance getroffen; aber im dreizehnten Jahrhundert war Gregor und alles, was er vertrat, den Herzen und Gedanken des römischen Volkes näher als aller Glanz des *Stupor Mundi.*

Friedrich wußte, daß er geschlagen war. Brescia hatte ihm gezeigt, was die Belagerung auch nur einer kleinen Stadt bedeutete, wenn sie eine entschlossene Besatzung hatte. Selbst wenn es ihm mit Hilfe der kaiserlichen Partei in Rom gelungen wäre, in die Hauptstadt einzudringen, hätte er sich einem mittelalterlichen Stalingrad gegenübergesehen, denn die berühmten Ruinen der Antike, wie das Kolosseum, das Theater des Marcellus und Hadrians Grab, waren in Festungen verwandelt; die Häuser aller angesehenen Familien waren ohnehin durch hohe Verteidigungstürme geschützt. Rom konnte nur mit Hilfe seiner bereitwilligen Bürger oder zu einem überwältigenden Preis an Blut und Geld genommen werden.

Anfang März gaben die Schreiber der kaiserlichen Kanzlei die Rückkehr des Kaisers in sein geliebtes sizilisches Königreich bekannt.

Rom, an das der Kaiser sein Herz gehängt hatte, mochte ihn abgewiesen haben, seine treuen Untertanen aber, die Fürsten des Reiches, sowie die öffentliche Meinung im größten Teil der christlichen Welt hielt nach wie vor zu ihm. Als außerordentlich wirksame Propaganda erwies sich Friedrichs Klarstellung der Tatsache, daß er die Heiligen Stätten ohne Beistand der Kirche befreit habe. »Es ist Meine Pflicht, diejenigen, die die Kirche regieren, zu erinnern, daß das, was sie im Heiligen Land gewonnen haben, Mein Werk ist, daß Ich dem Meer und tausendfältiger Gefahr zur Ehre Gottes getrotzt habe. Der Papst verfolgt Mich, weil er eifersüchtig ist und lieber Reichtümer ansammeln als den christlichen Glauben verbreiten möchte... Möge Gott über Mich, Seinen Soldaten, und über den Papst, Seinen Statthalter, richten.«

Besonders in England, wo die Forderungen der päpstlichen Steuereinnehmer heftigen Groll hervorriefen und zudem Gregors Bevorzugung der ketzerischen lombardischen Städte wohlbekannt war, wurde der Bannspruch als unberechtigt empfunden. Man sagte dort, der Kaiser habe sich den Gefahren des Kreuzzuges um Christi willen ausgesetzt, während »wir beim Papst eine ähnliche Frömmigkeit bisher noch nicht beobachten konnten«.

Gregor hatte Albert von Behaim nach Deutschland geschickt, um dort Unruhe zu stiften; doch hatte er, wie aus Briefen der päpstlichen Unterhändler hervorgeht, auffallend wenig Erfolg. »Viele Fürsten nannten die Unterhändler des Papstes Feinde der christlichen Kirche, falsche Propheten und Feuerbrände des Unfriedens. Die heftigsten unter ihnen fragen, mit welchem Recht sich der Bischof von Rom in die Angelegenheiten Deutschlands einmische... er möge seine Herde in Italien hüten; sie aber wüßten, wie sie sich gegen diese Wölfe im Schafspelz zu verteidigen hätten.« Ein anderer schrieb: »Ein begeisterter Patriotismus macht sich in ganz Deutschland in so starkem Maße bemerkbar, daß, wenn Ihr nicht noch vor dem Herbst einen Legaten schickt mit der nötigen Vollmacht, einen anderen Kaiser wählen zu lassen, der überdies die stark in die Irre gegangenen Ansichten zurechtzurücken vermag, die Fürsten und Bischöfe mit einem starken Heer über Italien herfallen werden, um die Ansprüche des Feindes des Heiligen Stuhls zu behaupten.«

Das Ergebnis all dieser Umtriebe war, daß zunächst die weltlichen, dann die geistlichen Fürsten und schließlich alle gemeinsam ein Protestschreiben an den Papst richteten, das ihm im April 1240 durch Konrad von Thüringen, den neugewählten Deutschordensmeister, überbracht wurde; seinem Vorgänger Hermann von Salza nacheifernd, erschien er persönlich, um zu versuchen, den Streit zwischen Kaiser und Papst, der die Welt mit Verzweiflung erfüllte, zu Ende zu bringen. Die Fürsten erklärten dem Papst eindeutig, daß seine Begünstigung der lombardischen Städte die Wurzel des ganzen Übels sei. Die geistlichen Fürsten bekannten sich zwar zu ihrer Gehorsamspflicht gegenüber der Kirche, wiesen aber darauf hin, daß sie auch Vasallen des Kaisers seien und als solche ihm ebenfalls Gehorsam schuldeten. Sie schlossen mit dem Angebot, selbst nach Rom zu kommen, um zu vermitteln.

Friedrichs versöhnliche Politik gegenüber den Fürsten machte sich jetzt in reichem Maße bezahlt; sie standen einmütig hinter ihm und ließen sich allen Verführungskünsten des Papstes zum Trotz nicht zur Opposition gegen den Kaiser bestimmen. Bei Friedrichs Vorgängern waren solche Versuche nicht immer so einmütig abgewiesen worden, wie die Absetzung Ottos zeigt. Angesichts dieses geschlossenen Vorgehens der Fürsten konnte Gregor schon aus Gründen der Propaganda kaum unnachgiebig bleiben. Er erklärte sich bereit, dem Kaiser zu verzeihen und mit ihm zu verhandeln, wenn Friedrichs Erzfeinde, seine aufständischen Untertanen in der Lombardei, in die Verhandlungen miteinbezogen würden. Das war die einzige Bedingung, die Friedrich keinesfalls annehmen konnte. Nichts hätte »den Rechten und der Ehre des Reiches«, die zu schützen er für seine heiligste, bei der Krönung eidlich übernommene Pflicht hielt, mehr widersprechen können.

Gregor wußte dies sehr wohl; auch wollte er in Wirklichkeit gar nicht mit dem Kaiser verhandeln, doch schuf sein Angebot wenigstens Klarheit über die Lage: die ketzerischen Lombarden und nicht die sizilische Kirche waren der Grund für Friedrichs Exkommunizierung gewesen. Ein paar Wochen später starb der Hochmeister des Deutschen Ordens. Seine Mission war, wie unter den Umständen nicht anders zu erwarten, gescheitert; auch keinem seiner Nachfolger sollte Erfolg beschieden sein. Die Unterstützung der lombardischen Kommunen war der Eckstein der päpstlichen Italienpolitik und blieb es bis zu Friedrichs Tode; an diesem Hindernis mußte jede Hoffnung auf Versöhnung zwischen Papst und Kaiser scheitern.

Friedrich war inzwischen in das sizilische Königreich zurückgekehrt und begab sich in seine Lieblingsprovinz Apulien. In Foggia hielt er am Palmsonntag eine bedeutsame Versammlung, ein *colloquium* ab, eigentlich ein Parlament, zu dem der dritte Stand einberufen wurde. Etwas Ähnliches war schon zur Zeit der Konstitutionen von Melfi geschehen, aber dieses Mal scheinen die Vorbereitungen sehr viel umfassender gewesen zu sein. Am 1. März waren den Justitiaren von Viterbo aus die Befehle zugestellt worden, die Vertreter des Volkes zusammenzurufen; jeder Ort sollte einen, die größeren Städte zwei Männer entsenden. Besonders bevorzugte Städte wie Palermo erhielten ihre Anweisungen unmittelbar vom Kaiser: die *bajuli*, die Richter und das Volk sollten einen Sindaco oder Bürgermeister wählen, der sie im Parlament vertreten solle; dort dürfe er vor dem Angesicht ihres Herrschers erscheinen, da der Kaiser von seinen treuen Untertanen umgeben sein wolle. Der Sindaco werde alsdann die Befehle des Kaisers seiner Heimat überbringen.

Ein paar Monate nach diesem Ereignis reiste der Mann, der fünfundzwanzig Jahre später das englische Volk zum erstenmal in das Parlament berufen sollte, durch Apulien. Simon von Montfort und seine Gemahlin Eleonore, eine Schwester der Kaiserin, besuchten zusammen den kaiserlichen Hof in Oberitalien. Simon reiste weiter nach Brindisi und schiffte sich dort zu der Fahrt ins Heilige Land ein, um am Kreuzzug Richards von Cornwallis teilzunehmen. Auf seiner Reise durch das Königreich muß er von Friedrichs Neuerungen gehört und einen nachhaltigen Eindruck gewonnen haben.

Ehe der Kaiser das sizilische Königreich verließ, führte er eine besondere Steuer für kirchliche Lehen ein und betraute eine Miliz mit der Aufgabe, alle kirchlichen Ländereien einzuziehen, deren geistliche Besitzer seinen Befehlen nicht nachkamen. Auch schickte er eine Armee zur Belagerung von Benevent, das als päpstliche Enklave in den Gebieten des Königreichs ein Zentrum kirchlichen Widerstands war. Dann begab sich Friedrich mit einem Heer nach Terni im Herzogtum Spoleto.

Die Lage der kaiserlichen Truppen im Norden hatte sich verschlechtert, seitdem Friedrich Ende 1239 aus der Lombardei aufgebrochen war, um nach Pisa zu ziehen. Zwei wichtige Städte der Romagna – Ferrara und Ravenna – hatten die welfischen Truppen unter der Führung von Gregor von Montelungo erobert. Nun rückte der Kaiser an der adriatischen Küste vor und belagerte Ravenna, das nach sechs Tagen kapitulierte, Geiseln stellte und begnadigt wurde. Das nächste Ziel war Bologna; die Eroberung dieser streng päpstlichen Stadt hätte Friedrich die Pässe nach der

Toskana geöffnet; doch mußte er, um dorthin zu gelangen, eine weitere welfische Stadt umgehen: Faenza, das eine Gefahr für die Flanke des Heeres und für die Verbindungswege bedeutete; deshalb wurde es Ende August eingeschlossen.

Der November kam heran und damit das Ende der für die Kriegsführung günstigen Jahreszeit, aber die hartnäckigen Bürger harrten noch immer aus. Friedrich konnte sich eine Wiederholung von Brescia nicht leisten und entschloß sich, entgegen den militärischen Gewohnheiten der damaligen Zeit, Winterquartiere zu beziehen, dabei aber die Belagerung fortzusetzen. Ein riesiges, befestigtes Lager, eine Stadt von Holzhütten wurde im Kreise um die belagerte Stadt gebaut. Die Kosten dieses Feldzuges waren ungeheuer, und die Schätze der sizilischen Kirchen wurden ihrer Geräte aus Silber, Gold und Juwelen beraubt, die durch kaiserliche Beamte eingesammelt wurden. Diese Schätze sind wahrscheinlich die Deckung gewesen für das Ledergeld – Münzen, die, wie die Augustalen, mit dem kaiserlichen Adler und Friedrichs Kopf geschmückt waren –, das Friedrich nun ausgeben ließ. Sie wurden später zu ihrem versprochenen Wert in Gold eingelöst. Die venezianische Flotte drohte, die apulische Küste zu verwüsten, dennoch ließ der Kaiser Pietro Tiepolo in voller Sicht ihrer Galeeren erhängen, die auf der Reede von Brindisi lagen. Trotz der Spannung dieser langen und schwierigen Monate verbrachte Friedrich den Winter, seiner Gewohnheit entsprechend, mit wissenschaftlichen Studien und Diskussionen und korrigierte sogar die Übersetzung einer arabischen Abhandlung über die Falkenjagd, die Meister Theodor für ihn verfaßt hatte.

Im Laufe des Winters wurde Faenza von einer Hungersnot heimgesucht, und alle Frauen, Kinder und alte Männer wurden als unnötige Belastung aus der Stadt getrieben. Aber Friedrich zeigte ihnen keine Gnade; er sagte, ihre Väter hätten seine Mutter, die Kaiserin Konstanze, beleidigt, als sie hochschwanger durch die Stadt gereist sei. Sie hätten Konstanzes Pferd mißhandelt und »ihren Zorn an einem unschuldigen Tier ausgelassen« und hätten weder Konstanzes königlichem Rang noch ihrem Geschlecht Achtung gezollt. Außerdem hätten sie einmal einen Ritter in kaiserlicher Rüstung getötet, weil sie glaubten, es sei der Kaiser selbst.

Nach diesen Erfahrungen hatte die Bevölkerung von Faenza, als sie nach einer achtmonatigen Belagerung am 14. April 1241 schließlich kapitulierte, nur geringe Hoffnung auf eine milde Behandlung. Die Stadt war fast in Ruinen, die Mauern waren zerstört, und es wurde im Zentrum der Stadt gekämpft, wohin die kaiserlichen Truppen durch unterirdische Gänge, die sie gegraben hatten, gelangt waren. Aber anstatt Vergeltung zu üben, verzieh der Eroberer lächelnd der Stadt mit den Worten: »So ziehen Wir in Unserer überfließenden Sanftmut in die Stadt ein, um mit den ausgestreckten Armen der unerschöpflichen Milde die Bekehrung der Gläubigen zu begrüßen, auf daß sie wissen mögen, daß nichts gerechter und leichter zu ertragen sei als das Joch des Reiches.«

Ohne es zu wissen, hat Friedrich auf dem Schlachtfeld von Faenza den Grundstein für einen modernen europäischen Staat, die Schweiz, gelegt. Eine Abordnung der Männer von Schwyz hatte mitten im Winter die Alpen – wahrscheinlich über den neuentdeckten Gotthardpaß – überquert, um ihre Treue dem kämpfenden Kaiser zu beweisen, und hatten tapfer für ihn gestritten. Sie lagen im Streit mit ihrem Lehnsherrn Rudolf von Habsburg, der seine Rechte auf Schwyz und Unterwalden ausdehnen wollte. Zur Anerkennung für ihre Dienste erklärte Friedrich sie für frei und nahm sie unmittelbar unter seinen und des Reiches Schutz. Diese Geste war nicht völlig uneigennützig, da die Kantone Schwyz und Uri – Uri war schon früher reichsunmittelbar geworden – den nördlichen Zugang zum Gotthard beherrschten. Von diesen Anfängen führt der Weg zum Bündnis der drei Kantone Uri, Schwyz und Unterwalden im Jahre 1291, zur Gründung der Eidgenossenschaft und zum heutigen Schweizer Staat.

Der Papst war während der Belagerung von Faenza nicht untätig gewesen, sondern hatte seinen Kampf gegen den Kaiser energisch fortgesetzt. Da der Bannspruch nicht genügt hatte, um die Macht seines Gegners zu brechen, entschloß sich Gregor, ein allgemeines Konzil im Lateran einzuberufen, bei dem er durch sorgfältig ausgesuchte papsttreue Delegierte sein Ziel zu erreichen hoffte. Friedrich stand unmittelbar nach seiner Exkommunizierung dem Plan eines Schiedsspruchs, den ein Allgemeines Konzil über ihn und den Papst fällen sollte, nicht ablehnend gegenüber; allerdings stellte er die Bedingung, daß das Konzil von dem Kardinalskollegium einberufen werden und aus Vertretern seiner und des Papstes Anhängern bestehen müsse.

Der Kaiser erkannte rasch, daß das von Gregor im August 1240 auf Ostern 1241 einberufene Allgemeine Konzil keineswegs das unparteiische Tribunal sein würde, an das er dachte. Er verbot daher seinen Untertanen, das Konzil zu besuchen und schrieb warnende Briefe an die europäischen Mächte, daß er den Delegierten kein freies Geleit durch seine Gebiete gewähren werde; außerdem befahl er seinen Beamten, jeden Delegierten zu verhaften, der zu erscheinen wagte. Da der Kaiser sämtliche Landwege nach Rom beherrschte, fürchtete Gregor, daß das Konzil nicht stattfinden könne und schlug Friedrich einen einjährigen Waffenstillstand vor, während dessen die Friedensbedingungen ausgehandelt werden könnten.

Friedrich ließ sich jedoch von diesem Manöver nicht täuschen und antwortete: »Warum Schiedsrichter von fern her zu einem Konzil zusammenrufen, wenn Wir weise Männer wie den Bischof von Brescia und so viele andere westliche Prälaten hier haben? Wenn Wir Uns auf einen Waffenstillstand einlassen, sollte der Lombardische Bund, der unversöhnliche Feind des Reiches, ausgeschlossen werden. Da der Papst, wie allgemein bekannt ist, in seinen Einladungen zu diesem Konzil nicht einen künftigen Frieden, sondern lediglich die ernsten Angelegenheiten der römischen Kirche erwähnt, ändert sich damit die ganze Frage. Da die Bischöfe, die Geld für den Krieg gegeben, und die Lehnsherrn, die ihren Treueid gegen Uns gebrochen haben, wie zum Beispiel der Marquis von Este, der Graf der Provence, Alberich da Romano und viele andere, zu Richtern in eigener Sache berufen sind, während die Ghibellinen nicht zugelassen werden, können Wir die Zuständigkeit eines solchen Tribunals, das mit Recht verdächtig erscheint, nicht anerkennen.«

Nun beschwor Gregor die Delegierten, auf dem Seewege nach Rom zu reisen; er hatte für ihre Überfahrt gesorgt, indem er zu beachtlichen Preisen mit den Genuesen einen Vertrag abgeschlossen hatte – diese hartgesottenen Kaufleute zögerten nicht, auch mit dem Papst einen für sie günstigen Handel einzugehen. Eine Bedingung des Vertrages war, daß das ganze Unternehmen geheimgehalten werden sollte in der Hoffnung, den Kaiser vor ein *fait accompli* zu stellen. Aber Friedrich hatte zu viele Freunde beim genuesischen Adel – die Doria und die Spinola waren eng mit ihm verbunden, und sein Admiral, Ansaldo de Mari, war Genuese –, als daß die Geheimhaltung gelingen konnte. Offenbar bestand auf geheimem Wege ein regelmäßiger Briefwechsel zwischen ihnen und dem kaiserlichen Hof; ein Brief, der in einem Stück Wachs verborgen war, wurde von den genuesischen Behörden aufgefangen.

Die Geistlichen der westlichen Welt konnten sich trotz des kaiserlichen Verbotes dem Ruf des Papstes kaum entziehen, und so war im April eine beachtliche Zahl von englischen, französischen und spanischen Delegierten in Genua eingetroffen. Die Engländer warfen einen Blick auf die überfüllten, zum Teil nicht einmal seetüchtigen Transportschiffe und Galeeren, die der kaiserlichen Flotte trotzen sollten, und die meisten faßten den klugen Entschluß, auf dem trockenen Lande zu bleiben. Die anderen schifften sich am 28. April in siebenundzwanzig Galeeren und dreiunddreißig Transportschiffen ein. In der ersten Woche verlief alles gut; aber die genuesischen Kapitäne, offenbar durch ihren bisherigen Erfolg übermütig geworden, entschlossen sich leichtsinnigerweise, die kürzere Route nach Civitavecchia zu nehmen, die durch die Meeresenge zwischen Korsika und der pisanischen Küste führt. Dort im toskanischen Archipel zwischen den Inseln Giglio und Monte Christo lag die kaiserliche Flotte versteckt und wartete auf sie.

Die Schlacht war kurz und blutig; drei genuesische Galeeren gingen mit Mann und Maus unter, zweiundzwanzig weitere und die Mehrzahl der Transportschiffe wurden erobert, nur drei Schiffen der genuesischen Flotte gelang es, durchzukommen und spanische Delegierte mit der unheilvollen Nachricht nach Civitavecchia zu bringen. Viertausend Gefangene fielen den Siegern in die Hände, darunter zwei Kardinäle und hundert andere hohe Würdenträger der Kirche. Friedrich betrachtete diesen überwältigenden Seesieg als Zeichen, daß Gott auf seiner Seite stehe; die wertvollen Gefangenen schickte er sofort in das sizilische Königreich. Während ihrer Leiden in den Gefängnissen, und diese Leiden waren erheblich, schrieben sie an den Papst und flehten ihn an, Frieden zu schließen; vielleicht glaubte auch Friedrich, sie als Handelsobjekt für seine Lösung vom Bann benutzen zu können. Aber der stolze alte Papst, der an den Qualen der Krankheit litt, die sein nahendes Ende anzeigte, blieb selbst in dieser äußersten Not unbeugsam.

Friedrich gab jedoch seine Versuche, zu einer Übereinkunft zu gelangen, nicht auf. Sein Schwager Richard von Cornwallis, der vom Kreuzzug zurückkehrte, war im Juli in Sizilien gelandet und besuchte auf seiner Heimfahrt den Kaiser in seinem Lager in der Nähe von Terni. Matthäus von Paris gibt in seiner Chronik eine lebendige Schilderung von der Herzlichkeit, mit der der Kaiser Richard empfing und von der Pflege, die er ihm nach den Anstrengungen der langen Reise zuteil werden ließ – Bäder, Aderlasse und besondere Unterhaltungen. Seine Schwester Isabella, die damals schwanger war, durfte Richard jedoch erst nach einigen Tagen und auf ausdrücklichen Befehl des Kaisers sehen. Selbst im Lager mußte sie offenbar in strenger Zurückgezogenheit leben, und es war ihr nicht gestattet worden, ihren Bruder bei seiner Ankunft zu begrüßen. Richard konnte jedoch feststellen, daß sie von Luxus umgeben war und sich mit musikalischen Instrumenten und seltsamen Spielzeugen, die der Kaiser zu ihrer Unterhaltung bestellt hatte, die Zeit vertrieb. Man kann wohl mit Sicherheit annehmen, daß sie an dem prachtvollen Empfang nicht teilnehmen durfte, den Friedrich für Richard gab. Zu seiner Unterhaltung zeigten Akrobaten und Tänzerinnen ihre Künste; mit besonderem Vergnügen betrachtete Richard zwei sehr schöne sarazenische Tänzerinnen, die auf rollenden Kugeln standen, die sie mit den Füßen in Bewegung hielten, wobei sie sich neigten und wendeten und ihre anmutigen Bewegungen mit dem Klang von Kastagnetten und Tamburinen begleiteten.

Richards Aufenthalt war jedoch nicht nur mit Unterhaltungen ausgefüllt; er berichtete dem Kaiser über die ernste Lage im Heiligen Lande. Dort hatte er sich, wie aus allen Berichten hervorgeht, mit beachtlicher Klugheit verhalten und fand nun Friedrichs uneingeschränkte Billigung. Friedrich war offenbar von Richards diplomatischen Fähigkeiten so beeindruckt, daß er ihn auf eine Friedensmission zum Papst schickte; er wollte nichts unversucht lassen, nachdem sein jüngster Erfolg ihm eine günstige Verhandlungsposition eingebracht hatte. Richards Mission scheiterte, und er kehrte in das kaiserliche Lager zurück, empört über die geringe Achtung, die der Papst und das römische Volk ihm, dem zurückgekehrten

Kreuzfahrer, erwiesen hatten. Friedrich sagte ihm, er sei froh, »daß Du durch Erfahrung die Wahrheit dessen, was Wir Dir vorausgesagt haben, eingesehen hast.«

Der Kaiser entschloß sich nun, Rom unmittelbar anzugreifen. Er fiel in die Campagna ein und verwüstete das Land, durch das er zog; er eroberte und plünderte Tivoli, Borgonova und Monteforte. Mitte August war er in Grottaferrata in den albanischen Bergen, von wo aus er auf die Stadt herabblicken konnte, die er schon so lange begehrte und die zum zweitenmal in Reichweite zu liegen schien. Gregor lag endlich im Sterben. Endlich war auch dieser erstaunlich zähe Körper besiegt, der fast ein Jahrhundert lang den primitiven Lebensbedingungen, den Krankheiten und Seuchen des Mittelalters, denen so viele Männer auf der Höhe des Lebens zum Opfer fielen, widerstanden hatte. Gregor litt an den Qualen eines Nierenleidens, für das die Bäder von Viterbo, die ihm durch Friedrichs Umzingelung Roms versagt blieben, das einzige Heilmittel waren. Er starb am 21. August. Selbst sein Tod wirkte wie eine letzte trotzige Geste gegenüber dem verhaßten Kaiser: jetzt, da der Papst nicht mehr lebte, war Rom nur eine leere Hülle, deren Eroberung sinnlos schien.

Spätere Ereignisse sollten zeigen, daß Papst Gregors rachsüchtige Entschlossenheit, den Kampf fortzuführen, entscheidend zu Friedrichs Sturz beitrug. Durch sie war Friedrich in Italien festgehalten worden; er hatte es nicht wagen können, das Land in einem Augenblick zu verlassen, in dem der Sieg so greifbar nahe schien. Seine Erfahrungen während des Kreuzzuges hatten ihn gelehrt, daß, solange Gregor den Heiligen Stuhl innehatte, das sizilische Königreich und alle seine Besitztümer gefährdet waren, sobald der Kaiser den Rücken kehrte. Im Jahre 1241 aber pochte ein Feind, der tausendmal schrecklicher war als die Sarazenen, an die Tore Europas: im April hatten die mongolischen Horden die Heere der Christenheit in Liegnitz besiegt; im Mai hatte König Konrad auf dem Hoftag von Eßlingen ganz Deutschland zu einem Kreuzzug aufgerufen, um der furchtbaren Gefahr zu begegnen. Während das Heimatland seiner Väter um das nackte Leben kämpfte, war der Kaiser, der die Armeen hätte führen müssen, in Italien und belagerte die unbedeutende Stadt Faenza, nahm christliche Bischöfe auf See gefangen und griff Rom an, wo der Papst im Sterben lag.

Kapitel 12

DER NADIR

Die Bedrohung durch die Mongolen, die Ende 1239 über Europa hereinbrach, war die furchtbarste, die die westliche Welt seit den Hunnen erlebt hatte. Der Gründer des Tatarenreiches, der große Dschingis-Khan, war 1227 gestorben; während der Herrschaft seines Sohnes Ogotai eroberte die Goldene Horde unter der Führung von Dschingis-Khans altem General Subotai ganz Rußland. Der neue Khan spornte Subotai zu weiteren Eroberungen an, und Anfang des Jahres 1241 wurde Ungarn überrannt, König Bela flüchtete auf eine Insel in der Adria; Polen, die baltischen Staaten, Böhmen, Schlesien und Österreich waren schwer bedroht. Die Mongolen standen rund dreihundertfünfzig Kilometer vor Wien.

Dieses wilde Volk verdankte seine Herrschaft der unglaublichen Stoßkraft seiner Reiterei, einer ausgezeichneten militärischen Führung und dem Schrecken, den es durch seine Grausamkeit, die von Dschingis-Khan selbst befohlen war und zu ihrer Politik gehörte, in der ganzen Welt verbreitete; einer seiner Generäle ließ einmal dreihundert adlige ungarische Damen vor seinen Augen massakrieren. Das war die ungeheure Gefahr, die über das ganze gespaltene Europa hereinzubrechen drohte, während seine natürlichen Führer, Papst und Kaiser, in ihre eigenen Streitereien vertieft, sich dessen kaum bewußt waren.

Schon bedrohten die mongolischen Horden unmittelbar das Reich; die Fürsten schickten eine Delegation zum Papst, verlangten, daß ein Kreuzzug zur Verteidigung des Reiches ausgerufen werde, und flehten ihn an, seine Meinungsverschiedenheiten mit dem Kaiser zu begraben. Aber Gregor war die Unterwerfung seines verhaßten Feindes wichtiger als die Sicherheit Europas; erst müsse der Kaiser nachgeben, sagte er. So zog die Delegation mit leeren Händen wieder von dannen.

Friedrich war bis zu einem gewissen Grade von dem Ernst der Lage informiert worden, da der Gesandte des »Königs von Rußland«, für dessen Unterhalt Friedrich im Januar 1240 durch den Wiener Kaufmann Heinrich Baum gesorgt hatte, zweifellos beauftragt war, den Kaiser des Westens um Hilfe für sein unglückseliges Land zu bitten. Vielleicht bezog Friedrich von ihm die genauen Kenntnisse über Aussehen und Gewohnheiten der Tataren, die er in seinen Briefen an die europäischen Könige bewies. Diese Manifeste riefen die Führer der christlichen Welt zu den Waffen, um Europa zu verteidigen, und zwar mit aufrüttelnden Worten im besten Stil der kaiserlichen Kanzlei; doch waren sie psychologisch unklug. Von dem Schrecken, der Europa bedrohte, hätte der Kaiser besser geschwiegen, solange er nicht Anstalten machte, sich persönlich an dem Kampf zu beteiligen. Außerdem sprach es noch gegen Friedrich, daß er das Wesen der mongolischen Gefahr bis ins einzelne kannte; es führte zu dunklen Gerüchten, daß er die Mongolen herbeigerufen habe, um Europa zu beherrschen und das Christentum hinwegzufegen; dies um so mehr als er ständig dem Schauplatz des Kampfes fernblieb.

Der Streit mit dem Papst und den lombardischen Städten hielt einen großen Teil der kaiserlichen Armeen in Italien fest, während sie sich jetzt in Deutschland hätten konzentrieren müssen. Man kann sich vorstellen, wie diese Tatsache auf die deutsche Öffentlichkeit wirkte, insbesondere da es dem dreizehnjährigen König Konrad überlassen blieb, in Eßlingen im Mai 1241 zur Verteidigung seines Landes das Kreuz zu nehmen und den kaiserlichen Befehl bekanntzugeben, daß jedermann mit einem Einkommen von mehr als drei Mark zur Waffe zu greifen habe. In dieser ernsten Stunde nahmen die Fürsten die Führung selbst in die Hand. Herzog Heinrich der Fromme kämpfte tapfer auf der Wahlstatt bei Liegnitz, wo er und alle seine Ritter niedergemacht wurden. Die Schlacht war zwar eine Niederlage, brachte aber die Mongolen zum Stehen, da sie selbst so schwer gelitten hatten, daß sie einem weiteren Kampf mit den Truppen des Königs von Böhmen auswichen, der das Schlachtfeld bei Liegnitz nicht rechtzeitig erreicht hatte. Das Reich verdankte seine Rettung diesen tapferen Kriegern sowie dem Tod Ogotais; die mongolischen Streitkräfte wurden nach Osten abberufen, wo die Wahl eines neuen Großkhans und die anschließenden inneren Wirren sie von der Eroberung Europas ablenkten.

Die zitternden Völker des Reiches erfuhren jedoch noch nicht, daß die veränderte politische Lage in den Steppen Zentralasiens sie gerettet hatte. Die Mongolen standen noch immer an der östlichen Pforte Europas und besetzten ganz Rußland, das zweihundert Jahre in ihrer Hand blieb; und noch immer zögerte der Kaiser in Italien, gefangen in dem komplizierten Gewebe der unberechenbaren italienischen Politik. Solange Gregor lebte, hatte Friedrichs Anwesenheit in Italien eine gewisse Berechtigung, als aber die Deutschen sahen, daß er selbst nach dem Tod seines Erzfeindes nicht nach Deutschland kam, um die Verteidigung des Landes zu übernehmen, erkannten sie endgültig, wie wenig sie ihrem Kaiser bedeuteten, der sich mehr für das Ergebnis der Papstwahl interessierte als um ihre Rettung besorgt war.

Friedrich schrieb Briefe, in denen er nach Deutschland zurückzukehren versprach, sobald ein neuer Papst gewählt sei; aber dies genügte nicht, um die gegen ihn herrschende Mißstimmung zum Guten zu wenden. Hypnotisiert von seinem grandiosen Traum eines in Rom zentralisierten Reiches, war er unfähig einzusehen, wie verhängnisvoll sich seine Abwesenheit von Deutschland in diesem kritischen Augenblick für ihn auswirken mußte. In wenigen Monaten opferte er diesem Traum die feste Position, die er auf Grund seiner starken Persönlichkeit, seiner Anziehungskraft und seiner versöhnlichen Haltung den Fürsten gegenüber seit seiner Thronbesteigung aufgebaut hatte.

In der Zwischenzeit hatte das Konklave zur Wahl des neuen Papstes begonnen. Wie zu erwarten, war das Kardinalskollegium gespalten zwischen den Mitgliedern, die Gregors Politik des kompromißlosen Widerstandes gegen den Kaiser unterstützten, und denen, die eine versöhnlichere Haltung befürworteten. Sechs der bei dem Konklave anwesenden zehn Kardinäle waren Anhänger der zweiten Gruppe, aber die Mehrheit ging ihnen durch den Tod des englischen Kardinals Robert von Somercote verloren, der infolge der entsetzlichen Zustände starb, unter denen das Konklave stattfand.

Der allgewaltige römische Senator Matthäus Orsini wünschte die rasche Wahl eines »welfischen« Papstes, die er durch eine unglaublich grausame Behandlung dieser wehrlosen alten Männer zu sichern suchte; wie Verbrecher wurden sie im Septizonium, der Ruine des Cäsarenpalastes auf dem Palatin, eingesperrt.

Das Septizonium war der übliche Ort für die Konklaven, doch kann keines jemals unter so haarsträubenden Umständen stattgefunden haben wie dieses. Die zehn Kardinäle, in einem einzigen Raum eingesperrt, dessen Dach und Wände kurz zuvor durch Erdbeben beschädigt worden waren, erhielten weder Bedienung noch ärztliche Hilfe. Statt dessen unterstanden sie der Obhut brutaler Soldaten, die ihre Befehle von Matthäus Orsini erhalten hatten und sie mit boshaftem Vergnügen ausführten; in der Hitze des römischen Sommers benutzten sie das schadhafte Dach des Septizoniums als Latrine. Alle Kardinäle erkrankten, Robert von Somercote starb unter den entsetzlichsten Umständen, ihm folgten nach einiger Zeit zwei weitere Kardinäle in den Tod.

Die Wochen schlichen hin und noch immer war man zu keinem Ergebnis gekommen; endlich wählten die Kardinäle in ihrer Verzweiflung Gottfried von Sabina, der erstaunlicherweise sowohl dem Kaiser als auch Matthäus Orsini genehm zu sein schien. Er nahm den Namen Coelestin IV. an. Orsinis Brutalität vereitelte jedoch seine eigenen Ziele, denn siebzehn Tage nach der Wahl starb der neue Papst an den Folgen seiner Leiden im Septizonium. Die anderen Kardinäle entzogen sich einem neuen Martyrium, vier flohen aus Rom nach Anagni und weigerten sich zurückzukehren. Nachdem ein weiterer Kardinal, dieses Mal ein Welfe, gestorben war, flehten alle den Kaiser gemeinsam an, die beiden Kardinäle Jakob von Palestrina und Otto von St. Nikolaus, die er bei der Schlacht von Giglio gefangengenommen hatte, freizugeben, damit ein neues Konklave stattfinden könne. Die Verhandlungen zogen sich jedoch noch monatelang hin.

Friedrich kehrte nach Apulien zurück und ließ sich mit seinem Hof in Foggia nieder. Dort starb die Kaiserin bei der Geburt einer Tochter am 1. Dezember. Isabella war erst siebenundzwanzig Jahre alt; während ihrer sechsjährigen Ehe hatte sie vier Kindern das Leben geschenkt, von denen nur Heinrich, der im Jahre 1238 geboren wurde, und eine Tochter Margarete sie überlebten. Der frühe Tod einer jungen Frau nach wiederholten Schwangerschaften war im dreizehnten Jahrhundert nichts Ungewöhnliches; da jedoch Isabella als die dritte von Friedrichs Gemahlinnen nach einer verhältnismäßig kurzen Ehe starb und wiederum im Kindbett, so entstanden unvermeidlich finstere Gerüchte in welfischen Kreisen, Friedrich habe sie vergiftet oder ihren Tod durch schlechte Behandlung verursacht. So unbegründet dies war, ist es doch immerhin denkbar, daß die orientalische Eifersucht des Kaisers, die seine Gemahlinnen in eine Zurückgezogenheit wie in einen Harem verbannte, ihn auch daran hinderte, ihnen ärztliche Hilfe während ihrer Entbindung zuzugestehen.

Isabellas letzter Gedanke auf dem Sterbebett galt ihrem Bruder König Heinrich, den sie dem Wohlwollen des Kaisers empfahl. Sie wurde im Dom zu Andria in der gleichen Krypta beigesetzt, in der auch ihre Vorgängerin Isabella von Jerusalem ruhte. In einem Rundschreiben wurde dem Volk des sizilischen Königreichs mit bewegten Worten der Tod der Kaiserin, die es wahrscheinlich niemals gesehen hatte, und die Trauer des Kaisers um seine geliebte Gemahlin mitgeteilt.

Drei Monate später trauerte der Hof erneut, dieses Mal um Heinrich, den ältesten Sohn des Kaisers, der nur wenige Jahre älter war als die Stiefmutter, die einst seine Braut hatte werden sollen. Sieben Jahre hatte Heinrich in Gefangenschaft verbracht, zunächst in San Felice, später in Nicastro. Ein Chronist berichtet, sein Vater, entschlossen, ihn zu begnadigen, habe seine Freilassung bereits angeordnet; Heinrich, der nichts davon wußte, habe sich aus Angst vor einem schlimmeren Schicksal das Leben genommen. Auf dem Wege zu einem anderen und, wie er fürchtete, noch grimmigeren Gefängnis stürzte er sich mit seinem Pferd von einer Brücke oder von einem Felsen. Die Worte, mit denen Friedrich den Tod seines Sohnes bekanntgab, zeugten von tiefer Trauer; es kann kaum ein

Zweifel bestehen, daß die Schmach und der Tod seines ältesten Sohnes schwer auf ihm lastete. Die strenge Gerechtigkeit, der Heinrich unterworfen worden war, traf seine Familie nicht; sein Sohn Friedrich diente später im Heer seines Großvaters und erhielt auf Grund des Testaments des Kaisers das Königreich Österreich; er starb jedoch zu jung, um das Erbe antreten zu können.

Die Verhandlungen über die Freilassung der gefangenen Kardinäle, also über den ersten Schritt zu einem neuen Konklave, zogen sich immer noch hin. Kardinal Otto von St. Nikolaus, für die Partei des Kaisers gewonnen, wurde freigelassen, um seine Überzeugungskünste bei den anderen Mitgliedern des Kollegiums zu erproben. Kardinal Jakob von Palestrina, ein persönlicher Feind des Kaisers, lag noch im Gefängnis. Im Sommer 1242 und im Frühjahr 1243 erschien Friedrich in der Campagna, angeblich um die Kardinäle zu einem raschen Entschluß zu treiben. Europa war bestürzt über das lang andauernde päpstliche Interregnum; Ludwig der Heilige und die französischen Bischöfe schrieben mahnende Briefe an das Kardinalskollegium, und in England wurde für die Wahl eines neuen Papstes gebetet. Schließlich kamen die Kardinäle – darunter auch Kardinal Jakob, der zu diesem Zwecke entlassen worden war – in Anagni zusammen und wählten nach einem kurzen Konklave Sinibald Fiesco, der den Namen Innozenz IV. annahm.

Zunächst schien es, als habe der Kaiser seine deutschen Interessen nicht umsonst geopfert, als er in Italien blieb, um die komplizierten Verhandlungen vor dem Konklave und der Wahl zu überwachen. Innozenz wirkte ganz anders als der stolze und leidenschaftliche Gregor; etwa gleichaltrig mit dem Kaiser, war er ein kluger und verschlagener Kirchenrechtler, der sein Leben bisher mit politischer Intrige und diplomatischen Missionen in den dunklen Gemächern der päpstlichen Kanzlei verbracht hatte.

Die Fieschi, Grafen von Lavagna, waren ein zähes, berechnendes, ehrgeiziges und machthungriges Geschlecht. Um die Ziele der Familie zu erreichen, wurden die meisten Söhne Geistliche, während die Töchter in einflußreiche Familien hineinheirateten. Trotz ihrer Verbindung zur Kirche war die Familie für ihre ghibellinischen Neigungen bekannt. Einer aus ihrem Kreise, Obizzo, Bischof von Parma, hatte künstlerische Interessen; sein Name wird im Zusammenhang mit dem berühmten Baptisterium genannt. Die Fieschi waren kultiviert, weder mystisch noch bigott, sondern realistisch eingestellt.

Trotz ihrer vorgeblichen ghibellinischen Sympathien beteiligten sich die Fieschi jedoch nicht an der Verschwörung der anderen genuesischen Adelsfamilien zugunsten des Kaisers, als dessen Heere die Stadt im Jahre 1241 belagerten. Sie erkannten scharfsichtig, daß Lavagna für den Kaiser strategisch zu bedeutend war, als daß er ihnen die Stadt gelassen hätte, wenn er Genua eroberte. Die Sympathien der Fieschi, ob es sich um Politik oder was immer handelte, wurden lediglich von ihren persönlichen Interessen bestimmt; ihre Stärke lag in ihrem engen Familienzusammenhang und in ihrer berechnenden Schlauheit. Wenn es der Familie zum Vorteil gereichte, waren sie bereit, alles zu tun, jeden Betrug zu üben und mit kalter und berechnender Hartnäckigkeit ihr Ziel ohne jede moralische Hemmung zu verfolgen; darin bewiesen sie dann allerdings beachtlichen Mut.

Dieser ehrgeizigen Sippe hatte der Kaiser in zweijähriger diplomatischer Intrige zur Macht verholfen. Ihr Führer, Innozenz, war ein würdiger Vertreter des Geschlechtes, aus dem er stammte. Friedrich vermutete in diesem weltlichen und ehrgeizigen Kardinal in mancher Hinsicht eine verwandte Seele, einen Mann, der ebenso dachte wie er, mit dem er verhandeln konnte, wie er es mit Al-Kamil getan hatte. Innozenz' Wahl begrüßte er freudig, schickte eine große Delegation mit seinen Glückwünschen zum neuen Papst und ließ das *Te Deum* im ganzen Königreich singen.

Darauf folgte allerdings ein beachtlicher Schock. Innozenz weigerte sich, die Abgesandten persönlich zu empfangen, mit der Begründung, es verstoße gegen die päpstliche Etikette, die Vertreter eines exkommunizierten Fürsten bei sich zu sehen. Die ersten Zweifel an der Richtigkeit seiner Politik schlichen sich beim Kaiser ein; später tat er den bitteren Ausspruch: »Kein Papst kann Ghibelline sein.« Doch sollte er noch erfahren, daß ein Papst aus der geistigen Schule der Ghibellinen, materialistisch, weltlich, schlau und doppelzüngig wie er selbst, ein viel schlimmerer Gegner war als der von leidenschaftlichem Haß erfüllte Gregor.

Zunächst schien jedoch alles gut zu gehen; Verhandlungen über eine Regelung mit der Kurie und die Lösung des Kaisers vom Bann wurden eingeleitet und schienen befriedigend zu verlaufen. Petrus von Vinea, Thaddeus von Suessa und Erzbischof Berard von Palermo wurden vom kirchlichen Bann ausgenommen, damit sie verhandeln konnten; alle die altbekannten Klagen über die Beschlagnahme kirchlicher Güter und die Entlassung von Gefangenen sowie das Reuegelübde des Kaisers wurden rasch erledigt. Nun aber kam der wichtigste Punkt – die lombardische Frage. Aber selbst darin war der Kaiser bereit, versöhnlich zu sein und die gesamte Lage auf den *Status quo* von 1239 zurückgehen zu lassen.

In diesem Augenblick brach eine Rebellion in Viterbo aus, angestiftet von Kardinal Rainer, einem Sohn der Stadt und einem erbitterten Feind Friedrichs. Die kaiserliche Garnison rettete sich in die Festung, und Friedrich eilte ihr zu Hilfe. Zweimal griff er die Stadt an, zweimal wurde er zurückgeschlagen. Dieser Mißerfolg hinterließ einen schlechten Eindruck in Mittelitalien, wo mehrere Städte zu den Welfen übergingen; auch in Deutschland rief er tiefe Bestürzung hervor. Der Kaiser ging daraufhin bereitwillig auf das päpstliche Angebot zu neuen Verhandlungen ein; mit seinem Freunde Kardinal Otto von St. Nikolaus kam er rasch zu einer Einigung. Der Kaiser sollte sich nach Apulien zurückziehen und die kaiserliche Garnison freien Abzug erhalten. Aber Kardinal Rainer zerstörte wiederum jede Hoffnung auf eine friedliche Lösung; die kaiserlichen Truppen wurden, als sie die Festung verließen, angegriffen und zum größten Teil getötet. Dieses feige Vorgehen erregte Friedrichs Zorn derart, daß er schwor, selbst wenn er schon mit einem Fuß im Paradiese stehe, werde er ihn zurückziehen, sofern er dadurch an Viterbo Rache üben könne. Er sah jedoch ein, daß Kardinal Rainer der eigentliche Schuldige war, und die Friedensverhandlungen wurden wiederaufgenommen.

Innozenz war im November 1243 in Rom eingezogen; die Bevölkerung begrüßte ihn jubelnd, aber er wurde sehr bald stark belästigt von Gregors drängenden Gläubigern, die den päpstlichen Palast praktisch belagerten. Es war ein furchtbarer Winter, die Ernte war schlecht gewesen, Hunger und Seuchen suchten ganz Italien heim, und Innozenz, der sich vielleicht an das Verhalten des römischen Pöbels bei früheren ähnlichen Gelegenheiten erinnerte, verließ kaum seine Privatgemächer. Friedrich verhielt sich keineswegs untätig; obwohl die Friedensverhandlungen im Gange waren, verhandelte er auch mit den Frangipani über einen Teil ihrer in den Ruinen des Kolosseums gebauten Festung wie auch wegen anderer befestigter Teile Roms.

Dennoch wurden am Gründonnerstag, der in diesem Jahr auf den 31. März fiel, in Gegenwart von Innozenz vor einer riesigen, auf dem Platz vor San Giovanni in Laterano versammelten Menschenmenge die Bedingungen eines vorläufigen Abkommens zwischen Papst und Kaiser verlesen. Der Graf von Toulouse, Petrus von Vinea und Thaddeus von Suessa beschworen den Frieden im Namen des Kaisers, und der Papst nannte ihn einen »ergebenen Sohn der Kirche«. Die Bedingungen waren nur vorläufige, die endgültige Regelung mußte noch ratifiziert werden. Der Kaiser erklärte sich jedoch einverstanden, die kirchlichen Güter, die Gefangenen, die Geiseln und die bei der Seeschlacht von Giglio gewonnene Beute zurückzugeben, als Zeichen seiner Reue zu fasten, Klöster und Krankenhäuser zu gründen und einen Brief an die Könige Europas zu richten mit der Erklärung, er habe dem Bannspruch nicht aus Mißachtung Widerstand geleistet, sondern weil er ihm nicht in der korrekten Weise zugestellt worden sei. Sogar für das lombardische Problem schien man eine gesichtwahrende Lösung gefunden zu haben; der Kaiser zeigte sich bereit, fast alles zu akzeptieren, um Frieden zu schließen. Die Lombarden hingegen hatten eine andere Auffassung. Als ihre Vertreter in Rom ankamen, weigerten sie sich, die Bedingungen anzunehmen. Der Papst versuchte zwar, sie zu ihren Gunsten zu ändern, aber die Vertreter des Kaisers blieben hartnäckig. Innozenz, der Gregors Taktik folgte, bestand nicht auf diesen Änderungen, vielleicht weil er sich darüber klar war, daß der Kaiser in der lombardischen Frage nur allzu recht gehabt hatte. Statt dessen verlangte er, daß Friedrich die kirchlichen Güter und die Gefangenen zurückgebe, noch ehe er offiziell vom Bann losgesprochen war. Damit forderte Innozenz, wie er genau wußte, etwas Unmögliches; nach der Preisgabe seines Verhandlungsobjektes hätte Friedrich keine Garantie gehabt, daß der Papst nicht noch ein neues Hindernis entdecken würde.

Innozenz' Wunsch nach Frieden mag zwar zunächst durchaus ehrlich gewesen sein, im Augenblick aber ging es ihm darum, Zeit zu gewinnen. Rom befand sich in einem unruhigen Zustand; die Forderungen von Gregors Gläubigern wurden immer drängender, zudem entschlossen sich Mitte April die Frangipani, einen Teil des Kolosseums und eine weitere Festung an den Kaiser abzutreten. Die kaiserlichen Vertreter zögerten, wahrscheinlich weil sie auf neue Anweisungen warteten. Friedrich bat um eine persönliche Begegnung mit dem Papst, die Innozenz ablehnte, um ihr dann doch plötzlich zuzustimmen.

Der Wunsch des Kaisers bot Innozenz die willkommene Gelegenheit, einen Plan zu verwirklichen, den er wahrscheinlich schon seit Monaten hegte. Der neue Papst war Zeuge von Gregors mannigfachen Schwierigkeiten gewesen; er wußte nur zu gut, wieviel sein Vorgänger von dem wankelmütigen römischen Pöbel zu leiden gehabt hatte, und daß der Kaiser zweimal nahe daran gewesen war, Rom zu erobern. Nun stand er wiederum vor Rom, und es konnte Innozenz nicht verborgen bleiben, daß es Friedrich nach seinen Verhandlungen mit den Frangipani jetzt gelingen könnte, seine Streitkräfte auf geheimen Wegen wie ein trojanisches Pferd in die kaiserlichen Festungen innerhalb der Stadt zu bringen. Mut hatte auch dieser Papst, der Sproß der Fieschi, aber es war nicht der Mut eines Gregors, der dem römischen Pöbel trotzte. Innozenz fand einen anderen Ausweg.

Während die Verhandlungen über die Begegnung mit Friedrich im Gange waren, berief der Papst ein Konsistorium und ernannte zwölf weitere Kardinäle; diese plötzliche Verstärkung des Kardinalskollegiums hätte Friedrich warnen müssen, daß hier ein dunkles Spiel gespielt wurde. Er begab sich nach Terni, das in der Nähe des vereinbarten Treffpunktes Narni liegt. Der päpstliche Hof verließ Rom in der ersten Juniwoche und erreichte einige Tage später Civita Castellana. Dort nahm er Aufenthalt und alles schien zu einem Stillstand zu kommen: die endgültigen Verhandlungen über die bedeutsame Zusammenkunft zwischen dem Papst und dem noch immer gebannten Kaiser machten keine Fortschritte. Am 27. Juni reiste der Papst unter einem Vorwand nach Sutri, das wenige Kilometer westlich von Civita Castellana liegt, wo er offenbar zu bleiben beabsichtigte. In den frühen Morgenstunden schlich sich der Papst, als Soldat verkleidet, in Begleitung seines Neffen Wilhelm, der vor kurzem zum Kardinal von San Eustachio ernannt worden war, drei weiteren Kardinälen und sechs Bediensteten aus der schlafenden Stadt. Er trug eine große Summe Geld bei sich und ritt in wilder Eile durch die gebirgige Landschaft, die Sutri von Civitavecchia trennt.

Das Geheimnis war gut gehütet worden; selbst das Gefolge des Papstes, das ihn bis nach Sutri begleitet hatte, entdeckte seine Flucht erst einige Stunden, nachdem er fort war. Der restliche Hof mit Ausnahme von vier Kardinälen, die ihm später nach Genua folgten, wußte von nichts. Der Grund für Innozenz' plötzliche Flucht nach Civitavecchia war, daß eine genuesische Flotte ihn dort im Hafen erwartete, um ihn in sein heimatliches Ligurien zu bringen, wo er sich außer Reichweite der kaiserlichen Truppen befand.

Das ganze Unternehmen war von langer Hand geplant und mit Hilfe der Familie der Fieschi und ihrer Verbindungen durchgeführt worden. Der Papst hatte einem franziskanischen Mönch, einem Verwandten, einen geheimen Brief an seine drei Neffen Alberto, Ugo und Giacomo anvertraut, die sich damals in Genua aufhielten, mit der Bitte, ihm zur Flucht zu verhelfen. Der Inhalt des Briefes wurde dem Podesta, einem treuen Anhänger der Welfen, mitgeteilt, und vierzehn Tage später lag eine Flotte von einundzwanzig schnellen Galeeren zur Ausfahrt bereit, angeblich um gegen den Admiral des sizilischen Königreichs zu kämpfen, der die genuesischen Interessen an der afrikanischen Küste bedrohte. Zwei Neffen von Innozenz erklärten, einer Hochzeit in Parma, wo sie Verwandte hatten, beiwohnen zu müssen. Die familiären Verbindungen der Fieschi mit Parma waren allgemein bekannt, man fand also nichts Auffallendes darin, daß die beiden Brüder den ersten Teil ihrer Reise mit der Flotte zurücklegten, um dann, wie man annahm, in ihrer Heimatstadt Lavagna die Galeeren zu verlassen und ihre Reise auf dem Landweg fortzusetzen.

Die genuesische Flotte lief am 21. Juni aus und kam am 27. in Civitavecchia gerade rechtzeitig an, um den Papst zu empfangen. Es war keine Zeit mehr zu verlieren; die Flotte trat trotz schlechten Wetters die Rückreise am nächsten Tag an. Das Wetter verschlechterte sich zusehends, und das Schiff des Papstes mußte im Hafen der Insel Giglio, die in jedem Nachfolger Gregors böse Erinnerungen weckte, Zuflucht suchen. Der Sturm ließ lange Zeit nicht nach; erst am 7. Juli konnte die päpstliche Galeere und die sie begleitende Flotte im Triumph im Hafen von Genua einfahren.

Alle Glocken der Stadt läuteten zu seinem Empfang und die Menschenmenge jubelte ihm zu, Chöre sangen die Worte des Psalms »Gelobt sei, der da kommt im Namen des Herrn«, als Innozenz, sicher mit einem innigen Dankgebet auf den Lippen, seine Galeere, die mit Girlanden von goldenem Brokat geschmückt war, verließ und heimatlichen Boden betrat. Die Genuesen, seit jeher für ihren Geiz bekannt, müssen freudetrunken gewesen sein, denn die Stadt übernahm ohne weiteres die gesamten Kosten für den Unterhalt des Papstes und seines Gefolges während des Aufenthalts in Genua.

Dieser Aufenthalt dauerte jedoch länger, als die Genuesen in ihrer ersten Begeisterung wohl angenommen hatten. Innozenz erkrankte ernstlich und zog sich in die Ruhe von Sestri zurück, das in der Nähe von Lavagna, der Heimat seiner Vorfahren, lag. Dort mußte er einsehen, daß seine Probleme durch die Flucht nicht gelöst worden waren, denn die Könige Europas zeigten eine merkwürdig geringe Bereitschaft, die beispiellose Ehre eines unabsehbaren Aufenthaltes des Heiligen Vaters in ihrem Lande anzunehmen. Aragon und England weigerten sich unumwunden, und selbst der fromme König Ludwig von Frankreich erklärte, als die Mönche von Cluny ihn auf den Knien anflehten, dem erhabenen Flüchtling Obdach zu bieten, er müsse darüber erst mit seinen Baronen beraten; diese aber weigerten sich kategorisch, einen solchen Vorschlag auch nur zu erwägen.

Die Wahl des Papstes fiel schließlich auf die Stadt Lyon, die zwar offiziell zum Arelat und damit zum Reich gehörte, tatsächlich aber eine unabhängige und selbständige Kommune und die Residenz eines Erzbischofs mit fürstlichen Vollmachten war. Innozenz, der noch immer an den Folgen seiner Krankheit litt, wurde in einer Sänfte aus der Stadt getragen, als er am 5. Oktober die Reise durch Piemont und über die Alpen antrat. Asti verschloß zunächst die Tore, ging aber dann zur welfischen Partei über; Alessandria folgte seinem Beispiel. Aber trotz dieser ermutigenden Bekehrungen zur Sache des Papstes war es eine traurige Reise; fünfzehn Tage hindurch donnerte es ohne Unterbrechung. In Susa machte der Papst ein paar Tage Rast, ehe er sich anschickte, den Mont Cenis zu überqueren, der bereits vom Winterschnee bedeckt war. In Susa stießen auch die restlichen Kardinäle zu Innozenz, die zur Zeit seiner Flucht aus Sutri dort zurückgeblieben waren. Der päpstliche Hof traf am 1. Dezember 1244 in Lyon ein. Dies war der erste Schritt auf dem Wege nach Avignon, der schließlich zum Ende der weltlichen Macht des Papsttums führte.

Innozenz' Flucht hatte Friedrich den Wind aus den Segeln genommen; Matthäus von Paris berichtet, er habe »in seinem Zorn wie ein Satyr mit den Zähnen geknirscht und ausgerufen: ›Es steht geschrieben, der Gottlose flieht und niemand jagt ihn‹«. Wieder einmal war er bis Rom vorgedrungen und schien vor einer endgültigen Abrechnung mit dem Papst zu stehen, wieder einmal mußte er feststellen, daß er in die Luft gestoßen hatte. Friedrich war zu klug, um in der Flucht des Papstes einen Sieg zu sehen; denn nunmehr konnte sich der Papst fast als Märtyrer gebärden, der durch die Drohungen eines anmaßenden Kaisers aus der apostolischen Stadt getrieben worden war; und, wesentlich schlimmer – er war nun in der Lage, die Vertreter der westlichen Welt zu einem Allgemeinen Konzil zusammenzurufen, das, im wesentlichen von seinen Anhängern besucht, die Absetzung des Kaisers herbeiführen konnte.

Friedrich war jetzt fünfzig Jahre alt; die Flucht des Papstes und alles, was diese Tatsache für die Zukunft bedeutete, mag ihn veranlaßt haben, die Lage zu überprüfen. Die Jahre seit Cortenuova müssen ihm wie ein einziger langer Kampf um ein Ziel – den Sieg über Gregor und die Wahl eines gefügigeren Papstes – erschienen sein; als er dies erreicht zu haben glaubte, mußte er feststellen, daß ein schwerer und unabsehbarer langer Kampf nicht nur ihm, sondern auch seinem Nachfolger bevorstand. Die einzige Lösung schien in einem Frieden um jeden Preis zu liegen. Er schickte daher den Grafen von Toulouse mit einem respektvollen Brief an den Papst nach Genua, in dem er sein Erstaunen über die plötzliche Abreise Innozenz ausdrückte, aber die früheren Friedensangebote erneuerte.

Friedrich war inzwischen nach Pisa geeilt, weil er fürchtete, daß die Gegenwart des Papstes im Norden die dortigen Welfen zu einem allgemeinen Aufruhr ermutigen könnte. Mit besonderer Sorge erfüllte ihn die Situation, die in Parma durch die offene Feindschaft des Papstes entstehen konnte. Diese wichtige Stadt, die die Pässe über den Apennin zwischen der Lombardei und der toskanischen und ligurischen Küste beherrschte, war bisher ghibellinisch gewesen, da aber die Güter der Fieschi zwischen Lavagna und Parma lagen, bestanden enge Beziehungen zwischen der Familie und der Stadt. Drei Töchter hatten in mächtige Familien von Parma hineingeheiratet – eine war die Gemahlin von Bernardo Orlando de Rossi –, und zwei Onkel des Papstes verwalteten wichtige Ämter in der Kirche von Parma, wo auch Innozenz erzogen worden war. Unter diesen Umständen waren rasche Entschlüsse notwendig; der Kaiser belegte die Stadt mit einer starken Garnison, die sich in den Türmen des befestigten Bischofspalastes festsetzten, und ließ Teobaldo di Francesco, einen sizilischen Adligen und Mitglied des kaiserlichen Hofes, zum Podesta wählen.

Diese Maßnahmen stärkten zwar Friedrichs Position in Parma; was jedoch die höhere Ebene der Weltpolitik betraf, so mußte er zugeben: »Als ich mit Kardinal Fiesco Schach spielte, setzte ich ihn meist schachmatt oder nahm ihm eine wichtige Figur; aber die Genuesen haben mich das Spiel verlieren lassen, indem sie ihre Hände auf das Schachbrett legten.« Er hatte recht, denn Innozenz bereitete den Schachzug vor, der Friedrich mattsetzen sollte. Kurz nach seiner Ankunft in Lyon wurden die Einladungen des Papstes zu einem Allgemeinen Konzil in alle Welt ausgesandt.

Die Tagesordnung des Konzils enthielt folgende Punkte: die Kirche in ihren früheren ehrenvollen Status wiedereinzusetzen; das Heilige Land, in das die Choresmier eingefallen waren, zu retten; die Tataren zurückzuwerfen und Konstantinopel zu entsetzen; die Meinungsverschiedenheit zwischen der Kurie und dem Fürsten – es wurde nicht einmal Friedrichs kaiserlicher Titel benützt – beizulegen. Ein Punkt dieser Tagesordnung bot Friedrich jedoch Anlaß zu einem weiteren Friedensangebot. Jerusalem und das Heilige Land waren der Christenheit verlorengegangen; Jerusalem war im August 1244 gefallen und fast das gesamte christliche Heer zwei Monate später in der Schlacht von Gaza vernichtet worden. Das Heilige Land sollte fast siebenhundert Jahre in den Händen der Türken bleiben, im Augenblick aber erbot sich der Kaiser auf Vorschlag des Patriarchen von Antiochien, einen Kreuzzug zu führen, um es zurückzuerlangen. Er versprach, drei Jahre lang nicht ohne die Erlaubnis des Papstes nach Europa zurückzukehren, der Kurie die von ihm besetzten Länder des Patrimoniums zurückzugeben und sogar die gesamte lombardische Frage dem Schiedsspruch des Papstes bedingungslos zu unterstellen.

Das war eine vollständige Kapitulation. Alles, was Gregor in den vierzehn Jahren seines Pontifikats nicht hatte erreichen können, wurde Innozenz nach einem Jahr angeboten. Der Kaiser befand sich wieder in Apulien, als er dieses erstaunliche Angebot machte, das den Verzicht auf all seine Träume bedeutete, auf alles, was er geplant und um das er gekämpft hatte, seitdem er vor zweiunddreißig langen Jahren Palermo verlassen hatte. In dieser Stunde tiefster Niedergeschlagenheit scheint sich Friedrichs Geist wieder dem Osten zugewandt zu haben, für den er eine so starke Sympathie empfand. Er hatte soeben eine seiner unehelichen Töchter, Manfreds Schwester, mit Johann Vatatzes, dem Kaiser von Nikäa, verheiratet, der die Reste des Lateinischen Kaiserreichs in Konstantinopel bedrohte.

Vatatzes war älter als sein Schwiegervater; er befand sich auf dem Höhepunkt einer erfolgreichen Laufbahn, als Friedrich sich und sein Geschick mit dem Schicksal des östlichen Kaisers verglich. In einem Brief, der das Verlangen bekundet, allem, was ihn bedrückte, zu entfliehen, schrieb Friedrich: »O glückliches Asien, o glückliche Herrscher des Orients, die weder den Dolch des Rebellen noch den von Priestern erfundenen Aberglauben fürchten!« Es ist durchaus denkbar, daß Friedrich nach langen Jahren des Ringens mit einem Feinde, den er niemals zu einer offenen Schlacht zu bewegen vermochte, den erbarmungslosen Kampf gegen die Choresmier ersehnte, die er wenigstens sehen und schlagen konnte, anstatt sich noch länger mit den endlosen unterirdischen Machenschaften des Papstes auseinanderzusetzen.

Dieser Ausweg war dem Kaiser jedoch nicht beschieden. Auf dem Wege nach Norden zum Hoftag von Verona, zu dem er die Fürsten des Reiches für das Frühjahr 1245 geladen hatte, verwüstete er das Land in der Umgebung der verhaßten Stadt Viterbo. Im Laufe dieser Aktion ereigneten sich, wie wir heute sagen würden, Grenzzwischenfälle am Rande des päpstlichen Gebietes. Demjenigen, der Krieg um jeden Preis will, dienten sie damals wie heute als willkommener Vorwand; Kardinal Rainer, der als Statthalter des Papstes in Italien zurückgeblieben war, hatte mit Bestürzung erfahren, daß Innozenz das Friedensangebot des Kaisers offenbar anzunehmen beabsichtigte, und ergiff diese Gelegenheit, jede Beilegung des Streites zu verhindern. Die Berichte, die er jetzt nach Lyon schickte, vergrößerten die geringfügigen Übergriffe der kaiserlichen Truppen derart, daß es aussehen mußte, als spiele Friedrich ein doppeltes Spiel. Damit ging jede Hoffnung auf Frieden verloren.

Ohne die Folgen seiner Handlung zu ahnen, setzte der Kaiser seinen Weg zu dem letzten Hoftag fort, bei dem das Reich als Ganzes vertreten war, obwohl auch hier schon einige deutsche Fürsten fehlten. Anwesend waren König Konrad, Johann Vatatzes, der neue Schwiegersohn des Kaisers, der Erzbischof von Salzburg, die Herzöge von Mähren, Kärnten und Österreich.

Friedrich plante sogar eine Ehe mit Gertrud von Babenberg, der Erbin des Herzogs von Österreich. Vieles war geschehen, seitdem ihr Vater dem Kaiser im Jahre 1236 in der Wiener Neustadt Trotz bot. Damals hatte der Kaiser vom Herzogtum Österreich Besitz ergriffen, es aber wieder verloren; der Herzog eroberte sein Erbland zurück, sobald Friedrich den Rücken drehte. Jetzt trafen sich Kaiser und Herzog als Freunde und künftige Verwandte, ja fast als Gleichgestellte, denn der Herzog sollte zum König erhoben werden, wenn seine Tochter sich mit seinem Lehnsherrn vermählte. Während all dieser Wechselfälle war Friedrich immer von dem Wunsch beseelt, sich das reiche Herzogtum anzueignen, weil er in seinem nördlichen Königreich dringend ein weiteres von einem Familienmitglied beherrschtes Gebiet benötigte. Das einzige, was nun noch fehlte, war die künftige Braut. Gertrud jedoch, eingeschüchtert von den Gerüchten, in denen die welfische Partei Friedrich als Blaubart hinstellte, weigerte sich im letzten Augenblick, zu kommen. Ihr Ausbleiben war ein Vorzeichen, wozu die päpstlichen Agenten in Deutschland bald noch fähig sein sollten.

Konrad, der jetzt siebzehn Jahre alt war, hatte seinen Vater seit einigen Jahren nicht gesehen, genoß jedoch Friedrichs väterliche Zuneigung. Zu Weihnachten 1239 bestellte der Kaiser zwei Sättel für ihn in Messina, und zwar für einen Zelter und für ein Schlachtroß. Sie sollten, wie aus der Anweisung hervorgeht, »für Unseren liebsten Sohn schön gearbeitet« sein. Eingedenk des Schicksals, das Heinrich erlitten hatte, schrieb Friedrich sehr häufig an Konrad. Obwohl diese Briefe im Stil der Hofsprache gehalten sind, verraten sie deutlich Zuneigung und Sorge um das Wohlergehen des Sohnes; praktische Ratschläge stehen neben ernsten Betrachtungen über das Wesen der königlichen Würde und der Selbstdisziplin.

»Die Menschen unterscheiden nicht zwischen Königen und Cäsaren und anderen Männern, weil sie höher gestellt sind, sondern weil sie weiter blicken und besser handeln ... sie besitzen nichts, worauf sie stolz sein können, wenn sie nicht anderen in der Tugend und in der Klugheit überlegen sind«, schrieb Friedrich einmal an seinen Sohn. In anderen Briefen scheint er sich seiner eigenen Vergangenheit und des Knaben zu erinnern, der den Befehlen seines Lehrers nicht gehorchte und dessen Handlungen »manchmal seltsam und vulgär« waren wegen »der rüden Gesellschaft, in der er sich bewegte«: »Daher ist es notwendig und ziemlich, daß Du die Weisheit liebst. Um ihretwillen sollst Du die Würde des Cäsars ablegen und unter der Rute des Meisters weder König noch Kaiser, sondern Schüler sein ... Wir möchten Dich davor warnen, bei der Jagd einen zu intimen Umgang mit Falknern und Treibern zu pflegen.«

Zum letztenmal verbrachten nun Vater und Sohn einige Wochen gemeinsam; beide gingen einer schweren Zukunft entgegen. Obwohl der Kaiser äußerlich gelassen blieb, kann er nur eine geringe Hoffnung gehegt haben, daß die Delegation, die bei dem vom Papst nach Lyon einberufenen Konzil seine Interessen vertrat, erfolgreich sein würde. Sie wurde von Thaddeus von Suessa und Erzbischof Berard von Palermo geführt; Petrus von Vinea nahm nicht daran teil – unerklärlicherweise, da es sich, nach dem Vorausgegangenen zu schließen, wohl um die wichtigste aller diplomatischen Missionen im Interesse des Kaisers handelte. Obwohl der Papst keine offizielle Einladung an Friedrich ergehen ließ, hatte man zum

Teil erwartet, daß der Kaiser sich selbst nach Lyon begeben würde, um auf die gegen ihn vorgebrachten Beschuldigungen zu antworten. Aber Friedrich, zwar bereit, alles das aufzugeben, worum er sein ganzes Leben gekämpft hatte, und um des Friedensschlusses willen einen Kreuzzug zu führen, war nicht gewillt, die kaiserliche Würde in den Augen der Welt herabzusetzen und vor dem Richterstuhl feindlicher Priester als Angeklagter zu erscheinen.

Das Konzil von Lyon wurde Ende Juni mit prunkvollen Zeremonien eröffnet, die, wohlberechnet, der Versammlung einen würdevollen Charakter verleihen sollten, um so mehr als sich der Kaiser weigerte, sie als Allgemeines Konzil anzuerkennen. Er tat es mit gutem Grund, da nicht alle Kirchen vertreten waren; die deutsche, die sizilische und die ungarische Kirche hatten keinen Vertreter geschickt; außerdem betrug die Gesamtzahl der Delegierten nur etwa ein Drittel der Mitglieder, die bei der letzten Versammlung dieser Art – dem Laterankonzil von 1216 – erschienen waren. Nach dem einleitenden *Veni Creator Spiritus* ließ sich der Papst auf einem hohen Thron nieder. Zu seiner Rechten saßen Balduin, der Lateinische Kaiser des Ostens, die Grafen von Toulouse und Provence zu seiner Linken; ferner umgaben ihn die Patriarchen von Konstantinopel, Aquileja und Antiochien, die Kardinäle, die Erzbischöfe und die Bischöfe von Spanien; England und Frankreich waren weniger stark vertreten. Eine gewisse Verlegenheit entstand, als ein russischer Erzbischof erschien, der weder Latein, noch Griechisch noch Hebräisch sprechen konnte; als sich schließlich ein Dolmetscher fand, berichtete der Erzbischof von so furchtbaren mongolischen Greueltaten, daß den Zuhörern das Blut in den Adern zu erstarren drohte.

Der Papst ergriff das Wort; er habe fünf Leiden, die er mit den Wundmalen Christi verglich: die Tatareninvasion, der schismatische Geist der griechischen Kirche, die Ketzerei, die sich insbesondere in der Lombardei eingeschlichen habe, die Eroberung Jerusalems durch die Choresmier und die Feindschaft des Kaisers gegen die Kirche. Die ersten vier wurden rasch erledigt; alle Anwesenden – vielleicht mit Ausnahme des russischen Erzbischofs – wußten genau, daß die Verfehlungen des Kaisers der eigentliche Anlaß des Konzils waren. Bei diesem Thema ergossen sich nun die Schmähungen des Papstes über den Kaiser. Die Sarazenen von Lucera, die mohammedanischen Harems, die Bewachung der Kaiserinnen durch Eunuchen, Friedrichs Beziehungen zu den Mohammedanern, die Heirat seiner Tochter mit dem schismatischen Kaiser – alles wurde aufgezählt und in den schwärzesten Farben dargestellt. Das größte Verbrechen des Kaisers war jedoch der Treubruch, den er begangen habe, als er der Kirche ihre Ländereien nicht zurückgab, sowie das Majestätsverbrechen, dessen er sich schuldig gemacht, weil er den Geboten der Kirche nicht folgte.

Thaddeus von Suessa widerlegte die Behauptungen des Papstes Punkt für Punkt an Hand dokumentarischer Beweise, auf die er seine Verteidigung stützte. Entgegen der Behauptung, der Kaiser habe seine Versprechen nicht eingehalten, wies er darauf hin, daß der Papst sich eines gleichen Vergehens schuldig gemacht habe. Friedrich könne nur auf Grund eigener Aussprüche wegen Ketzerei verurteilt werden, was aber nicht möglich sei. Im übrigen dulde der Kaiser nicht, daß in seinem Reich Wucher getrieben werde – dies war ein deutlicher Hieb gegen den päpstlichen Hof. Die Beziehungen zu den Sultanen seien von der Vernunft diktiert; wenn der Kaiser sarazenische Truppen einsetze, so deshalb, weil ihm deren Blut weniger kostbar scheine als das der Christen. Was die sarazenischen Damen betreffe, so trügen sie lediglich zur Unterhaltung des Hofes bei und könnten selbstverständlich jederzeit fortgeschickt werden. Der Kaiser wünsche nichts sehnlicher, als daß die östliche Kirche zur Gemeinschaft zurückkehre und daß das Königreich Jerusalem befreit werde. Alsdann bat der Fürsprecher des Kaisers um eine Unterbrechung der Sitzung, während der er neue Anweisungen zu erhalten hoffte. Diese Bitte wurde von den englischen und französischen Vertretern unterstützt, sodaß der Papst schließlich zustimmen mußte, obwohl er offenbar befürchtete, daß Friedrich inzwischen mit seinem Heer eintreffen könnte. Er bekannte unumwunden, daß er keinen Geschmack am Märtyrertum finde.

Die zweite Sitzung fand Mitte Juli statt. Der Papst weinte, als er wiederum das Wort an das Konzil richtete, aber Thaddeus von Suessa gab nicht nach. Bald darauf – am 17. Juli – wurde die dritte Sitzung eröffnet. Die kaiserlichen Abgesandten, deren Ankunft Thaddeus von Suessa so ungeduldig erwartete, waren immer noch nicht eingetroffen; er begrüßte daher die Verzögerung, die durch die Klagen der englischen Delegierten über die päpstlichen Steuereinnehmer und den Versuch des Patriarchen von Aquileja, den Kaiser zu verteidigen, eintrat. Die Rede des Patriarchen erregte den Zorn des Papstes derart, daß er drohte, ihm den Ring, das Zeichen seiner Würde, zu entziehen.

Obwohl sich Thaddeus von Suessa weiterhin weigerte, die Zuständigkeit des Konzils anzuerkennen, und auch die Abgesandten der Könige von Frankreich und England für den Kaiser eintraten, faßte nun der Papst die Anklagepunkte zusammen. Noch einmal zählte er die alten Klagen der Kirche auf und schloß mit der Erklärung, daß der Kaiser abgesetzt sei, weil er ein Ketzer sei, Sakrilege begangen, Meineide geschworen und den Frieden gebrochen habe. Mit furchtbarer Feierlichkeit löschten der Papst und die Prälaten die Fackeln, die sie trugen; der weinende Thaddeus von Suessa schlug sich auf die Brust und rief: »Nun können die Ketzer jubeln, die Choresmier im Heiligen Lande ungehindert herrschen und die Tataren sich zu voller Macht erheben und triumphieren.«

Als die Nachricht von dem Ergebnis des Lyoner Konzils den Kaiser in Turin erreichte, kannte, wie Matthäus von Paris berichtet, seine Wut keine Grenzen. Zornig um sich blickend, habe er ausgerufen: »Dieser Papst hat mich vor seinem Konzil abgesetzt und mich meiner Krone beraubt. Woher nimmt er diese Frechheit? Woher diese unermeßliche Kühnheit? Wo ist mein Kronschatz?« Sodann befahl er, daß man ihm den Schatz bringe und vor ihm ausbreite, und fuhr fort: »Zeigt mir, ob meine Krone verloren ist!«, und als man ihm eine reichte, habe er sie sich aufs Haupt gesetzt und mit furchterregendem Blick laut gerufen: »Noch habe ich meine Krone nicht verloren, und ohne Blut zu vergießen werde ich sie nicht verlieren, weder wegen der Feindschaft des Papstes noch wegen der Beschlüsse des Konzils. Kann dieser Mann von niederer Herkunft sich anmaßen, mich, den ersten unter den Fürsten, den keiner überragt und dem niemand gleichkommt, von meinem Thron zu stürzen? Dennoch ist meine Lage jetzt in gewisser Hinsicht besser, bisher mußte ich ihm Gehorsam oder zumindest Ehrfurcht erweisen; von nun ab bin ich jeder Verpflichtung, ihn zu lieben, zu ehren oder Frieden mit ihm zu halten, enthoben ... Zu lange bin ich Amboß gewesen, nun will ich Hammer sein.«

Friedrichs entsagungsvolle Stimmung war verflogen. Sein Angebot, zu kapitulieren und einen Kreuzzug zu führen, war von dem Lyoner Konzil abgelehnt worden; der feurige Geist des Kaisers erwachte zu neuem Leben. Wenn es denn um einen Kampf auf Leben und Tod gehen sollte, so war er bereit, die Herausforderung anzunehmen. Zwei Rundschreiben an die Könige, Fürsten und Geistlichen Europas zeigten zuerst den neuerwachten Kampfgeist des Kaisers. Darin erkannte er die Macht des Papstes auf geistlichem Gebiet an wie auch sein Recht, den Kaiser zu weihen, nicht aber ihn abzusetzen. Das Konzil sei nicht durch die Gegenwart des Kaisers oder der Fürsten des Reiches sanktioniert worden, »die allein das Recht haben, jemanden in den kaiserlichen Rang zu erheben, ihn darin zu belassen und ihn abzusetzen«. Seine Verurteilung sei, so sagte er, ausschließlich auf die persönliche Feindschaft des Papstes zurückzuführen; er warnte die Herrscher, daß sie jederzeit das gleiche Schicksal wie ihn treffen könne. Er beschwor sie, sich mit ihm zu verbünden zur Verteidigung einer Sache, die nicht nur die ihre sei, sondern auch die ihrer Nachfolger sein werde, wenn es dem Papst einmal gelinge, das Recht, Herrscher abzusetzen, zum Grundsatz zu erheben.

Außerordentlich wirksam war Friedrichs Propaganda gegen den Papst durch den nachdrücklichen Hinweis auf die Korruption und die Eigennützigkeit der Kirche, denn die Welt erkannte immer deutlicher, daß er darin die reine Wahrheit sprach. Die Habgier von Innozenz und seiner zahllosen Verwandten und Anhänger, die ihm nach Lyon gefolgt waren, fing an, geradezu sprichwörtlich zu werden. Er hatte bereits versucht, seine italienischen Verwandten in frei werdende Ämter der Kirche von Lyon ohne Zustimmung des Kapitels einzusetzen. Die Kanoniker protestierten dagegen erbittert und sagten ihm ins Gesicht, daß sie diese Leute nicht schützen würden, wenn die feindlich gestimmte Bevölkerung sie im Fluß ertränkte. Der Erzbischof von Lyon war so entsetzt über die Simonie und die Habsucht am päpstlichen Hof, daß er sich in ein Kloster zurückzog. Daraufhin wurde Philipp von Savoyen, der nicht einmal Priester war, zum Erzbischof von Lyon und Bischof von Valence ernannt und erhielt noch weitere Lehen, weil sich der Papst von ihm Unterstützung versprach. Die Forderungen der päpstlichen

Steuereinnehmer in England gingen über alles bisher Dagewesene hinaus. Dennoch klagte der Papst über Armut, was ihm scharfe Kommentare von englischen Kirchenmännern wie Matthäus von Paris einbrachte, ja selbst von eigenen und getreuen Anhängern wie Grossetete. Vakant gewordene Diözesen in Frankreich und England erhielten zum Zorne der örtlichen Bevölkerung die Neffen des Papstes; die Familie der Fieschi wurde mit Reichtümern überhäuft. Ein Neffe des Papstes, Percival, galt als der reichste Priester der Christenheit. Die Situation erregte allgemeines Ärgernis. Schmähschriften, die nur allzu offensichtlich auf Wahrheit beruhten, wurden verteilt. Der Ruf des Papsttums litt unweigerlich Schaden durch das Verhalten des Mannes, der jetzt das heilige Amt innehatte. Der Abstieg des Papsttums als Institution von weltpolitischer Bedeutung nahm mit Innozenz seinen Anfang; seine gierigen Hände zerstörten die geistigen Bande, die die mittelalterliche Welt zusammenhielten und sie mit dem Heiligen Stuhl verbanden.

In einer solchen Atmosphäre konnten Friedrichs Rundschreiben, in denen er die Gier und die weltliche Korruption der Kirche anprangerte, ihr Ziel kaum verfehlen. Den christlichen Herrschern schrieb er: »Könnt Ihr den Söhnen Eurer eigenen Untertanen gehorchen? Diese Männer mit dem falschen Schein von Heiligkeit, die sich mit Almosen mästen, um sie dann gegen die Wohltäter der Kirche zu benutzen ... Bietet man ihnen die Hand, nehmen sie den Arm bis zum Ellbogen ... So wahr Gott Unser Zeuge ist, es war seit jeher Unsere Absicht, diese Geistlichen zu zwingen, in die Fußstapfen der Urkirche zu treten, ein apostolisches Leben zu führen und sich so demütig zu verhalten wie Jesus Christus. Es gab einmal eine Zeit, da wirkten die Gesalbten des Herrn viele Wunder durch ihre Heiligkeit und unterwarfen – aber nicht durch das weltliche Schwert – die Könige. In unseren Tagen ist die Kirche ganz und gar weltlich; ihre Minister, von irdischen Genüssen trunken, sorgen sich nicht um den Herrn. Wir wollen ein Werk der Liebe vollbringen, indem Wir ihnen die Schätze nehmen, mit denen sie zu ihrer ewigen Verdammnis überfüttert sind. Vereinigt Euch mit Uns und laßt Uns gemeinsam wachen, bis sie ihren Überfluß abtun und von nun an dem Herrn dienen und sich mit wenig zufrieden geben.«

Die Wahrheit und die Wirkung dieser Art von Propaganda wird

durch ein Abkommen bestätigt, das die höchsten Adligen Frankreichs unterzeichneten, um gemeinsam den Übergriffen der Geistlichkeit Widerstand zu leisten. In der Urkunde hieß es: »Die Geistlichen, obwohl niederer Herkunft, haben die Laiengerichtsbarkeit so weit an sich gerissen, daß diese Söhne von Leibeigenen nach ihren Gesetzen über die Söhne freier Männer richten ...« Die französischen Barone hatten sich gegenseitig eidlich verpflichtet, sich den kirchlichen Tribunalen nicht zu unterwerfen. Dieses Abkommen, das von dem Herzog von Burgund, dem Grafen von der Bretagne, den Grafen von Angoulême und St. Pol und vielen anderen Baronen unterzeichnet war, soll sogar die stillschweigende Billigung Ludwigs des Heiligen gefunden haben.

Außerordentlich interessant an diesem Kampf zwischen Friedrich und Innozenz ist, daß der Kaiser immer die Unterstützung des frommen Königs Ludwig IX. von Frankreich fand, der sich hartnäckig weigerte, die Absetzung des Kaisers in Lyon als gültig anzuerkennen. Er begriff, daß die päpstliche Politik nicht nur eine Bedrohung der Laiengewalt, sondern eine Gefahr für den Glauben darstellte. Weitblickender als seine Zeitgenossen am päpstlichen Hof scheint er die künftige Entwicklung vorausgeahnt zu haben: daß das Papsttum seine eigentliche, nämlich die geistige Macht verlieren würde, wenn es der weltlichen nachjagte. Darauf hatte auch Friedrich in seinen Rundschreiben unablässig hingewiesen. Ludwig, der allerchristlichste König, war offenbar nicht der Ansicht, daß der Kaiser ein Feind des Glaubens sei, weil er gegen Innozenz kämpfte, obwohl er zu Gregors Zeiten gegen Friedrichs Behandlung der gefangenen Geistlichen nach der Schlacht von Giglio und gegen seine übertriebene messianische Propaganda Protest erhoben hatte.

Zweimal legte Ludwig der Heilige bei Innozenz Fürsprache für Friedrich ein. Begleitet von seiner Mutter und seiner Gemahlin, von vielen Mitgliedern seiner Familie, den Königen von Aragon und Kastilien, vom Lateinischen Kaiser und einem großen Gefolge von Adligen besuchte er am 30. November 1245 den Papst in Cluny. Er blieb sieben Tage dort und hatte mehrere private Zusammenkünfte mit ihm, bei denen nur seine Mutter, Königin Blanche, anwesend war. Matthäus von Paris berichtet, der heilige Ludwig sei empört wieder abgereist, weil er kein echtes Christentum bei dem

»Diener der Diener Gottes« habe entdecken können. Ostern 1246 schickte er seine Bischöfe, um zu versuchen, Frieden zu stiften; auch sie hatten keinen Erfolg.

Im folgenden Jahr nahm das habgierige Treiben des päpstlichen Hofes solche Formen an, daß selbst die Langmut des heiligen Ludwig erschöpft war; er schickte einen Sprecher nach Lyon und ließ durch ihn erklären, er habe als frommer katholischer Fürst bis jetzt geschwiegen in der Hoffnung, daß sich die Dinge ändern würden. Der Sprecher brachte Ludwigs Klagen vor, die, zwar in gemäßigterem Ton, all jene Mißbräuche und Übergriffe auf die Laiengewalt wiederholten, gegen die Friedrich in seinen Rundschreiben protestiert hatte. Der König von Frankreich und der Kaiser waren sich, wenn auch aus verschiedenen Gründen, einig in ihrer Auffassung einer Zeit, die den heiligen Franz von Assisi hervorgebracht hatte; mit ernster Sorge sahen sie, daß Innozenz und sein Hof all jene geistlichen Werte verneinten, deren rechtmäßige Hüter sie hätten sein sollen.

König Ludwig machte am Vorabend seines Kreuzzuges, als er sich im Jahre 1248 auf dem Wege nach Aiguesmortes befand, noch einen letzten Versuch, Frieden zu stiften. Der Kaiser hatte sich noch einmal erboten, ins Heilige Land zu fahren, wenn der Bann aufgehoben und seine Absetzung rückgängig gemacht würde; manche Quellen geben sogar an, er habe sich bereit erklärt, zugunsten seiner Söhne Konrad und Heinrich abzudanken, wenn seine Bitte gewährt würde. Ludwig der Heilige, der die Bedeutung von Friedrichs Unterstützung des Kreuzzuges wohl zu würdigen wußte, bat den Papst, seine Aufmerksamkeit auf die Lage der christlichen Welt zu richten, und einem Fürsten die Vergebung zu gewähren, um die er so demütig bat. Innozenz erklärte: »Solange ich lebe, werde ich fest bleiben gegenüber diesem von Gott selbst verworfenen Schismatiker, diesem Gebannten, dem das heilige Konzil die kaiserliche Würde aberkannt hat.« Darauf antwortete Ludwig: »Wenn, wie vorauszusehen, die Folgen Eurer Handlung dem Kreuzzug schweren Schaden zufügen, wird die Schuld bei Euch liegen.« Ludwigs Kreuzzug scheiterte, während Friedrich trotz aller Hindernisse, die Gregor ihm damals in den Weg gelegt hatte, erfolgreich war; zum zweitenmal wurde der Welt das unerquickliche Schauspiel eines

Papstes geboten, der den Erfolg eines Kreuzzuges seinen eigenen politischen Zielen opferte.

Zur gleichen Zeit, in der sich Ludwig der Heilige auf den Kreuzzug begab, predigten die Bettelmönche, die als päpstliche Agenten nach Deutschland geschickt worden waren, den Kreuzzug gegen den Kaiser. Sie hatten den geheimen Befehl erhalten, den Kreuzzug des französischen Königs nach dem Heiligen Lande niemals zu erwähnen. Die alte Sitte, den Kreuzfahrern Ablaß zu gewähren und ihnen zu gestatten, sich ihrer Verpflichtung durch eine Geldgabe zur Deckung der Kreuzzugskosten zu entledigen, wurde jetzt von Innozenz zu einem gutgehenden Geschäft ausgebaut. Da der Kreuzzug gegen den Kaiser wie ein anderer gewertet wurde, so blühte der Handel mit Ablässen dieser Art, und viele, die keinerlei Absicht hatten, zu den Waffen zu greifen, erkauften sich den Sündenerlaß mit barem Geld. Innozenz war zweifellos stolz auf dieses klug ersonnene Mittel, die päpstlichen Kassen zu füllen und seine schändlichen Pläne in Deutschland zu fördern. Dreihundert Jahre später, als Luther dem Papst den Fehdehandschuh hinwarf, ging der Samen auf, den Innozenz säte; die Ziele der Reformation waren weitgehend die gleichen wie die, für die Friedrich – wenn auch mehr aus politischen als aus religiösen Gründen – jetzt kämpfte.

Der Ablaßhandel ist bezeichnend für die Waffen, die Innozenz anwandte, um den Sturz seines Feindes herbeizuführen. Scharfsichtiger als Friedrich erkannte er, daß Deutschland die eigentliche Quelle der kaiserlichen Macht war und konzentrierte deshalb den größten Teil seiner Kräfte dorthin. Seine Waffen waren alles andere als geistig; Bestechung und Korruption und die Dienste tükkischer Agenten, die die mißtrauischen und eifersüchtigen Fürsten gegeneinander ausspielten, waren seine bevorzugten Methoden, die ihm letztlich zum Sieg verhalfen. Die geistlichen Fürsten, deren Macht eine so große Rolle im Reich spielte, waren verständlicherweise die ersten, die er durch einen Legaten unter Druck setzen ließ. Unterstützten sie den Kaiser weiterhin, so wurden sie exkommuniziert oder durch die verschiedensten Mittel zum Rücktritt gezwungen und ihre Stellen alsdann mit Kreaturen des Papstes besetzt. Auf diese Weise hielt der Papst die deutsche Kirche bald in einem Würgegriff. Gleichzeitig wurden die Bettelmönche ausgesandt, um auf den Straßen und Märkten zu predigen und das Volk aufzuwiegeln.

Die weltlichen Fürsten standen zum größten Teil noch zum Kaiser. Aber Friedrichs Versäumnis, daß er zu Beginn der mongolischen Bedrohung nicht nach Deutschland gekommen war, hatte das Land gespalten. Als es den päpstlichen Agenten durch Bestechung gelungen war, daß Heinrich Raspe sich zur Wahl als Kaiser an Friedrichs Stelle aufstellen ließ, unterstützten ihn einige der geistlichen Fürsten. Im Jahre 1246 wählten ihn die Erzbischöfe von Köln, Mainz und Trier in Veitshöchheim bei Würzburg zum neuen römischen König; anschließend hielt der Erzbischof von Mainz eine Predigt, in der er für einen Kreuzzug gegen Friedrich warb. Da sich nicht alle Kurfürsten beteiligt hatten, war die Wahl ungültig und wurde nicht allgemein anerkannt. Selbstverständlich erkannte Innozenz sie offiziell an, aber zu seiner großen Bestürzung starb Heinrich Raspe im folgenden Jahr.

Der Papst begnügte sich nicht mit dem Versuch, die christlichen Gebiete des Kaisers zum Abfall zu bringen, sondern wandte seine Überredungskünste sogar auf Friedrichs mohammedanische Verbündete an. Dem Sultan von Ägypten schlug er vor, den Vertrag zwischen seinem Land und dem sizilischen Königreich zu brechen. Dieses Vorgehen des Papstes steht in seltsamem Widerspruch zu seinen Äußerungen beim Lyoner Konzil, wo er sich mit frommem Abscheu darüber entrüstete, diplomatische Beziehungen zu einem Ungläubigen zu unterhalten. Die Antwort des Sultans war beschämend für das Haupt der Christenheit. Er schrieb: »Abgesandte des Heiligen Vaters der Christen sind zu Uns gekommen und mit Ehren empfangen worden. Sie haben von Christus gesprochen, den Wir besser zu verherrlichen wissen als Ihr, und von Eurem Wunsch, den Völkern Frieden zu geben – einem Wunsch, den Wir seit jeher in Unserem Herzen gehegt haben. Aber Ihr vergeßt, daß zur Zeit des Sultans, Unseres Vaters (möge Gott ihn verherrlichen) eine aufrichtige Freundschaft zwischen Uns und dem Kaiser der Römer bestand. Da Wir nur mit seinem Einverständnis mit Euch verhandeln können, werden Wir Unseren Gesandten am kaiserlichen Hof von Euren Vorschlägen unterrichten.«

Seine christlichen Freunde jedoch waren, wie Friedrich zu seinem Leidwesen bald entdecken sollte, nicht alle den Machenschaften des Papstes so unzugänglich wie dieser »Ungläubige«. Nach einem erfolglosen Feldzug gegen die Lombarden im Sommer 1245 hatte sich der Kaiser für die Wintermonate nach Grosseto zurückgezogen; das umliegende wilde Maremmengebiet besaß herrliche Jagdgründe, außerdem konnte er von Grosseto aus die Toskana, deren Generalvikar Pandulfo Fasanella ihm seit einiger Zeit Sorge bereitete, genau überwachen. Fasanella wurde seines Amtes enthoben und durch den unehelichen Sohn des Kaisers, Friedrich von Antiochien, ersetzt, scheint aber nicht in Ungnade gefallen zu sein. Der Sitte gemäß, daß sich ein Beamter, der vorübergehend außer Dienst war, am kaiserlichen Hof aufhielt, befand sich auch Fasanella dort, als im März eine Galeere aus Sizilien mit einem Boten von Friedrichs Schwiegersohn, dem Grafen von Caserta, in Grosseto eintraf.

Er überbrachte dem Kaiser eine Geheimbotschaft von Graf Richard, des Inhalts, daß ein Anschlag gegen sein Leben und das seines Sohnes Enzio geplant sei: beide sollten bei einem am nächsten Tage stattfindenden Festmahl getötet werden und gleichzeitig sollte in ganz Italien ein Aufstand ausbrechen. Friedrich konnte diese furchtbare Nachricht kaum glauben, denn die als Anführer der Verschwörung Genannten zählten zu seinen nächsten Freunden, es waren Männer, deren Familien seit über einem Menschenalter in seinen Diensten standen, und andere, die ihren Aufstieg seiner Gunst verdankten – die nächsten in seiner Umgebung, die Sorgen und Freuden in der Intimität des innersten Hofkreises mit ihm geteilt hatten. Pandulfo Fasanella gehörte dazu, ferner Jakob, der Sohn seines alten Freundes Heinrich von Morra, Andrea Cicala, Roger de Amicis, Teobaldo di Francesco samt zahlreichen Angehörigen. Weniger überraschend war, daß die gesamte Familie San Severino teil an der Verschwörung hatte, da sie seit langem mit dem Kaiser im Streit lag.

Richard von Casertas Informationen erwiesen sich jedoch als zuverlässig. Giovanni von Presenzano, der anfangs zu den Verschwörern gehörte, hatte Verrat geübt, und seine Angaben wurden rasch durch die plötzliche Flucht Pandulfo Fasanellas und Jakob Morras bestätigt. Fasanellas Zufluchtsort in Rom zeigte nur allzu deutlich, wer der führende Kopf der Attentäter war: Bernardo Orlando di Rossi hatte es unternommen, viele der Verschwörer zur Abtrünnigkeit zu bewegen, jedoch handelte er auf Anweisung seines Schwagers, des Papstes. Teobaldo di Francesco wurde während seiner Amtszeit als Podesta von Parma zum Verräter und ließ sich zum Führer der Verschwörung ernennen, weil man ihm das Königreich Sizilien nach dem Tode des Kaisers versprach. Diejenigen Verschwörer, die ihr Leben durch die Flucht nach Rom retteten, sowie Teobaldos Bruder erhielten dann auch reiche Belohnungen für ihre »Treue« zum Papst.

Die Verschwörung war ungeheuer weitverzweigt, sie reichte von Deutschland durch ganz Italien bis nach Sizilien. Heinrich Raspe wurde zum Gegenkönig gewählt und gewann später durch den Abfall eines großen Teiles der schwäbischen Truppen in der Nähe von Frankfurt eine Schlacht gegen König Konrad. Der Papst hatte den Führer der Schwaben bestochen und ihm die Ländereien der Hohenstaufen angetragen. In Italien war Parma entschlossen, sich vom Kaiser abzuwenden; Kardinal Rainer fiel in kaiserliches Gebiet ein; im sizilischen Königreich, wo man glaubte, Friedrich sei tot, brachen Unruhen aus, selbst die Sarazenen auf der Insel Sizilien rebellierten nach zwanzigjährigem Frieden.

Der Kaiser rief seinen Hof eilig zusammen, ehe er Grosseto verließ, um nach Sizilien aufzubrechen. Der Oberbefehl im Norden wurde Enzio und Ezzelino übertragen und weitere Notstandsmaßnahmen ergriffen. Bei dieser Zusammenkunft setzte der Marquis Obizzo Malaspina alle in Erstaunen, als er dem Kaiser einen ausgedienten alten Zelter aus guter Zucht schenkte. Friedrich verstand jedoch die Bedeutung dieser seltsamen Gabe und sagte traurig: »Dieses Tier war einst ein edles Rennpferd, voller Feuer und Kraft; auch unser Reich, für das es ein lebendiges Symbol ist, erlebte einst jugendliche, gute Jahre, aber, ehemals so mächtig, ist es jetzt tief gesunken; seinem Haupt ist in Italien wie in Deutschland nur wenig geblieben, und die, die früher vor ihm zitterten, verschmähen es jetzt als Verbündeten.« Verbittert über den Verrat seiner Freunde, sah Friedrich voraus, daß noch weitere abtrünnig werden würden. Einer der ersten war eben dieser Obizzo Malaspina, der bereits geheime Verhandlungen mit den Welfen führte und bald danach zu ihnen überging. Damit sperrte er die Pässe zwischen Parma und der Küste bei La Spezia für die kaiserlichen Truppen.

Dank dem raschen Handeln des Grafen von Caserta, der die Aufständischen niedergeschlagen hatte, fand Friedrich jedoch im sizilischen Königreich die Lage nicht so ernst vor, wie er fürchtete. Trotz der umlaufenden Gerüchte über den Tod des Kaisers empfingen die Rebellen nur wenig Hilfe von der Bevölkerung und mußten sich in die Burgen Capaccio und Scala zurückziehen. Scala fiel bald Thomas von Aquino, einem weiteren Schwiegersohn des Kaisers, in die Hände; Capaccio hielt sich jedoch noch immer, als der Kaiser in Sizilien eintraf. Die Nachricht, daß er am Leben sei, gab dem Aufstand den letzten Stoß, aber die Verteidiger von Capaccio, zu denen auch viele Rädelsführer der Verschwörung gehörten, harrten eisern aus, obgleich die Stadt von den kaiserlichen Truppen bereits erobert und sie in der Burg eingeschlossen waren. Von jeder Verbindung abgeschnitten, wußten die Rebellen nicht, daß nur sie noch Widerstand leisteten und hofften auf die Hilfe des Papstes; diese kam dann auch in Form eines ermutigenden Briefes, den der Kaiser auffing.

Von der Ebene bei Paestum kann man noch heute die Ruinen von Capaccio sehen. Die Sommer in dieser Gegend sind glühend; aber obwohl die Wasserzufuhr unterbunden war und Angriff auf Angriff folgte, hielt sich die Besatzung bis in den Hochsommer hinein. Als die Festung schließlich fiel, stellte sich heraus, daß Teobaldo di Francesco und andere Rädelsführer zu den hundertfünfzig Überlebenden gehörten. Warum sie sich nicht lieber selbst töteten, als lebend in die Hände des Mannes zu fallen, dem sie als Herrscher und Freund so großes Unrecht getan hatten, ist unerfindlich. Sie zahlten für ihren Verrat mit gräßlichen Qualen – sie wurden geblendet, man hieb ihnen die Nase, eine Hand und einen Fuß ab, ehe man sie vor den Kaiser brachte, der sie als Vatermörder verurteilte. Mit Ausnahme von fünf wurden alle getötet: verbrannt, ertränkt, gehängt oder von Pferden durch die Straßen geschleift. Teobaldo di Francesco aber und seine vier Helfer erwartete ein noch schrecklicheres Schicksal; den Brief des Papstes an die Stirn geheftet, sollten sie an den wichtigsten europäischen Höfen gezeigt werden. Doch wurden sie nur durch die größeren Städte des Königreichs geführt, damit alle das Schicksal der Verräter sähen, und schließlich verbrannt. Die Frauen ihrer Familien wurden zu lebenslänglicher Haft verurteilt; sie verschwanden in den Gefängnissen des königlichen Palastes in Palermo ohne je wieder gesehen zu werden.

Der erste in der Geschichte bekannte Versuch eines Papstes, der auf die Ermordung eines Kaisers zielte, war gescheitert, und der ermordet werden sollte, stand nach dem Anschlag um so gefestigter da. Zwar beteuerte Friedrich, den Namen des Papstes als Anstifter des Verbrechens nicht nennen zu wollen, dennoch trug er Sorge, daß die ganze Welt erfuhr, wer der eigentlich Verantwortliche war. In einem Rundschreiben an die Könige warf er Innozenz offen vor, den Dolch, der ihn töten sollte, geschliffen zu haben und berief sich, um dies zu erhärten, darauf, daß der Bischof von Bamberg, von Lyon kommend, in Deutschland vorausgesagt habe, daß der Kaiser durch seine eigenen Höflinge elend umkommen werde. Auch bekannten einige der Verschwörer in ihrer letzten Beichte, daß sie ihre Anweisungen von Agenten des Papstes erhalten hatten. Aus heute noch existierenden Dokumenten geht hervor, daß Friedrichs Behauptungen richtig waren.

Die Verschwörung, die einen so beängstigenden Umfang anzunehmen drohte, wurde innerhalb weniger Wochen unterdrückt. Mittelitalien befand sich fest in der Hand der kaiserlichen Truppen und wurde zum größten Teil von Generalvikaren verwaltet, die uneheliche Söhne des Kaisers waren. Friedrich von Antiochien herrschte in der Toskana, Richard von Theate in Spoleto, in der Romagna und den Marken, Enzio in der südlichen Lombardei und Ezzelino in Verona und im Osten. Sogar Viterbo war zur kaiserlichen Partei zurückgekehrt und begnadigt worden; Isabellas neunjähriger Sohn Heinrich wurde hingeschickt, um als Vertreter seines Vaters dort zu residieren. Im März 1247 verließ Friedrich das Königreich; ursprünglich beabsichtigte er offenbar, nach Deutschland zu gehen, um mit Heinrich Raspe abzurechnen, aber nach dessen plötzlichem Tod ließ er diesen Plan zunächst fallen.

Als nächstes war der Kaiser darauf bedacht, seine Stellung an den nordwestlichen Grenzen Italiens zu festigen, denen durch den Aufenthalt des Papstes in Lyon jetzt eine erhöhte Bedeutung zukam. Die Verschwörung hatte Friedrich mit Mißtrauen gegen seine Freunde erfüllt, das Verhalten seiner beiden jungen Schwiegersöhne gegenüber den Aufständischen ihm aber den Wert von Familienverbindungen bewiesen. Er bemühte sich deshalb um eine Heirat zwischen seinem Sohn Manfred und Beatrix, der Tochter von Amadeus von Savoyen; seine Gebiete beherrschten die Alpenpässe im Westen. Eine weitere uneheliche Tochter, Katharina, vermutlich Enzios Schwester, heiratete den Marquis del Caretto, dessen Ländereien an genuesisches Gebiet angrenzten. Enzio wurde mit einer Verwandten Ezzelinos wiederverheiratet; seine Ehe mit Adelasia von Torres und Gallura ist wahrscheinlich vom Papst annulliert worden.

Auf diese Weise gelang es Friedrich, seine Position in Oberitalien durch eine Reihe neuer familiärer Bindungen zu stärken. Es waren die Vorbereitungen zu einem kühnen Schlag, denn er beabsichtigte jetzt, den Krieg bis in das Lager des Feindes hineinzutragen: nämlich auf dem Wege nach Deutschland mit seinem Heer direkt nach Lyon zu ziehen. Der Plan war sorgfältig vorbereitet worden; die Freundschaft des Grafen von Savoyen und des Herrn der Dauphiné öffnete den Weg über die Pässe bis an die Tore Lyons. Die Adligen dieses Gebietes waren auf Pfingsten zu einem Hoftag nach Chambéry geladen worden. Friedrich war in Burgund beliebt, er hatte länger in Hagenau und in den westlichen Teilen seines Reiches residiert als alle bisherigen Kaiser. Der päpstliche Hof hingegen in Lyon genoß weder in Frankreich noch in Burgund Ansehen, auch hatte der Kaiser dort sogar geheime Anhänger. Es sah aus, als stehe Innozenz trotz seiner Flucht wieder einmal in Gefahr, von dem Kaiser und seinen Verbündeten umzingelt zu werden. Ludwig der Heilige hatte zwar versprochen, den Papst zu schützen, falls der Kaiser mit militärischer Gewalt gegen ihn vorgehen sollte, aber er hatte Innozenz kein Asyl in Frankreich angeboten, und Lyon war zumindest formell vom Reich abhängig.

Ganz Europa wartete gespannt auf den nächsten Schritt in dem Zweikampf zwischen Kaiser und Papst. Niemand wußte, was

Friedrich wirklich plante; wahrscheinlich wollte er eine Begegnung mit dem Papst erzwingen, aber was konnte das Ergebnis eines solchen Treffens sein? Würde der gebannte Kaiser sogar versuchen, Innozenz gefangenzunehmen? Friedrich hatte offensichtlich alle Vorbereitungen für eine entscheidende Aktion getroffen, als er Petrus von Vinea zum Logotheten des sizilischen Königreichs und zum Protonotar des kaiserlichen Hofes ernannte; damit übertrug er ihm eine weitreichende Macht und zugleich einen Teil der eigenen Verantwortung, um selbst freie Hand zu haben.

Die kaiserlichen Armeen hatten Turin bereits zum Teil verlassen und den Marsch über die Alpen angetreten, als ein von Enzio in größter Eile abgesandter Bote dem Kaiser die Nachricht überbrachte, daß die strategisch außerordentlich wichtige Stadt Parma von den Welfen erobert worden sei. Wieder einmal war Bernardo Orlando di Rossi der Anstifter. Zwei Jahre zuvor hatte er im Verdacht gestanden, an einem Plan beteiligt zu sein, Parma gegen den Kaiser aufzuhetzen; belastende Dokumente waren in der Abtei von Fontevivo in der Nähe der Stadt gefunden worden; aber der Kaiser hatte die Gefahr durch rasches Eingreifen abgewendet, und di Rossi und seine Helfer waren nach Piacenza und Mailand geflüchtet.

Im Mai 1247 nahm di Rossi in Mailand enge Beziehungen auf zu Gregor von Montelungo; damals entstand wohl der Plan zu dem Handstreich, durch den Parma jetzt von den Welfen erobert wurde. Es war ein außerordentlich kühnes Unternehmen – Mut fehlte diesem Neffen des Papstes trotz seiner hinterlistigen Methoden jedenfalls nicht; ein ungewöhnlich gutaussehender Mann, war er auch ein großer Kämpfer. Eine kleine Zahl von Verbannten aus Parma – nach manchen Berichten nur siebzig – versammelte sich auf einer Wiese in der Nähe der Stadt; als Pilger verkleidet, trugen sie unter ihren Gewändern Waffen. Der Augenblick war gut gewählt, denn alle kaiserlichen Beamten der Stadt feierten gerade die Hochzeit der Tochter eines Kollegen. Von dem Festmahl eilten sie unmittelbar in die Schlacht und wurden überwältigt. Der kaiserliche Podesta kam ums Leben, di Rossi und seine Anhänger bemächtigten sich zunächst der Tore und dann der ganzen Stadt.

Enzio belagerte eine Burg im Gebiet von Brescia, als er eilig zurückgerufen wurde, um Parma zu entsetzen. Trotz aller Gewaltmärsche kam er zu spät, um noch eingreifen zu können. Die Stadt war bereits fest in den Händen des Feindes. Da sein Heer nur klein war, lagerte er in der Nähe der Stadt und schickte einen Hilferuf an seinen Vater. Während der kurzen Zeit, die bis zur Ankunft des Kaisers verging, führten die Welfen ihre offensichtlich von langer Hand sorgfältig geplante Aktion durch. Unter der Leitung von Gregor von Montelungo trafen von allen Seiten Verstärkungen in Parma ein. Befestigungen und Verschanzungen wurden eilends errichtet, und als der Kaiser am 2. Juli Parma erreichte, war die Stadt bereits stark bewehrt.

Aus propagandistischen Gründen stellte Friedrich die Lage als ungefährlich dar, doch geht aus der Tatsache, daß er sofort von überall her Verstärkung heranrief, deutlich hervor, für wie ernst er die Situation ansah. Der Abfall Parmas hatte seinen einzigen Verbindungsweg zwischen Norden und Süden im Westen Italiens gesperrt. Nicht genug damit, rief die Eroberung Parmas einen allgemeinen Aufstand der Welfen in ganz Italien hervor, so daß der Kaiser erst diesen Gegner unterwerfen mußte, ehe er alle seine Kräfte zu einem Angriff auf Parma zusammenziehen konnte. Der Kaiser bezähmte sich und bereitete den Angriff mit Bedacht vor. Der erste Schritt bestand darin, die Paßstraße nach La Spezia zu öffnen. Es gelang Enzio, sich durchzukämpfen und einen der Malaspinas zu schlagen; damit war die wichtige Straße nach Süden wieder frei. Allmählich wurde Parma von den kaiserlichen Truppen eingekreist und vom restlichen Italien abgeschnitten. Die Besiegten hatten auf Hilfe von dem lebenslustigen und frivolen Kardinal Ubaldini gehofft, der es jedoch vorzog, in seinem Lager in Guastalla der Ruhe zu pflegen.

Als der Winter kam, war Parma vollständig umzingelt, und der Kaiser entschloß sich, auch hier nach der gleichen Methode, die ihm bei Faenza Erfolg gebracht hatte, die Belagerung fortzusetzen. Er ließ ein Winterlager aus Holzhütten für seine Truppen errichten, das sehr viel besser ausgebaut war als das Lager vor Faenza; stark befestigt, hatte es sogar Häuser und Straßen, einen Marktplatz, einen Palast und eine Kirche. Um seine Siegeszuversicht darzutun, nannte Friedrich das Lager Vittoria.

Das belagerte Parma lag nun im eisernen Griff des Winters; die unbestatteten Leichen verursachten Seuchen, und der Hunger suchte die Stadt heim. Die Armen ernährten sich nur noch von Kräutern und Wurzeln, aber die unbarmherzige Blockade wurde nicht aufgehoben. Gregor von Montelungo war die Hauptstütze der Verteidigung; er richtete die mutlos gewordene Bevölkerung durch gefälschte Briefe wieder auf, die baldige Hilfe versprachen; er verbesserte ständig die Befestigungen der Stadt und beobachtete vor allem sehr aufmerksam, was sich in Vittoria zutrug.

Während sich die Belagerung immer mehr hinzog, wuchs der erbitterte Haß des Kaisers gegen seine Feinde. Tief getroffen durch Teobaldo di Francescos Verrat, ließ er jetzt die von seinem Vater ererbte Grausamkeit der Hohenstaufen zutage treten und übte Rache an den Gefangenen, die ihm in die Hand fielen. Jeden Morgen wurde eine Anzahl dieser Unglücklichen vor den Mauern der Stadt hingerichtet; den Bischof von Arezzo ließ er von einem Pferd schleifen und dann hängen. Die Franziskaner wurden im ganzen sizilischen Königreich verfolgt, weil sie dem Papst als *agents provocateurs* dienten. Der bloße Verdacht der Untreue genügte häufig, um die Verdächtigten foltern zu lassen. Folterungen waren zwar durch die Konstitutionen von Melfi praktisch verboten worden, wurden aber in dieser kritischen Zeit wieder eingeführt.

Trotz allem glaubte der Kaiser zuversichtlich – allzu zuversichtlich, wie sich herausstellen sollte –, daß er den Sieg davontragen werde. Unruhen in Piemont hatten ihn gezwungen, einen Teil seiner Truppen dorthin zu schicken, ein weiterer Teil mußte anderen Streitkräften zu Hilfe eilen; manche Truppen, die Cremonesen zum Beispiel, waren für den Winter nach Hause beordert worden; sein Sohn Enzio, ein bewährter Heerführer, war abwesend. Anfang Februar scheint Friedrich krank gewesen zu sein, doch nahm er, kaum genesen, seine alte Gewohnheit, im Morgengrauen auf die Jagd zu gehen, wieder auf. Das sumpfige Land in der Umgebung von Parma lockte als ein hervorragendes Jagdrevier für seine Falken. Am 18. Februar beobachtete ein mailändischer Wachtposten von einem Turm der Stadt den Ausritt des Kaisers und erstattete Gregor von Montelungo darüber Bericht. Dieser befahl einen Ausfall auf der anderen Seite der Stadt, um die Aufmerksamkeit des

Marquis von Lancia abzulenken, der das Kommando führte. Die List war erfolgreich: Manfred Lancia nahm sofort die Verfolgung auf. Gleichzeitig brach die gesamte Bevölkerung von Parma aus der Stadt und stürzte sich wie ein Mann auf Vittoria, das fast ohne Schutz geblieben war.

Wie eine Welle ergoß sich das hungernde Volk von Parma über die Befestigungen des kaiserlichen Lagers; eine Holzhütte wurde angesteckt und bald brannte das ganze Lager lichterloh. Thaddeus von Suessa wurde gefangengenommen, als er versuchte, den kaiserlichen Schatz zu verteidigen; ihm wurden beide Hände abgeschlagen. Die Menge stürzte sich auf die gewaltige Beute; es waren Reichtümer, von denen sie nicht einmal zu träumen gewagt hatten – Gold und Juwelen, Brokate, kostbare Roben und Decken, der Kaiserthron und ein großer Teil der Regalien, das kaiserliche Siegel, eine vergoldete Statue, die der Kaiser angebetet haben soll – vielleicht eines der antiken Kunstwerke, die er so liebte. Der ganze Schatz wurde im Triumph nach Parma gebracht; ein kleiner Mann namens Curtopassi erhielt die Krone als Beuteanteil und verkaufte sie später für zweihundert Lire. Die kaiserliche Bibliothek mit ihren wissenschaftlichen Werken, Tabellen und Karten fiel der Plünderung anheim, wodurch das Gerücht, Friedrich glaube an die Zauberei, neue Nahrung erhielt. Die größte Sensation mag die Gefangennahme der sarazenischen Haremsschönen gewesen sein, die mit so viel Gepäck belastet waren, daß ihnen die Flucht nicht mehr gelang.

Weit draußen im Jagdgebiet hörte Friedrich die Alarmglocke von Vittoria läuten; sofort wandte er sein Pferd und galoppierte in die Stadt zurück, aber er kam zu spät und konnte sich kaum noch selbst einen Weg aus dem Lager bahnen. Schließlich gelang es ihm, sich mit einigen seiner Jäger nach Borgo San Donnino (dem heutigen Fidenza) zu retten; von dort jagte er ohne Pause nach dem zweiundsechzig Kilometer entfernten Cremona, um Verstärkung zu holen. Friedrich war dreiundfünfzig Jahre alt und verbrachte jetzt fast vierundzwanzig Stunden ohne Unterbrechung im Sattel; aber in vier Tagen hatte er wieder ein Heer gesammelt und führte es zu den rauchenden Trümmern von Vittoria zurück, um Parma erneut anzugreifen. Ein Kriegsrat lehnte jedoch einen weiteren Angriff ab. Doch wurde Friedrich immerhin die Genugtuung zuteil, daß Bernardo Orlando di Rossi bei den Kämpfen ums Leben gekommen war.

Mit dem Verlust von Vittoria erlitt der Kaiser die schlimmste Niederlage zeit seines ganzen Lebens. Militärisch gesehen, war sie, da ihm noch genügend Truppen blieben, nicht einmal so groß, aber für sein Ansehen in Italien und in Deutschland bedeutete sie eine Katastrophe. Hinzu kam, daß das feindliche Parma noch immer den einzigen Verbindungsweg nach Süden bedrohte. Die ganze Romagna erhob sich, und Ravenna ging verloren. Am allerschlimmsten aber war die finanzielle Krise, die durch den Verlust des kaiserlichen Schatzes entstand. Den Kern und die eigentliche Schlagkraft der kaiserlichen Heere bildeten die Söldner; sie mußten auf jeden Fall ihren Lohn erhalten, da Friedrichs Sicherheit von ihnen abhing. Steuern über Steuern wurden dem Königreich und den kaiserlichen Gütern in Italien auferlegt, aber sie brachten das nötige Bargeld nicht rasch genug ein, so daß Friedrich Anleihen zu übermäßigen Zinssätzen aufnehmen mußte. Aber selbst unter diesen schwierigen Umständen bewahrte er, zumindest nach außen, den Glauben an seinen guten Stern und erklärte zuversichtlich, daß er auf seinen Sieg vertraue. Daneben aber wuchs sein Mißtrauen gegenüber jedermann, ja selbst gegen seine Nächsten. Der zweifache Schlag der Verschwörung und des Verlustes von Vittoria, dazu die ständige Anspannung, die das lange Ringen mit dem Papst für ihn bedeutete, machten sich selbst an seiner eisernen Konstitution zunehmend bemerkbar.

Unter der Einwirkung der päpstlichen Agenten verschlechterte sich die Lage in Deutschland immer mehr. Kardinal Petrus Capoccio war, mit gewaltigen Geldsummen versehen, dorthin gesandt worden, um die Unzufriedenheit zu schüren und die Wahl eines weiteren Kandidaten für den kaiserlichen Thron zu betreiben. Wohl hatte Konrads Heirat mit Elisabeth, der Tochter des Herzogs von Bayern, die kaiserliche Macht im Süden gefestigt, doch stürzte der Tod des Herzogs von Österreich, der keine männlichen Nachkommen hinterließ, sein Herzogtum, das nun zum größten Teil an Bayern überging, in chaotische Zustände; zu spät erkannte Friedrich, welche Katastrophen sein Verhalten auslösen mußte, als er Deutschland zur Zeit der mongolischen Bedrohung im Stich ließ. Jetzt versuchte er, das Land durch Verhandlungen über eine Ehe mit der Tochter des Herzogs Albert von Sachsen erneut an sich zu binden.

Aber in dem Chaos, das jetzt in Deutschland herrschte, war jeder sich selbst der Nächste. Zwar hatte sich die Mehrzahl der Fürsten nicht unmittelbar gegen den Kaiser gewandt, aber unter dem verderblichen Einfluß der päpstlichen Agenten, die unablässig wiederholten, dem Kaiser gehe es nur um seine und seiner Familie Interessen, er wolle das Reich erblich machen, blieben sie apathisch. Viele waren mit der Zerstörung der Zentralgewalt durchaus einverstanden, weil sie sich Vorteile davon versprachen. Im Nordwesten entstand auf Betreiben der Erzbischöfe von Köln und Mainz eine Anti-Hohenstaufen-Partei, die im Herbst des Jahres 1247 den Grafen Wilhelm von Holland zum neuen römischen König wählte.

Der Kaiser verbrachte den größten Teil des Sommers 1248 in Cremona; im Herbst wohnte er in Piemont der Hochzeit Manfreds mit Beatrix von Savoyen bei und kehrte im Januar, begleitet von Petrus von Vinea, nach Cremona zurück. Was sich dort zugetragen hat, ist ein Rätsel, das weder die Zeitgenossen noch spätere Forscher jemals ergründet haben, so viele Theorien darüber aufgestellt worden sind. Im Januar stand Petrus von Vinea noch hoch in Friedrichs Gunst, der erste Beamte des Hofes, die rechte Hand des Kaisers. Im Februar war er in Ungnade gefallen, ein Gefangener, der vor dem Zorn der getreuen Cremonesen geschützt und bei Nacht heimlich zu der Festung Borgo San Donnino gebracht werden mußte.

Manche der Hofleute glaubten, Petrus von Vinea habe seinen Herrn an den Papst verraten, dies erwies sich aber später als unrichtig; andere meinten, er habe sich Unterschlagungen zuschulden kommen lassen und durch unsaubere Mittel ein riesiges Vermögen angesammelt – Gelegenheit dazu hatte er jedenfalls genug. Wieder andere behaupteten, eifersüchtige Höflinge hätten dem Kaiser eingeflüstert, daß Petrus von Vinea an einem zweifellos vorhandenen Plan, ihn zu vergiften, beteiligt war. Höchstwahrscheinlich fiel Vinea tatsächlich der Eifersucht der aristokratischen Partei am Hof zum Opfer. Je älter der Kaiser wurde, desto mehr zog er deutsche und italienische Adlige vor – Männer wie den Markgrafen von Hohenburg, die Grafen von Savoyen und Caserta sowie Walther von Ocra, einen Edelmann aus den Abruzzen, der von Karl dem Großen abzustammen behauptete und ein aufsteigender Stern am Hofe war. Es ist anzunehmen, daß diese Männer einen Emporkömmling wie Petrus von Vinea haßten und mißachteten. Aus einem Brief Friedrichs an den Grafen von Caserta geht hervor, daß der Kaiser selbst Petrus von Vinea Untreue und Bestechlichkeit zutraute. Jedenfalls kann es zu dieser Zeit nicht schwer gewesen sein, beim Kaiser Zweifel und Verdacht gegen jeden zu erwecken. Denn auf Teobaldo di Francescos Verrat folgte bald ein weiterer: sein Arzt, den er gerade als einen der Gefangenen von Vittoria ausgelöst hatte, versuchte ihn zu vergiften. An diesem Plan soll Petrus von Vinea angeblich beteiligt gewesen sein. Der Arzt war offenbar während seiner Gefangenschaft in Parma von Gregor von Montelungo angestiftet worden; als er seinem Herrn eine Kur für eine leichte Indisposition verschreiben sollte, bereitete er ein vergiftetes Bad und eine vergiftete Arznei. Friedrich, der gewarnt worden war, sagte in bitterem Schmerz: »Ich bitte dich, mir kein Gift zu geben.« Dann tat er, als trinke er, goß jedoch das meiste daneben. Der Rest wurde einem zum Tode verurteilten Mann gegeben, der sofort daran starb. Der Arzt wurde verhaftet, und Friedrich, der weinend die Hände rang, rief aus: »Weh mir, weh mir, sogar meine Eingeweide verraten mich. Wem kann ich noch trauen? Wo finde ich Glück und Sicherheit?«

Der Kaiser machte Innozenz auch für diesen neuen Mordanschlag verantwortlich und teilte dies den Königen der Welt in einem Rundschreiben mit. Er behauptete, die Schuld des Papstes sei durch aufgefangene Briefe bewiesen. Inwieweit das richtig ist, läßt sich nicht feststellen; Tatsache ist jedoch, daß Hugo Borgononi, ein bekannter Chemiker und Fachmann für Giftstoffe – er schrieb eine Abhandlung über die Sublimation des Arsens – von 1243 bis 1254 Pönitentiar des Papstes war und später mit verschiedenen Bistümern belohnt wurde.

Der Arzt wurde geblendet und zu ständiger Folterung bis zu seiner Hinrichtung verurteilt, die in Sizilien stattfand. Auch Petrus von Vinea wurde geblendet; angeblich erwartete ihn das gleiche furchtbare Schicksal, das Teobaldo di Francesco erlitten hatte. Er nahm sich jedoch in San Miniato oder, wie andere berichten, in der Nähe von Pisa das Leben, indem er sich an einer Mauer oder einer Säule den Schädel einschlug. So starb im April 1249 in Schande und Schmach der Mann, der durch viele Jahre der engste Freund und Berater seines Herrn gewesen war, der, um mit Dantes Worten zu sprechen, »die Schlüssel zum Herzen Friedrichs in der Hand hielt«. Kein Wunder, daß sein Herr, der an den Verrat glaubte, mit Hiobs Worten sprach: »Alle meine Getreuen haben Greuel an mir, und die ich liebte, haben sich wider mich gekehrt.«

Die Gesundheit des Kaisers scheint um diese Zeit – sei es durch die Erschütterung oder durch Kummer – gelitten zu haben; er zog langsam durch die Toskana nach Süden und weigerte sich, Florenz zu betreten, weil ihm in einer alten Weissagung prophezeit worden war, er werde an einem Ort sterben, dessen Name mit dem Wort »Blume« zusammenhänge. Er erholte sich jedoch und hielt sich im Mai in Pisa auf, wo er mit Kundgebungen der Treue empfangen wurde. Von dort schiffte er sich ein zu der letzten Fahrt in sein geliebtes Königreich. In Neapel erwartete ihn eine neue Trauerbotschaft – sein Sohn Richard von Theate, Generalvikar der Romagna, Spoleto und der Marken, war gestorben.

Das war ein schwerer Schlag, dem ein noch schlimmerer folgte. Enzio wurde von den Bolognesen bei Fossalta gefangengenommen. Es handelte sich zwar nur um ein Scharmützel; aber Enzio, mutig und schön und trotz seiner Jugend ein tüchtiger Offizier, befand sich wie immer in der vordersten Reihe. Seine Gefangennahme bedeutete für seinen Vater, der ihn und Manfred von all seinen Kindern am meisten liebte, einen schweren Verlust; es gab keinen Oberbefehlshaber für die kaiserlichen Truppen in Oberitalien, auf den Friedrich sich so bedingungslos verlassen konnte wie auf seinen Sohn. Durch Drohungen wie durch Bestechung suchte er die Bolognesen zu erweichen, aber sie erwiderten, sie hätten einen Eid geschworen, ihren Gefangenen niemals freizugeben. Enzio wurde mit Ehren, ja mit Wohlwollen behandelt und genoß auch als Gefangener hohes Ansehen; als er starb, erhielt er auf Kosten der Stadt ein Staatsbegräbnis. Dreiundzwanzig Jahre lang war er Zeuge der Ausrottung seines Geschlechts, jener »Vipernbrut«, wie die Hohenstaufen nunmehr in den Briefen des päpstlichen Legaten genannt wurden, der im Königreich Unfrieden zu stiften suchte. Jetzt galt nicht nur Friedrich als Feind des Papstes, sondern mit ihm seine ganze Familie; sie wurden von Innozenz und seinen Nachfolgern mit grimmiger Entschlossenheit bis zum bitteren Ende verfolgt. Das Jahr 1249 war der Tiefpunkt in Friedrichs Leben, sogar seine Gesundheit versagte; er scheint an einer Hautkrankheit gelitten zu haben, die wohl durch nervöse Überanstrengung und Sorge verursacht war. Im Herbst erholte er sich wieder und ging daran, in seinem Königreich Ordnung zu schaffen und eine Expedition in die Lombardei vorzubereiten. Er plante sogar eine Reise nach Deutschland, da die Heirat mit der Tochter des Herzogs von Sachsen nun endgültig beschlossen worden war.

Im Laufe der nächsten Monate schien das Glück dem Kaiser wieder überall hold zu sein. Piacenza hatte sich wegen seiner Rivalität mit Parma auf die ghibellinische Seite geschlagen. Die Stadt wurde zusammen mit Cremona dem Marquis Uberto Pallavicini unterstellt, der, ähnlich wie Ezzelino, jedoch überaus tüchtig war und bis zu einem gewissen Grade Enzio ersetzte. Der Marquis griff Parma an und besiegte es. In den Marken erfocht der kaiserliche Vikar eine Reihe von Siegen und gewann Assisi, Pesaro und Senigallia zurück. Auch König Konrad behauptete sich in Deutschland mit Erfolg, die feindlichen Erzbischöfe am Rhein baten um einen Waffenstillstand. Sogar Innozenz sah sich in Lyon bedroht, da das Königreich Arelat dem Kaiser erneut einen Treueid leistete; ohne Erfolg ersuchte der Papst König Heinrich, ihm im englischen Besitztum Bordeaux Asyl zu gewähren. Zu Kaiser Vatatzes, der Truppenverstärkung geschickt hatte, sprach sich Friedrich in seinen Briefen zuversichtlich über die Zukunft aus. Der Kreuzzug Ludwigs des Heiligen war gescheitert und der König gefangengenommen worden, aber auch dies diente Friedrich zum besten, denn viele schrieben den Mißerfolg dem Papst zu, der Friedrich daran gehindert hatte, Ludwig beizustehen. Ludwig selbst beauftragte seine Brüder, energisch auf einen Friedensschluß zwischen Papst und Kaiser zu drängen.

Friedrichs Gesundheit hatte seit einiger Zeit wieder Anlaß zur

Sorge gegeben, aber er wollte sein tätiges Leben nicht aufgeben und veranstaltete eine große Jagd in der Coronata. Vielleicht dachte er daran, endlich den Rat seiner Tochter Violante, der Gräfin von Caserta, zu befolgen, die ihn einmal in einem Brief gefragt hatte, warum er sich immer wieder in Schlachten erschöpfe, da er doch in seinem Königreich alles habe, was das Leben angenehm mache; er hatte zugeben müssen, daß sie ihm immer gut geraten hatte. Den Sommer verbrachte er in seinem neuen Lustschloß Lagopesole im frischen Grün der Buchenwälder des Monte Vulture; man sagte, er habe sich sogar wieder verliebt.

Ende November war Friedrich ernstlich krank, aber noch immer wollte er nicht der Ruhe pflegen. Von Foggia trat er die Reise nach Lucera an; unterwegs auf der Jagd erlitt er einen heftigen Anfall von Ruhr; er war offenbar schon einige Zeit zuvor von dieser Krankheit befallen worden, hatte ihr aber keine Bedeutung beigemessen. Er wurde in das nahe gelegene Schloß Fiorentino gebracht, wo er am 1. Dezember dem Tode nahe war. Er erholte sich zwar wieder, ließ aber doch die höchsten Staatsbeamten rufen und entschloß sich, sein Testament zu machen. In Gegenwart von Berard von Palermo, Berthold von Hohenburg, Pietro und Folco Ruffo, Johann von Procida (seinem Arzt), dem Großhofjustitiar und anderen hohen Richtern vermachte er das Reich König Konrad; Heinrich sollte das Königreich Arelat und das Königreich Jerusalem, der Enkel Friedrich Österreich erben; Manfred erhielt das Fürstentum Taranto und andere Ländereien, die der Kaiser einst seiner Mutter gegeben hatte, und wurde zum Vikar für Italien ernannt. Darüber hinaus enthielt das Testament, wie es sich für einen katholischen Fürsten ziemte, fromme Vermächtnisse. Die Kirche sollte alles das zurückerhalten, was ihr zustand, solange die Rechte und die Ehre des Reiches gewahrt wurden. Alle alten Freunde und Bediensteten der Familie sollten aus dem persönlichen Vermögen des Kaisers versorgt, das Krongut aber nicht angerührt werden. Selbst in diesem feierlichen Augenblick beschäftigte den Kaiser das Wohl seines geliebten Königreiches bis ins einzelne. So ordnete er an, daß eine im Bau befindliche Brücke aus den Einkünften seines Hofes St. Nikolaus bei Anfido zu vollenden sei. Vielleicht handelte es sich um die strategisch wichtige Brücke über den Ofanto bei Atella.

Nachdem er sein Testament gemacht hatte, schien sich der Zustand des Kaisers zu bessern, er war jedoch im Innersten überzeugt, daß sein Ende bevorstand. Als er sich von dem ersten Anfall erholt hatte und auf seine Frage nach dem Namen des Schlosses erfuhr, daß er nach Fiorentino gebracht worden war, erschrak er über die dunklen Beziehungen des Namens zu der Weissagung seines Todes. Es fiel ihm auf, daß sein Lager neben einer zugemauerten Tür stand, die zu einem Turm führte; er ließ das Mauerwerk entfernen und sah, daß es eine eiserne Tür verdeckt hatte. Die Worte der Weissagung hatten sich erfüllt: »Du wirst nahe der eisernen Tür an einem Ort sterben, dessen Name von dem Wort ›Blume‹ gebildet wird.« Als er nun die Tür erblickte, rief er: »O mein Gott, wenn ich meinen Geist aufgeben muß, so geschehe Dein Wille.«

Am Vorabend seines Todes hatte sich Friedrichs Befinden soweit gebessert, daß er davon sprach, am nächsten Tage aufzustehen. Er hatte in Zucker gekochte Birnen zu sich genommen, die als Stärkungsmittel für innere Leiden galten – nach dem *Regimen Sanitatis* von Salerno sollten »gebackene Birnen einen schwachen Magen beleben«. Aber am 13. Dezember nahmen seine Kräfte immer mehr ab. Getreu den Regeln, denen er sich ungeachtet aller inneren Zweifel und Fragen zeit seines Lebens unterstellt hatte, war der Kaiser entschlossen, diese Welt in der einem katholischen Fürsten geziemenden Form zu verlassen. Er bat um Absolution und empfing, in die weiße Kutte der Zisterziensermönche gehüllt, die Sterbesakramente von seinem ältesten und treuesten Freund, Erzbischof Berard von Palermo, der ihn durch Freuden und Leiden begleitet hatte seit dem Tage, da er als achtzehnjähriger Jüngling aus Palermo auszog, um das Reich zu erobern.

Nach Palermo kehrte Friedrich nun zurück; er hatte angeordnet, daß sein Begräbnis so schlicht wie möglich gehalten sein solle, aber den Wunsch geäußert, neben seinem Vater, seiner Mutter und seiner ersten Gemahlin bestattet zu werden. Sein Leichnam wurde jedoch in majestätischer Feierlichkeit durch sein geliebtes Apulien, wo er eine Nacht im Jagdschloß Gioia del Colle ruhte, und dann auf dem Seewege von Taranto nach Palermo überführt; dort wurde er in einem Sarkophag aus purpurfarbenem Porphyr, den er vor zwanzig Jahren hatte dorthin bringen lassen, zur Ruhe gelegt.

Im Grabe war sein Leichnam in ein Leinengewand gekleidet, das an den Aufschlägen mit kufischen Lettern in Gold und über dem Herzen mit einem Kreuz bestickt war. Darüber lag eine rote Seidendecke, ein Mantel von der gleichen Farbe, bestickt mit den kaiserlichen Adlern und von einer Brosche aus Amethysten und Smaragden gehalten, hüllte ihn ein. Ihm zur Seite lag sein Schwert in einer kostbaren sarazenischen Scheide, seine Sporen waren an die mit kleinen Rehen bestickten Stiefel geheftet. Auf dem Haupt trug er eine mit Edelsteinen besetzte Krone, gleich der eines byzantinischen Kaisers; neben ihm lag die mit Erde gefüllte Weltkugel, jedoch ohne Kreuz. So kehrte der Kaiser, umgeben von den mannigfaltigen Symbolen seiner irdischen Macht, im Tode in die Welt zurück, aus der er hervorgegangen war – nach Sizilien, wo sich Ost und West begegneten, wo Araber, Deutsche, Italiener und Griechen um die Macht gekämpft hatten. Sie alle haben dazu beigetragen, jenen merkwürdigen und vielschichtigen Menschen hervorzubringen – das »Staunen der Welt«, die ihn nicht zu verstehen vermochte.

EPILOG

Mit Friedrichs Tod ging das Reich im antiken und mittelalterlichen Sinn zu Ende. Der Name erhielt sich zwar noch bis zum neunzehnten Jahrhundert, aber kein einziger seiner Nachfolger konnte den Anspruch für sich erheben, göttlich oder weltumspannend genannt zu werden. Auch die Familie der Hohenstaufen verschwand innerhalb der zwei nachfolgenden Generationen von der Weltbühne.

Nach dem Tode seines Vaters setzte Konrad eine kurze Zeit lang den aussichtslosen Kampf in Deutschland fort, zog aber dann nach Süden und überließ Wilhelm von Holland das Feld. In Italien waren ihm noch einige Erfolge beschieden, doch starb er schon im Jahre 1254 im Alter von sechsundzwanzig Jahren. Ein Jahr zuvor war Isabellas Sohn Heinrich fünfzehnjährig gestorben. Manfred, König des sizilischen Reiches, fiel im Jahre 1266 in der Schlacht von Benevent, durch die der siegreiche Karl von Anjou an seiner Stelle König wurde. Manfreds zweite Gemahlin und ihre Kinder siechten jahrelang als Gefangene Karls von Anjou und seiner Nachfolger in den Kerkern der Schlösser, die ihr Großvater als seine »Orte der Erquickung« gebaut hatte. Es ging das Gerücht, einer der Söhne habe fliehen können; aber die einzige, von der man mit Sicherheit weiß, daß sie dem tragischen Schicksal ihrer Mutter und Geschwister entging, war Beatrix, die im Jahre 1284 freigelassen wurde und nach Spanien zu ihrer Stiefschwester Konstanze ging, der Tochter aus der ersten Ehe ihres Vaters, die Peter von Aragon geheiratet hatte. Auf Grund dieser Verbindung mit Manfreds ältester Tochter wurde der aragonische König nach der Sizilianischen Vesper als Befreier der Insel Sizilien begrüßt.

In der nächsten Generation wurde Konradin – Konrads Sohn – der im Jahre 1268 Anspruch auf das italienische Erbteil seiner Familie erhob, mit offenen Armen als der wahre Erbe empfangen. In der Schlacht von Tagliacozzo geschlagen, geriet er durch Verrat in Gefangenschaft und wurde Karl von Anjou übergeben. Seine Hinrichtung mit siebzehn Jahren – ein noch nie dagewesenes Schicksal für einen im Kriege gefangengenommenen König – setzte der legitimen männlichen Linie der hohenstaufischen Dynastie ein Ende.

So blieb nur noch Enzio, der im Gefängnis von Bologna schmachtete; er war über fünfzig Jahre alt, aber nach der Hinrichtung Konradins versuchte er zu fliehen, um für seine Familie zu kämpfen. In einem leeren Faß sollte er aus dem Gefängnis herausgetragen werden, doch eine Locke seines blonden Haares hing aus dem Spundloch, und sein Fluchtversuch wurde entdeckt; er starb zwei Jahre später.

Friedrich von Antiochien war schon vor der Schlacht von Tagliacozzo gestorben; sein Sohn Konrad entging jedoch dem Gemetzel unter den Anhängern der Hohenstaufen, das der Schlacht folgte, weil seine Mutter zwei Mitglieder der Familie Orsini in ihrer Burg Saracevesco bei Tivoli gefangenhielt, die sie gegen ihren Sohn austauschen konnte. Die Nachkommen des Hauses Antiochien waren noch Ende des fünfzehnten Jahrhunderts in Rom und der Umgebung von Tivoli angesehene Bürger; in der Dorfkirche von Sambuci ist ein Grabmal mit der Inschrift »Familie des königlichen Geschlechts von Antiochien«. In dem nahen Dorf Anticoli Corrado, das seinen Namen angeblich von der italienischen Form des Namens Konrad von Antiochien herleitet, behaupten viele Einwohner noch heute, daß der Nachname Corrado die Abkunft von Konrad von Antiochien bedeute. Die Frauen sind ihrer Schönheit wegen berühmt, aber das ist auch das einzige Erbe, das aus dem sagenumwobenen Hause der Hohenstaufen auf sie überkommen ist.

So wurde Friedrichs Dynastie ausgelöscht. Die Welt aber wollte nicht glauben, daß er wirklich tot sei. Er war während seines Lebens von einer Aura des Übernatürlichen umgeben – der göttliche Kaiser, Retter der Welt für seine Freunde, Antichrist für seine

Feinde –, und viele glaubten, der Kaiser sei noch am Leben. Bald kamen Betrüger, die sich diese Erfindung der Volksphantasie zunutze machten.

Im Jahre 1260 gab sich ein sizilischer Bettler, der Friedrich sehr ähnlich sah, als Kaiser aus und fand etliche Gefolgschaft. In Deutschland tauchte im Jahre 1284 ein weiterer Betrüger auf, der sich mit »orientalischen« Dienstleuten umgab und ungeheuer viel Gepäck mit sich führte, um damit zu beweisen, daß er der Kaiser sei – er hatte de facto einmal zum kaiserlichen Gesinde gehört. Im Jahre 1295 – der Kaiser wäre über hundert Jahre alt gewesen – behauptete wieder ein Betrüger, Kaiser Friedrich II. zu sein. In Deutschland liefen diesen beiden Männern eine Zeitlang Anhänger zu – ein sicheres Zeichen dafür, daß nach dem Elend des großen Interregnums und in den immer noch chaotischen Zuständen des Landes Friedrichs Herrschaft als goldenes Zeitalter empfunden wurde, auf das die Menschen sehnsuchtsvoll zurückblickten.

Als selbst die Leichtgläubigsten nicht mehr glauben konnten, daß der große Kaiser noch lebte und verkleidet durch die Welt wanderte, entstand die Sage, daß er in einen tiefen Schlaf gefallen sei, aus dem er erwachen würde, um als Retter wiederzuerscheinen. Die Sizilier glaubten, er habe in dem glühenden Krater des Ätna Zuflucht gesucht; in Deutschland hieß es, er liege schlafend in einer Höhle des Kyffhäusers; von seinen Rittern umgeben, warte er auf den Tag, an dem er durch einen Zauberspruch erwachen und seinem Reich in der Stunde der Not zu Hilfe eilen würde.

Erst im sechzehnten Jahrhundert wurde Friedrich in dieser Sage seinem Großvater Barbarossa gleichgesetzt. Und doch haben die alten Weissagungen, die prophezeiten, daß er zweihundertsiebenundsechzig Jahre leben werde, ein Stück Wahrheit enthalten, denn zweieinhalb Jahrhunderte nach seinem Tod erwachte in Deutschland die Reformation – die zum Teil durch den Ablaßhandel angestoßen wurde, von dem Innozenz IV. einen so ausgedehnten Gebrauch gemacht hatte, um den Kaiser zu unterwerfen.

Friedrich von Hohenstaufen starb, besiegt, wie es schien, von den Kräften seines eigenen Zeitalters; als Zeugen dessen, was er zu erreichen suchte, blieben nur ein paar Schlösser auf den einsamen Bergen Apuliens, ein paar Statuen auf dem Tor zu Capua und die

Manuskripte seines Buches über die Falkenjagd. Zwei Jahrhunderte lang lagen seine Ideen in tiefem Schlaf, dann kam das große Erwachen. In der Renaissance, in der Reformation, im modernen Staatswesen feierten sie ihren Triumph. Der letzte der großen Kaiser ist nicht tot, sein Einfluß lebt noch heute, und dem sonoren Klang seiner Titel – IMPERATOR FRIDERICUS SECUNDUS, ROMANORUM CAESAR SEMPER AUGUSTUS, ITALICUS SICULUS HIEROSOLYMITANUS ARELATENSIS, FELIX VICTOR AC TRIUMPHATOR – könnte man die Worte hinzufügen: UNSTERBLICHER KAISER.

Grottaferrata 1953 Villa Pamphili 1957

ANMERKUNGEN

[1] Seite 33. Aus einem Liebesgedicht von Abû al-Hasan Ibn at-Tubi, einem arabischen Dichter aus Sizilien, den M. Amari in seinem Buch *Storia dei Mussulmani in Sicilia* zitiert.

[2] Seite 60. *Transsubstantiation*

Die Lehre von der Transsubstantiation wurde im Laufe der eucharistischen Kontroversen des neunten, zehnten und elften Jahrhunderts erörtert, der Ausdruck als solcher wird aber erst Anfang des zwölften Jahrhunderts gebraucht. Das vierte Laterankonzil von 1215 erkannte die Theorie an, die aber erst beim Konzil zu Trient zur Zeit der Reformation zum Dogma oder Glaubensartikel erhoben wurde.

[3] Seite 62. *Die Titel des Kaisers und römischen Königs*

Im Mittelalter hatte der Kaiser das Recht, vom Papst gekrönt zu werden, sobald er gewählt war; den Kaisertitel durfte er jedoch erst nach der Krönung führen. Bis zu seiner Krönung stand ihm der Titel des römischen Königs zu. Um die Nachfolge ihrer Söhne zu sichern, bemühten sich die Kaiser, sie noch zu ihren Lebzeiten zum römischen König wählen zu lassen, wie es Friedrich Barbarossa mit Heinrich VI. und Heinrich VI. mit Friedrich II. getan hatten. Um Verwirrung zu vermeiden – da Heinrich VII. vor Friedrichs Krönung zum König gewählt wurde, waren de facto beide eine Zeitlang römische Könige –, bezeichnet die Autorin Friedrich für diesen Zeitabschnitt als »Emperor-elect«; da es eine entsprechende deutsche Wendung nicht gibt, hat die Übersetzerin Friedrich bis zu seiner Kaiserkrönung als den »künftigen Kaiser« bezeichnet.

[4] Seite 73. *Der römische Senat*

Als der Senat im Jahre 1144 wieder ins Leben gerufen wurde, bestand er aus sechsundfünfzig Senatoren. Dieser Brauch dauerte fast ohne Unterbrechung bis 1204; danach wurde es üblich, alljährlich nur einen oder höchstens zwei Senatoren zu wählen, denen Berater zur Seite standen. Diese Praxis hielt sich mit einer Ausnahme bis 1358; danach wurde der Senator vom Papst ernannt. Im Sommer vor Friedrichs Krönung war Parenzi Senator, im September oder November 1220 (das genaue Datum ist ungewiß) wurde Johannes zum Senator gewählt und blieb bis November 1221 im Amt. (A. Salimei, *Senatori e Statuti di Roma nel Medioevo*, Rom, 1935.)

[5] Seite 86. *Die Familie Aquino*

Sie zählte mit einer Ausnahme – Graf Landulfs Sohn, dem später heiliggesprochenen Thomas von Aquin – zu den Anhängern der Hohenstaufen. Die Familie widersetzte sich erbittert seinem Wunsch, Geistlicher zu werden, und bat Friedrich, es zu verhindern. Es gehört zur Ironie der Geschichte, daß die Kirche letztlich über den heiligen Thomas die Aristotelische Philosophie akzeptierte, die der Kaiser an der Universität Neapel förderte. Dort studierte der heilige Thomas als junger Mann und kehrte nach Friedrichs Tod als Lehrer ebendorthin zurück.

[6] Seite 106. *Die Urheberschaft des Kaisers an den Gedichten, die Re Federico und Federico Imperatore zugeschrieben werden*

Friedrichs Urheberschaft an den vier Gedichten (»O lasso non pensai«, »Poi che ti piace Amore«, »De la mia disianza« und »Dolze meo drudo«), die in den Manuskriptsammlungen des dreizehnten Jahrhunderts Re Federico und Federico Imperatore zugeschrieben werden, ist angezweifelt worden; und zwar, weil sich der Titel Re oder König nicht auf ihn beziehen könne, da er Kaiser war, und weil überdies Wendungen, die besagen, daß Liebende gezwungen sind, sich zu trennen, oder daß der Geliebte der Macht eines Fremden ausgeliefert ist, niemals von dem allmächtigen Friedrich herrühren könnten.

Es ist die Vermutung geäußert worden, der Re Federico, dem die Gedichte zugeschrieben werden, könne der uneheliche Sohn des Kaisers Friedrich von Antiochien sein. H. H. Thornton weist in einem 1927 in *Speculum* erschienenen Artikel: *The Autorship of the Poems ascribed to Frederick II, Rex Fridericus and King Enzio* darauf hin, daß nach zeitgenössischen Berichten feststeht, daß Friedrich Gedichte schrieb, während von seinem Sohn Friedrich von Antiochien nichts derartiges bekannt ist. Ferner führt er aus, daß Friedrich II. ja nicht nur Kaiser, sondern auch König von Sizilien war und daß die betreffenden Gedichte tatsächlich im sizilischen Königreich entstanden.

Bei dem internationalen Kongreß für friderizianische Studien, der im Jahre 1950 am siebenhundertsten Todestag des Kaisers in Palermo stattfand, kam A. Monteverde in seinem Vortrag »Federico II. Poeta« gleichfalls zu dem Schluß, daß die vier Gedichte und möglicherweise einige andere mit Sicherheit vom Kaiser selbst geschrieben sein müssen, daß sie

Friedrich von Antiochien irrtümlich von G. Bertoni in seinem Buch *Il Duecento* zugeschrieben wurden. Die Annahme, daß die Gedichte notwendigerweise biographisch seien, beruhe auf einer falschen Voraussetzung. Schilderungen von der erzwungenen Trennung Liebender gehörten zu den dichterischen Konventionen der Zeit, an die sich auch der Kaiser hielt.

[7] Seite 128. *Zeitpunkt des ersten »Reformationsbriefes«*

In seinem Buch *Lo Stato Ghibellino di Federico II* (Bari 1951) schreibt G. Pepe, selbst wenn der Brief an den König von England nicht aus dieser Zeit stamme, wie man früher auf Grund der Chronik des Matthäus von Paris annahm, so habe Friedrichs Politik gegenüber der Kurie doch zweifellos große Kühnheit und Unabhängigkeit bewiesen. Pepe betont, daß diesem Brief ähnliche Empfindungen zugrunde liegen, wie den zeitgenössischen antikirchlichen Liedern und Satiren der Goliardensänger. Dennoch deutet er an, daß der Brief auch aus einer späteren Zeit stammen könne; möglicherweise falle er jedoch, nach dem Stil zu schließen, in die Zeit nach dem Lyoner Konzil, als der Kaiser von dieser Art der »Reformationspropaganda«, wie wir aus Dokumenten wissen, Gebrauch machte.

[8] Seite 194. *Quellen für den architektonischen Stil der Schlösser Friedrichs II.*

Die architektonisch ungewöhnlichen Schlösser Friedrichs II. haben zur Aufstellung zahlreicher Thesen über den Ursprung ihres Stils geführt.

C. Enlart betont in seinem Buch *Origines Françaises de l'Architecture Gothique en Italie* (Paris, 1894) den Einfluß der zisterziensischen Baumeister; der Kaiser schätzte diesen Orden tatsächlich sehr hoch. E. Bertaux äußert in seinem Buch *L'Art dans l'Italie Méridionale de l'Empire Romain à la Conquête de Charles d'Anjou* (Paris, 1904) die Ansicht, daß die Architekten französischer Wehrbauten sowie die französische Architektur im allgemeinen den Stil der Schlösser stark beeinflußt haben, daß aber der eigentliche »maître d'œuvre« des Triumphtores zu Capua und des Jagdschlosses Castel del Monte der Kaiser selbst gewesen sei. C. Shearer neigt in seinem *The Renaissance of Architecture in South Italy* (Cambridge, 1935) ebenfalls zu Bertaux' Theorien, betont aber zugleich die Bedeutung der orientalischen und klassischen Elemente. In einem Artikel *Intorno all Origini dell'Architettura Sveva (Palladio* 1951, Rom) zitiert S. Bottari die obengenannten Thesen sowie Agnellos Bemerkung (G. Agnello, *L'Architettura Sveva in Sicilia*, Rom, 1935), Friedrich sei der »Anreger neuer Formen« gewesen, die wahrscheinlich zum Teil aus der Levante und zum Teil von den Zisterziensern stammen. Er zieht eine interessante Parallele zwischen den Schlössern Friedrichs und den mohammedanischen Schlössern in Persien, Syrien und Nordafrika, die ihrerseits byzantinischen Wehrbauten offensichtlich viel verdanken.

In *An Outline of European Architecture* (London, 1953) bringt

N. Pevsner die wahrscheinlich beste Zusammenfassung der ganzen Frage. Er sagt: »Der gotische Stil kam als französische Mode nach Deutschland, Spanien, England und Italien. Die Zisterzienserklöster waren die ersten, die ihn anwendeten... Das Schloß Friedrichs II., Castel del Monte, lehnte sich eng daran an, aber schon in den italienischen Bauten Friedrichs finden wir klassische Giebel neben den neuen aus Frankreich übernommenen Rippengewölben. Es gibt im Norden keine Parallele zu der hervorragenden Behandlung römischer Motive am capuanischen Triumphtor Friedrichs II., auch im Süden lassen sich nur die Kanzeln Niccolo Pisanos damit vergleichen.« Die Einflüsse zusammenfassend, die eine Umwälzung im Stil der europäischen Wehrbauten des dreizehnten Jahrhunderts herbeigeführt haben, sagt Pevsner: »Die Kreuzzüge verursachten eine vollständige Reform in der Anlage und im Bau von Kastellen... sie ging zurück auf die gewaltigen Burgen der Kreuzfahrer (zum Beispiel Krak des Chevaliers)... Die Kreuzfahrer übernahmen den neuen Stil von den Türken, die ihn ihrerseits aus römischen Wehrbauten übernommen hatten.« Er nennt dann englische Beispiele des neuen Stils und schließt: »Was Größe und Kühnheit der Konzeption betrifft, so kann nur das etwas früher entstandene Castel del Monte Friedrichs II. in Süditalien – wiederum eine Synthese römischer, östlicher und gotischer Elemente – damit verglichen werden.«

[9] Seite 194. *Das Triumphtor am Castelnuovo in Neapel*

Das Tor wurde von Alfons dem Fünften von Aragon und dem Ersten von Neapel und Sizilien zu Ehren der Eroberung Neapels im Jahre 1442 errichtet; durch diese Eroberung vertrieb er die anjouischen Prätendenten aus dem festländischen Teil der beiden sizilischen Reiche. Die aragonesische Dynastie herrschte auf der Insel Sizilien seit der Sizilischen Vesper und galt auf Grund der Heirat zwischen Peter I. von Aragon und Manfreds ältester Tochter und Erbin Konstanze als legitime Nachfolge. Man kann also Alfons' Sieg als den Triumph der Erben der Hohenstaufen über die Erben der usurpatorischen Anjous ansehen. Der Triumphbogen erhebt sich zwischen zwei runden Türmen, die den Eingang zum Schloß Castelnuovo beherrschen; ebenso wie Friedrichs Triumphbogen zu Capua zwischen zwei Türmen stand. In seinem Buch *L'Art dans l'Italie Méridionale de l'Empire Romain à la Conquête de Charles d'Anjou* (Paris, 1904) bezeichnet E. Bertaux das Tor zu Capua als Vorbild für das Tor von Castelnuovo; auch C. A. Willemsen zieht in seinem Buch *Kaiser Friedrichs Triumphtor zu Capua* (Wiesbaden, 1953) denselben Vergleich.

[10] Seite 204. *Die Ausstattung von Castel del Monte*

A. *Klassische Statuen*

Es gibt mehrere Beispiele dafür, daß Friedrich seine Kastelle mit klassischen Statuen ausschmückte: die griechischen Bronzewidder in Syrakus (G. Agnello, *L'Architettura Sveva in Sicilia*, Rom, 1935). Im Jahre 1241 ließ der Kaiser antike Bronzestatuen eines Mannes und einer Kuh aus dem Kloster Grottaferrata entfernen (Chronik des Richard von San Germano). Die kaiserlichen Register für das Jahr 1240 enthalten einen Brief aus Foggia, in dem befohlen wird, antike Statuen auf dem Landwege von Neapel nach Lucera zu bringen. *(Constitutiones regum regni utriusque siciliae mandate Federici II Imperatoris per Petrum de Vinea,* herausgegeben von G. Carcani, Neapel, 1786.)

B. *Die Liebe des Kaisers zu Büchern, die er sogar auf Reisen mitführte*

In einem Brief, den Friedrich den Übersetzungen aus Werken des Aristoteles beilegte, die er der Universität Bologna schenkte, schrieb er: »Seit Unserer Jugend, ehe Wir die Pflichten der Regierung auf Uns nahmen, haben Wir immer die Wissenschaft geliebt und ihre balsamischen Düfte geatmet. Jetzt sind Wir meist von Staatspflichten in Anspruch genommen, aber die wenige Zeit, die Uns bleibt... verbringen Wir mit den Freuden des Lesens... und meditieren über Schriften aller Arten, die, sorgfältig geordnet, Unsere Schränke bereichern.« (G. Paolucci, *Le Finanze e la Corte di Federico II di Svevia*, Palermo, 1904.)

In der Malaspina Chronik wird berichtet, daß Friedrich die Werke von Aristoteles und von Avicenna in Kisten auf dem Rücken von Packeseln nach Lagopesole bringen ließ. Auch während der Belagerung von Parma muß er Bücher im Lager bei sich gehabt haben, denn im Jahre 1264 oder 1265 bot Gulielmus Bottatus von Mailand Karl von Anjou in einem Schreiben ein in Gold und Silber gebundenes Buch über Falken und Hunde mit herrlichen Illustrationen an, das, wie er bemerkte, die Bevölkerung von Parma im kaiserlichen Lager in Vittoria erbeutet hatte. (Brief aus dem Bouches du Rhône Archiv, der von Casey A. Wood und F. Marjory Fife in *The Art of Falconry*, London, 1956, zitiert wird.)

C. *Innenausstattung im dreizehnten Jahrhundert*

Italienische Fresken und Miniaturen des dreizehnten Jahrhunderts vermitteln eine gewisse Vorstellung der zu jener Zeit sehr einfachen Innenausstattungen. So die Fresken des Abendmahls, der Verkündigung und der Heimsuchung, wie man sie in den Kirchen aus dem dreizehnten Jahrhundert in den entlegenen Orten Fossacesia, Vominaco und Fossa in den Abruzzen sehen kann. Die süditalienischen Miniaturen aus dieser Zeit enthalten mehrfach Beispiele von Thronsesseln der Päpste, Kaiser und Bischöfe wie von Krönungsschemeln, die fast immer mit Kissen bedeckt sind. Auch an den Wänden stehende Bänke, gleich den noch heute in Syrakus, Gioia del Colle und Castel del Monte vorhandenen, erscheinen in diesen Fresken; meist ist die Wand oberhalb der Bänke mit Wandbehängen bedeckt. In einem französischen Gedicht aus dem dreizehnten Jahrhundert »Guillaume de Palerme« wird der königliche Palast in Palermo anschaulich geschildert. Es heißt darin, die Räume des Palastes seien mit

»dras de soie à or ouvrés« behangen und auch die Schemel und Stühle seien mit Goldwebereien geziert. (N. Zingarelli, *Guillaume de Palerme*, Palermo, 1907.) Die Möbel in reichen und luxuriös ausgestatteten Häusern waren Kirchenmöbeln nachgebildet (A. Schiaparelli, *La Casa Fiorentina*, Florenz, 1908), von denen einige noch erhalten sind. Besonders bemerkenswert ist der aus Holz geschnitzte Abtstuhl in der Abtei von Montevergine in Avellino in der Nähe von Neapel, der den Stühlen in zeitgenössischen Miniaturen und Fresken sehr ähnlich ist. Der Gebrauch von Lesepulten für die außerordentlich wertvollen illuminierten Manuskripte der damaligen Zeit ist aus vielen zeitgenössischen Miniaturen der Evangelisten bekannt.

D. *Kissen*

Wie aus den Fresken und Miniaturen ersichtlich, waren Kissen allgemein im Gebrauch. Die Herstellung gestickter Kissen war jedoch eine besondere Kunst der Mohammedaner in Lucera. In einem nach der Eroberung von Lucera im Jahre 1301 ausgestellten Befehl Karls II. von Anjou, der die verschiedenen Handwerker aufzählt, die unter Bewachung nach Neapel geschickt werden sollen, werden die Kissensticker ausdrücklich erwähnt. (E. Bertaux, *Les Arts de l'Orient Mussulman dans l'Italie Méridionale*, Abhandlungen der Französischen Schule in Rom, 1895.)

E. *Lampen und Leuchter*

Leuchter aus Bergkristall und emaillierter Bronze aus dem dreizehnten Jahrhundert existieren noch immer im Schatz von San Nicola in Bari. Nicht weniger als drei Lampen in der Form eines Elefanten mit einem Türmchen auf dem Rücken, die im dreizehnten Jahrhundert in Deutschland hergestellt wurden, sind in der *Encyclopédie de la Lumière* (G. Henriot, Paris, 1933) abgebildet. Nach E. Bertaux (op. cit.) wurde der Elefant aus dem Besitz des Kaisers nach Kolmar gebracht.

F. *Teppiche*

Teppiche waren in Italien im Mittelalter viel im Gebrauch; zur Zeit der Kreuzzüge erfreuten sich orientalische Teppiche großer Beliebtheit; in den Inventaren wird meist zwischen türkischen und tatarischen unterschieden (A. Schiaparelli, op. cit.). Zwischen Italien und dem Schwarzen Meer bestand ein blühender Handel; im Jahre 1250 hatten die Genuesen bereits eigene Handelsstationen auf der Krim. (G. Bratianu, *Recherches sur la Commerce Génoise dans la Mer Noire au XIII siècle*, Paris, 1929.) Auch in den kaiserlichen Registern von 1239 bis 1240 werden Teppichknüpfer im sizilischen Königreich erwähnt. (Carcani, op. cit.)

G. *Silber und Tischwäsche*

Auf den zeitgenössischen Fresken des Abendmahls sind meist lange, wallende Tischtücher deutlich erkennbar. Matthäus von Paris und Roger von Wendover schildern die schöne Ziselierarbeit an dem prachtvollen Silbergerät, einschließlich der silbernen Kochtöpfe, die zur Mitgift der Prinzessin Isabella gehörten. In seiner Schilderung der Beute, die im kaiserlichen Lager Vittoria bei Parma gemacht wurde, berichtet Salimbene von Gefäßen aus Gold und Silber, einem großen Schatz an Juwelen und Gold sowie von purpurnen und seidenen Kleidern, die später an Händler verkauft wurden, die aus der ganzen Lombardei zusammenströmten.

H. *Bettdecken*

Die kaiserlichen Register von 1239 bis 1240 enthalten eine Bestellung für eine in Zindel genähte Matratze und eine Decke aus dem gleichen Stoff für den Neffen des Königs von Tunis, der Staatsgefangener Friedrichs war. Sicher war auch Friedrichs Lager mit Seide oder einem noch kostbareren Stoff bedeckt. Die Register enthalten mehrere Bestellungen für prächtige, golddurchwirkte Seidenstoffe; auch die besonderen Handwerker, die sie herstellten, werden erwähnt. (Carcani, op. cit.)

[11] Seite 212. *Percival Dorias Gedicht*

Kome lo giorno quand è dal mattino.
Chiara e sereno – e bell' è da vedire,
Perche gli ausgelli fanno lor latino
Cantare fino – e pare dolze udire.
E poi ver mezo il giorno cangia e muta,
E torna impiogia la dolze veduta,
Che mostrava;
Lo pellegrino, ea sicuro andava,
Per l'alegranza delo giorno bello
Diventa fetto – pieno di pesanza,
Cosi m'a fatto Amore, a sua pesanza. (Erster Vers)

So wie vom wechselnden Tag – wann auf Schwingen
Der Frühe er heiter und lieblich heraufzieht
Und im Laube die Stimmen der Vögel erklingen
Viel schöner, viel süßer als irgendein Lied
Gen Mittag hin aber der Glanz sich verwischt,
Das Reine und Zarte, das sich gezeigt,
Sich ändert, sich wandelt, erlischt –
Der Wand'rer, der kundig und sicher des Wegs
Froh sich ergeht und sonnenwärts steigt,
Sich umstimmen läßt und bedrücken von Schwermut, –
So hat die Liebe gestürzt mich in Schwermut.

[12] Seite 213. *Übersetzung von Enzios frühem Gedicht*

Kleines Lied, flieg aus den Herrn zu grüßen,
Sag, mir fehl' der Sonne Licht,
Meine Zwingherrn ließen arg mich büßen
Und es rühr' mein Los sie nicht...
Grüße die Toskana mir, die Königin,
Die noch Rittersitte ehrt,
Zur Capitanata flieg und Puglia hin,
Die mein Herz bei Tag und Nacht entbehrt.

[13] Seite 214. *Übersetzung von Enzios spätem Gedicht*

Die Zeit läßt auf, läßt ab Dich steigen.
Die Zeit heißt reden Dich und schweigen.
Die Zeit lehrt lauschen und begreifen.
Die Zeit gibt Mut, Dich nicht zu beugen.
Sie läßt aus Plänen Taten reifen.
Sie schenkt Gedanken, die ins Künft'ge schweifen.
Es kommt die Zeit, wo Schmähungen Dich nicht mehr streifen
Und Du nicht seh'n noch hören magst den Weltenreigen.

[14] Seite 234. *Langlebigkeit der Hechte*

C. H. Haskins erwähnt das Ereignis in seinem Buch *Studies in Mediaeval Science* (Cambridge, USA, 1927), weist jedoch darauf hin, daß der Kaiser im Jahre 1230 nicht in Deutschland war. Die Römer glaubten, daß Hechte sehr lange – bis zu hundert Jahren – leben, einige moderne Quellen geben sogar zweihundertundfünfzig Jahre an *(Everyman's Encyclopedia)*.

[15] Seite 277. *Vergleich zwischen der Stärke der Heere Barbarossas und der Heere Friedrichs II.*

Es ist schwer, die Stärke mittelalterlicher Heere zuverlässig zu schätzen, weil, wie Ferdinand Lot in seinem Buch *L'Art Militaire et les Armes du Moyen Age en Europe et le Proche Orient* (Paris, 1946) schreibt, man sich auf die Berichte der Chronisten nicht verlassen kann, da sie meistens zu Übertreibungen neigen. Er weist jedoch darauf hin, daß das Heer, mit dem Barbarossa im Jahre 1158 nach Italien zog, seiner Stärke wegen bei der Überquerung der Alpen in vier Teile aufgeteilt wurde und vier Pässe benutzte; daß das Heer Friedrichs II. in mehr als zwei Teile geteilt werden mußte, um die Alpen zu überqueren, wird nicht erwähnt. Im Jahre 1236 wurden Ritter aus den Niederlanden und dem Rheinland nach Basel befohlen, um über die schweizerischen Pässe zu ziehen, während sich die Deutschen wie üblich in Augsburg versammelten, um über den Brenner zu gehen; es ist allerdings möglich, daß die Sammelpunkte aus geographischen Gründen und nicht wegen der Stärke der Heere ausgesucht wurden.

In den *Gesta Friderici* wird behauptet, Barbarossa habe im Jahre 1158, von den Fußsoldaten abgesehen, fünfzehntausend *Ritter* gehabt. Lot hält dies für eine Übertreibung, glaubt allerdings, daß Petrus von Vineas Behauptung, Friedrich II. habe bei der Schlacht von Cortenuova über zehntausend *Mann* verfügt, ebenfalls eine Übertreibung sei. Selbst wenn man in beiden Fällen von einer Übertreibung ausgeht – wobei die im Falle Barbarossas im Verhältnis größer sein mag –, ist die Diskrepanz zwischen fünfzehntausend *Rittern* im ersten und zehntausend *Mann* im zweiten Fall immer noch so groß, daß die Stärke von Friedrichs Heer offensichtlich auch dann nicht an die seines Großvaters herangereicht haben kann, als Friedrich für den lombardischen Feldzug alles, was ihm an deutschen und italienischen Streitkräften zur Verfügung stand, zusammengerufen hatte; jedoch muß man einräumen, daß Friedrich bei der Schlacht von Cortenuova einen Teil seiner Streitkräfte täuschungshalber nach Cremona gesandt hatte.

Lot legt seiner Schätzung die Anzahl der Ritter zugrunde, welche die bedeutendsten Fürsten in Kriegszeiten aus Lehenspflicht zu stellen hatten. Danach nimmt er an, daß Barbarossa tatsächlich über eine Streitmacht von etwa sechstausend Rittern verfügte; wobei noch nicht gesagt ist, daß es allen gelang, die Alpen zu überqueren. Nach den Annalen von Verona (das zu dieser Zeit eine ghibellinische Stadt war und als solche die Stärke des kaiserlichen Heeres eher überschätzt haben mag), besaß Friedrich in der Schlacht von Cortenuova nur zweitausend Ritter. Die Ungleichheit der Streitkräfte dieser beiden Herrscher erklärt sich wohl zum Teil aus den veränderten Zeitanschauungen. Zur Zeit Barbarossas besaß das Reich für Deutschland eine weitaus stärkere Symbolkraft. Die darauffolgende Periode des Bürgerkrieges zwischen Philipp von Hohenstaufen und Otto IV., ferner Friedrichs II. Politik, die Rechte der Krone an die Fürsten abtrat, hatte die Bande zwischen den letzteren und dem Kaiser gelockert. Andererseits spielten auch die so verschiedenen Persönlichkeiten der beiden Männer und ihre besonderen Neigungen eine Rolle. Barbarossa war vor allem Kaiser von Deutschland, und trotz seiner Träume von einem größeren Reich identifizierte er sich mit seinem Land. Friedrich II. dagegen war, obwohl er den Staufernamen trug, de facto ein normannischer Sizilier. Selbst wenn er auf seine deutschen Untertanen eine starke Anziehungskraft ausübte, so hatte er doch von der bis zur Schlacht von Cortenuova fünfundzwanzig Jahre währenden Regierungszeit nur neun in Deutschland verbracht. Angesichts dieser Tatsache nimmt es nicht wunder, daß es Friedrich nicht gelang, dieselbe Zahl deutscher Untertanen für sein italienisches Abenteuer zu gewinnen wie sein Großvater.

LITERATURVERZEICHNIS

Aus der Fülle der herangezogenen Literatur seien die Werke erwähnt, die von besonderem Interesse für ein vertieftes Studium der Persönlichkeit Friedrichs und seiner Zeit sind.

BIOGRAPHIEN

M. BRION: *Frederic de Hohenstaufen* (Paris, 1948).

E. KANTOROWICZ: *Kaiser Friedrich der Zweite* (Berlin, 1927).

T. L. KINGTON: *Frederick II, Emperor of the Romans* (London, 1862).

E. MOMIGLIANO: *Federico II di Svevia* (Milan, 1948).

H. DE ZIEGLER: *Vie de L'Empéreur Frédéric II de Hohenstaufen* (Paris, 1935).

ALLGEMEINE ZEITGESCHICHTE

Cambridge Mediaeval History (Vols. 5 and 6, Cambridge, 1936).

A. J. CARLYLE: *Mediaeval Political Theory in the West* (London, 1955).

Histoire Générale du Moyen Age, ed. G. Glotz (Vol. 5, Paris, 1937).

A. HUILLARD BREHOLLES: *Historia Diplomatica Friderici II* (Paris, 1859).

G. B. PARKS: »The English Traveller to Italy« *(The Middle Ages to 1525)* (Rome, 1954).

C. W. PREVITÉ-ORTON: *Outlines of Mediaeval History* (Cambridge, 1929).

H. RASHDALL: *The Universities of Europe in the Middle Ages* (Oxford, 1936).

DIE KIRCHE — DAS VERHÄLTNIS ZWISCHEN KIRCHE UND REICH
FRIEDRICHS AUFFASSUNG DER MITTELALTERLICHEN REICHSIDEE

J. BRYCE: *The Holy Roman Empire* (London, 1941).

C. DE CHERRIER: *Storia della Lotta dei Papi e degli Imperatori* (Palermo, 1862).

A. DE STEFANO: *Federico e le Correnti Spirituale del suo Tempo* (Rome, 1922).

– *L'Idea Imperiale di Federico II* (Florenz, 1927).
M. ESPOSITO: »Una Manifestazione di Incredulita Religiosa nel Medioevo« *(Archivo Storico Italiano)* (Rome, 1931).
F. FAVA: *Le Idee Religiosi di Federico II di Svevia* (Messina, 1899).
E. GEBHARDT: *L'Italie Mystique* (Paris, 1899).
E. GILSON: *La Philosophie au Moyen Age* (Paris, 1947).
P. HUGHES: *A History of the Church* (London, 1948).
C. H. C. PIRIE-GORDON: *Innocent III* (London, 1907).
W. ULLMAN: *Mediaeval Papalism* (London, 1949).
– *The Growth of the Papal Government in the Middle Ages* (London, 1955).

NORMANNISCHE VERGANGENHEIT

F. CHALANDON: *Histoire de la Domination Normande en Italie et en Sicile* (Paris, 1907).
A. DE STEFANO: *La Cultura in Sicilia nel Periodo Normanno* (Messina, 1932).
C. H. HASKINS: *The Normans in European History* (Boston, USA, 1915).
– *The Renaissance of the Twelfth Century* (London, 1927).
E. JAMIESON: »The Sicilian Norman Kingdom in the Mind of Anglo-Norman Contemporaries« *(Proceedings of the British Academy)* (London, 1936).

ARABISCHE EINFLÜSSE – BEZIEHUNGEN ZU MOHAMMEDANISCHEN HERRSCHERN – KREUZZÜGE

M. AMARI: *Storia dei Mussulmani in Sicilia* (Florenz, 1872).
T. ARNOLD AND A. GUILLAUME: *The Legacy of Islam* (Oxford, 1931).
S. RUNCIMAN: *A History of the Crusades* (Cambridge, 1954).

DIE KAISERLICHE FAMILIE
FÜHRENDE PERSÖNLICHKEITEN AM HOFE

W. COHN: *Hermann von Salza* (Breslau, 1930).
A. HUILLARD BREHOLLES: *Vie et Correspondence de Pierre de la Vigne* (Paris, 1864).
D. YOUNG: *Richard of Cornwall* (Oxford, 1947).

ARCHITEKTUR UND BILDENDE KUNST

G. AGNELLO: *L'Architettura Sveva in Sicilia* (Tivoli, 1935).
E. BERTAUX: *L'Art dans l'Italie Méridionale de l'Empire Romain à la Conquête de Charles d'Anjou* (Paris, 1904).
L. BRUHNS: *Hohenstaufenschlösser* (Leipzig, 1937).
G. CHIERICI: »Castel del Monte« *(Monumenti Italiani della Reale Accademia)* (Rome, 1934).
C. DIEHL: *L'Art Byzantin dans l'Italie Méridionale* (Paris, 1904).

– *Palerme et Syracuse* (Paris, 1907).
G. DI STEFANO: *L'Architettura Gotico Sveva* (Palermo, 1935).
C. ENLART: *Origines Françaises de l'Architecture Gothique en Italie* (Paris, 1894).
R. FEDDEN: *Crusader Castles* (London, 1951).
G. FORTUNATO: *Il Castello di Lagopesole* (Trani, 1902).
A. HASELOFF: *Die Bauten der Hohenstaufen in Unteritalien* (Leipzig, 1920).
J. ROSS: *Land of Manfred* (London, 1889).
C. SHEARER: *The Renaissance of Architecture in Southern Italy. A Study of Frederick II of Hohenstaufen and the Capua Triumphator Archway Towers* (Cambridge, 1935).
C. A. WILLEMSEN: *Kaiser Friedrichs Triumphtor zu Capua* (Wiesbaden, 1953).

DICHTUNG UND LITERATUR

G. BERTONI: *I Trovatori d'Italia* (Modena, 1915).
– *Poeti e Poesie del Medio Evo e della Rinascenza* (Modena, 1922).
– *Il Duecento* (Milan, 1930).
G. A. CESAREO: *La Poesia Siciliana sotto gli Svevi* (Catania, 1894).
– *Le Origini della Poesia Lirica e la Poesia Siciliana sotto gli Svevi* (Palermo, 1924).
A. DE STEFANO: *La Cultura alla Corte di Federico II Imperatore* (Palermo, 1938).
D. G. ROSETTI: *Poets from Ciullo d'Alcamo to Dante Alighieri* (London, 1861).
C. SALINARI: *La Poesia Lirica del Duecento* (Turin, 1951).

WISSENSCHAFT

C. H. HASKINS: *Studies in Mediaeval Science* (Cambridge, USA, 1927).
– *Mediaeval Culture* (Oxford, 1929).
G. SARTON: *Introduction to the History of Science* (Baltimore, 1951).
L. THORNDYKE: *History of Magic* (New York, 1923).
A. WOOD AND F. M. FYFE: *The Art of Falconry, being the De Arte Venandi cum Avibus of Frederick II of Hohenstaufen* (for Editor's Notes and Commentaries), (London, 1956).

KOSTÜMKUNDE

A. G. I. CHRISTIE: *English Mediaeval Embroidery* (Oxford, 1938).

BILDNACHWEIS

Titelbild und nach Seiten 32, 48: Foto Gabinetto Fotografico Nazionale; nach Seite 64: Foto Video, Rom; nach Seiten 176, 192, 208: Fotos von der Verfasserin; nach Seite 224: Kunstarchiv Arntz, Stuttgart; nach Seite 240: Foto Vatikan, Bibliothek.

REGISTER

ENGLAND
London
DÄNEMARK
Weser
Elbe
Weichsel
Warthe
POLEN
Braunschweig
Rhein
Maas
Aachen
THÜRINGEN
IMPERIUM
Liegnitz
Oder
Neiße
SCHLESIEN
Prag
Moldau
Main
Seine
Paris
Hzt. LOTHRINGEN
Mosel
Hagenau
Staufen
Neckar
Augsburg
Wien
AUSTRIA
Donau
Theiß
UNGARN
Drau
Loire
FRANKREICH
Gft. BURGUND
Basel
Konstanz
St. Gallen

KÖNIGREICH ARLES
Rhone
Avignon
Arles
Turin
Vercelli
Mailand
Brescia
Cortenuova
Verona
Venedig
Padua
LOMBARDEI
Po
Parma
Genua
Lavagna
MATHILD. GÜTER
ROMAGNA
Ravenna
Faenza
Rimini
Pisa
Florenz
Arno
MARK
Ancona
Jesi
ANCONA
Assisi
Hzl.
SPOLETO
Spoleto
TUSCIEN
Grosseto
ELBA
GIGLIO
Civitavecchia
PATRIMON.
Rom
PETRI
Aquila
Celano
Tagliacozzo
Grottaferrata
Cassino
CAPITANATA
Lucera
Foggia
Monte San Angelo
Bari
APULIEN
Tarent
Brindisi
Otranto
Sala
Salerno
Capaccio
KÖNIGREICH SIZILIEN
KORSIKA
SARDINIEN
Messina
Palermo
KÖNIGREICH SIZILIEN
Enna
Catania
Syrakus
KROATIEN
DALMATIEN
Sawe
Grenzen des Imperiums:
Gebiete unter päpstl. Herrschaft:
Schlachten:
Belagerungen:

Welfen

1129-1195

HEINRICH DER LÖWE ∞ Mathilde v. England
Herzog v. Sachsen und Bayern

- HEINRICH V. SACHSEN
  Pfalzgraf b. Rhein
- KAISER OTTO IV.
  ∞ 1) Beatrix v. Hohenstaufen
  2) Maria v. Brabant

Plantagenets

1135-1189

HEINRICH II. ∞ Eleonore v. Aquitanien

- MATHILDE
  ∞ Heinrich der Löwe
- RICHARD LÖWENHERZ
- JOHANNA
  ∞ Wilhelm II. v. Sizilien
- JOHANN
  ∞ Margarethe v. Angoulême
  - HEINRICH III.
    1207-1272
  - RICHARD
    v. Cornwall
  - ISABELLA
    ∞ Kaiser Friedrich II.
  - ELEONORE
    ∞ Simon v. Montfort

- 1) HEINRICH VII.
  ∞ Margarete v. Oesterreich
  - FRIEDRICH
  - Sohn (?)
- 2) KONRAD IV.
  ∞ Elisabeth v. Bayern
  - KONRADIN
    1252-1268
- 3) MARGARETE
  ∞ Markgraf v. Meissen
- 3) HEINRICH

Uneheliche Kinder

- 4) MANFRED
  ∞ 1) Beatrix v. Savoyen
  2) Helena v. Epirus
  - 1) CONSTANZE
    ∞ Peter III. v. Aragon und Sizilien (Insel)
    gest. 1285
  - 2) BEATRIX
    ∞ Marquis v. Saluzzo
  - 2) ERRICO
  - 2) FRIEDRICH
  - 2) AZZOLINO
- 4) KONSTANZE
  ∞ Johann Vatatzes, Kaiser v. Nikäa
- ENZIO
  gest. 1272
  ∞ 1) Adalassia v. Torres und Gallura
  2) Tochter Ezzelinos
- RIC
  v. T

Die Stammtafel ist nicht vollständig. Zur Vereinfachung werden nur Mitglieder von Familien a

Hohenstaufen

1123-1190

KAISER FRIEDRICH I. ∞ Beatrix
BARBAROSSA v. Burgund

KAISER HEINRICH VI.
∞ Konstanze v. Hauteville

Kaiser PHILIPP II.
∞ Irene, Tochter v.
Isaak II. Angelos,
Kaiser v. Byzanz

BEATRIX
∞ Otto IV.

Hauteville

1093-1154

ROGER II. ∞ 1) Albiria v. Kastilien
2) Sibylle v. Burgund
3) Beatrix v. Rethel

1) ROGER
Liebhaber der
Emma v. Lecce

2) WILHELM I.
∞ Margarethe
v. Navarra

3) KONSTANZE
∞ Kaiser
Heinrich VI.

TANKRED ∞ Sibylle v. Acerra

ROGER verlobt
mit Irene, Tochter
des Isaak II.
Angelos, Kaiser
v. Byzanz

ALBIRIA
∞ 1) WALTHER III.
v. Brienne
2) Graf v. Tricarico
3) Graf v. Tigrano

WILHELM III.

1) Tochter (?)

1) Walther IV.
v. Brienne

2) Graf v. Tricarico

KAISER FRIEDRICH II. ∞ 1) Konstanze v. Aragon
1194-1250
2) Isabella v. Brienne und Jerusalem
3) Isabella v. England
4) (?) Bianca Lancia

Uneheliche Kinder von unbekannten Müttern

ARD
HEATE

FRIEDRICH
V. ANTIOCHIEN
∞ Margareta
v. Polo und
Saracenesco 1229(?)-1256

KATHARINA
∞ Marquis
v. Caretto

VIOLANTE
∞ Richard
Aquino,
Graf
v. Caserta

MARGARETHE
∞ Thomas
v. Aquino,
Graf
v. Acerra

BLANCHEFLEUR
gest. 1278

geführt, die im Buche erwähnt sind. Legitime Linien: —— Illegitime Linien: ·····

Gestalten, die die Welt veränderten

Henry Benrath
Die Kaiserin Theophano
Historischer Roman, 370 Seiten

Felix Berner
Gustav Adolf – Der Löwe aus Mitternacht
512 Seiten mit 24 Abbildungen und 7 Tafeln

Gianni Granzotto
Christoph Columbus
384 Seiten mit 11 Karten und 20 Vignetten

Friedrich Sieburg
Robespierre
Eine Biographie, 316 Seiten

Friedrich Sieburg
Napoleon
Die Hundert Tage, 467 Seiten

Karl Pisa
Alexis de Tocqueville
Prophet des Massenzeitalters
243 Seiten mit 35 Abbildungen

Gertrud Fussenegger
Maria Theresia
316 Seiten mit 33 Abbildungen und 2 Karten

Gerhard Ritter
Stein
Eine politische Biographie, 656 Seiten

Theodor Eschenburg/Ulrich Frank-Planitz
Gustav Stresemann
Eine Bildbiographie, 168 Seiten mit 335 Abbildungen

DVA

rowohlts bildmonographien

Thema Geschichte

Gösta v. Uexküll
Konrad Adenauer (234)

Gerhard Wirth
Alexander der Große (203)

Bernd Rill
Kemal Atatürk (346)

Marion Giebel
Augustus (327)

Justus Franz Wittkop
Michail A. Bakunin (218)

Helmut Hirsch
August Bebel (196)

Wilhelm Mommsen
Otto von Bismarck (122)

Carola Stern
Willy Brandt (232)

Hans Oppermann
Julius Caesar (135)

Reinhold Neumann-Hoditz
Nikita S. Chruschtschow (289)

Sebastian Haffner
Winston Churchill (129)

Reinhold Neumann-Hoditz
Dschingis Khan (345)

Jürgen Miermeister
Rudi Dutschke (349)

Hermann Alexander Schlögl
Echnaton (350)

Herbert Nette
Elisabeth I. (311)

Georg Holmsten
Friedrich II. (159)

Herbert Nette
Friedrich II. von Hohenstaufen (222)

Heino Rau
Mahatma Gandhi (172)

Elmar May
Che Guevara (207)

Helmut Presser
Johannes Gutenberg (134)

Harald Steffahn
Adolf Hitler (316)

Peter Berglar
Wilhelm von Humboldt (161)

Herbert Nette
Jeanne d'Arc (253)

Wolfgang Braunfels
Karl der Große (187)

Herbert Nette
Karl V. (280)

Reinhold Neumann-Hoditz
Katharina II. die Große (392)

Gösta v. Uexküll
Ferdinand Lassalle (212)

Hermann Weber
Lenin (168)

Bernd-Rüdiger Schwesig
Ludwig XIV. (352)

Helmut Hirsch
Rosa Luxemburg (158)

Edmond Barincou
Niccolò Machiavelli (17)

bildmono rororo graphien

C 2053/9

rowohlts bildmonographien

Thema Geschichte

Tilemann Grimm
Mao Tse-tung (141)

Peter Berglar
Maria Theresia (286)

Friedrich Hartau
Clemens Fürst von Metternich (250)

Hans Peter Heinrich
Thomas Morus (331)

Giovanni de Luna
Benito Mussolini (270)

André Maurois
Napoleon (112)

Reinhold Neumann-Hoditz
Peter der Große (314)

Heinrich G. Ritzel
Kurt Schumacher (184)

Maximilian Rubel
Josef W. Stalin (224)

G. Prunkle und A. Rühle
Josip Broz-Tito (199)

Harry Wilde
Leo Trotzki (157)

Friedrich Hartau
Wilhelm II. (264)

bildmono rororo graphien

C 2053/9 a